Alessandro Boarccaech

A diferença entre os iguais

Porto de Idéias
EDITORA

São Paulo, 2013

A DIFERENÇA ENTRE OS IGUAIS
Alessandro Boarccaech

Fotos
Acervo particular do autor

Editor
Sebastião Haroldo de Freitas Corrêa Porto

Coordenação Editorial
Silvana Pereira de Oliveira

Projeto Gráfico (Dicionário)
Paginaria (paginaria.com.br)

Projeto Gráfico (Fotos)
Hugo Balandra

Dados Internacionais de Catalogação na Publicação (CIP)
(Câmara Brasileira do Livro, SP, Brasil)

Boarccaech, Alessandro
A diferença entre os iguais / Alessandro Boarccaech. -- São Paulo : Porto de Idéias, 2013.

ISBN 978-85-8061-048-2

1. Antropologia 2. Catolicismo 3. Igreja Católica - Timor-Leste 4. Religião e sociologia 5. Timor-Leste - Religião 6. Timor-Leste - Religião - Aspectos socioculturais I. Título.

13-08514 CDD-306.6

Índices para catálogo sistemático:

1. Timor-Leste : Antropologia cultural : Sociologia da religião 306.6

EDITORA PORTO DE IDÉIAS LTDA.
Rua Perdões, 101 – Aclimação
São Paulo – SP – 01529.030
Fone (11) 3884-3814
www.portodeideias.com.br
twitter.com/portodeideias

Agradeço à Joana Saraiva, por tornar este trabalho possível; ao Carlos Alberto Steil, pelo apoio desde o tempo em que esta pesquisa não passava de uma ideia vaga; ao "velho Ódo", fonte de inspiração; e aos Humangili, que me acolheram em sua comunidade.

SUMÁRIO

INTRODUÇÃO

Foi em 2004 que surgiu o interesse em pesquisar a presença do cristianismo católico no atual contexto histórico-social do Timor-Leste. À época, desenvolvia uma pesquisa sobre a relação entre o discurso religioso e atos de violência[1]. Durante o levantamento bibliográfico para um dos capítulos, no qual abordava a temática da aprendizagem da leitura e da escrita por meio dos ensinamentos bíblicos, encontrei textos que discutiam a multiplicidade linguística do Timor-Leste e a participação da Igreja Católica no processo de resistência à ocupação indonésia entre os anos de 1975 a 1999. No entanto, deixei a ideia em algum lugar da memória e só fui retomá-la em 2007. No ano seguinte, viajei para o Timor com o objetivo de analisar a relação entre o catolicismo e o sistema de crenças e práticas de culto aos ancestrais e aos espíritos da natureza[2].

Localizado no Sudeste Asiático, entre o arquipélago indonésio e a Austrália, ocupando 15 mil km² da parte oriental da ilha do Timor – nome malaio que significa oriental, leste – o Timor-Leste se tornou independente em 2002, após 430 anos de presença portuguesa e 24 anos de domínio indonésio[3]. Apresentada oficialmente à Europa na segunda década do século XVI pelos navegadores portugueses, a ilha da qual faz parte o Timor-Leste, por estar localizada no caminho para a Austrália, Melanésia e Polinésia, foi utilizada como paragem por diversos povos, como os veudo-australoides (± 7,000 a.C.), os papua-melanésios (± 3,500 a.C.), os proto-malaios (± 2,500 a.C.) e os deutero-malaios (± 500 a.C.), durante as suas migrações na região. Alguns séculos antes dos portugueses, os árabes, chineses e malaios também já frequentavam o Timor em busca do sândalo, abundante na ilha, e do comércio com as populações nativas[4].

Devido às múltiplas influências adquiridas ao longo dos processos migratórios e do contato comercial, a ilha do Timor passou a ser habitada

---

1. Ver Boarccaech (2009).
2. Associado ao Programa de Pós-Graduação em Antropologia da Universidade Federal do Rio Grande do Sul (UFRGS) contei com o apoio, por meio de uma bolsa de pesquisa, do Conselho Nacional de Desenvolvimento Científico e Tecnológico (CNPq).
3. Pertencem também ao Timor-Leste a ilha de Ataúro, ao norte de Dili, o Ilhéu de Jaco, no extremo leste do país, e Oecusse, um enclave localizado no lado ocidental pertencente à Indonésia.
4. Evidências arqueológicas descobertas na gruta Jerimalai, localizada na costa leste do Timor, indicam que a presença humana iniciou há pelo menos 40,000 a.C. (O'Connor, 2007). Para outras discussões conferir Glover (1986); Carneiro de Souza (1998); Thomaz (2002); O'Connor (2003; 2005); Veth (2004).

por diversos grupos etnolinguísticos. Estes grupos, quando da chegada dos portugueses, estavam reunidos em dois reinos: os Belos, ao oriente, e Servião, na parte ocidental. Enquanto o reino de Servião falava o Baikeno, entre os Belos havia uma variedade linguística, sendo o Tétum Térik a língua franca usada para comunicação. Os Belos estavam subdivididos em reinos, cada um com o seu próprio *Liurai*, ou governante[5], que eram subordinados e precisavam pagar tributos ao poder central, localizado em Be-Hali, fronteira com a atual Indonésia.

Nos séculos que seguiram a expansão marítima europeia, estes dois reinos foram enfraquecendo, até se dissolverem completamente. Os holandeses e portugueses, que disputavam a região, dividiram a ilha em duas partes a 20 de abril de 1859 e, em 1904, pelo Tratado das Fronteiras, firmaram os limites territoriais que vigoram até hoje. Durante todo o período em que ocuparam o Timor, a relação entre estes dois países foi marcada por tensões e disputas de fronteiras, além de ambos enfrentarem inúmeras insurgências das populações nativas. Talvez a mais difícil revolta enfrentada pelos administradores portugueses tenha sido a de Manufahi, em 1912, liderada pelo *Liurai* Boaventura. Estima-se que algo em torno de 15 mil a 20 mil nativos tenham morrido nos confrontos[6].

Com a Segunda Guerra Mundial, em 1941, a Austrália e a Holanda, desconsiderando a presença de Portugal - que se manteve neutro -, enviaram soldados para o atual Timor-Leste, na tentativa de evitar a expansão japonesa no Pacífico. No dia 20 de fevereiro de 1942, os japoneses desembarcam em terras timorenses. Em poucos dias, dominaram todo o território e as forças australianas e holandesas, que contavam com o apoio de combatentes das populações locais, refugiaram-se nas montanhas. Os japoneses permaneceram no Timor até 5 de setembro de 1945[7], deixando para trás povoações inteiras completamente destruídas - embora não se saiba exatamente o número de mortos, estimativas apontam que 40 mil timorenses teriam perdido a vida nos conflitos (Rocha, 1994; Cardoso, 2007). Naquele mesmo ano, a Indonésia torna-se independente

5. Outras traduções possíveis para *Liurai* são chefe, líder, rei e soberano. Os *Liurais*, geralmente, pertenciam às elites locais e recebiam por hereditariedade - ou eram escolhidos pelos demais líderes - a função de governar a comunidade.

6. Para uma visão geral da história do Timor e sobre estes e outros conflitos conferir, Jolliffe (1989); Pelissier (1996); Cardoso (2007); Thomaz (2001; 2008).

7. Após serem atingidos por duas bombas atômicas lançadas pelos Estados Unidos - nos dias 6 e 9 de agosto, sobre as cidades de Hiroshima e Nagazaki, respectivamente - o Japão, em 2 de setembro de 1945, assinou a sua capitulação, encerrando definitivamente a Segunda Guerra Mundial.

da Holanda e anexa a parte ocidental da ilha do Timor as suas fronteiras[8]. Porém, as terras a leste continuaram sob a tutela portuguesa, apesar das pressões exercidas pela Organização das Nações Unidas (ONU) para o reconhecimento universal do direito à autodeterminação dos povos[9].

A presença da Igreja Católica em território timorense, principalmente com a ordem de Santo Domingos, ocorreu concomitantemente à ocupação portuguesa[10]. As ações eram voltadas para a construção de igrejas, seminários e escolas. Em 20 de abril de 1911, o trabalho dos missionários católicos sofre um revés. Portugal aprova a Lei de Separação do Estado das Igrejas e o catolicismo deixa de ser a religião oficial, perdendo, assim, o apoio institucional e econômico do governo. Inúmeros religiosos deixaram ou foram expulsos do Timor como, por exemplo, os padres jesuítas e as irmãs canossianas que administravam a missão religiosa e os principais colégios do Timor-Leste. No entanto, em 1919, mesmo que permanecendo a separação dos poderes, Portugal altera a Lei anterior e o Estado volta a reconhecer a importância da Igreja e a financiar os seus projetos. Em 1926, o governo português, por meio do decreto nº 12.485 do Estatuto Orgânico das Missões Portuguesas, entrega, oficialmente, a *evangelização e a civilização das populações indígenas não assimiladas* à Igreja Católica (Figueiredo, 2003: 561). Com base nisto, o antropólogo português Antonio de Almeida, que chefiou a Missão Antropológica de Timor na década de 1950, afirmou que uma das tarefas dos missionários era *ocidentalizar e aportuguesar a cultura timorense* (Almeida, 1961: 38), assim contribuindo para o domínio português.

O clero timorense esteve subordinado ao bispado de Macau até 4 de setembro de 1940, quando foi autorizada a criação da Diocese de Dili, que passou a responder diretamente ao Vaticano. Apesar de todas as modificações, o número de timorenses que aderiam ao catolicismo, embora crescesse com os anos, ainda era reduzido: em 1930, correspondiam a 4% da população, em 1945, eram 6%, em 1950, este número aumentou para

8. A independência indonésia não foi aceita imediatamente pela Holanda, o que provocou uma guerra entre os dois países que durou quatro anos.
9. Em 15 de dezembro de 1960, a ONU, por meio da resolução 1542 (XV), atribui ao Timor-Leste e às demais regiões ocupadas por Portugal o reconhecimento de territórios não autônomos (United Nations, 1960). Portugal à época não aceitou tal resolução e recusava-se em reconhecer o direito destes povos a promoverem a sua autodeterminação. Para uma discussão sobre o estatuto jurídico do Timor, conferir Silva (1997).
10. Sobre a história da Igreja Católica no Timor e a atuação da ordem de Santo Domingos, conferir Branco (1987) e Durand (2004).

10%, em 1955, atingiu os 14%, em 1964, passou para 22%, em 1970, eram 26,5% e, em 1973, aqueles que se declaravam católicos somavam 28% de uma população estimada em 674,539 habitantes[11].

Este panorama religioso sofreu mudanças significativas a partir de 1975. No ano anterior, após iniciada a Revolução dos Cravos em 25 de abril de 1974, o governo português decidiu retirar-se das suas províncias ultramarinas na Ásia e na África[12]. Para o processo de transição timorense, foi permitida a criação de partidos políticos, surgindo assim a União Democrática Timorense (UDT), que defendia a separação gradual de Portugal; a Associação Social Democrata Timorense (ASDT), que queria a independência imediata; e a Associação Popular Democrática Timorense (APODETI), que defendia a anexação à Indonésia. Em 11 de setembro de 1974, a ASDT é transformada em Frente Revolucionária do Timor-Leste Independente (FRETILIN). Inicialmente, a UDT e a FRETILIN se aliaram contra a APODETI. Com tendências socialistas, a FRETILIN crescia no país e conseguia cada vez mais simpatizantes. A UDT, percebendo este crescimento e motivada pelas desavenças internas entre os dois partidos que, após sucessivos diálogos, não chegavam a um acordo sobre a condução do processo de independência, acabou por romper a aliança com a FRETILIN.

O governador Lemos Pires - que, em 1974, tinha sido enviado por Portugal para coordenar o processo de transição timorense -, preocupado com o aumento das tensões entre os dois partidos, no início de agosto de 1975, começa a evacuar os portugueses do Timor. Em 11 de agosto de 1975, a UDT, com o *apoio da polícia e dos seus comandantes portugueses* (Mattoso, 2005: 48), prendeu inúmeros simpatizantes da FRETILIN e assumiu o poder. O contragolpe foi quase imediato, o que desencadeou um conflito armado entre os partidos políticos, vitimando centenas de pessoas[13].

11. Fontes: Teixeira (1974); Durand (2004); Catholic Hierarchy (2010).

12. A Revolução dos Cravos foi um golpe liderado por militares que destituiu o poder ditatorial do Estado Novo, em vigor desde 1933, e instaurou o processo de democratização português. Entre as consequências, o governo reconheceu o direito à autodeterminação das terras que denominavam de províncias ultramarinas.

13. Os líderes da FRETILIN, em 20 de agosto de 1975, criaram as Forças Armadas de Libertação e Independência de Timor-Leste (FALINTIL), que serviu de braço armado do partido e, mais tarde, agrupou os combatentes durante a resistência à ocupação indonésia. Estimativas do Comitê Internacional da Cruz Vermelha apontam entre 1,500 e 3,000 o número de mortos durante os conflitos entre os partidos timorenses. Sobre este período, conferir: Jolliffe (1978); Pires (1981); Defert (1992); Dunn (1983).

Alegando não poder controlar a situação, em 26 de agosto, Lemos Pires refugia-se na ilha de Ataúro, separada pelo mar do restante do Timor e distante 32 km ao norte da cidade de Dili[14]. A FRETILIN, partido que saiu vitorioso dos conflitos, em 28 de novembro do mesmo ano, por meio de um manifesto lido por Francisco Xavier do Amaral, proclamou unilateralmente a República. O *Jornal do Povo Mau Bere*, em 4 de dezembro de 1975, publicou um artigo com o título A *Igreja ainda canta o Fado antigo*, no qual o autor afirmava:

> Antigamente (antes do 25 de abril) a Igreja Católica dava-se bem com o regime português: ministros, cardeais, bispos e directores-gerais confundiam-se em bacanais. Antigamente o regime era colonial-fascista, como todos tivemos oportunidade de "gramar" ao longo de não sei quantos centenários de estupidez natural. Antigamente, a Igreja reaccionária de Timor dava-se bem com os governos coloniais que por cá deslizavam. Hoje (novembro leste de 75), sem governos coloniais e sem fascismo, a mesma Igreja (certos sectores mais reaccionários da dita) dá-se mal, terrivelmente mal, com a liberdade implantada em nossa Pátria pela gloriosa FRETILIN (Mali Manek, 04/12/1975, p. 3).

A simpatia dos líderes da FRETILIN pelo socialismo e as críticas que o clero vinha recebendo provocaram temores na cúpula da Igreja, que receava a instauração de um governo comunista no país. Um ano antes de a FRETILIN proclamar a independência, durante a visita de alguns bispos católicos indonésios a Dili, estes já alertavam sobre os perigos do comunismo e a possível presença de um submarino russo nas águas timorenses. Um dos bispos chegou a dizer que o melhor para a Igreja timorense e para o Timor seria a integração à Indonésia (Felgueiras & Martins, 2006: 39). Quando o exército indonésio, em 7 de dezembro de 1975, invade o Timor Oriental, a cúpula católica timorense, inicialmente, demonstrou simpatia para com a ação.

Com a invasão, os líderes da FRETILIN organizaram a resistência armada. Algumas das suas lideranças deixaram o país e passaram a divulgar e a buscar financiamento para a resistência, como, por exemplo, José Ramos-Horta, eleito presidente da República para o período de 2007 a 2012, e Mari Alkatiri, ex-primeiro-ministro (maio de 2002 a junho de 2006) e atual secretário-geral do partido. Entre os que permaneceram em

14. Distância aproximada entre o porto de Dili e a praia do suco Vila Maumeta, sede administrativa de Ataúro, onde Lemos Pires desembarcou.

solo timorense e passaram à clandestinidade coordenando a luta armada contra o exército indonésio estavam Nicolau Lobato, ex-presidente da FRETILIN e principal líder à época, que foi morto durante a guerrilha, Taur Matan Ruak, que em 2002 assumiu a chefia das Forças Armadas do Timor-Leste, e Xanana Gusmão, primeiro presidente timorense eleito e que desde 2007 ocupa o cargo de primeiro-ministro.

Nos primeiros anos da ocupação ocorreram vários deslocamentos humanos e boa parte da população subiu para as montanhas. Conforme Mattoso, em 1979, milhares de pessoas, entre homens, mulheres, crianças e guerrilheiros rendidos, foram obrigadas a desceram da montanha Matebian e *durante meses permaneceram juntos em grandes grupos, famélicos, doentes, esfarrapados [...] ocupando todo o espaço, cabanas, passeios, bermas das estradas, ruas e largos, hortas e campos* (Mattoso, 2005: 75). Não se sabe exatamente o número de timorenses mortos, porém Defert (1992) cita duas estatísticas, uma divulgada por órgãos oficiais indonésios, apontando 170 mil pessoas, e a outra feita pela Igreja Católica, que conta 308 mil vítimas somente nos primeiros seis anos de conflito[15].

A ação violenta das forças invasoras fez com que o bispo José Ribeiro dissesse aos indonésios, com quem conversava alguns meses depois do início da ocupação: *Vós éreis esperados, mas o modo como entrastes e actuastes fez perder todas as expectativas* (Felgueiras & Martins, 2006: 38). Apesar das torturas, mortes, violações e depredações provocadas pelo exército indonésio, a Igreja, com exceção das iniciativas isoladas de alguns religiosos e do próprio bispo José Ribeiro, que passaram a abrigar e a fornecer comida para a população em fuga, manteve-se oficialmente em silêncio. Conforme Durand (2004: 108), embora o núncio do Vaticano sediado em Jacarta, arcebispo Vincenzo Farano, tenha se empenhado em encontrar soluções para a crise, nunca lhe foi permitido falar abertamente. O Vaticano, a exemplo do clero timorense, entendeu inicialmente a invasão ao Timor como uma forma de conter o avanço comunista, e viu na anexação uma oportunidade de assegurar a sua permanência na Indonésia, país de maioria muçulmana, aumentando quantitativamente o número de fiéis e fortalecendo a sua influência no país[16]. Em 1977, o bispo José Ribeiro resigna e retorna a Portugal. Enquanto se dirigia ao aeroporto, o núncio

15. Sobre este período e os confrontos entre o exército indonésio e a resistência, conferir, entre outros: Taylor (1991); Gusmão (1994); Carey (1995); Martinkus (2001); Durand (2004); Relatório (2005).

16. Conferir Magalhães (1999); Lennox (2000); Durand (2004).

perguntou-lhe como se sentia. A sua resposta foi: *sinto-me numa grande tristeza porque deixo o povo de Timor num grande sofrimento* (Felgueiras & Martins, 2006: 84).

Nos anos 1980, ocorreu uma adesão generalizada ao catolicismo[17], estimulada em parte pela *Pancasila*[18]. Em 1981, o Vaticano, em função da proibição do idioma Português no país, autoriza que as missas e leituras bíblicas sejam feitas em Tétum. Neste mesmo ano, o bispo Martinho, que havia substituído Dom José Ribeiro, publicou o texto *Reflexão sobre a Fé*, no qual rompe definitivamente o silêncio da Igreja e declara, publicamente, o conhecimento das agressões sofridas pelo povo timorense:

> O povo do Timor Oriental sofre. Os timorenses se sentem mal compreendidos, mas eles sabem o que acontece com eles e têm consciência de que estão sendo humilhados. [...] As pessoas agora enfrentam a opressão desenfreada, sem reconhecimento dos seus direitos[19].

Com o passar dos anos, vários integrantes do clero timorense começaram a participar mais ativamente, embora de forma velada e clandestina, no apoio aos guerrilheiros (Dunn, 1983; Archer, 1995). Além da preocupação com as retaliações do exército, os religiosos que apoiavam a guerrilha tinham que ter cuidado com os padres indonésios, que vinham cada vez em maior número para o Timor-Leste e tentavam estimular os hábitos indonésios aos timorenses (Mattoso, 2005; Felgueiras & Martins, 2006).

Em 1983, Dom Martinho, devido a sua postura de protesto, é obrigado pelo Vaticano a resignar e sair de Timor (Lennox, 2000; Durand, 2004). Alguns meses antes da sua resignação, uma carta redigida em nome da cristandade de Timor, solicitando a permanência do bispo, é enviada ao núncio em Jacarta.

---

17. Os números não são exatos e apresentam diferenças conforme a fonte. Em 1980, 80,39% entre os 555,350 habitantes eram católicos; em 1990, de um total de 747,557 pessoas, 90,48% eram católicos; e em 1994, eram 90,48% entre os 827,727 habitantes (Thomaz, 2008: 410). Os números da organização Catholic Hierarchy (2010) apontam que, em 1980, dos 740,800 habitantes, 28,8% eram católicos e, em 1990, dos 714,245, 81% eram católicos.
18. Pancasila é a base filosófica que rege o sistema de valores adotados pelo governo Indonésio após a sua independência em 1945. Estes valores orientam tanto a ação do Estado como a vida pública e privada dos cidadãos, que implicam: crença em um único Deus; justiça civilizadora entre os povos; unidade nacional; democracia guiada pela deliberação e consenso entre representantes; justiça social universal. Conforme estes princípios, o ateísmo e o animismo eram proibidos.
19. Citado em Durand (2004: 211), tradução minha.

> A monstruosidade do drama de Timor tem sido difundida largamente, em todos os seus aspectos e implicações, nos meios internacionais e através da imprensa e dos outros meios de comunicação social. Porém, é com o mais profundo pesar os signatários em nome de todos os seus irmãos na Fé que se encontram nas vilas e nas montanhas manifestam a Sua Santidade, Nosso Pai Comum, a sua grande amargura pelo completo silêncio que a Santa Sé tem mantido, ao longo destes quase oito anos, relativamente a tal situação. Fosse tomada ao menos no aspecto humanitário alguma diligência a respeito deste povo sofredor e mártir! [...] Ultimamente, porém, certo sentimento de inquietação e amargura resultante da onda de propaganda sobre a substituição do nosso bom Prelado – fruto de manobras de nossos inimigos junto de alguns meios políticos e diplomáticos internacionais – tem invadido a cristandade de Timor. Por isso e porque se trata de uma figura eclesiástica com dotes providenciais mais que evidentes para continuar a responder em pleno e a contento às exigências do momento actual, os signatários, em seu nome pessoal e interpretando a vontade e o sentir de todos os seus irmãos na Fé espalhados no território, nas vilas e nas montanhas, do fundo do coração solicitam a Sua Santidade o Vigário de Cristo a continuação de Sua Excelência Reverendíssima o Monsenhor D. Martinho da Costa Lopes como Administrador Apostólico da Diocese de Dili (Arquivo e Museu da Resistência, Pasta 05002.042).

Os anos que se seguiram foram de uma reacomodação do clero. O padre Carlos Filipe Ximenes Belo foi nomeado, em 1983, administrador da Diocese de Dili em uma cerimônia que contou com a presença de dez bispos indonésios. Ao contrário das nomeações anteriores, esta escolha foi feita sem consulta prévia ao clero timorense, que recebeu a indicação com reservas e contrariedade (Felgueiras & Martins, 2006). Em 1988 o padre Ximenes Belo é nomeado bispo em Lorium, Itália. Demonstrando habilidade diplomática, o líder da Igreja no Timor-Leste mantinha as suas declarações públicas dentro dos limites dos direitos humanos, em que diluía as responsabilidades pelos conflitos – que eram inegáveis, pois estavam nas ruas – entre as forças militares indonésias e os integrantes da resistência (Mattoso, 2004). Sobre a posição da Igreja Católica nesta época, o historiador português José Mattoso escreve:

> [...] embora proclamasse o direito dos timorenses preservarem a sua cultura e as suas tradições, e, consequentemente, a obrigação de os

indonésios as respeitarem, não se opunha à multiplicação do número de padres vindos da Indonésia, e enviava os seminaristas a estudarem em seminários da ilha das Flores, na Indonésia (Mattoso, 2004: 177).

Por outro lado, o bispo Ximenes Belo, desde antes da sua nomeação, apoiava as iniciativas de resistência à Indonésia, como a criação, em 1985, da *Organização da Juventude Católica de Timor-Leste*, formada por jovens nacionalistas timorenses em Jacarta[20]. Em 1989, o bispo envia uma carta ao secretário-geral das Nações Unidas Javier Perez de Cuellar:

> O Povo do Timor tem de ser ouvido através de um pebliscito quanto ao seu futuro. Até agora o povo ainda não foi consultado. São os outros que falam em nome do povo. A Indonésia diz que o povo de Timor Timur já escolheu a integração, mas o povo do Timor nunca disse isso. Portugal quer deixar que o problema se resolva com o tempo. Enquanto isso nós vamos morrendo como povo e como nação (Arquivo e Museu da Resistência, Pasta 06436.024, tradução minha).

Neste mesmo ano, o papa João Paulo II, na sua visita à Indonésia, inclui Dili no roteiro. O bispo Ximenes Belo escreve, em 15 de abril de 1989, uma Carta Pastoral na qual afirmava:

> [...] O Papa não tem cessado de rezar pelo Povo de Timor e pela nossa Diocese. Ele sabe que em Timor, a maioria da população é católica, grande devoto de Nossa Senhora, e que este povo devota grande amor ao Santo Padre – o Papa. Ele sabe também que em Timor se sofre, se morre, que há abusos de direitos humanos. E sabe também que apesar de todas dificuldades, o Povo de Timor tem sabido manter-se firme na sua fé católica. [...] A sua visita será essencialmente uma visita espiritual, religiosa e pastoral. [...] O Papa não vem defender a integração, nem vem defender a independência, nem vem apontar soluções políticas ao problema de Timor. A missão do Papa no mundo é servir a todos os homens, apontando caminhos de fraternidade, de reconciliação, de perdão e da paz. [...] Além disso, o Santo Padre é demasiado santo, é demasiado puro, e nós não podemos nem devemos acusá-lo de vir a fazer política, ou muito menos instrumentalizar a sua presença entre nós, para agitar as nossas bandeiras partidárias. O Santo Padre está por cima dos partidos, das ideologias e dos governos. Ele é Pai de todos os homens, amigo de todos os povos, e servidor de todos, como Jesus Cristo! (Arquivo e Museu da Resistência 05002.048).

20. Arquivo e Museu da Resistência, Pastas: 05002.059 e 05002.060.

O papa João Paulo II chegou a Dili no dia 12 de outubro de 1989. Após desembarcar no aeroporto, por volta das 10 horas, foi até a catedral, onde foi recebido pelas autoridades clericais do país. De lá, foram todos para Tasi Tolu, local próximo ao aeroporto onde seria realizada a missa para a população. O papa e sua comitiva ficaram quatro horas em solo timorense. O governo, nos dias que antecederam a visita do papa, teria prendido aproximadamente 1,500 pessoas e proibido as deslocações de grandes grupos para Dili, além de colocar em alerta as forças de segurança (Mattoso, 2005: 148). Alguns dias antes da visita, durante os preparativos da cerimônia, *alguém vindo de fora teria dito sobre a postura do Vaticano que não podemos sacrificar a Igreja na Indonésia por 400.000 timorenses.* A missa transcorreu sem incidentes, porém, quando terminada a cerimônia, com o papa ainda no altar montado para a ocasião, iniciou-se um tumulto entre a polícia e os manifestantes, que protestavam contra a dominação indonésia. Imediatamente, a segurança cercou o pontífice, que pôde *seguir junto com sua comitiva, calmamente, para o aeroporto* (Felgueiras & Martins, 2006: 150-151). Nesta ocasião, muitos dos que participaram do protesto foram presos e torturados pela polícia indonésia. Conversei com um artista plástico timorense que participou desta manifestação. Ele contou-me que desejavam apenas mostrar o descontentamento da população com as agressões sofridas por aqueles que resistiam à dominação indonésia. No entanto, a polícia agiu com agressividade, espancando e prendendo vários dos seus companheiros. Ele, depois de alguns dias, também foi preso e levado para um posto policial.

> Amarraram-me [os policiais indonésios] na cadeira e quando eu não respondia o que eles queriam colocavam o meu pé embaixo da cadeira e faziam-me sentar em cima, ou então espancavam, jogavam água, davam choque, foi muito difícil. Eles queriam que eu entregasse os nomes dos líderes que organizaram a manifestação. [...] Chegou uma hora que não aguentei e falei o nome de várias pessoas para eles, daí eles me soltaram. Só que [sorrindo] falei o nome de amigos e de pessoas que já estavam mortas, então eles foram atrás, mas não encontraram ninguém.

Em 12 de novembro de 1991, ocorreu o massacre de Santa Cruz. Neste dia, foi celebrada, na igreja de Motael, uma missa em homenagem a Sebastião Gomes, jovem timorense morto durante uma ação de repressão policial no dia 28 do mês anterior. Após a missa, as pessoas seguiram em direção ao cemitério de Santa Cruz, com a intenção de colocar flores no túmulo de Sebastião. À medida que se aproximavam do cemitério, vários militantes dos grupos de resistência foram se juntando à procissão, levando cartazes com palavras de ordem reivindicando a independência. Quando o grupo já estava no cemitério, militares indonésios começaram a disparar contra a multidão, que então somava centenas de pessoas. Não há um número exato de mortos, pois muitos foram enterrados pelos próprios militares em valas comuns e vários feridos foram mortos após serem levados para o hospital[21]. Peter Carey comenta:

> [...] uns foram esmagados pelas rodas dos veículos no complexo hospitalar, outros apedrejados até a morte ou forçados a ingerir comprimidos de paraformaldeído [...]. Morreram lentamente e em agonia devido a hemorragias internas e a ataques cardíacos. [...] cerca de 80 timorenses capturados depois do massacre foram vendados, amontoados em camioes militares e levados para Bé Musi, um local de execução bem conhecido nos arredores ocidentais de Dili, onde foram executados por um pelotão de fuzilamento (Carey, 1995: 49-51).

Em 1996, dois novos acontecimentos, que estavam diretamente relacionados um ao outro, contribuíram para o fortalecimento da Igreja no Timor-Leste. Em 11 de outubro, é concedido ao bispo Ximenes Belo e a José Ramos-Horta o prêmio Nobel da Paz pelo *seu trabalho com vista a uma solução justa e pacífica para o conflito de Timor-Leste*[22]. O Nobel laureou formas distintas de atuação sobre o mesmo tema: o primeiro não se posicionava a favor ou contra a independência e buscava dissociar a sua

---

21. Estimativas apontam que, além das centenas de feridos, quase trezentas pessoas foram mortas e 250 foram declaradas desaparecidas (Amnistia Internacional, 1994; Paz é Possível em Timor-Leste, 1992). Xanana Gusmão, então líder da resistência, apresentou outros números nos quais, inicialmente, apontou 183 mortos, mas, em uma segunda contagem, declarou que foram assassinadas 356 pessoas (Arquivo e Museu da Resistência, Pasta 05002.128). Alguns dias depois do massacre de Santa Cruz, o padre Marcus Wanandi, em entrevista a rádio ABC da Austrália, tenta minimizar os fatos e diminuir a sua repercussão pública (Marques, 2004). Entretanto, jornalistas internacionais que estavam em Dili noticiaram o que ocorreu e as imagens em filme e fotografias daquele dia foram vistas em todo o mundo. Apesar de ter atingido notoriedade, segundo os padres Felgueiras e Martins, o massacre de Santa Cruz teria sido apenas um entre *muitos massacres levados a cabo pelas tropas indonésias em Timor: como o massacre de Krarás, Lacluta e tantos outros, que nós possivelmente nunca chegaremos a saber* (Felgueiras & Martins, 2006: 169). Em conversas com timorenses em Dili, Baucau e Ermera estes afirmaram que muitos crimes também teriam sido cometidos pelos próprios timorenses que participavam dos grupos pró-indonésia ou que denunciavam seus desafetos como sendo integrantes da resistência.

22. The Nobel Peace Prize, 1996.

imagem pública da resistência; o segundo não somente apoiava como era um dos representantes no exterior e um dos principais líderes do movimento de independência timorense. No mês seguinte, em 30 de novembro, é criada a segunda Diocese de Timor-Leste, em Baucau que, em conjunto com Dili, era a cidade econômica e politicamente mais importante do Timor Oriental.

Após a visibilidade conseguida com o Nobel da Paz, Ximenes Belo, ainda cuidadoso com as palavras, apesar de não manifestar contrariedade com a ocupação indonésia, passou a defender mais enfaticamente a necessidade de um plebiscito para decidir o futuro do país (Kohen, 1999). O Vaticano, por sua vez, reforça a posição de não integrar o clero timorense à Conferência Episcopal Indonésia, aumenta as críticas ao desrespeito dos direitos humanos, e passa a reivindicar uma solução para definir a identidade religiosa e cultural do Timor-Leste (Durand, 2004). A Igreja procurou capitalizar este momento para tentar legitimar o seu papel enquanto um agente significativo na proteção do povo e na construção do processo de independência. Podemos perceber o resultado desta iniciativa no preâmbulo da Constituição promulgada em 2002, na qual há um agradecimento à Igreja Católica pela sua contribuição para a democracia e a liberdade do Timor.

> [...] Na sua vertente cultural e humana, a Igreja Católica em Timor-Leste, sempre soube assumir com dignidade o sofrimento de todo o Povo, colocando-se ao seu lado na defesa dos seus mais elementares direitos (Timor-Leste, 2007: XIII).

Sob pressão internacional liderada pela ONU, em 1999, os governos de Portugal e da Indonésia acordaram a realização de um referendo sobre o *status* do território timorense[23]. A população deveria optar entre a autonomia, permanecendo como uma província indonésia, ou a independência. Apesar das ameaças de morte e dos constantes conflitos entre

23. Nos anos 1990 a Indonésia sentia os efeitos da recessão financeira, que atingiu a maioria dos países asiáticos, e tentava controlar as revoltas e manifestações internas contrárias ao governo centralizador e militarista do general Suharto. Este contexto precipitou a queda de Suharto em 1998, após 30 anos no poder. O novo governo iniciou um processo de abertura e democratização do país, bem como buscou o apoio da comunidade internacional para restabelecer a sua economia. Portugal, no mesmo período, estava mais fortalecido, devido aos tratados da União Europeia (1992) e de Amsterdão (1997) que estabeleceram, entre outras coisas, as bases comuns da política econômica e das relações externas dos países membros da comunidade europeia. Estes dois cenários contribuíram diretamente para a realização do referendo em Timor-Leste.

as milícias pró-autonomia e os defensores da independência, mais de 98% da população compareceu às urnas em 30 de agosto de 1999. O resultado contabilizou 78,5% dos votos a favor da independência. Após o referendo e até 2002, o Timor-Leste permaneceu sob administração transitória da ONU, coordenada pelo brasileiro Sergio Vieira de Melo. Com o apoio de assessores de diversas organizações não governamentais e cooperações bilaterais, a ONU iniciou o processo de estruturação administrativa e colaborou na implantação dos poderes Executivo, Legislativo e Judiciário. Além disso, iniciou o processo de reconstrução da rede de infraestrutura básica (fornecimento de água, luz e esgoto, entre outros), destruída durante os conflitos entre a guerrilha e o exército indonésio. Em 30 de agosto de 2001, foi eleita a Assembleia Constituinte, sendo 54 dos 88 deputados membros da FRETILIN. Em 22 de março de 2002, a Constituição da República Democrática do Timor-Leste foi aprovada e, em 20 de maio de 2002, foi finalmente promulgada a independência do país.

O Timor-Leste, que adotou um regime semipresidencialista, organizou administrativamente o seu território em treze distritos, formados por subdistritos, que, por sua vez, são compostos pelos sucos. Os sucos são organizações comunitárias que integram os subdistritos e estão estruturados a partir de *circunstâncias históricas, culturais e tradicionais e que tem área estabelecida no território nacional e população definida.* Cada suco é composto por aldeias que são definidas *por laços familiares e tradicionais* e ligadas *aos sucos por relações históricas e geográficas*, cabendo ao governo a definição do *número e a área dos sucos e respectivas aldeias*[24], que deverão ser administrados pelas *lideranças comunitárias*, compostas pelo chefe do suco, chefes de aldeias e conselheiros, eleitos por voto direto entre os seus próprios habitantes[25]. Atualmente, há 65 subdistritos, 442 sucos e 2,225 aldeias no país[26].

Conforme o Relatório sobre o Desenvolvimento Humano de Timor-Leste realizado pelo Programa das Nações Unidas para o Desenvolvimento (2004), o Estado timorense já nascera com graves problemas sociais, tais como: de um total de 750 mil habitantes, 41% estava abaixo da linha nacional de pobreza, com renda inferior a 55 centavos de dólar por dia; 45% da população com idade acima de 15 anos estava desempregada; 57% da

24. Lei nº 3/2009, Capítulo I, artigo 3º (Timor-Leste, 2009).
25. Lei nº 3/2009, Capítulo I, artigo 2º, 4º e 5º (Timor-Leste, 2009).
26. National Statistics Directorate, 2011.

população era classificada como analfabeta; e a expectativa de vida não ultrapassava os 57 anos.

Aliado a estas dificuldades, o governo timorense enfrentava o desafio de organizar em um Estado unificado uma população heterogênea, dividida em grupos sociais baseados nas relações de parentesco e na transmissão oral dos valores e histórias locais. Em Timor-Leste, apesar do Tétum e do Português serem os idiomas oficiais, e do Inglês e do Indonésio serem idiomas de trabalho, há ainda pelo menos 15 idiomas de origens papua ou malaio-polinésio e outras inúmeras variações linguísticas faladas nas diferentes regiões do país. Para Guterres (1994: 128), devido à variedade étnica e à organização destes grupos, *a ilha do Timor é um mosaico etnográfico*, tornando-se, segundo Schouten (2001: 158), em um *objecto de estudo privilegiado da antropologia física [...] orientação dominante da antropologia portuguesa nas colónias.* O linguista australiano Geoffrey Gunn (2001) afirma que, apesar da forte influência portuguesa devido aos quatro séculos de colonização, da tentativa indonésia de impor a sua cultura durante a ocupação e do projeto do atual governo timorense de construção de uma identidade nacional, ainda não se pode falar em uma identidade timorense, pois, na ilha, coexistem *múltiplas identidades.*

O atual primeiro-ministro Xanana Gusmão, diante das dificuldades do governo em administrar as inúmeras lideranças e formas de organização social dos diferentes grupos étnico-linguísticos, em mensagem no dia 20 de maio de 2003, quando ainda era presidente da República, durante as comemorações de um ano da independência oficial do Timor, declarou:

> [...] É absolutamente necessário que haja eleições para o poder local, para que haja uma sinergia de confiança e responsabilidade, permitindo-se assim que os chefes possam ter a capacidade de organizar e, sobretudo, de mobilizar as populações. Ainda existe a tendência de que, agora, ninguém manda em ninguém, criando-se a confusão que existe (Gusmão, 2003: 4).

Neste contexto, a Igreja Católica, que, em 2004, era a religião professada por aproximadamente 96% da população[27], torna-se uma importante aliada no processo de estabilização do país. No entanto, as

27. Dados do Censo realizado em 2004. Foram consideradas para as estatísticas as pessoas acima de seis anos de idade (National Statistics Directorate, 2006: 78-79).

relações com o governo liderado pela FRETILIN continuavam tensas. O principal embate público entre os dois atores sociais que reivindicavam papel de destaque na proteção do povo durante a ocupação, e no processo que levou à independência, ocorreu em 2005. O governo, chefiado pelo primeiro-ministro Mari Alkatiri, que é muçulmano, divulgou oficialmente a sua intenção de tornar o ensino religioso uma disciplina facultativa nas séries iniciais das escolas públicas. Conforme o projeto-piloto, que seria testado inicialmente em 35 escolas, os alunos não seriam avaliados, teriam aulas em horários fora da grade curricular e a formação e remuneração dos professores ficariam ao encargo das instituições religiosas.

Este projeto provocou reações da cúpula da Igreja Católica, que organizou uma manifestação pública em Dili. Os padres de todo o Timor foram convocados a reunirem pelo menos 50 fiéis das suas respectivas paróquias para participarem das manifestações na frente do Palácio do Governo. Com receio de que os protestos se transformassem em conflitos entre manifestantes e a polícia timorense, desestabilizando o incipiente processo de reconstrução do país, o governo recuou na sua decisão. Conforme Silva (2007), os conflitos que se constituíram ao redor desse tema:

> [...] são expressivos dos diferentes projetos para construção do Estado-Nação existentes no país, bem como das disputas entre distintos grupos de elite com relação ao papel que desempenharam no processo de conquista da independência. Os embates evocam ainda um incipiente debate sobre a construção de uma memória nacional, pelo que a Igreja católica demanda um correto reconhecimento do Estado diante do papel por ela desempenhado na resistência à ocupação indonésia (Silva, 2007: 214).

No ano seguinte, em 2006, uma crise político-militar derrubou o governo[28]. Ramos-Horta, ex-ministro dos Negócios Estrangeiros, assume o cargo de primeiro-ministro e caminha para uma relação mais próxima

28. Em fevereiro de 2006, um grupo de integrantes das Forças Armadas timorenses (F-FDTL), na maioria originários de distritos da região Oeste do país, entregou uma petição ao presidente da República alegando ser vítima de discriminação por oficiais do Comando frente a seus colegas de distritos ao Leste. Este grupo passou a ser conhecido como "peticionários". Como resultado deste impasse, cerca de 40% dos integrantes das F-FDTL (595 pessoas) deixaram os quartéis, liderados pelo tenente Gastão Salsinha, desencadeando uma série de conflitos no país, que culminaram na renúncia do primeiro-ministro Mari Alkatiri. Para algumas análises sobre o período conferir Scambary (2009) e Kammen (2010).

com a Igreja Católica[29]. Durante a campanha eleitoral para a Presidência da República, em 2007, Ramos-Horta lançou-se candidato associando à sua imagem a símbolos católicos. Era comum ver nas ruas de Dili cartazes e pessoas usando camisetas com uma imagem do candidato ao lado do papa Bento XVI. Ramos-Horta também incluiu entre as suas propostas de campanha a concessão de um subsídio de 10 milhões de dólares para a Igreja Católica. No dia da votação que o elegeu, Ramos-Horta compareceu às urnas usando uma camiseta que estampava o rosto de Jesus Cristo. Em maio de 2007, pouco depois de assumir a presidência do país, Ramos-Horta, quando questionado sobre a laicidade do governo timorense, declarou ao jornal *Folha de São Paulo:*

> O governo é laico. Mas o ser laico não significa que não deve ter relações muito estreitas com a Igreja. O chamado laicismo, ou secularismo europeu, não se aplica em Timor-Leste. Às vezes nós queremos copiar modelos de fora, esquecendo que nós não estamos no estágio de desenvolvimento de uma Europa, que levou séculos, muitas gerações, para chegar à atual situação de coexistência entre o Estado e a Igreja. No nosso país, a Igreja é extremamente importante, indispensável para a construção do Estado, da paz e estabilidade. Pois é a única instituição com séculos de existência – o Estado é novo, não tem mais do que cinco anos. É frágil, porque é novo, porque é recente (Folha de São Paulo, 11/02/2008).

Em 11 de fevereiro de 2008, após regressar de uma visita diplomática ao Brasil, o presidente sofreu um atentado que foi atribuído ao grupo de militares dissidentes do exército envolvidos na crise político-militar de 2006. O país entra em estado de alerta e corre nas ruas o boato de que poderá haver eleições antecipadas. Foi nestas condições que cheguei ao Timor-Leste, em abril de 2008. O toque de recolher impedia a circulação de pessoas e de carros civis após as 22 horas. Inicialmente instalado em Dili, capital do país, dediquei-me a conhecer e a me familiarizar com os códigos e costumes locais e a aprender o Tétum. O Português, embora seja com o Tétum o idioma oficial do país, é falado por apenas 13% da população, principalmente entre as pessoas acima dos 50 anos que vivenciaram o período português e que pertencem às elites políticas e econômicas de

29. Ramos-Horta foi ministro dos Negócios Estrangeiros de 2002 até o final de junho de 2006, quando renunciou em protesto à permanência de Mari Alkatiri no cargo de primeiro-ministro. No mês seguinte, no dia 8 de julho, após a renúncia de Alkatiri, Ramos-Horta é nomeado primeiro-ministro.

Dili (National Statistics Directorate, 2006). A ideia inicial era, após este período de reconhecimento, concentrar as minhas observações em um suco de Dili que possuísse uma capela ou igreja. Porém, nesta primeira fase da pesquisa, visitei várias regiões do Timor. Uma delas foi Ataúro.

Considerada administrativamente um subdistrito de Dili, Ataúro é uma ilha de origem vulcânica que possui uma área de 144 km^2, na qual residem aproximadamente nove mil pessoas, divididas em cinco sucos: Bikeli, Beloi, Vila Maumeta, Makili e Makadade. Além dos barcos dos pescadores locais, a travessia entre Ataúro e Dili é feita pelo Nakroma, navio do governo que faz o trajeto uma vez por semana, aos sábados, saindo do porto em Dili e atracando no cais do suco Beloi. Na ilha, além do Tétum, são faladas três variações linguísticas de origem wetariana, o Rasua em Beloi e Bikeli, o Raklungu em Makadade e o Hresuk em Makili[30]. No suco Vila Maumeta, sede administrativa do subdistrito, onde residem pessoas de várias partes de Ataúro e do Timor-Leste, o Tétum é utilizado como língua preferencial para se comunicarem.

Conforme os ataúrenses, o nome original da ilha seria Manukoko[31], o mesmo da montanha mais alta de Ataúro, que possui 995 metros. De acordo com uma das versões correntes entre a população local a troca ocorreu antes mesmo da presença portuguesa, pois timorenses de outras regiões já chamavam a ilha de Ataúro, nome que acabou se popularizando com o tempo. Ataúro seria, segundo as pessoas da comunidade onde realizei a pesquisa, a combinação das palavras em Hresuk *atan* que significa servo e *urun*, que é o nome dado aos recipientes feitos de casca de coco utilizados à época para comer e beber[32]. Os indonésios também a

30. Segundo os Manroni, comunidade cujo reino foi extinto no tempo português, estes possuem uma linguagem própria usada entre eles, principalmente na aldeia Ili Timur, que faz parte do suco Makadade, conhecida por Dua ou Klunguvava. Esta forma de comunicação oral seria uma variante do Dadua falado na região de Manatuto – que também é de origem wetariana –, e muito semelhante ao Raklungu, falado no suco Makadade.

31. *Manu* é uma palavra que vem do Tétum Térik e significa galo, *koko* seria uma alusão ao som produzido pelo canto do galo.

32. Mesmo entre os habitantes de Ataúro esta história não é unânime. Entretanto, parece pouco provável que as pessoas de outras regiões do Timor utilizassem as expressões em Hresuk para referirem-se à ilha em detrimento das suas próprias variantes locais. Além disso, a palavra *Atan* é oriunda da expressão Ata do Tétum Térik, linguagem dos Belos que governavam a parte oriental do Timor antes da presença portuguesa. Outra versão desta história seria que os navegadores malaios é que teriam modificado o nome da ilha durante o período em que estiveram no Timor. Há ainda a versão, menos conhecida e aceita, de que Ataúro seria uma corruptela do nome de um dos grupos familiares de Makili chamado Hataur Opun, ou os donos do medo, aqueles que aterrorizam. Entretanto, não encontrei registros históricos ou qualquer mito local que confirme estas versões ou que faça referência à troca do nome da ilha para Ataúro.

chamavam de Pulau Kambing, ou ilha das cabras, devido à grande quantidade destes animais.

Historicamente utilizada como prisão, tanto pelos portugueses como pelos indonésios, Ataúro ficou à margem da maioria dos conflitos vivenciados no país. O próprio catolicismo chegou tardiamente a Ataúro, se comparado com os demais locais do Timor: somente depois das primeiras quatro décadas do século XX é que a ilha começou a receber maior atenção por parte da Igreja. No entanto, sob a responsabilidade da paróquia de Motael, em Dili, Ataúro nunca teve padres residentes. Estes visitavam a ilha esporadicamente para realizar casamentos e batismos, sendo os catequistas nativos as principais autoridades católicas locais. Esta realidade só mudou em 2005, quando dois padres italianos, que viveram no Brasil durante 40 anos, e que demonstram influências da Teologia da Libertação, passaram a morar e a trabalhar em Ataúro. A falta de uma atuação mais significativa da Igreja Católica durante tanto tempo favoreceu o trabalho de missionários protestantes vindos das ilhas indonésias de Wetar e Alor. Contudo, estes enfrentavam a resistência da Igreja Católica que, por vezes, expulsava-os, e seu trabalho teve pouca repercussão (Durand, 2004). Os protestantes começaram a se afirmar no Timor-Leste a partir de 1962, quando, contando com o apoio de missionários portugueses e indonésios, um grupo de timorenses fundou a Assembleia de Deus na cidade de Dili. Em 1978, o pastor timorense João Gomes e sua esposa Fátima Gomes foram a Ataúro para desenvolver um trabalho de evangelização. Conversando com um pastor assembleiano em sua casa, no suco Beloi, este me disse que, no ano seguinte, ocorreu um terremoto que, junto com uma intensa chuva, provocou deslizamentos de terra, destruindo várias casas e as plantações que ficavam nos terrenos próximos ao mar. Os líderes assembleianos utilizaram este fato para anunciar a necessidade de as pessoas se converterem. Com receio que o fim do mundo estivesse próximo, praticamente toda a população da ilha aderiu ao cristianismo assembleiano.

Atualmente, todos os habitantes de Ataúro integram a Igreja Católica ou a Assembleia de Deus. Se no Timor-Leste, de forma geral, os protestantes correspondem a 1,79% da população[33], em Ataúro, segundo a

33. Em 1955, eram apenas 30 protestantes, subindo para 10,500 em 1981 (Durand, 2004: 69), em 2004 as Igrejas protestantes tinham 16,616 fiéis acima dos seis anos de idade entre a população de 923,198 habitantes (National Statistics Directorate, 2006: 78-79) e em 2010 este número aumentou para 23,219 pessoas de uma população de 1,066,409 habitantes (National Statistics Directorate, 2011).

Administração do subdistrito, a Assembleia de Deus é frequentada por cerca de 80% das pessoas. Os sucos Bikeli e Beloi são totalmente assembleianos e nos sucos Makadade e Vila Maumeta os evangélicos correspondem a mais da metade dos moradores[34]. A exceção é Humangili, nome original em Hresuk do suco Makili[35], que, conforme os dados fornecidos pelo conselho do suco, em 2010, entre os seus 2,116 habitantes, 1,732 eram católicos e 384 eram assembleianos. Apesar de serem todos cristãos, os Humangili são considerados entre os ataúrenses como aqueles que mais conservam o sistema de crenças nos espíritos da natureza e dos antepassados. Diante deste cenário, optei por concentrar as minhas observações nesta comunidade.

Os Humangili não são um grupo homogêneo. Além das diferenças religiosas, há as geracionais, econômicas e entre aqueles que residem no próprio suco e os que moram em Vila Maumeta, em Dili ou em outros distritos do país. Tendo em vista que o conceito de comunidade enquanto uma organização marcada pela unidade dos seus membros, está baseado em convenções que são artificialmente construídas (Bauman, 2003: 18), quando me refiro à comunidade Humangili, estou falando das pessoas que residem no próprio suco e que se reconhecem e são reconhecidas internamente entre os seus pares como sendo Humangili. Neste sentido, também utilizo a noção de comunidade para falar dos católicos e dos assembleianos.

Localizados na parte sudeste de Ataúro, a cerca de 30 km de Dili, os Humangili ocupam uma área aproximada de 9 km² de geografia aciden-

34. Há um pequeno grupo católico, constituído por aproximadamente 30 pessoas de uma mesma família, que reside na periferia do suco Beloi, às margens da estrada que leva até o suco Vila Maumeta. Porém estas pessoas não são de Beloi, mas sim do grupo etnolinguístico Manroni e, com o apoio da Igreja Católica, desceram das montanhas e se instalaram naquele local, lá construindo uma pequena capela, alegando que aquela terra pertencia aos seus antepassados.

35. Para os habitantes da comunidade, Humangili é o nome da terra onde vivem e não uma designação deles próprios enquanto um grupo social. Como eles não possuem uma designação/palavra para identificarem-se, utilizando geralmente as expressões "U Humangili", "Humangili anak" ou "U mia ne Humangili" – "eu sou de Humangili", "morador de Humangili" ou "eu vivo em Humangili" respectivamente – optei por identificá-los como Humangili. O significado de Humangili se perdeu com o tempo e mesmo as pessoas mais idosas não sabem afirmar a origem do nome. Uma possível explicação para o nome pode ser que *Huma* seja uma corruptela ou uma versão arcaica de *Ruma*, que em Hresuk significa casa (em Malaio e Indonésio *Rumah*, em Balinês *Umah*, em Tétum Térik e Galole *Uma*), e *Ngili* é a variação de *Kngili* que significa cócegas, ou calmo. Assim, Humangili pode ser entendida literalmente como a casa das pessoas calmas, ou das pessoas que sentem/fazem cócegas (no sentido de estarem sempre sorrindo). Isto vai ao encontro da imagem que os Humangili construíram sobre si mesmos, como veremos mais adiante, de serem pessoas cordiais e pacíficas, bem como, explica o nome Makili que, em Tétum Térik, significa "sentir cócegas", ou sua variante Makilik, "quem faz sorrir", "engraçado".

tada e montanhosa, que se estende do mar até o Manukoko, dividida em quatro aldeias: Hatulela, Masilihu, Maulaku e Maumeta. Os Humangili também estão divididos em 12 grupos familiares, denominados *Lisan*[36], que, por sua vez, apresentam ramificações:

> Hatauk: Korarek; Rulele; Dakokon; Masilihu; Mauranga; Maulele; Maulolo; Kiri Plohun;
> Hatudalas: Lemenaru; Mau Hu'u; Kenakeu; Mautada; Kailaik; Humaheuknian; Nusapireti;
> Hnelak: Hatuklae; Pleden; Lo'o;
> Hnua Le'en: Masilihu; Atareti; Sulikrai; Lengesi; Rarepolik; Maurika; Takrae Marad;
> Luli ou Lulopun: Kanapou; Kanumau; Maurika; Rumadore; Lo'anan; Opratu; Ruma Ko'in; Pisin; Pikolo; Kola; Mauranga; Ruma Heru;
> Maule'ek: Dudunian; Maurika; Ngleten; Leoknan;
> Mausera: não possui ramificações;
> Mautuda: Isahe; Tulipeun; Oe-mula; Tuahata; Mautuda; Selenga, Suru'asa;
> Rumamaru: não possui ramificações;
> Soluan: Meturu; Hatuta; Isaik; Dah Nohom; Maunua; Humaharu; Rerein;
> Tetoha: Laularan; Noklete;
> Tutunopun: Inunu Ngliran; Kahisipak; Kilukatin; Laudai; Lemenaru; Manrate; Nusahelin; Rulele.

Havia ainda uma décima terceira *Lisan*, chamada Tulai. Porém, segundo os Humangili, os membros deste grupo enfrentavam dificuldades de acesso a terra e estavam constantemente em conflito com outros grupos, o que contribuiu para que se dividissem e fossem incorporados por outras *Lisan*[37]. As *Rumanan*, ou *casa pequena*, nome em Hresuk para as ramificações, surgiram a partir das divisões entre os grupos familiares, que se separavam devido a desentendimentos entre os seus líderes e fundavam novos grupos. Se entre os Rumamaru e os Mausera, que não possuem ramificações, a *Lisan* constitui o centro das suas relações e os associa em graus de parentesco a ancestrais comuns, o mesmo não acontece com as demais *Lisan*. Atualmente, de forma geral, as *Lisan* Humangili atuam mais como um

36. *Lisan* é uma palavra em Tétum que foi incorporada ao vocabulário Humangili.

37. Entre os motivos destas disputas está o fato de que os integrantes da *Lisan* Tulai, em sua maioria, eram descendentes do grupo Manroni, que até o início do século XX possuía um reino próprio. Conceder terras para os Tulai representaria a diminuição das terras dos Humangili.

vínculo, por vezes frágil, que relaciona as diferentes *Rumanan* conferindo, como veremos mais adiante, determinadas características psicológicas e comportamentais aos seus integrantes. Por outro lado, as *Rumanan* são independentes entre si e cada uma possui suas próprias lideranças, histórias, interditos alimentares, vínculos a determinados personagens ancestrais e uma *Ruma Luli*, ou casa sagrada. Ao mesmo tempo em que a *Rumanan* está associada à sua *Lisan* de origem, não há uma fidelidade exclusiva à *Lisan*, sendo, muitas vezes, mais importante para os Humangili a relação com a ramificação a qual pertencem, ou, mesmo, com a aldeia em que residem. Por sua vez, as *Ruma Luli* – apesar das igrejas, dos salões paroquiais, das capelas católicas, da sede do suco e da escola primária estarem, a cada ano que passa, se constituindo em locais para reuniões diversas –, ainda são espaços físicos e simbólicos privilegiados para a resolução de conflitos, atualização da sua cosmologia, para o senso de unidade de grupo e transmissão dos valores e histórias herdados dos antepassados, para arranjos e celebrações de casamentos, negociações e encontros entre os líderes das *Rumanan*[38].

A organização social Humangili em torno das *Lisan* e das *Rumanan* com vínculos as suas respectivas *Ruma Luli* confere-lhes características que permitem observá-las por meio do conceito de Casa. Segundo Lévi-Strauss, a Casa seria um estágio evolutivo intermediário entre os grupos sociais baseados no parentesco e as chamadas sociedades complexas configurando-se em *pessoa moral com bens materiais e imateriais transmitidos em linha real ou fictícia* cuja continuidade é expressa na *linguagem do parentesco ou da aliança, e, mais comumente, das duas ao mesmo tempo* (Lévi-Strauss, 1994: 190). James Fox, ao estudar a noção de Casa entre grupos sociais austronésios – centrado na casa física enquanto um local sagrado –, afirma que esta é um *ritual attractor*, podendo ser uma combinação *de teatro e templo para a realização das cerimônias da vida social* (Fox, 1993: 1-2). Andrew McWilliam, sobre a noção de Casa para os grupos

38. Com variações no estilo arquitetônico e determinados objetos de uso e seus significados a *Casa Sagrada*, ou *Uma Lulik* – como é conhecida em Tétum – pode ser encontrada em todos os grupos sociais timorenses. Traube (1986) comenta que a *Uma Lulik*, entre os Mambai, refere às moradias e os grupos sociais que estão relacionados entre si por uma fonte ou origem local, sendo usadas apenas para rituais específicos. Hicks (2004), ao estudar grupos falantes de Tétum Térik na região de Viqueque, afirma que a *Uma Lulik* é um local onde são guardados os objetos considerados sagrados por um grupo familiar, realizadas as cerimônias e estabelecidas as relações entre os antepassados e os seus descendentes. Para Clamagirand (1982), esta seria a base das relações sociais dos grupos Kemak por ela pesquisados. Para outras visões, conferir: Cinatti et al. (1987); Souza (2007); Trindade (2011).

sociais timorenses, busca ampliar a proposição de Fox (1993) ao escrever que esta é *simultaneamente, uma construção social e um foco ritualizado para a articulação das relações sociais e de intercâmbio entre os membros da 'casa'* (McWillian, 2005: 28). No entanto, outros estudos realizados em comunidades ameríndias e do Sudeste Asiático (Carsten & Hugh-Jones, 1995; Lea, 1999; Gillespie, 2000, por exemplo) propõem que a Casa apresenta inúmeras formas de se manifestar e, portanto, não pode ser entendida como um modelo específico aplicável aos diversos grupos sociais. No caso Humangili, a Casa que pode ser observada a partir das *Lisan*, das *Rumanan*, das *Ruma Luli*, ou da interação entre estas, é uma referência simbólica, psicológica, política, cosmológica, hierárquica, material e espacial para pensarem sobre si mesmos e organizarem-se socialmente. Porém, a centralidade de cada um destes aspectos na vida cotidiana das pessoas e nas relações com outros grupos familiares é flexível, relacional e, por vezes, contestada. Tendo em vista estas características utilizo a noção de *Casa* como um conceito heurístico, amplo e circunstancial, que não encerra, mas fornece uma chave de leitura interessante para pensarmos as dinâmicas locais.

A minha inserção na comunidade foi gradual. Após explicar os objetivos da pesquisa a alguns dos líderes do suco, morei, inicialmente, em uma construção da Igreja Católica próxima ao mar. Os Humangili, embora sejam amistosos, também são resistentes à intromissão de pessoas de fora da comunidade nos seus assuntos domésticos. Sabendo disso, esperei que eles me incluíssem nas suas relações sem forçar o contato. Nestes primeiros dias procurei despertar-lhes a curiosidade sobre a minha presença. Acordava às cinco horas da manhã, preparava a lenha para esquentar o café que havia levado, assistia os pescadores saírem para a pesca, fazia alguns exercícios físicos, mergulhava no mar, ia buscar água na fonte *Ipua*, enfim, deixava o tempo passar e enquanto isso tentava me apropriar de alguns códigos e do ritmo de vida local. Com a minha presença diária, aos poucos, as pessoas começaram a se aproximar. Primeiro vieram as crianças, depois de alguns dias os adolescentes e finalmente os adultos. Conversávamos sobre as pescarias, a agricultura, os problemas da seca, os motivos que me levaram até a comunidade entre outros assuntos. Em nenhum momento lhes fazia perguntas diretas, deixando que eles determinassem o rumo da conversa.

Lentamente, os Humangili começaram a me incluir nas suas atividades de pesca, agricultura e cerimônias diversas. Após alguns meses de pesquisa, fui convidado por duas pessoas para residir em suas casas. Porém, preferi continuar utilizando as capelas católicas e a tenda como moradia. Isto se deu por vários motivos: as casas Humangili na sua maioria são pequenas, com aproximadamente 25 m^2, e têm uma ou duas peças, divididas por cortinas, em que moram todos os integrantes do núcleo familiar. A minha presença prolongada dentro das suas casas iria provocar transtornos, tanto para eles como para mim; e, ao aceitar o convite, estaria associado à família com quem passaria a morar o que, dependendo das relações estabelecidas por ela, poderia dificultar o meu acesso às demais pessoas. Além disso, ao residir nas suas casas estaria, pelo sistema de reciprocidade da comunidade, obrigado a retribuir com os trabalhos domésticos, pescarias e na agricultura; enquanto morando sozinho teria maior flexibilidade para ajudar outras famílias nestas tarefas, ampliando o meu campo de observação. Por fim, ao usar as capelas católicas distribuídas nas aldeias e a tenda, teria maior liberdade de movimentação, pois poderia focar as minhas observações em um mesmo lugar durante um longo período de tempo sem precisar subir e descer a montanha todos os dias. Se no início o fato de utilizar dependências da Igreja Católica provocou certa confusão em algumas pessoas sobre a minha suposta ligação com a instituição, com o desenrolar da pesquisa e o contato mais próximo com a comunidade, esta impressão foi desfeita.

Durante a pesquisa, realizada entre junho de 2008 e agosto de 2010, encontrei apenas quatro Humangili que compreendiam português, sendo que dois moravam em Dili. A forma corrente de comunicação entre eles é o Tétum e o Hresuk, alternando, às vezes, na mesma frase, palavras de um e outro. Esta foi uma das razões pelas quais optei por identificá-los com os nomes em Hresuk, ao invés dos nomes portugueses, que são atribuídos durante o batismo nas igrejas cristãs. Outro motivador foi a tentativa de contribuir para a preservação destes nomes uma vez que, embora sigam sendo transmitidos de geração a geração, já não são utilizados no cotidiano, e hoje muitos Humangili desconhecem os nomes em Hresuk de pessoas que não fazem parte dos seus núcleos familiares. Já os nomes portugueses, que também são chamados de *nomes de batismo na Igreja*, geralmente, são atribuídos conforme a data de nascimento, ou de acordo com um personagem bíblico, santo do dia ou do mês em que nasceram, sendo comum encontrarmos Marias, Joanas, Antonios, Josés, Carlos, Domingos, entre outros. Alguns nomes, no entanto, foram omitidos para preservar a identidade das pessoas e evitar possíveis constrangimentos.

Outro recurso para identificá-los foi situá-los no contexto mais amplo da comunidade localizando-os pela idade[39], pelas *Lisan* e *Rumanan*, pela posição hierárquica que ocupam ou pela Igreja que frequentam, por serem alguns dos diacríticos utilizados pelos próprios Humangili para identificarem uns aos outros.

Este trabalho está dividido em quatro capítulos, nos quais, por meio da observação participante, consulta a dados históricos, jornalísticos e estatísticos analiso as influências da religião[40] nas disputas políticas, nas relações hierárquicas, no sistema de trocas e circulação de bens, nos arranjos matrimoniais e o significado do cristianismo para os Humangili. Como estes assuntos são centrais nas relações sociais da comunidade, procurei com esta abordagem aliar os meus objetivos de pesquisa a aspectos relevantes para os próprios Humangili. No entanto este texto, na forma como está apresentado, apesar do diário de campo preceder à escrita final, foi organizado/registrado depois dos eventos aqui descritos e a separação temática dos capítulos é um recurso que utilizei para circunscrever as análises e sistematizar a apresentação das informações, pois, no cotidiano, estes assuntos estão todos diretamente interligados. Diante desta construção narrativa dos dados etnográficos eu, enquanto um agente/ator/personagem da pesquisa – apesar do cuidado para dar visibilidade às múltiplas vozes presentes – ocupo uma posição de certa forma privilegiada por, também, ser o narrador e o editor da história. Considerando isto – bem como, as características dialógicas do encontro etnográfico –, durante todo o processo que envolveu este estudo, procurei desenvolver uma reflexão pessoal que considerou, entre outras questões: as minhas resistências, projeções, influências intelectuais e esquemas lógicos e simbólicos que interferem/interagem nas minhas escolhas e

39. As idades são aproximadas, com base apenas no testemunho pessoal, pois muitos Humangili, principalmente os mais velhos, não sabem precisar a data do seu nascimento. Entre a população mais jovem a dificuldade está no fato de que alguns foram registrados somente anos depois do nascimento, ou mesmo quando adultos.

40. A expressão "religião" não é utilizada aqui enquanto um conceito com sentido único e impermeável as tensões históricas e sociais. Como veremos adiante, para os Humangili a religião, por vezes, está associada a um conjunto de comportamentos, símbolos, crenças, normas e cerimônias; ou a uma instituição/grupo específico; as atividades desenvolvidas por determinadas pessoas; para marcar posições hierárquicas; bem como diferenças e semelhanças entre grupos de interesse. O uso da categoria "religião" assume diferentes ênfases de acordo com o contexto. Isto contribui para que as noções sobre religião além de reproduzirem também promovam o surgimento de discursos e subjetividades. Para algumas reflexões sobre a contextualidade do conceito de religião, que pode, inclusive, relacionar concepções locais e globais, conferir: Asad (1993); Boarccaech (2009); Velho (2010).

análises. Esta introspecção - que nem sempre é evidente na descrição dos resultados - possui um alcance restrito e não diminuiu a subjetividade do meu olhar, mas contribuiu para que eu reconhecesse e nominasse alguns dos aspectos emotivos, psicológicos e subliminares que influenciaram as minhas ações, reflexões e decisões. Portanto, esta etnografia se constitui em uma possibilidade de percepção da organização social e das interações pessoais entre os Humangili. Para finalizar, na última parte deste trabalho, apresento o dicionário de Hresuk-Português, como uma tentativa de conservar minimamente esta forma de comunicação que é essencialmente oral.

INTERFACES E DISTANCIAMENTOS

Em Humangili, há dois grupos hierárquicos paralelos que, por vezes, sobrepõem-se na administração política da comunidade. Um é formado pelas lideranças comunitárias, eleitas por voto direto, que são constituídas pelo chefe do suco, chefes de aldeias, duas mulheres, um idoso(a), e um casal de jovens que tenham, no momento da eleição, entre 17 e 30 anos de idade[41]. Este sistema de escolha dos líderes locais por meio do voto direto é comum a todo o território timorense, tendo sido as primeiras eleições realizadas em 2004[42]. O direito universal ao voto está previsto na Constituição do país, em vigor desde 2002, que também garante a igualdade de direitos para todo o cidadão, independentemente de sexo, religião, etnia, posição social, econômica, linguística, ideológica, instrução ou condição física e mental[43]. O outro grupo hierárquico, mais antigo, está organizado de forma patriarcal, de sucessão hereditária e patrilinear[44], em que o núcleo familiar é a base das relações sociais e o *Ruma Opun*, ou chefe da família, tem total autoridade sobre os seus membros. As principais figuras de poder deste sistema - que passarei a identificar como hereditário - são os chefes das aldeias alçados a esta condição pela hereditariedade, os *Lelai't*, que desempenham a função de chefes das *Lisan* e *Rumanan*; e os *Haha Opun*, responsáveis por guardarem e transmitirem as histórias da comunidade e dos grupos familiares[45].

---

41. Estes integrantes compõem o Conselho do Suco, que, após eleito, em sua primeira reunião, deve apontar um *Lia Nain* - expressão em Tétum que significa palavra+dono e corresponde ao *Haha Opun* Humangili - que passa também a integrar o referido Conselho. Conferir Lei nº 3/2009 de 8 de julho, Capítulo I, artigo 5º, parágrafo 2, letra D, e parágrafo 3º (Timor-Leste, 2009).
42. Apesar da eleição direta para o conselho de suco ter sido oficialmente instaurada no Timor-Leste independente no ano de 2004, o sistema de eleição direta para chefe de suco iniciou em 1982, durante o período da ocupação indonésia.
43. Timor-Leste (2002), Parte II, Título I, artigo 16º.
44. No entanto, a transmissão do poder não está restrita ao filho mais velho, podendo ser concedida a um dos filhos mais jovens.
45. No passado havia a figura do *Eran*, que em Tétum é conhecido como *Liurai*. Os *Eran*, cuja sucessão era hereditária, pertenciam a *Lisan* Soluan. No entanto, a posição dos *Eran* enfraqueceu com a invasão indonésia, que obrigou as comunidades a escolherem por meio de um conselho os seus representantes. Esta determinação recebeu apoio de alguns dos líderes locais, que aproveitaram o momento para fortalecer as suas Lisan ou, por alianças, também poderem exercer estas funções. Atualmente, embora sem os mesmos poderes e influência, o cargo que mais se aproxima dos antigos *Eran* são os chefes de suco eleitos. As funções de *Lela'it* e *Haha Opun*, por vezes, são exercidas pela mesma pessoa. Porém, quando há na *Rumanan* homens mais velhos que os *Lela'it* e que exercem certa influência e conhecem as histórias do grupo familiar, dividem com este a função de *Haha Opun*.

Os Humangili, de forma geral, afirmam que o país é democrático e o povo tem o direito de escolher os seus representantes. Os líderes eleitos são respeitados e possuem um raio de ação, estipulado em Lei[46], reconhecido e aceito por todos. Porém, o alcance das suas decisões encontra legitimação somente se estas não forem de encontro às dos líderes do sistema hereditário. As interferências não são vistas com bons olhos e podem inclusive deslegitimar as lideranças eleitas.

Apesar de declararem reconhecer os líderes eleitos e valorizar a escolha democrática por voto, percebi que há entre os Humangili opiniões divergentes com relação à eficácia da democracia. Para uns, ela é um fator positivo, que permite a troca de ideias e a alternância nos postos de poder, favorecendo o equilíbrio de forças na comunidade. Para outros, ela quebraria a estabilidade social. Outras vezes, é encarada como algo difícil de ser colocado em prática, pois "muitas pessoas não entenderam" o seu significado, ou ainda "não sabem escolher corretamente" os seus representantes. O próprio primeiro-ministro Xanana Gusmão contribuiu para esta discussão ao declarar, no discurso de abertura da *Reunião de Timor-Leste com os Parceiros do Desenvolvimento* realizado em 7 de abril de 2010, em Dili, que a *melhor base da democracia é o desenvolvimento*, que não há *padrões de 'velha democracia' para serem exportados para novas democracias e* que esta deve ser aplicada *à realidade de cada país e considerada como processo em evolução e não como um fim em si mesmo*[47].

Para termos uma ideia das tensões na distribuição do poder e de papéis sociais entre os sistemas estatal e local, em setembro de 2008, uma equipe formada por timorenses ligados aos *Avocats Sans Frontières* com o apoio da *Irish Aid* foi a Humangili falar sobre o sistema de Justiça do país. Estavam presentes, na sede do suco, muitas crianças, mulheres, adolescentes, os integrantes do conselho do suco e alguns *Lela'it* e *Haha Opun*. Durante a conversa, o grupo apresentou um filme educativo e explicou que problemas com furtos, disputas de terra e agressões físicas deveriam ser comunicados à polícia que, por sua vez, após investigação, levaria o caso às demais instâncias legais em Dili como os defensores públicos, os promotores e o juiz. Os *Lela'it* e *Haha Opun*, que normalmente são acionados para resolver os problemas na comunidade, não teriam autoridade para

46. Lei nº 3/2009 de 8 de julho (Timor-Leste, 2009).
47. Discurso de S.E. Primeiro-Ministro Kay Rala Xanana Gusmão por Ocasião da Sessão de Abertura da Reunião de Timor-Leste com os Parceiros de Desenvolvimento, Dili, 7 de abril de 2010.

interferir nestas questões. Ao perceberem o rumo da conversa, estes se levantaram um a um e, sem falar nada, saíram da sala.

Quando o encontro terminou, estavam presentes somente alguns integrantes do conselho do suco, crianças e poucas mulheres. Depois de tudo encerrado, conversei com algumas pessoas que estavam do lado de fora da sede do suco comentando o que havia sido dito no encontro. Karahuin, católico, 67 anos de idade e *Lela'it Soluan Hatu Ta*, com a anuência de todos, falou que as pessoas vêm a Humangili só para dizer que eles têm que procurar a polícia e ir à justiça em Dili. Mas como farão isto, perguntou, "se o povo não tem dinheiro e não tem como ir a Dili", acrescentando que é melhor resolver os problemas internamente na comunidade "porque a justiça – referindo-se ao sistema jurídico estatal – não resolve nada". Estas resistências, se, por um lado, podem ser entendidas como disputas de poder entre sistemas hieráquicos diferentes – a justiça do Estado e a justiça local –, por outro, também revelam um estranhamento com universos simbólicos e práticas sociais as quais os Humangili não estavam habituados. Está ocorrendo um processo de adaptação gradual entre as práticas sociais reconhecidas e uma nova forma de estar e autorreferenciar-se em grupo.

Em contrapartida, o sentimento de que a justiça do Estado não funciona também é reforçado, em parte, pela percepção de morosidade no judiciário, em que um processo pode levar anos até ser julgado em definitivo. Um exemplo disso ocorreu em 20 de agosto de 2007, quando um morador do suco Bikeli assassinou uma mulher acusada por ele de bruxaria. Conforme os autos do processo[48], o réu alegou que o seu filho havia adoecido após a suposta bruxa ter feito um feitiço para ele. O réu declarou que, apesar de pedir para que ela desfizesse o feitiço, esta não o fez. Após seguir a vítima até um local ermo, agrediu-a com *um soco no peito e uma paulada na cabeça* (sic). Conforme ele, apesar da vítima já estar morta, mesmo assim, jogou-a do penhasco, pois temia que esta, por ser bruxa, pudesse voltar à vida. Este homem, mesmo tendo confessado o crime, foi solto depois de passar alguns dias na prisão e continua em sua casa aguardando a sentença final. Com os recursos perpretados pela Defensoria, o caso já se estende por três anos.

Conversando com alguns policiais Humangili no posto policial em Vila Maumeta sobre índices de criminalidade na ilha, estes disseram que

48. Processo Nº. 264/C. Ord/ 2007/ TD. Dili.

não adiantava esperar pela justiça do Estado, porque esta é lenta e os "juízes não conhecem as pessoas". Esta afirmação revela a conivência da própria polícia, ou, pelo menos, de parte dela, com o sistema de justiça local, que, para eles, se mostra muitas vezes mais capaz de apresentar soluções imediatas, e que consideram o contexto e as relações face a face, para os problemas na comunidade, em contraponto a uma polícia que carece de capacidade de investigação e de uma justiça estatal, despersonalizada e tecnicista[49].

As eleições por voto popular e as alterações na distribuição do poder promovidas pelo Estado, apesar de desencadearem mudanças no sistema jurídico e na divisão político-administrativa - estimulando um regime poliárquico que, segundo Dahl (1997), ocorre quando há disputas de poder e o amplo acesso da população a participação política -, ainda não provocou, nos termos propostos por Leach (1995), uma alteração na estrutura social[50]. Os próprios líderes eleitos reforçam a organização hierárquica mais antiga, reproduzindo a autoridade centralizadora e resistente a qualquer alteração nas práticas locais e submetendo-se às lideranças do sistema hereditário por hábito e respeito aos costumes, ou para conseguir legitimidade. Considerando este contexto analiso, a seguir, a inserção dos líderes católicos nesta dinâmica e sua influência nas decisões políticas da comunidade.

Em um primeiro momento, somos levados a considerar as intervenções dos líderes cristãos, sejam eles católicos ou assembleianos, como circunscritas ao conjunto de valores e divisão de papéis descritos nos parágrafos anteriores. Conversando com Ketihura, 38 anos, líder da juventude

---

49. Segundo um estudo da Asia Foundation (2008: 13), 85% da população timorense confia nas formas locais de justiça como sendo um meio justo de resolução de conflitos, enquanto 77% da população declarou o mesmo a respeito da justiça formal. Geralmente, o agressor, após ser declarado culpado pela justiça local, é sentenciado a indenizar a família da vítima com animais, tecidos, outros objetos ou até com dinheiro. A quantidade e o tipo de indenização variam de uma comunidade para outra. Ao longo deste trabalho, apresento algumas situações que ilustram melhor esta dinâmica. Sobre as mudanças no sistema judiciário e as tensões com os modelos de justiça local conferir, entre outros: Hohe & Nixon (2003); Simião (2006; 2007); Soares (2004; 2007); MacWillian (2006).

50. Para Leach, somente podemos falar em mudanças na estrutura social quando estas não são uma continuidade da estrutura formal, mas provocam de fato modificações significativas. A mudança tem que ocorrer para além da alteração dos indivíduos detentores do poder, devendo alcançar a própria estrutura de poder. Um exemplo do que Leach afirma seria: *se puder demonstrar que numa localidade particular, durante certo lapso de tempo, um sistema político composto de segmentos de linhagem igualitários é substituído por uma hierarquia ordenada de tipo feudal, podemos falar de uma mudança na estrutura social formal* (Leach, 1995: 69).

assembleiana e terceiro filho de Kurakia – fundador da Assembleia de Deus em Humangili –, enquanto nos esforçávamos para enxergar um ao outro na escuridão de uma noite sem lua – estávamos na aldeia Hatulela, sentados na rua, longe de nossas casas e sem lanterna –, ele comentou que os indonésios, nos anos 1990, planejaram construir uma piscina natural próximo à praia, aproveitando as águas quentes que vertem do solo em *Oun Le'en* e, assim, fazer da comunidade um destino turístico. Porém, as obras nunca começaram. No entanto ele, em conjunto com outros assembleianos, pensou na possibilidade de fazer chalés próximos à praia e alugar para os turistas. A intenção, segundo ele, seria que todos, sem distinção de *Lisan* ou religião, se envolvessem no projeto. Organizadas em grupos, as pessoas se dividiriam para cuidar da limpeza, atender os clientes, fazer comida, lavar roupas e levar os hóspedes para passear na montanha. Porém, Ketihura concluiu dizendo que ainda não conversaram sobre a ideia com outras pessoas, porque as lideranças da comunidade poderiam perceber esta iniciativa como sendo da Igreja e, por isso, não estariam interessados em apoiá-los.

Enquanto tomávamos café e conversávamos na sua casa na noite da passagem do ano de 2009 para 2010, o senhor Kerakia, 43 anos, irmão de Ketihura e um dos dirigentes assembleianos[51], disse-me que estava preocupado e que há algumas noites não conseguia dormir pensando em como poderia contribuir para melhorar a qualidade de vida da comunidade. Comentou que gostava de política e, inclusive, chegou a pensar em se candidatar a chefe do suco nas eleições de 2009. Porém, como era professor e, portanto, funcionário público, estava impedido por Lei[52] de concorrer. Então, narrou uma passagem da sua adolescência. Certo dia, ele disse, o seu professor perguntou aos alunos o que eles gostariam de ser no futuro. A resposta unânime foi que desejavam ser funcionários públicos, por lhes conceder *status* social e ser a fonte de renda mais segura tanto no tempo da ocupação portuguesa como indonésia[53]. Percebendo

51. Em 2010, os irmãos Kerakia e Ketihura, junto com outros cinco Humangili, foram nomeados pastores da Igreja Assembleia de Deus. No total, atualmente, há nove pastores Humangili.

52. Além dos funcionários públicos, também não podem concorrer nas eleições para as lideranças comunitárias os membros do governo, deputados, integrantes do Judiciário, do Ministério Público, autoridades religiosas, policiais e militares, entre outros. Sobre as restrições aos candidatos, conferir a Lei nº. 3/2009 de 8 de julho, Capítulo 19ª, letras A-J (Timor-Leste, 2009).

53. Apesar do desejo de serem funcionários públicos, por este conferir certa estabilidade financeira, de acordo com Mubyarto (1991), no período indonésio não havia emprego para todos e a maioria das vagas de trabalho, tanto no setor público como nas empresas privadas, eram destinadas aos indonésios que migravam para o Timor-Leste.

que Kerakia não havia respondido, o professor, dirigindo-se a ele, perguntou se ele também gostaria de ser funcionário público. Sua reposta foi negativa. Segundo ele, o professor ficou bravo e o deixou de castigo porque não entendia o motivo dele não desejar ser funcionário público. Sorrindo, Kerakia me disse que tinha outros interesses, mas que, apesar de nunca ter desejado, hoje é um "funcionário do governo".

Continuando a conversa, afirmou que quer ajudar a comunidade, porém não sabe como fazer, porque as pessoas podem entender errado e achar que ele está contrariando ou desafiando as lideranças oficiais. Disse-lhe que poderia ser um agente comunitário, que não decidiria nada sozinho, mas ajudaria as pessoas independentemente da *Lisan*, aldeia ou religião a se reunirem para discutir assuntos relevantes à vida em comunidade. Desta forma, complementei, ele poderia ser uma ponte de ligação entre a população e as lideranças comunitárias para que estes possam dialogar e encontrar soluções para determinados problemas. Ele me olhou e disse que aquilo era uma ideia interessante, mas não sabia se as pessoas iriam entender a sua intenção e ficava repetindo para si mesmo, em voz baixa, "agente comunitário".

Outra situação ocorreu durante um encontro promovido pelo padre Luís, no dia 3 de agosto de 2008, no salão paroquial, para discutir a violência familiar e na escola. Esta reunião foi motivada porque padre Luís estava preocupado com as informações que havia recebido de que alguns professores agrediam fisicamente os alunos em sala de aula. Estavam presentes líderes católicos – o ministro da eucaristia, catequistas e o coordenador da pastoral do menor – e professores Humangili. Sentados em círculo, Kahikura, coordenador da pastoral do menor e principal colaborador do padre Luís, a pedido deste, abriu o encontro e explicou os motivos de estarem todos reunidos. Após isto, se seguiu um momento de silêncio – estavam esperando que padre Luís falasse, mas ele, ao invés disso, solicitou que cada um comentasse o que pensava sobre o assunto. Mais silêncio. Padre Luís então pediu para que um dos professores falasse se este assunto era pertinente, se ele já tinha ouvido falar em violência na escola e o que era violência para eles. Este professor em poucas palavras disse que já tinha ouvido que alguns professores agridem os alunos, porém nunca viu com os próprios olhos, então não poderia comentar o assunto. Seguindo a ordem, Kolilaku – 55 anos, *Haha Opun Mausera* e diretor da escola primária em Humangili – seria o próximo, mas ficou em silêncio.

Indagado pelo coordenador da pastoral do menor a expressar a sua opinião, o diretor da escola agradeceu o convite e a oportunidade de falar, disse que era católico e respeitava muito a Igreja, mas que esta não tinha autoridade para tratar estes assuntos e que os Humangili têm os seus responsáveis locais para resolver estas questões. A reunião prosseguiu e os representantes católicos – alguns deles também professores – assumiram a palavra, porém sem insistir no tema, sem questionar os demais participantes, e o assunto acabou seguindo para outros caminhos que não propriamente a violência familiar e escolar.

Em outra oportunidade, conversei com Kurakaki, jovem de 27 anos de idade, integrante do conselho do suco e ex-chefe da juventude católica. Sentados em cima de uma pedra e protegidos do sol pela sombra de uma árvore que fica próxima à sede do suco, ele contou-me sobre os motivos que levaram os jovens, em 2008, a se afastarem das atividades da Igreja. Comentou que o padre Luís, naquele ano, tentou alterar a hierarquia das chefias dos grupos que colaboravam com a Igreja, como os escoteiros, o grupo de jovens, o coral, os acólitos e a pastoral do menor. Estas chefias passariam a ser chamadas de coordenação, não seriam mais independentes entre elas e as funções seriam temporárias por um período máximo de dois anos. Desenhou no chão um triângulo com a parte menor voltada para cima e disse que este era o sistema de chefia Humangili, em que o chefe ficava na parte superior. Mas padre Luís quer mudar, disse-me ele, e desenhou vários círculos no chão com linhas que uniam uns aos outros, representando o novo sistema de coordenações por setores. Isto não é possível, continuou Kurakaki, pois "chefe há um só". Apesar de já terem falado com o coordenador da pastoral do menor, padre Luís estava irredutível na sua proposta, então comentou, em tom confiante: "as crianças continuam indo, mas os jovens não".

Podemos ver aqui que a resistência à interferência da Igreja e às alterações na organização hieráquica não se deve à falta de compreensão do que está acontecendo. É justamente o contrário: por terem clareza das implicações e mudanças que determinadas propostas acarretam é que resistem. Alegam que não se pode mudar o que já existe e que estes sistemas foram implantados pelos antepassados que sabiam o que era "bom" para a comunidade e a Igreja, por ter chegado depois, não teria gerência sobre estas questões. Aliado a isto, está o temor de serem prejudicados e perderem as prerrogativas e o *status* social da sua condição de chefe.

Nestes exemplos citados, percebemos que há uma delimitação sobre o alcance da influência dos líderes cristãos no *campo político*. Considerando o *campo* como um espaço simbólico de relações objetivas em que os seus integrantes podem medir forças e estão submetidos a um conjunto específico de regras (Bourdieu, 2006), circunscrevo o *político*, neste capítulo, como sendo o espaço de atuação daqueles indivíduos do sistema eleitoral e hereditário que detêm, ou lutam para obter, o poder de interferir nas decisões administrativas da comunidade.

Os líderes cristãos, por mais representativos que sejam, não podem atuar para além dos assuntos internos das suas Igrejas e, mesmo internamente, estão sujeitos às lógicas de socialidade[54] Humangili. Esta visão secular não está relacionada diretamente a uma separação, ou à diminuição da importância e influência (Weber, 2004), ou, ainda, a uma saída da religião (Gauchet, 1986) da vida política e dos assuntos administrativos da organização social. Esta ruptura faz parte da divisão de poderes Humangili definida há algumas gerações e, portanto, anterior à Constituição promulgada em 2002, que define o país como um Estado Laico. Cada indivíduo possui um papel social a desempenhar e os diversos grupos que compõem a comunidade - núcleos familiares, *Lisan* e *Rumanan*, administração, entre outros - têm limites predefinidos e hierarquias próprias. Os *Lela'it* e chefes de aldeia não podem interferir na autoridade uns dos outros, mas somente nas suas próprias *Rumanan* e aldeias, respectivamente. Até mesmo os *Mataplolon*, principal autoridade do sistema de crenças nos espíritos dos antepassados, que reúnem as funções de mediação com o sobrenatural e médicos ao tratarem as enfermidades físicas, não podem interferir nas decisões dos líderes políticos sem serem convidados[55].

54. *Socialidade* entendida como a dinâmica das interações sociais na dialética entre práticas, lógicas e subjetividades que envolvem tanto os aspectos psicológicos, emotivos e morais como comportamentos aprendidos em grupo e socialmente condicionados. Para discussões sobre o conceito de socialidade nas ciências sociais conferir, entre outros: Viveiros de Castro (1996; 2002); MacCallum (1998) e Strathern (2006).

55. Existem outros campos de disputas e níveis hierárquicos. Embora estes campos e diferentes inserções hierárquicas possuam formalmente delimitações para as suas ações, eles mantêm relações mútuas. A separação do campo político é um recurso para operacionalizar a análise, portanto, não podemos entendê-lo como uma categoria *per se*. Por exemplo, cada *Lisan* possui uma atribuição na comunidade, tais como: Hnua Le'en, Maule'ek e Hnelak dividem-se na coordenação dos rituais em geral e são as que tocam o *Tihak* nas cerimônias oficiais; Lulopon é a responsável pelo ritual da chuva; Tetoha, Hatudalas e Tutunopun revezam-se no trabalho de coordenação dos *Mataplolon* e são responsáveis por levar determinados objetos e alimentos para a realização das cerimônias locais; Hatauk é a responsável pela segurança e por negociar com grupos de fora

Ambas as Igrejas, Católica e Assembleia de Deus, foram absorvidas como mais uma instituição. São respeitadas e têm liberdade de ação desde que não ultrapassem as suas fronteiras, ou melhor, desde que não invadam o espaço de atuação dos outros grupos. No entanto, como veremos a seguir, estas divisões são permeáveis e, dependendo dos interesses em jogo, a interferência das Igrejas cristãs oscila entre a total separação, a participação secundária, até uma relação estreita com outros *campos*, podendo ser difícil separar onde começa um e termina o outro.

A CRIAÇÃO DA ALDEIA HATULELA

Todo o território que hoje corresponde à aldeia Hatulela até 1984 era inabitado. Moradia de espíritos dos antepassados, portanto *Luli*[56], as pessoas evitavam caminhar sozinhas, fazer barulho, ou acender tochas quando precisavam passar por lá durante a noite. Tudo isto para não chamar a atenção dos espíritos ou *Nusa Opun* que, crêem os Humangili, quando se sentem incomodados, assustam, gritam, jogam pedras, amaldiçoam e, até mesmo, fazem desaparecer aqueles que se aventuram a importuná-los nos seus domínios. Os únicos que frequentavam com regularidade o local – situado na parte mais baixa da comunidade – eram os pescadores, que tinham que entrar e sair do mar durante a noite, porém deveriam respeitar as regras de silêncio e reverência às entidades espirituais.

Apesar de diluída, esta crença ainda persiste nos dias de hoje, tanto entre os assembleianos como entre os católicos. Nas primeiras noites que dormi no *Ro Putin Hnatin*[57], no início da pesquisa, quando ainda não conhecia as histórias sobre os espíritos que rondam o lugar, alguns

da comunidade o fornecimento de ovos e outros alimentos; Mausera e Mautuda são responsáveis pelo protocolo das reuniões e por chefiar – auxiliando os Hatauk – os grupos de guerreiros durante os combates com outras comunidades; Soluan, como já referi, eram os líderes políticos/administrativos; e Rumamaru não possui uma atribuição específica, pois esta é originária da *Lisan* Tutunopun. Pessoas de outras *Lisan* podem participar destas atividades, porém a chefia cabe a um representante da *Lisan* formalmente responsável. Estes líderes não podem interferir para além das suas atribuições. O que ocorre, por vezes, é que um representante de um destes grupos tem uma relação de amizade ou parentesco com os líderes do campo político que lhe permite interferir nas decisões destes por meio de conselhos, ou ainda, estes líderes assumem a chefia geral da sua *Lisan* ou *Rumanan* ou são eleitos por voto para assumir cargos que lhes permitem interferir nos outros campos. Esta relação fica mais clara com alguns exemplos no decorrer do trabalho.

56. A palavra *Luli*, vem do Tétum *Lulik* que, neste caso, é traduzida comumente como sendo algo sagrado, intocável, tabu ou santo.

57. Local situado na aldeia Hatulela, próximo ao mar, onde ficam os barcos dos pescadores católicos.

pescadores católicos, ao passarem por lá, me perguntavam se havia dormido bem, se tinha tido bons sonhos. Respondia que sim, que havia dormido bem e eles iam embora, para no outro dia repetirem a mesma pergunta. Só mais tarde descobri que os motivos que os levaram a se interessar pela qualidade do meu sono era algo mais que simples gentileza[58].

Alguns meses depois, conversando com um grupo de pescadores assembleianos em *Hatu Lasi Ron*[59] enquanto se preparavam para entrar no mar, falamos sobre a rotina das pescarias e, em determinado momento, comentei sobre a presença de espíritos naquele local. Responderam que isto era crença da época em que a comunidade era "pagã". No entanto, acrescentaram que os católicos até hoje acreditam nisto, mas os evangélicos sabem que quando a "pessoa morre o espírito não volta". Os fenômenos que ainda acontecem, disseram-me, são causados pelos "demônios" disfarçados de espíritos dos antepassados. Um dos pescadores, no entanto, disse que em Humangili não há estas entidades devido à presença dos assembleianos, mas que em outros lugares, como, por exemplo, *Peran Harat*, monte a sudoeste da ilha, ainda precisam ter cuidado ao passarem por lá.

Os assembleianos ressignificaram a crença nas forças sobrenaturais, deslocando a sua origem e adaptando as histórias a uma simbologia cristã pentecostal. Associado a isto, estabeleceram uma forma diferente de experienciar e relacionar-se com os outros e com o ambiente no qual estão inseridos. Não há mais o receio em desrespeitar os antepassados. A imunidade contra uma possível represália destes *demônios/espíritos*, se, para os católicos está alicerçada no respeito às normas de conduta e valores coletivos da comunidade, para os assembleianos, baseia-se na fé em um deus protetor e na obediência aos preceitos da sua Igreja.

Em 1979, o governo indonésio, a exemplo do que já estava fazendo em outras regiões do Timor, ordenou que os Humangili descessem das montanhas para a parte mais baixa da comunidade. Esta medida integrava a política de controle do governo, que tentava coibir a guerrilha e ter maior gerência sobre a população. Segundo Kalisuk – católico, 62 anos de idade e que acumula as funções de *Lela'it Hatudalas Nusa Pireti* e chefe da aldeia Masilihu desde 1977 quando, mesmo não sendo o filho mais velho,

58. Em certo sentido, os Humangili estavam avaliando o meu comportamento e se eu seria aceito pelos espíritos dos antepassados. Aparentemente, o fato de não ter tido nenhum tipo de problema – ver espíritos e ouvir vozes durante a noite, ter pesadelos, ou me machucar – contribuiu para a minha inserção na comunidade.

59. Local, próximo ao *Ro Putin Hnatin*, onde ficam os barcos dos pescadores assembleianos.

foi escolhido para herdar a função do seu pai –, isto não agradou aos líderes locais, que não queriam perder as suas terras, deixar as suas casas e não aceitavam a intromissão de estrangeiros nos assuntos domésticos. Os Humangili, há séculos, residiam na parte mais alta das suas terras que, por ser de difícil acesso, dificultava investidas de grupos rivais; e onde estão localizadas as fontes de água, as suas hortas, os sítios sagrados, onde enterram os seus mortos, ou seja, a maior parte das referências históricas e simbólicas da comunidade. Cada família possuía o seu próprio espaço, que era passado de geração a geração, e deixar estes locais seria como abandonar as suas origens e não respeitar a memória dos antepassados que lá viveram.

Os anos foram passando e os Humangili, por meio da política de resistência passiva, não contestaram a ordem, porém também não se movimentaram no sentido de cumpri-la. Isolados fisicamente do restante do Timor e por não se envolverem com a guerrilha, a comunidade vivenciava uma relativa autonomia e liberdade na sua autogestão. Aliado a isto, a ilha era utilizada basicamente como uma prisão para onde eram enviados os presos políticos e os guerrilheiros, portanto, não era o foco principal das preocupações do governo indonésio. Kurureti, católico, 76 anos de idade e *Lela'it Tutunopun Lemenaru*, contou-me, enquanto caminhávamos da aldeia Maulaku em direção a Masilihu, após participarmos de uma cerimônia de casamento, que, durante os primeiros anos da ocupação, os Humangili, embora não tivessem visto com os próprios olhos, sabiam sobre a guerrilha e a atuação do exército indonésio pelas histórias dos prisioneiros em Vila Maumeta. Porém, segundo ele, como estavam distantes de Dili e na comunidade não havia guerrilheiros, os indonésios não os perturbavam. Ataúro, completou, era uma prisão, não havia onde se esconder, não havia para onde fugir, e os prisioneiros que eram enviados para a ilha ficavam em Vila Maumeta.

Contudo, na passagem do ano de 1983 para 1984, os representantes do governo indonésio, alheios à vontade dos líderes Humangili, deram um ultimato para que estes descessem da montanha. Neste período o governo, gerenciado por Mario Viegas Carrascalão, estava desenvolvendo em todo o território timorense o projeto *Pembangunan*[60], incrementando

60. *Pembangunan* é uma palavra indonésia que significa desenvolvimento. Estima-se que, durante o período do governo de Mario Viegas Carrascalão (1982-1992), investiu-se em infraestrutura, aproximadamente, US$ 600 milhões de dólares. Porém, problemas como o desvio de recursos, o monopólio das empresas indonésias e a prioridade dada aos indonésios para ocupar vagas de

a infraestrutura da então 27ª província indonésia com a construção de estradas, portos, escolas, prédios públicos, canalização de fontes de água e, até mesmo, reformas em algumas igrejas católicas, entre outras obras.

Seguindo esta lógica de desenvolvimento, foi oferecida para a comunidade uma estrada que ligaria Humangili à Vila Maumeta, canalização da fonte de água para as suas casas, empregos no funcionalismo público, a construção de uma sede de suco, da enfermaria, da escola primária, de um campo de futebol próximo à praia, além da garantia de permanência no posto aos líderes locais. Estes benefícios, se, por um lado, estavam dentro do projeto mais amplo de desenvolvimento para todo o território do Timor Oriental, também foram uma forma de angariar a simpatia da população e convencer as lideranças locais a se submeterem às determinações do governo de ocupação, e uma estratégia para ampliar sua autoridade e controle formal sobre a dinâmica política e espacial entre os Humangili.

Apesar das promessas de benfeitorias, os líderes do sistema hereditário ainda resistiam às mudanças. Kalisuk, sobre este impasse, comentou enquanto conversávamos fumando um cigarro de folha de acadiro sentados à sombra de uma árvore – que ele mesmo havia plantado, em 1984, em frente à antiga sede do suco –, que não adiantava protestarem, pois o governo indonésio estava irredutível e iria obrigá-los de qualquer forma a descerem da montanha. Receando que a comunidade acabasse por ter que forçosamente abandonar as suas casas e ainda perdesse os benefícios prometidos, resolveu intervir nas negociações. Segundo ele, após pensar muito sobre esta questão, a única saída que encontrou foi negociar com os líderes cristãos assembleianos e católicos, que há muito desejavam um espaço para construírem as suas igrejas.

Ketihura, em outro momento, contou que, antes de 1984, os evangélicos eram em número reduzido, praticamente somente os integrantes do seu núcleo familiar, e que não tinham força para conseguir a permissão das autoridades locais para a construção de uma igreja. Segundo o que disse Meharek – catequista desde os anos 1960 e responsável pela introdução do catolicismo em Humangili – enquanto conversávamos na sua casa na aldeia Maulaku, até a invasão indonésia, quase não existiam cristãos

trabalho fomentou a falta de emprego entre os timorenses e fez com que pouco deste dinheiro chegasse à população. Sobre este período conferir Mubyarto (1991); Alatas (1992); Aditjondro (1994); Saldanha (1994).

em Humangili. Somente após a instauração da *Pancasila* é que os grupos cristãos começaram a se organizar de forma mais sistemática. Sobre este assunto, Kasata, ministro da eucaristia e principal autoridade católica Humangili, contou que, antes de 1984, os líderes locais não permitiam a construção de igrejas porque não havia espaço na comunidade, todas as terras já possuíam dono; e já havia uma capela em Humangili e uma igreja em Vila Maumeta, sendo desnecessária a construção de mais igrejas.

O local proposto por Kalisuk para a construção das igrejas foi Hatulela. Segundo ele, a principal resistência dos líderes do sistema hereditário, contrários a esta ideia, era que aquela região tinha um caráter sagrado e estava interditada para construções, seja de igrejas, seja de casas. Kalisuk contrapôs, após conversar com os líderes católicos, que as igrejas também eram lugares sagrados. Depois de várias reuniões com os *Lela'it* e os demais líderes, Kalisuk finalmente conseguiu convencê-los de que a construção das igrejas em Hatulela era o melhor caminho a seguir. A condição imposta foi que as lideranças religiosas deveriam reunir o maior número de famílias possível para descerem das montanhas e morar próximo às respectivas igrejas. Nestes termos, o acordo foi selado e delimitou-se em Hatulela o local onde cada grupo religioso deveria se estabelecer. Conforme o ministro da eucaristia, os líderes da comunidade não especificaram o local exato da construção porque "eles não mandam na Igreja", porém ressaltou que, sem autorização, não poderiam construir[61].

Todos os assembleianos desceram para o novo local, porém, dentre os católicos, ainda resistentes à mudança, ligados às crenças sobrenaturais e pouco organizados enquanto grupo, mudaram-se, inicialmente, somente aquelas famílias que estavam vinculadas diretamente à Igreja ou ao governo, como alguns catequistas e professores primários. Além disso, outro fator que contribuiu para a resistência dos católicos foi que transferirem-se para Hatulela, ou em cima da pedra, como o próprio nome já diz, significaria morar em um local pedregoso, com poucas árvores, seco e quente, contrastando com as montanhas de clima mais ameno e propício à agricultura.

A outra medida adotada por Kalisuk foi ordenar que os moradores da aldeia Masilihu, da qual era o chefe, passassem a residir próximo à estrada que seria construída, ficando, assim, mais acessíveis – e, em

61. As igrejas foram construídas nos terrenos que pertenciam as *Lisan* Hatudalas e Hatauk, por serem, respectivamente, os grupos familiares de origem dos líderes católicos e assembleianos.

teoria, mais facilmente controláveis, como queriam os indonésios –, sem descer da montanha. Houve, assim, todo um reordenamento espacial da comunidade, mas isto não foi feito de forma aleatória. Mesmo sendo o chefe da aldeia, Kalisuk precisava obedecer as regras hierárquicas que regem a socialidade Humangili. Desta forma, os líderes das *Rumanan* tinham a preferência na escolha do terreno. Os chefes dos núcleos familiares poderiam permanecer nas suas casas de origem e determinar quais dos homens da sua família iriam ocupar outras terras. Assim, apesar deste deslocamento, todos mantiveram as suas casas nas montanhas e Masilihu transformou-se na maior aldeia em extensão territorial da comunidade.

Estas foram estratégias engenhosas adotadas por Kalisuk que, com tais decisões, não desrespeitou os demais líderes locais, ampliou as terras da sua própria aldeia, não contrariou o governo indonésio – conseguindo inclusive manter os benefícios prometidos anteriormente –, além de acomodar os anseios dos representantes cristãos. Portanto, a construção das igrejas, embora tenha ido ao encontro da vontade dos líderes religiosos, não foi uma decisão no sentido de atendê-los. A autorização se apresentou como uma alternativa para solucionar impasses e viabilizar articulações político-administrativas.

A CAMPANHA ELEITORAL PARA LIDERANÇA COMUNITÁRIA

Em 2004 e 2005, foi realizada a primeira eleição direta para as lideranças comunitárias do Timor-Leste independente. Nesta altura, devido às dificuldades de logística, orçamento e pessoal para monitorar e realizar as eleições, estas foram divididas em cinco fases. A primeira foi realizada em dezembro de 2004, nos distritos de Bobonaro e Oecusse, e a última em setembro de 2005, nos distritos de Dili e Liquiça. Além do faseamento por distritos, também se optou pela divisão das datas e da metodologia adotada para o processo de votação. Em um dia, foram realizadas as eleições para chefes de aldeia, em que o eleitor entraria sozinho em uma sala e depositaria um cartão plastificado na urna eleitoral com a foto do candidato da sua preferência. Em outra data, foi realizada a eleição para chefes de suco e demais membros do conselho. Desta vez, o eleitor recebeu cinco cédulas nas quais pôde escolher individualmente seus representantes para chefe de suco, ancião, dois jovens (um de cada sexo) e uma mulher, identificando com um "x" ou furando com um prego o espaço correspondente ao candidato da sua escolha para cada cargo. A cédula eleitoral continha a foto e o nome do candidato, além do símbolo do partido político de cada concorrente. Os candidatos eleitos nestas votações é que compunham o conselho de suco[62]. No final deste processo, o partido que mais obteve representantes foi a FRETILIN, com 1,327 chefes de aldeia e 257 chefes de suco de um total de 2,228 aldeias e 442 sucos que elegeram as suas lideranças[63].

Nas eleições de 2009, ocorreram algumas modificações com relação ao processo anterior. O dia da votação foi unificado para todo o território timorense e a escolha dos conselheiros seria indireta, por chapas, em que os eleitores tiveram que escolher dentre *pacotes* que continham os integrantes de todos os postos do conselho do suco, inclusive os chefes de aldeia. Na cédula eleitoral, constaria somente a foto e o nome do candidato a chefe do suco[64]. Além disso, por meio da Lei nº 3/2009, Capítulo 21, parágrafo 3, foi vetada a participação dos partidos políticos. O envolvimento dos partidos, todavia, mesmo que de forma indireta e não oficial, ocorreu a partir da identificação pelos eleitores das afiliações político-partidárias dos candidatos. Após as eleições no dia 13 de outubro, a FRETILIN inclusive reivindicou a vitória nas urnas:

> Os resultados da eleição dos líderes comunitários realizada no último sábado, onde os representantes da FRETILIN conquistaram 56% dos cargos, ao que se juntam 10% de cargos ganhos por candidatos de coligações entre a FRETILIN e outros partidos. Em Dili a FRETILIN conquistou 60% das posições de liderança nos Sucos (Comunicado, 15/10/2009).

Em Humangili, o efeito da proibição da participação de partidos políticos nas eleições teve pouca repercussão, pois os candidatos a chefia de suco e vários dos integrantes dos seus pacotes pertenciam ao partido FRETILIN. Na semana anterior à eleição, participei da troca de coordenação dos representantes da FRETILIN em Humangili. O evento ocorreu à sombra de uma árvore, em frente à casa do chefe de suco interino[65] à

62. Conferir Regulamento 190/STAE/2004 e Secretariado Técnico de Administração Eleitoral, 2005.

63. Secretariado Técnico de Administração Eleitoral, 2006.

64. Regulamento 48/STAE/VIII/09, Capítulo III, artigo 21 – 24.

65. O chefe de suco interino – que era membro do conselho do suco ocupando anteriormente a

época, na aldeia Masilihu. Tanto na coordenação anterior como na que estava sendo empossada, havia cristãos assembleianos e católicos, assim como integrantes dos dois pacotes que disputavam as eleições. Durante a cerimônia, alguns dos líderes da FRETILIN local falaram sobre o compromisso que têm com o partido e com a comunidade, da necessidade de todos trabalharem unidos e destacaram que as eleições não poderiam repercutir nas relações interpessoais dentro do partido. Para encerrar, o pastor Ketihiri, principal líder dos assembleianos Humangili e primogênito de Kurakai – que estava de férias da congregação na qual é missionário no distrito de Viqueque – fez a oração final. As reuniões públicas na comunidade geralmente começam e terminam com uma oração realizada pela maior autoridade religiosa presente, seja ela católica ou assembleiana. No entanto, nas festas e encontros dentro ou entre os núcleos familiares, o responsável pela oração comumente é o representante da Igreja na qual o *Ruma Opun* participa.

Ambos os pacotes concorrentes se originaram dentro do atual conselho de suco. Um deles foi organizado por Kalisuk, chefe da aldeia Masilihu que, enquanto conversávamos sentados na frente da sua casa, disse-me que resolveu romper com os demais integrantes do conselho, porque havia muitas pessoas que não gostavam de trabalhar e não se preocupavam com o povo. Eles só aparecem "para receber o dinheiro", afirmou Kalisuk – referindo-se ao subsídio trimestral de US$ 300 dólares que era fornecido pelo governo para os conselhos de suco –, mas "não querem trabalhar". Inicialmente, Kalisuk havia escolhido o chefe de suco interino para ser o candidato, porém este, por ter perdido o seu cartão eleitoral – e sem tempo hábil para fazer um novo –, estava impedido de concorrer e de votar nas eleições. Foi então que, após algumas reuniões e sondagens de outros nomes, optaram por Palakera, jovem de 29 anos, católico, filho de Kurureti *Lelai't Tutunopun Lemenaru*, descendente de antigos líderes da comunidade e um dos coordenadores do grupo que estava organizando as reuniões para definir os candidatos do pacote integrado por Kalisuk.

O segundo pacote tinha como candidato Pengmau – então chefe da aldeia Hatulela e um dos líderes assembleianos Humangili[66] – e também contava com alguns integrantes do atual conselho do suco. A versão dos

função de *Lia Nain* – assumiu o cargo após o afastamento, em novembro de 2008, do chefe de suco eleito em 2005, por este ter sido aprovado em um concurso público.

66. Em 2010, Pengmau foi um dos sete Humangili assembleianos que passaram à condição de pastores da Igreja Assembleia de Deus.

partidários do pacote de Pengmau para os desentendimentos entre os atuais membros do conselho do suco que se dividiram para concorrer nas eleições para lideranças comunitárias era que Kalisuk, além de ser autoritário e não admitir ser contrariado, queria interferir nas decisões dos outros chefes de aldeia eleitos.

Durante a campanha, ambos os candidatos sofreram críticas veladas dos correligionários do oponente e, até mesmo, de alguns dos seus eleitores. As críticas a Palakera eram no sentido de que este não tinha experiência, não sabia administrar e que não tinha sido a primeira opção do seu grupo para concorrer à chefia do suco. Por outro lado, as críticas a Pengmau afirmavam que este não entendia os costumes da comunidade – referência ao fato deste ser evangélico e romper com as práticas e o culto aos espíritos dos antepassados – e que, apesar de ter experiência e prometer muitas coisas, "nunca fazia nada".

Algumas pessoas diminuíam a capacidade de ambos os candidatos dizendo que o cargo de chefe do suco não é importante, que se os candidatos fossem "pessoas inteligentes" ou tivessem estudado estariam fora da comunidade, em um cargo público em Dili, ou como administradores do subdistrito. Estas críticas são reforçadas pelo fato de que as lideranças comunitárias não são integrantes da Administração Pública, o que foi reforçado na atual Lei das Lideranças Comunitárias (Lei nº 3/2009, Capítulo I, artigo 2º), e é encarado entre os Humangili como um enfraquecimento do poder de decisão e representação dos líderes eleitos. Outro fator, ainda mais importante, é que, historicamente, os líderes da comunidade eram alçados a esta condição pela sucessão hereditária ou determinados pelos *Lelai't*, que, após se reunirem, escolhiam um novo chefe de aldeia. Questionar a capacidade dos líderes eleitos através da *desconsideração*[67] é também uma forma de enfraquecer o seu poder e fortalecer as lideranças do antigo sistema.

Para realizar a campanha eleitoral, os candidatos receberiam um subsídio financeiro cujo valor seria determinado pelo governo (Lei nº 03/2009, Capítulo IV, artigo 25º). Segundo alguns participantes de ambos os pacotes com quem conversei, os representantes do Secretariado Técnico

67. A *desconsideração* é um conceito proposto por Cardoso de Oliveira (2001), a partir das suas reflexões sobre *reconhecimento e falta de reconhecimento* nos trabalhos de Charles Taylor. Oliveira prefere *falar em desconsideração ao invés de falta de reconhecimento para enfatizar o insulto moral que se faz presente quando a identidade do interlocutor é indisfarçavelmente, e por vezes incisivamente, não reconhecida* (Cardoso de Oliveira, 2001: 19).

de Administração Eleitoral (STAE)[68], encarregados de instruí-los sobre o processo eleitoral, haviam comentado que cada pacote receberia cerca de mil dólares para a campanha. No dia marcado para receberem o subsídio, os candidatos a chefia de suco viajaram até Dili e receberam somente US$ 120 dólares. Apesar de frustrados, não reclamaram abertamente e retornaram para Humangili. Perguntei se havia algum documento escrito informando o valor de mil dólares e o que teria acontecido para a diminuição do subsídio. Responderam que não havia nada escrito e que no Timor as coisas funcionam deste jeito, ou seja, o governo, as ONGs e demais autoridades quando precisam que "o povo participe" de alguma atividade prometem que vão dar dinheiro, comida etc. No entanto, depois que as pessoas participam, as autoridades dizem que não conseguiram toda a verba para pagá-los, ou que as pessoas entenderam errado as informações e os valores não eram exatamente o que elas imaginaram ou mesmo, no caso de serviços prestados, que este não foi bem realizado.

Com o subsídio recebido, o pacote de Palakera alugou um microfone e uma caixa de som, comprou material para confeccionar uma faixa com o nome do pacote, *tua putin*[69] e comida para fazer jantares e almoços para os integrantes do grupo. Oferecer alimento quando se faz um encontro ou uma festa é uma obrigação social Humangili em que o anfitrião demonstra respeito e consideração para com os seus convidados. O pacote de Pengmau, além de fazer as mesmas coisas que o grupo concorrente, também fez panfletos com a sua foto e o número do pacote para distribuírem em vários lugares do suco.

A campanha, obedecendo às determinações da Lei nº 03/2009 (Capítulo IV, artigo 23º), teve duração de sete dias e terminou 48 horas antes das eleições. Os candidatos fizeram um cronograma para os comícios, dividindo os dias da semana para cada um dos pacotes, evitando, assim, a realização de duas atividades de campanha no mesmo dia para não separar a população e tentar garantir que as pessoas participassem dos encontros. O procedimento de ambos os pacotes era semelhante. Foram organizadas equipes, cada uma com os seus respectivos chefes, respon-

68. O Secretariado Técnico de Administração Eleitoral (STAE) faz parte do Ministério de Administração Estatal e é responsável pela organização e execução dos processos eleitorais.

69. *Tua putin*, ou *tua mutin* como é conhecida em Tétum, é uma bebida retirada do fruto de acadiro (*borassus flabellifer*) e usada em todo o Timor-Leste. Com características alcoólicas e energéticas, a bebida é consumida no dia a dia, para saciar a sede e para disfarçar a fome, e em cerimônias oficiais.

sáveis por carregar e montar o material, por dinamizar o encontro, por chamar as pessoas, enfim, toda a logística necessária. Os comícios foram marcados para as 16 horas, porém, invariavelmente, atrasavam pelo menos 30 minutos, pois os organizadores precisavam levar os materiais e preparar o local do comício, além de esperar que as pessoas chegassem. Este horário foi escolhido porque, pela manhã, as pessoas, inclusive os candidatos, estavam envolvidas com os afazeres domésticos, e por ser o período do dia em que o calor do sol cedia um pouco.

Em um dos comícios do grupo de Palakera, realizado no campo de vôlei na aldeia Maumeta, próximo ao cemitério da *Lisan Lulopun*, o mestre de cerimônias – figura indispensável em qualquer evento Humangili – usando um microfone, tentava fazer sua voz sobressair ao som de uma fita cassete que tocava canções em Tétum e convocava as pessoas a se aproximarem. Aos poucos, as pessoas começaram a chegar e sentavam embaixo das árvores aguardando o início do comício. Os candidatos acompanhavam todo o movimento, sentados em cadeiras dispostas lado a lado, embaixo de uma tenda montada minutos antes. Por volta das 17h15min, o mestre de cerimônias saudou a todos os presentes e solicitou que o representante da polícia, morador da comunidade, falasse sobre as eleições. O policial Komakolu – que é católico e mora há alguns metros do local onde era realizado o comício – foi até o microfone e agradeceu a oportunidade de falar. Após saudar a cada um dos titulares do pacote e demonstrar respeito a todos, disse que era membro da Polícia Nacional do Timor-Leste (PNTL), que a sua função era zelar pela ordem e a segurança da comunidade, que estava pronto para servir e ajudar a todos e que, mesmo em dia de folga, estava sempre trabalhando, 24 horas por dia, todos os dias da semana. Concluiu dizendo que não tinha oficialmente preferência por nenhum candidato, porque ele era funcionário do governo, mas que, por respeito e por ser a sua função sempre participaria, quando convidado, dos encontros promovidos pelos candidatos para mostrar que não apoia a nenhum em especial.

Após o policial terminar de falar, o mestre de cerimônias chamou o candidato a chefe de suco. Lentamente, Palakera levantou de onde estava sentado, foi até o microfone e saudou os companheiros de pacote e a comunidade que lá estava. O seu discurso foi conciso, disse que era o candidato do pacote número Um e, portanto o primeiro, fazendo, assim, uma brincadeira com o fato de ser o melhor candidato e, de certa forma, tentando rebater as críticas de que não tinha sido o primeiro nome sugerido pelo seu grupo. Quando disse isso, foi acompanhado de palmas e sorrisos. Falou, também, que não tinha promessas a fazer e que não precisava falar muito, porque as pessoas o conheciam e sabiam que ele estava pronto para trabalhar para o bem da comunidade. Enquanto falava, algumas pessoas que assistiam gritavam "aleluia, aleluia" fazendo uma alusão jocosa à Igreja do candidato concorrente, o que provocava risadas e comentários entre os presentes, todos católicos.

Kalisuk, sentado em uma cadeira, observava atentamente a reação do público e o trabalho do pessoal encarregado de dar suporte técnico para o encontro. Quando Palakera terminou de falar, o mestre de cerimônias anunciou que Kalisuk iria discursar. Isto revelou de forma implícita a hierarquia dentro do grupo, pois, pelos costumes locais, o último a falar é sempre aquele que possui o maior grau de importância. Todos em silêncio ouviram Kalisuk orientar como deveria ser a votação, os horários, os documentos que teriam que levar no dia das eleições, a importância de todos votarem e que o grupo dele estava preparado para trabalhar na administração do suco. Após a sua fala, o encontro foi encerrado e, enquanto as equipes de suporte recolhiam as cadeiras, faixas e desmontavam a tenda, as demais pessoas voltavam para as suas casas. Os integrantes do pacote e alguns convidados, *Lela'it* e *Haha Opun* que os apoiavam, reuniram-se em uma casa na frente do campo de vôlei para confraternizar comendo bolachas salgadas, peixe seco, mandioca e bebendo café e *tua putin*.

O pacote número Dois contou com menos infraestrutura em seus comícios – o toca-fitas não funcionava e não tinham uma tenda onde os candidatos pudessem se abrigar do sol –, pois utilizou parte do dinheiro que poderia ser gasto no aluguel dos equipamentos com a impressão dos panfletos com o nome e a foto de Pengmau, que foram distribuídos na comunidade. Durante a campanha que fizeram no mesmo campo de vôlei na aldeia Maumeta, o representante da polícia, embora morasse próximo e estivesse em casa, não participou. A fala de Pengmau girou em torno da sua biografia. Começou dizendo que já foi líder jovem da Igreja Assembleia de Deus, que concluiu o ensino médio, que ainda hoje gosta de estudar e está sempre querendo aprender coisas novas. Disse que tem experiência na vida pública porque já foi chefe da aldeia Hatulela. Por conta das suas atividades, afirmou que conhece vários deputados, diretores de ONGs e pessoas vindas de outros países e, portanto, sabia como e com quem falar para conseguir melhorias de infraestrutura, educação e saúde para a comunidade. Enfatizou que, por conhecer "pessoas importantes" em Dili, poderia resolver mais facilmente qualquer problema e apresentar os projetos da comunidade a inúmeras instituições, aumentando, assim, as chances de terem as suas reivindicações atendidas. Entre as suas propostas, estavam: melhorar as condições de ensino aumentando o número de professores; trazer o encanamento de água para todas as casas; e investir em atividades para promover recreação, educação e trabalho para os jovens. Além disso, declarou que iria apresentar, regularmente, uma prestação de contas do dinheiro utilizado pelo conselho do suco.

No final do encontro, alguns integrantes católicos do pacote começaram a dançar o *roinelu*[70] e puxaram Pengmau para dentro da roda. Inicialmente constrangido, porque não é hábito dos assembleianos Humangili dançarem, acabou descontraindo e dançando junto com os demais. Com este discurso ético e de probidade administrativa, procurou rebater as críticas e desconfianças com relação à sua atuação enquanto chefe da aldeia Hatulela. Por outro lado, ao focar as suas capacidades pessoais e dançar o *roinelu*, tentou reforçar o seu prestígio como alguém que possui educação formal, que respeita os costumes locais e que está preparado para ser chefe do suco.

Podemos ver na postura de ambos os candidatos duas formas diferentes de atuação. Palakera, ao falar pouco, reproduz o comportamento dos *Lela'it* e dos demais líderes do sistema hereditário. Os homens, quando assumem uma posição de liderança e à medida que envelhecem, desenvolvem um comportamento mais reflexivo, de observação, e as suas intervenções são pontuais, decisivas e com poucas palavras. Quando, nos seus discursos, Palakera diz que não prometerá nada, mas que está pronto para assumir e trabalhar, reafirma a posição do líder centralizador, ciente do seu lugar e que, de certa forma, não promove mudanças nas práticas e costumes locais. Por outro lado, Pengmau, ao propor uma série de projetos que pretende implementar e falar das suas qualidades

70. *Roinelu* é uma dança circular em que as pessoas andam de mãos dadas e, ao som de um tambor, cantam músicas da comunidade. O *Sesapak* é outro tipo de dança circular na qual as pessoas cantam e batem os pés enquanto andam e, em determinado momento da música, todas correm para dentro do círculo. Estas danças, com algumas variações, são comuns em todo o Timor e conhecidas em Tétum como Tebe.

pessoais, representa o desenvolvimentismo, a mudança dos costumes e rompe com a sucessão hereditária, introduzindo algo semelhante a meritocracia.

Os mesmos procedimentos e discursos foram adotados quase na íntegra nos demais encontros. No entanto, no último dia destinado à campanha eleitoral, os grupos acordaram em fazer o comício no mesmo local, mas em horários diferentes. Reunidos ao lado da antiga sede do suco, na fronteira entre as aldeias Masilihu e Hatulela, o candidato Pengmau iria utilizar o período das 16 horas às 17 horas e Palakera, logo a seguir, faria a sua campanha até as 18 horas. Cerca de 40 minutos antes do horário marcado para o início da campanha, conversei com Palakera, Kurakaki – católicos e candidatos, respectivamente, a chefe do suco e da aldeia Hatulela pelo pacote Um – e os irmãos Kerakia e Ketihura – assembleianos e apoiadores do pacote Dois –, na frente da antiga sede do suco. Estávamos conversando sentados à sombra da árvore que fica naquele lugar enquanto observávamos as equipes que preparavam os microfones, as caixas de som e as faixas dos candidatos. Em determinado momento, Palakera, sorrindo, comentou, em tom de brincadeira, que se fosse eleito iria obrigar as pessoas a beberem *tua putin* e a dançarem o *roinelu*. Todos nós sorrimos e Kerakia disse que os assembleianos não podem beber *tua putin*, ou qualquer outro tipo de bebida alcoólica, porque é norma da Igreja, mas que não se importam se as outras pessoas bebem. Um dos problemas, atualmente, em todo o Timor, continuou Kerakia, é que as pessoas estão bebendo muito e acabam criando confusão. Palakera, a partir da fala de Kerakia, comentou dirigindo-se a mim que, em Humangili, não há problemas, pois, quando as pessoas bebem demais, elas deitam para o lado e dormem sem criar confusão. Afirmou, também, com a concordância de todos, que não existem conflitos entre assembleianos e católicos Humangili, porque "somos todos cristãos" e as pessoas "são da mesma família [...] o pai é católico e o tio é assembleiano". Conversamos por mais alguns minutos até que Palakera foi chamado por alguém do seu grupo e, pedindo licença, levantou e saiu. Apesar das tensões que os chistes revelam, não há um confronto direto de ideias entre católicos e assembleianos, pois cada grupo tem a sua própria dinâmica e um não interfere no outro.

Mas nem sempre foi assim. Em 1997, conforme Kolikuru – pescador católico e morador da aldeia Hatulela –, alguns católicos de Vila Maumeta, descendentes de Humangili, foram até Hatulela provocar e agredir os evangélicos por estes alegadamente estarem tentando convencer alguns católicos a participarem da Assembleia de Deus. Embora o proselitismo seja proibido em Humangili, as desavenças até então limitavam-se aos núcleos familiares, que discutiam verbalmente e resolviam os problemas sem envolver os líderes da comunidade. Porém, os católicos de Vila Maumeta, mais rígidos nesta questão, por meio da coerção física, tentaram reprimir esta prática. Os líderes Humangili se reuniram com os católicos de Vila Maumeta e disseram que estes, embora descendentes, por residirem em outro suco, não podiam influenciar nas decisões da comunidade. Após este encontro, os católicos de Vila Maumeta foram embora e os líderes Humangili, depois de se reunirem com as lideranças assembleianas, proibiram que estes continuassem a evangelizar pessoas de fora da sua própria Igreja. Esta regra é observada desde então, por católicos e assembleianos. Sobre o proselitismo religioso e os conflitos entre as Igrejas, o ministro da eucaristia Kasata comentou:

> Uma pessoa pode sair da sua Igreja e ir para outra, não tem problema. Mas a Igreja querer convencer uma pessoa que já é cristã não pode. Isto é falta de respeito, isto não é cristão. Em Humangili no passado eles [assembleianos] faziam isso, mas é porque não entendiam, mas agora não tem problema, eles respeitam. Em Humangili não tem problema, somos todos cristãos, temos o mesmo Deus e não tem conflito.

Retornando ao último dia da campanha eleitoral de 2009, após longa espera, os integrantes do pacote Dois começaram a campanha às 17 horas, pois alegavam estar esperando as pessoas chegarem das suas casas. Muitas mulheres e crianças estavam presentes mas, à exceção dos representantes de ambos os pacotes, havia poucos homens adultos. Por volta das 17h20min, o administrador interino[71] do subdistrito veio de Vila Maumeta para acompanhar os últimos instantes da campanha. Aos poucos, os homens começaram a aparecer. Até então, eles estavam por perto, reunidos nas casas uns dos outros, conversando e tomando *tua putin*, mas a presença do administrador – católico e, apesar de ter nascido e morar em Vila Maumeta, descendente Humangili – acrescentou uma novidade ao evento, despertando curiosidade.

71. Os administradores dos subdistritos são cargos de confiança e, geralmente, escolhidos entre os funcionários públicos militantes dos partidos políticos timorenses. Em Ataúro, o partido FRETILIN, maioria entre os habitantes, é quem tem a prioridade da indicação. O atual administrador assumiu interinamente o cargo em 17 de junho de 2009, após o antigo administrador, assembleiano de Bikeli, ser afastado por suspeitas de má gestão financeira dos recursos destinados à ilha.

Por já terem começado tarde, os discursos do pacote Dois se estenderam para além das 18 horas, horário determinado para o término da campanha eleitoral. Às 18h10min o candidato Palakera, junto com um grupo de crianças e adolescentes, veio caminhando, cantando e carregando faixas com o nome do pacote até o local onde estávamos todos reunidos. Ao chegarem lá, fizeram silêncio para a fala do administrador. Neste momento, como estava próximo a Palakera, perguntei se ele não iria discursar. A sua resposta foi que não sabia, dependeria do tempo, mas que, se não pudesse, não havia nenhum problema, porque lá tinham poucos adultos e muitas crianças, e estas não votam. Acrescentou que todas as pessoas o conheciam e sabiam o que ele tinha para dizer, então, não se importava se não pudesse falar naquele dia.

Enquanto isto, o administrador interino, convidado por Pengmau, após agradecer à oportunidade de poder falar, reforçou as informações sobre os documentos que cada pessoa deveria ter consigo para votar no dia da eleição, falou que o país é democrático e, por isso, todos têm o direito de votar, que estava pronto para ajudar o novo conselho do suco e que o mais importante era que todos trabalhassem juntos. Pedindo desculpas a ambos os candidatos, disse que, pelo adiantado da hora, já não havia mais tempo para os comícios e, assim, encerrou oficialmente a campanha eleitoral. Para terminar, convidou os dois candidatos para um abraço coletivo e, depois, ao som das cantigas Humangili que começavam a serem entoadas pelos *katuas*[72] católicos, os candidatos a chefia do suco e aldeias, acompanhados pelas mulheres e crianças, dançaram juntos. Neste ambiente festivo, após alguns minutos de *sesapak*, as pessoas começaram a voltar para as suas casas.

O DIA DA ELEIÇÃO

Pouco antes das sete horas da manhã, enquanto os oficiais eleitorais[73] ainda conferiam a lista de presença dos votantes, abriam a sede de suco e preparavam o restante do material, os candidatos do pacote Um e alguns

72. *Katuas*, palavra que vem do Tétum, é como são chamados os homens mais velhos.

73. Estes oficiais foram selecionados e treinados pelo STAE entre os eleitores locais, cidadãos nacionais e que sabiam ler e escrever (Regulamento 48/STAE/VIII/09, Capítulo II, secção II, artigo 11º, inciso 1). Com um mínimo de três e máximo de cinco pessoas por estação de voto, os oficiais eleitorais dividiam as seguintes funções: um presidente, um verificador de identificação, um controlador do boletim de voto, um controlador de urna eleitoral e um controlador de fila (Regulamento 48/STAE/VIII/09, Capítulo II, secção II, artigo 10ª, inciso 1, letras A-E).

dos seus familiares e colaboradores já estavam na fila para a votação. Às 7h15min, a urna foi aberta e, um por vez, os eleitores se dirigiam até o verificador de identificação, que conferia o seu nome na lista de votantes; depois passavam para o fiscal sentado ao lado, que lhes entregava a cédula eleitoral; e entravam na sede do suco onde, com um prego, furavam a cédula ao lado do nome do candidato a chefe do suco da sua preferência. Depois de concluído este processo, o votante saía da sede do suco, colocava a cédula na urna, que ficava à vista de todos e, por fim, recebia uma marca de tinta púrpura no dedo indicador direito para *garantir que o eleitor exerça o direito de votar uma única vez*[74].

À medida que as primeiras pessoas terminaram de votar, instaurou-se um murmúrio entre os que lá estavam sobre um problema nas cédulas eleitorais. A ordem do nome dos candidatos não correspondia àquela pela qual eles fizeram a campanha. Assim, o candidato Pengmau, do pacote Dois, aparecia em primeiro lugar, e Palakera em segundo. Imediatamente, o grupo de Palakera começou a falar com as demais pessoas que sabiam que votariam neles para que atentassem durante a votação. O pacote Dois – colocado em primeiro na cédula – percebeu esta situação um pouco mais tarde, mas, ao contrário do grupo concorrente, não avisou as pessoas sobre a alteração porque, segundo me disse Palaklou, candidato a chefe da aldeia Maumeta, todos já sabiam que havia ocorrido a troca.

A primeira reação foi responsabilizar o governo pelo equívoco. A teoria corrente era de que faltou acompanhamento do governo durante o processo de impressão das cédulas, que tinham sido feitas na Indonésia por uma gráfica que, por não conhecer os candidatos e sem orientação, acabou trocando a ordem dos nomes[75]. Após olhar o regulamento sobre as eleições, encontrei a seguinte determinação sobre os procedimentos de votação:

> As listas de candidaturas são organizadas nos boletins de voto por ordem alfabética do nome próprio do candidato que encabeça a lista (Regulamento 48/STAE/VIII/09; Capítulo III; artigo 24º; parágrafo 1º)[76].

74. Regulamento 48/STAE/VIII/09, Capítulo IV, secção III, artigo 35º, parágrafo 9.
75. No entanto, apesar do papel utilizado para confeccionar as cédulas ter sido produzido por uma gráfica indonésia, a impressão com os nomes e a foto dos candidatos foi realizada no Timor-Leste.
76. As cédulas utilizavam os nomes em Português, e não em Hresuk, o que causou a alteração na ordem dos nomes, pois Pengmau é registrado como Antero e Palakera como José.

Comentei esta regulamentação com integrantes de ambos os pacotes e eles me disseram que nunca ouviram tal informação e que, durante o encontro comunitário para a inscrição dos candidatos e orientação dos votantes realizado pelo STAE – cerca de um mês antes das regras definitivas serem aprovadas –, teria sido dito que o nome dos candidatos apareceria nas cédulas de acordo com a ordem de inscrição. O fato de que este problema também ocorreu em outros dois sucos da ilha e em outros distritos nos leva a pensar em ruídos na comunicação entre a equipe do STAE e os candidatos[77].

Mas este não foi o único incidente no dia da eleição. Na lista dos votantes, o nome de algumas pessoas estava escrito errado, com letras faltando, letras a mais, partes do sobrenome omitido ou repetido. Porém, como um dos fiscais de mesa me explicou, apesar da orientação para não permitir que pessoas cujo nome na lista não correspondesse exatamente ao nome impresso no cartão eleitoral votassem, eles deixaram porque "conhecem a todos". Com o passar das horas, a fila foi aumentando e o sol ficando cada vez mais forte. A maioria das pessoas sentou-se no chão, enquanto outras tentavam se proteger embaixo da árvore que fica na frente da antiga sede do suco. Por volta das 10 horas da manhã, poucas pessoas tinham conseguido votar e a coordenação determinou, devido o calor e o sol forte, que os idosos, gestantes e mulheres com filhos de colo poderiam passar na frente. Quando isto foi anunciado, algumas mulheres buscaram os seus filhos que estavam com outras pessoas e as grávidas e idosos, que esperavam em suas casas ou na de parentes, vieram para a fila.

A votação, com isto, passou a ser ainda mais lenta, pois os idosos, com dificuldades para enxergar e se locomover, demoravam para concluir o processo. Kurukeli, católico com cerca de 70 anos de idade, caminhando vagarosamente com o auxílio da *Ite'a* – bastão de madeira utilizado pelos idosos para caminhar –, teve que deixá-la do lado de fora, pois não era permitido entrar com nenhum objeto no local de votação. Depois de uns dois minutos, retornou para fora com a cédula aberta. Os fiscais, ao

77. Após o encerramento do processo eleitoral, em uma conversa informal, um funcionário do STAE explicou a situação dizendo que os agentes do STAE nos sucos receberam treinamento acerca da inscrição de candidaturas e sua ordem nas cédulas de votação antes da aprovação do regulamento sobre o tema, e foram informados de que a ordem dos candidatos seria determinada por sorteio. Porém, com a aprovação do Regulamento 38/STAE/VIII/09, o procedimento mudou e a ordem nas cédulas passou a ser alfabética. No entanto, alguns agentes do STAE nos sucos não teriam repassado esta informação para os candidatos.

perceberem que ele não tinha feito o furo na cédula, mandaram-no de volta para dentro da sede do suco. Ele então repetiu o processo, mas saiu novamente sem conseguir votar, justificando que não conseguia enxergar a foto dos candidatos. Foi mandado novamente para dentro e, na terceira vez, voltou com a cédula fechada e a colocou na urna. Outro senhor, já com seus 80 anos, morador da aldeia Maulaku, próximo à fonte *Ipua*, distante alguns quilômetros de onde estávamos, foi à votação vestindo trajes típicos da comunidade, com *kngohi*[78] enrolado no corpo, meia-lua no pescoço, catana[79] na cintura, enfeites na cabeça feitos com panos e óculos escuros, mas teve que retirar tudo, ficando apenas de bermuda e camiseta.

Enquanto as pessoas votavam, conversei com alguns candidatos a chefe de aldeia e eles me disseram que, na eleição passada, havia dois locais de voto, um exatamente no mesmo lugar e outro nas montanhas. Segundo Kurakaki, candidato a chefe da aldeia Hatulela pelo pacote de Palakera, se tivessem dois locais para votar o processo ficaria mais ágil e fácil, porque as pessoas idosas e aqueles que moram no alto da montanha não precisariam caminhar tanto. Questionei o motivo pelo qual o número de locais para votação havia diminuído e Kopakila, católico e *Lela'it Mautuda Isahe*, que estava conversando conosco, disse que não sabiam a razão, que isto tinha sido uma determinação do governo, mas enfatizou que os Humangili não concordavam. Continuei a conversa e perguntei se eles não tinham reclamado sobre esta situação com o STAE ou com a Comissão Nacional de Eleições (CNE)[80]. A resposta foi que isto era função do atual chefe de suco, mas que este não fez nada. Para os Humangili, em geral, por mais descontentes ou contrários às atitudes dos líderes, individualmente, ninguém pode protestar abertamente ou mesmo agir sem que lhe seja formalmente permitido.

A manhã já tinha passado e a fila parecia não se mover. Às 15 horas, horário definido para o encerramento da votação[81], os policiais da PNTL e o responsável pela organização da fila, obedecendo ao regulamento

---

78. Também conhecido em Tétum como *tais*, os *kngohi* são panos de algodão tecidos manualmente, comuns em todo o Timor-Leste.

79. Arma branca, parecida com um facão, comum em todo o país e utilizada para cortar plantas, frutas, troncos de árvores e em conflitos.

80. A Comissão Nacional de Eleições (CNE) é um órgão independente responsável pelo monitoramento e supervisão do processo eleitoral.

81. Capítulo II, artigo 9º, parágrafo 1º, do Regulamento 48/STAE/VIII/09 sobre os procedimentos para votação.

eleitoral[82], pediram para que todos que ainda não tinham exercido o direito ao voto que ficassem ordenadamente uns atrás dos outros. Isto acabou por dificultar ainda mais a espera, pois, se, antes, os eleitores procuravam as sombras das árvores para se abrigarem do calor, agora tinham que ficar parados embaixo do sol.

Kalisuk foi a última pessoa a votar, às 18h20min, e, logo após, os fiscais começaram os preparativos para a contagem dos votos. Aproveitando a fraca luz que vinha do interior da sede do suco – gerada por um painel solar fornecido pelo governo em 2007, mesmo ano da construção da sede –, os oficiais eleitorais conversavam sobre o melhor lugar para colocar a mesa e o quadro branco onde apontariam os votos dados aos candidatos. Do lado de fora da sede do suco, as cadeiras eram posicionadas em um lugar, depois retiradas e colocadas em outro, a mesa foi colocada em uma posição, para depois também ser modificada, não havia consenso sobre a posição do quadro para registrarem a contagem dos votos, todos davam a sua opinião, cada um achava que deveria ser feito de uma forma. Este processo durou mais de 20 minutos, até que o presidente dos oficiais eleitorais que, até o momento, não havia se envolvido na discussão, ordenou, de forma ríspida, o local onde tudo deveria ficar. Isto feito, o presidente pediu para que as pessoas ficassem em silêncio e, antes de começar a contagem, informou que o resultado seria extraoficial, pois ainda precisaria ser ratificado pela CNE.

A contagem transcorreu sem incidentes. No escuro, usando a luz de celulares ou pequenas lanternas, os candidatos a chefe do suco e alguns dos integrantes de ambos os pacotes anotavam voto a voto à medida que estes eram anunciados pelos fiscais de mesa. Alguns votos onde estava furado o rosto do candidato foram anulados, assim como aqueles em que o furo se estendeu para fora do espaço delimitado. Algumas pessoas próximas a mim comentavam que determinados votos não precisavam ser anulados porque, ao marcar o rosto do candidato, estava evidente em quem a pessoa queria votar, mas estes eram comentários baixos e não chegavam a repercutir no grupo em geral. No final, de um total de 1,128 votantes cadastrados, sendo 543 homens e 585 mulheres, compareceram às urnas 970 pessoas. Palakera, do pacote Um – que apareceu em segundo

82. Conforme o Capítulo II, artigo 9º, parágrafo 2, do Regulamento 48/STAE/VIII/09 sobre os procedimentos para votação, após o horário fixado para o término da votação, somente poderiam votar quem estivesse na fila.

lugar na cédula –, foi eleito o vencedor com 511 votos contra 372 de Pengmau, 12 votos em branco e 75 nulos[83].

Quando o último voto foi anunciado e Palakera reconhecido como o novo chefe do suco, os candidatos se cumprimentaram com um abraço e o chefe eleito informou que ele e seus companheiros ofereceriam uma festa para a comunidade, com música mecânica, logo mais à noite. Aos poucos, todos voltaram para as suas casas ou para as de parentes. Um pequeno grupo de homens que fez campanha para Pengmau permaneceu conversando por mais alguns minutos na frente da antiga sede do suco. Kelakia, católico e ex-chefe do suco que, no ano anterior, havia se licenciado para assumir um cargo de funcionário público, atribuiu a derrota à confusão gerada pela troca da ordem dos candidatos na cédula eleitoral. Sailori, católico de 32 anos de idade e morador da aldeia Hatulela, completou a fala de Kelakia dizendo que muitas pessoas teriam votado em Palakera pensando estar votando em Pengmau – argumento também usado pelo grupo vencedor que afirmavam que Pengmau recebeu mais votos porque as pessoas pensavam estar votando em Palakera. Além disso, disseram que o pacote de Pengmau deveria ter alertado, a exemplo do concorrente, todas as pessoas que votariam neles sobre a troca dos nomes na cédula eleitoral. Quando um integrante do grupo vencedor se aproximou, eles pararam de falar e sorriram cordialmente para o que se aproximava.

No dia a seguir à eleição, caminhando em direção à montanha, próximo à aldeia Maulaku, encontrei Kahikura, coordenador da pastoral do menor. Enquanto conversávamos sobre o resultado das eleições, este me disse que a Igreja Católica não apoiava nenhum dos candidatos e que as suas lideranças não tinham participado da festa promovida pelo pacote vencedor na noite anterior. Segundo ele, a Igreja tinha várias propostas para melhorar as condições de vida na comunidade, mas nenhum dos líderes queria ouvi-las. A Igreja não pôde participar das eleições[84], continuou ele, mas o chefe de suco tem que "ouvir a Igreja", pois "o país é católico" e os padres "ajudam o povo". Este chefe de suco já começou errado, afirmou, porque a festa tem que ser feita pelo antigo chefe que precisa convidar as pessoas, mas o chefe novo fez tudo sozinho e não

83. Após a conferência dos votos pela CNE, ocorreram algumas alterações e, oficialmente, Palakera obteve 522 votos, Pengmau 380, 12 votos em branco e 56 nulos (Comissão Nacional de Eleições, 2009).

84. Determinação da Lei nº 3/2009 de 8 de julho, Capítulo III, artigo 19ª, letra E (Timor-Leste, 2009).

convidou a comunidade. Comentei que tinha ouvido o chefe eleito avisar sobre a festa logo após a definição das eleições. Kahikura respondeu que não pode ser assim, pois é necessário avisar formalmente os chefes de cada *Lisan* e os líderes da Igreja, tem que “mostrar respeito pelas pessoas”. A formalidade, o convite personalizado e a demonstração de consideração pelo outro é algo que perpassa toda a organização social Humangili, desde as relações individuais às institucionais.

Uma semana depois de encerrada a eleição, fui à Vila Maumeta e, no final da tarde, retornei de carona em um barco que voltava para Humangili. Durante o percurso, conversamos sobre o resultado das eleições e a troca na ordem do nome dos candidatos na cédula. O condutor do barco, assembleiano de 46 anos e um dos mais experientes navegadores da comunidade, comentou que, nas eleições anteriores, as pessoas podiam escolher por voto direto o seu chefe de aldeia, mas, com a alteração para pacotes fechados, esta escolha ficou mais difícil. Com o pacote, disse ele, é o chefe do suco e não o povo quem escolhe os chefes da aldeia. A sua crítica pode ser entendida porque a aldeia Hatulela é onde se concentram os assembleianos, maioria entre os habitantes daquele local. Com o voto aberto, a comunidade evangélica conseguia eleger um chefe assembleiano, porém, com o sistema de pacotes fechados, perderam a vantagem numérica e, consequentemente, com o resultado da atual eleição, a chefia da aldeia. Perguntei, então, se o fato de Pengmau ser evangélico não teria influenciado na escolha das pessoas. Todos no barco eram assembleianos e foram unânimes em responder que acreditavam que sim, pois, segundo eles, em Humangili há preconceito com os evangélicos. Questionei qual o motivo deste preconceito e uma das pessoas respondeu que os católicos não entenderam o cristianismo e continuam agindo como gentios[85], por isso não gostam dos assembleianos. Comentei que Pengmau havia recebido votos além do número de assembleianos na comunidade e que, no seu pacote, havia vários católicos concorrendo para a chefia de aldeias e conselho do suco. Frente a meu argumento, o condutor do barco respondeu que não são todos iguais, que alguns católicos conseguem separar a religião dos assuntos que envolvem a administração do suco e querem mudanças.

85. As expressões *gentil* (em Tétum jentiu) e *pagão* (pagaun) são utilizadas como sinônimos pelos Humangili e designam aquelas pessoas que não integram as Igrejas cristãs. Podem assumir um tom pejorativo para qualificar comportamentos, símbolos, cerimônias, pessoas e grupos que não aceitam, contestam ou não agem conforme os preceitos das Igrejas cristãs que os Humangili frequentam. Por outro lado, quando se referem aos seus antepassados, geralmente, estas expressões designam apenas o desconhecimento das normas das Igrejas e o não vínculo institucional.

Entre os católicos com quem conversei, a opinião foi de que a religião não teve nenhuma influência nas eleições. Repetindo as falas do padre Luís durante a missa no domingo anterior ao dia da votação, alguns afirmaram que não importa se a pessoa é católica ou protestante, mas que seja honesta e trabalhe para melhorar a vida de todos. Ainda durante a campanha eleitoral, comentei com o ministro da eucaristia Kasata sobre as manifestações de algumas pessoas em um dos comícios de Palakera, que gritavam "aleluia, aleluia". Para Kasata, isto não significava preconceito, porque "somos todos cristãos e temos o mesmo Deus". As pessoas que fizeram isto, segundo ele, já tinham escolhido o seu candidato e estavam somente brincando. Apesar disso, revelando uma influência religiosa nas suas escolhas, alguns católicos disseram que os assembleianos, por se isolarem e romperem com os costumes locais, não pensam na comunidade, mas somente neles próprios, e portanto não entenderam direito o que é ser cristão.

Utilizando argumentos semelhantes, católicos e evangélicos descaracterizam a prática religiosa uns dos outros. O que para os assembleianos é heresia, para os católicos é respeito à memória dos antepassados e preservação dos costumes locais. O que para os católicos é intolerância e desrespeito ao outro, para os evangélicos é observância aos ensinamentos bíblicos. Um exemplo que sintetiza estas desconfianças é o dia de finados. Em 2008, por volta das 16 horas, tocou o sino que fica em frente à sede do suco e os católicos, aos poucos, foram saindo das suas casas para subirem a montanha até os cemitérios das suas *Lisan* e *Rumanan*. Levando flores e velas, as pessoas caminhavam em silêncio em sinal de respeito aos mortos. Durante todo o ano, estes cemitérios ficam abandonados. Mesmo integrados à paisagem da comunidade, as pessoas não os frequentam. Como a maioria dos Humangili não possui um túmulo ou lápide, sendo enterrados diretamente no solo, quem não conhece a geografia do local pode atravessar um cemitério sem ao menos perceber. As sepulturas, por serem caras, são um diacrítico social e privilégio daquelas famílias mais importantes, que constroem túmulos de tijolos com grandes crucifixos ao enterrarem os seus mortos.

Chegando aos cemitérios, em silêncio, cada um limpa o terreno onde foram enterrados os seus familiares, retira o mato que cresceu durante o ano, conserta as cruzes de madeira que caíram ou quebraram, joga flores e acende velas. Depois disso, fazem uma oração e retornam para as suas casas. Os assembleianos, por outro lado, afirmam que não entendem esta prática católica pois, segundo eles, a pessoa depois que morre vai para o céu ou para o inferno. O que fica enterrado é o corpo e, por isso, não é necessário orar ou reverenciar os mortos, porque o destino deles já está traçado. A única reverência possível para os assembleianos é a Jesus Cristo. Por sua vez, os líderes católicos dizem que o dia de finados não é para reverenciar os mortos, mas sim para lembrar os antepassados e cuidar dos seus túmulos, o que seria uma forma de demonstrar respeito pelo que eles fizeram para a comunidade e manter vivas as histórias que formam sua identidade de grupo. Apesar deste discurso dos líderes católicos, o dia de finados, para a população católica, também contribui para reforçar e aproximar o sistema de crenças nos espíritos dos antepassados aos preceitos da sua Igreja. Se os católicos percebem esta comemoração como algo que está de acordo com as suas práticas ancestrais, os assembleianos – com o reforço desta não fazer parte das suas datas comemorativas – a entendem como um comportamento "pagão".

Estas divergências também podem ser percebidas na noção Humangili de *kultura* – palavra em Tétum oriunda do Português. Para a comunidade católica, de forma geral, *kultura* refere todas as práticas, regras e símbolos herdados dos seus antepassados que vão desde plantar mandioca a acreditar em espíritos. A *kultura* assumiria, para estes Humangili, um significado de identidade grupal, uma autenticidade das práticas, símbolos e padrões de pensamento que seriam autóctones e legitimados por referências históricas (míticas ou factuais). Neste sentido as roupas, músicas, objetos, normas, sistema político, as Igrejas cristãs, entre outros elementos reconhecidos, de forma consciente, como exógenos, não fariam parte da sua *kultura*. No entanto alguns católicos, principalmente entre os representantes locais da Igreja, apesar de reconhecerem a crença em espíritos dos antepassados como um elemento importante para a conservação da sua *kultura* afirmam que, por serem cristãos, não podem mais participar dos rituais ancestrais que evocam estas entidades. Para os assembleianos, *kultura* seria as vestimentas, a língua e as cerimônias de casamento, entre outras práticas também herdadas dos antepassados. Todavia, crer em espíritos e todo comportamento e regra que vai de encontro à sua interpretação bíblica, por sua vez, seria heresia e herança do tempo em que a comunidade não conhecia o cristianismo. Abandoná-las – ou pelo menos não praticá-las – não é, assim, um desrespeito aos antepassados, pois estes não conheciam a Jesus Cristo[86]. A organização social Humangili é marcada por tensões e mudanças onde a transmissão dos valores, práticas e símbolos dos seus antepassados não fazem parte de um processo automático, mas estes precisam ser constantemente atualizados, reinventados e negociados com as novas gerações para continuarem vigorando.

Considerando que a fé religiosa é uma modalidade particular de discurso que possui sentido para os seus adeptos, assumindo um valor de verdade (Ricouer, 1994: 55-56), e, por outro lado, o conceito de cultura entendido como o resultado de uma ação criativa por meio da dialética entre a invenção, que provoca a mudança, e a convenção, que acomodaria estas mesmas mudanças em um mundo reconhecível (Wagner, 1981: 45), os grupos religiosos – e não somente eles – possuem direitos iguais de reivindicar para si a definição de *kultura* Humangili[87].

Para entendermos mais claramente qual o tipo de interferência da religião no resultado das eleições para líder comunitário, é preciso considerar outros fatores de influência. Como já mencionado, o núcleo familiar constitui a base das relações e das cooperações entre as pessoas. Os vínculos de interdependência e ajuda mútua entre os chefes das famílias contribui para o estabelecimento das alianças políticas. Quanto mais ampla a ramificação das relações de cooperação do candidato com outras famílias, maiores as chances de receberem votos. Outro aspecto é a pouca maleabilidade das dinâmicas sociais Humangili. Os dois grupos concorrentes

86. Esta divisão entre as práticas e crenças em espíritos e as da Igreja refletida na concepção de *kultura* foi e continua sendo estimulada tanto pelos missionários assembleianos como pelo clero católico timorense. Ao separarem as cosmologias, conferindo-lhes estatutos diferentes – que podem assumir conotações negativas ou positivas dependendo do contexto e do interlocutor –, buscam marcar as diferenças e as semelhanças existentes e, assim, delimitar os campos de atuação e a própria condução do processo de evangelização.

87. Há na antropologia um extenso debate sobre o conceito de cultura. Entre as abordagens temos: a cognitivista que entende cultura como sendo a forma com que os grupos sociais organizam o sistema de crenças, percepções e conhecimentos necessários para as pessoas conviverem entre si; sob um ângulo mais semiótico a cultura pode ser percebida como uma *teia de significados* transmitida de uma geração para outra (Geertz, 1989); ou, ainda, como um processo histórico adaptativo a partir de uma ordem estrutural de significação (Sahlins, 1990; 1997; 2003). Independente do caminho que escolhermos para a análise cultural, quando nos deparamos com a prática, percebemos que a influência por ela exercida não é uniforme e que os embates e as transformações tornam-se evidentes por meio da ação manifesta – seja individual ou coletiva – e contextual. Utilizo, aqui, a definição proposta por Wagner (1981), que embora não esgote o assunto, creio estar mais adequada ao contexto de análise etnográfico ao qual estou envolvido, com movimentos de mudança, ruptura e continuidade. Para algumas discussões sobre o conceito de cultura para a antropologia conferir Kessing (1974).

nas eleições de 2009 se originaram dentro do antigo conselho de suco, que estava dividido. A eleição colocou em jogo não necessariamente as propostas de trabalho, mas questões relacionadas à hierarquia, prestígio pessoal e respeito aos costumes locais de cada candidato.

Os assembleianos, ao residirem todos juntos em um mesmo local e terem suas próprias lideranças e hierarquias baseadas na hereditariedade, acabam por reproduzir a dinâmica social local. Em contrapartida, ao romperem com algumas práticas, estabelecerem novos valores, introduzirem diferentes símbolos para significar a si mesmos e ao mundo, geram desconfiança e temores nos demais Humangili. Os católicos receiam que, se eleito um chefe de suco assembleiano, este direcione os recursos financeiros somente para a comunidade evangélica. Além disso, os católicos veem nos assembleianos uma descontinuidade das suas práticas e valores.

A tensão entre católicos e assembleianos nas eleições e os discursos de respeito/desrespeito aos padrões culturais locais não estão restritos aos vínculos religiosos – até mesmo porque no pacote de Pengmau havia integrantes católicos e o resultado das eleições sugere que católicos votaram no candidato assembleiano –, mas, também, às disputas entre grupos de interesse pelo poder, legitimação, manutenção ou expansão das suas formas de expressão, simbolização e autorreferência. O que está em questão não é o desempenho ou a competência do candidato, as ideias cedem espaço para os *valores*[88]. Sendo assim, ao que parece, um candidato tem mais chances de ser eleito se demonstrar autoridade e firmeza nas suas decisões – sejam elas consideradas certas ou não –, tiver um discurso que vá ao encontro das lideranças do sistema hereditário, respeitar e manter os costumes e práticas ancestrais, seu núcleo familiar possuir uma ampla rede de relações com outras famílias e for católico, representando, desta forma, menos riscos de ruptura para a dinâmica social local.

EXPANDINDO AS ZONAS DE CONTATO

Como vimos anteriormente, a participação da Igreja Católica nas decisões políticas da comunidade oscila da total separação ao exercício

88. *Valor* entendido a partir da definição de Weber (1995; 2000) enquanto um conjunto de pressupostos, conceitos e certezas válidos para um determinado grupo, circunscrito historicamente, que são transpostos para a ação.

de influências não declaradas. No entanto, ocorrem outros atravessamentos, mais explícitos, que reforçam a ideia de fronteiras, ou de zonas de atuação, apesar de resistentes, permeáveis. Um exemplo do que estou afirmando aconteceu durante a competição para avaliar o suco mais desenvolvido da ilha, realizada em setembro de 2008 pelo Ministério da Administração Estatal e Ordenamento do Território[89]. Enquanto a comissão avaliadora, dentro da sede do suco, anotava os dados sobre os indicadores sociais – número de habitantes, nascimentos, óbitos, estudantes, trabalhadores assalariados, ONGs, entre outros – fornecidos pelo conselho do suco, o então administrador, do lado de fora, conversava com alguns homens da comunidade. Sentados no chão, ouvíamos o administrador que, entre outras coisas, disse que estava tentando conseguir verbas para a construção do mercado público em Humangili e para a reforma da estrada que liga a comunidade ao suco Vila Maumeta. Porém, enfatizou que as pessoas deveriam se organizar e os líderes locais precisavam impor regras para a população, porque, sem isto, não poderiam fazer nada.

Um pouco antes de terminar a reunião, que durou, aproximadamente, 40 minutos, o administrador à época, um assembleiano de Bikeli, falou que gostaria de abordar outro assunto que o estava preocupando. Havia, segundo as suas palavras, uma "seita" que queria se instalar na ilha, mais precisamente no suco Makadade[90]. Em tom exaltado, disse que o país era democrático e que a Constituição garantia o direito das pessoas de aderirem a qualquer tipo de religião. "Nós cristãos", prosseguiu, "não somos preconceituosos, por isso, se alguém deseja ser muçulmano ou seguir qualquer outra religião, não tem problema". No entanto afirmou que, se fosse este o caso, que o fizessem em Dili, em Baucau, na Indonésia ou em qualquer outro lugar, menos em Ataúro. "Aqui", continuou, "não há gentios, somos todos cristãos, já existem duas Igrejas", e, por isso, não haveria espaço de atuação ou locais para construção de templos para outros grupos religiosos. Esta "seita", questionou, "virá fazer o que aqui?". Ele mesmo respondeu: "irá trazer discórdia, conflitos e problemas

89. A competição para a escolha do suco mais desenvolvido do país foi nacional, onde cada subdistrito apresentou os dados dos sucos sob sua administração. O vencedor de cada subdistrito participaria, então, da competição distrital. Os vencedores dos distritos, por fim, participariam da competição nacional.

90. O administrador, que estava falando em Tétum, utilizou a palavra portuguesa "seita". Esta expressão foi adotada do Português, pois não existe um correlato em Tétum. As "seitas" são todos os grupos – mesmo os cristãos – que não concordam ou desafiam de alguma forma a autoridade das Igrejas Católica e Assembleia de Deus.

para o convívio entre as pessoas". O administrador disse ainda que o grupo religioso em questão tem regras diferentes, "proíbem comer porco e outras coisas, mas nós comemos porco desde o tempo dos nossos antepassados e o povo não tem dinheiro, então irá comer o quê?". Finalizou sua fala convocando todos os líderes da comunidade a se unirem para impedir a entrada deste novo grupo que, alertou, se entrasse em Makadade, poderia querer se expandir para outros sucos no futuro.

Esta "seita" era um grupo adventista vindo da Indonésia que queria se estabelecer em Ataúro. Uma nova denominação religiosa na ilha iria desacomodar o sistema já estabelecido de divisão de terras, de espaço de atuação e competiria com católicos e assembleianos por fiéis. Após o administrador terminar de falar, Karahuin – católico e *Lela'it Soluan Hatu Ta* – pediu a palavra, mas esta não foi concedida com a alegação que o encontro já havia terminado. Como se não tivesse ouvido a advertência e com a anuência do chefe Kalisuk, continuou falando, e os Humangili, que já estavam em pé para ir embora, voltaram a sentar-se em silêncio. Karahuin disse que eles já estavam sabendo sobre a "seita", que também não concordavam com sua vinda para a ilha e apoiariam o administrador. Porém, afirmou, não era sobre isto que pretendia falar, e então começou a reclamar do administrador por este não apoiar e nem investir em melhorias na comunidade. A menos de dois metros de distância e com o dedo indicador apontado para o administrador, disse que os Humangili são organizados, que possuem regras, mas as pessoas cansam de se organizar e esperar a ajuda que não vem. Precisamos, afirmou, além da estrada e do mercado, também:

> [...] escola, trabalho, de campo de futebol e vôlei para os jovens, de reformas na sede do suco e de consertos nas cercas porque os porcos e as cabras invadem a plantação.

Enquanto falava, os demais Humangili que lá estavam balançavam a cabeça em sinal de concordância. O administrador ouviu sem contestar nenhuma palavra e, depois que Karahuin terminou de falar, agradeceu cordialmente pelas suas sugestões e prometeu investir mais na comunidade. Neste momento, estava um pouco mais ao lado, sentado no chão junto com Metak – pescador católico de 59 anos – que, dirigindo-se a mim, comentou que o *Lela'it* estava com razão, pois o administrador nunca havia feito nada durante todo o tempo em que ocupara o cargo e veio a

Humangili somente para falar e não queria ouvir o povo. Karahuin não estava sozinho nas suas reivindicações e, naquele momento, era o porta-voz dos líderes Humangili.

Este episódio nos revela algumas tensões. A função de administrador é transitória e um cargo eminentemente político-partidário, que não considera a hierarquia do sistema hereditário e tampouco o desejo dos habitantes da ilha. Estes fatores fazem com que os líderes do sistema hereditário Humangili não se sintam subordinados à autoridade do administrador. Outro aspecto é que o administrador, por ser assembleiano, era percebido como alguém que não respeitava e não conhecia as regras e costumes locais. Além disso, ele era morador do suco Bikeli, local onde as pessoas são consideradas pelos Humangili como *sesole* (viajante) ou *pena'e*, expressão que designa estrangeiro e utilizada para timorenses de fora da ilha, pois – apesar de morarem há várias gerações em Ataúro – alguns habitantes deste suco são descendentes de pessoas que migraram das ilhas indonésia de Wetar, Alor e Lira.

Somado a isto, os líderes locais se sentiram ofendidos com a fala do administrador quando este afirmou que os Humangili precisavam se organizar e estabelecer regras. Como o administrador estava em uma posição vulnerável por não estar na sua comunidade, não ter influência sobre as lideranças do sistema hereditário Humangili, e por ter solicitado que os líderes locais se envolvessem em questões que a princípio não lhes interessavam, acabou demonstrando respeito e consideração ao *Lela'it*, ouvindo-o calado e não rebatendo as críticas sofridas.

O administrador, que também é pastor e um dos líderes assembleianos do suco Bikeli, não convocou os representantes religiosos para combaterem a entrada do novo grupo religioso, pois estes não têm jurisdição sobre os líderes políticos da comunidade onde a "seita" queria se estabelecer. Fazendo uso da inserção política que o cargo lhe confere, tentou introduzir uma preocupação das lideranças religiosas na agenda dos líderes comunitários de Ataúro. Utilizando argumentos como "conflito", "discórdia", "divisão de terras" e "regras diferentes", ele dilui, por meio do discurso, a questão religiosa, agregando outras razões para resistirem à entrada da nova Igreja. Em contrapartida, os chefes Humangili, mesmo percebendo a intenção implícita do administrador e com a promessa de receberem recursos financeiros para a comunidade, legitimaram a ação contrária à instalação de uma nova Igreja com o pressuposto de manter a ordem e o equilíbrio das relações sociais já existentes. O resultado foi que o grupo adventista não conseguiu se estabelecer na ilha e naquele ano, talvez não por acaso, o concurso de suco mais desenvolvido do subdistrito foi vencido por Makadade.

Depois que terminou a reunião, conversei com Metak e alguns outros Humangili que lá estavam. Metak comentou que o administrador não entende a "kultura Ataúro" – referência a este ser assembleiano – e que os políticos não se preocupam com o povo, só "querem dinheiro" e, quando precisam de alguma coisa, "pedem para o povo ajudar". Sempre foi assim, disse ele, e, com a concordância dos demais Humangili que conversavam conosco, acrescentou:

> [...] No tempo português nunca fizeram nada e abandonaram o Timor, Indonésia fez muita coisa, mas matou muitas pessoas. Este governo agora só quer dinheiro, não pensa no povo[91]. [...] os padres ajudam o povo, mas eles são velhos e quando voltarem para o Brasil quem vai ajudar?

Alguns dias depois deste encontro, conversei com líderes cristãos sobre a possibilidade da abertura de uma nova Igreja em Ataúro. O ministro da eucaristia Kasata me disse que era contrário a esta ideia, mas que não iria se envolver diretamente, porque o administrador era quem estava à frente do movimento para impedir a entrada dos adventistas em Makadade. A "seita", segundo o ministro da eucaristia, estava sendo trazida para a ilha por alguns jovens que tinham ido estudar em Dili e, agora que voltaram para casa, queriam mudar tudo e não respeitavam os costumes locais. Aqui em Ataúro, afirmou, "não há gentios, somos

91. O atual governo timorense vive sob constantes suspeitas e acusações de má gestão do dinheiro público e corrupção. O índice de percepção da corrupção realizado pela Organização Transparency International (2010) colocou o Timor-Leste na 127ª posição de uma escala onde a Dinamarca ficou em primeiro lugar e a Somália na 178ª posição. Talvez as críticas mais veementes feitas contra o governo nos últimos anos tenham partido de Mario Viegas Carrascalão. Deputado eleito pelo Partido Social Democrata, Carrascalão ocupou o cargo de vice-primeiro-ministro para os Assuntos de Gestão da Administração do Estado de março a setembro de 2010, quando pediu a resignação. Após ser ofendido publicamente – via rádio e televisão – pelo primeiro-ministro Xanana Gusmão, que o chamou, entre outras coisas, de estúpido (beikten) e mentiroso (bosokten), Carrascalão redigiu uma carta em que colocou 29 itens – que ele alega terem sido apresentados no dia 24 de abril de 2010 em audiência com o primeiro-ministro e ter sido um dos motivos das agressões verbais que sofreu – atestando a conivência do governo com a corrupção e a má gestão do dinheiro público. No item primeiro afirma que: *a corrupção, o nepotismo e o conluio, vulgo KKN* [korupsi, kolusi, nepotisme em Indonésio] *continuam em crescimento galopante, com os corruptos a protegerem-se mutuamente, de forma cada vez mais sofisticada* (Carrascalão, 2010).

todos da Igreja Católica ou Assembleia de Deus", "[...] não tem espaço para outra religião, não tem lugar para construir a igreja, só vai provocar conflitos entre as pessoas". Respondi que eles mesmos, algumas décadas atrás, haviam passado por problemas semelhantes quando desejavam construir igrejas na comunidade. Mas foi uma situação totalmente diferente, disse-me ele, naquela época, ainda existiam gentios e "nós cristãos – católicos e assembleianos – já morávamos aqui", porém hoje "não tem mais pagãos em Ataúro" e esta "seita vem de fora". O catequista Meharek, em outro momento, enquanto bebíamos café, sentados dentro da sua casa na aldeia Maulaku, disse que a "seita" queria construir uma escola e não uma igreja. Mas isto, afirmou ele, é para enganar o povo, começam com uma escola e depois querem abrir a Igreja. Os mesmos temores e argumentos foram utilizados pelos líderes assembleianos para justificarem o seu apoio ao movimento contrário à construção da igreja Adventista em Makadade.

Outra situação ocorreu no dia 27 de novembro de 2009, durante o campeonato de pesca[92] realizado no suco Beloi. Nesta ocasião, algumas pessoas do grupo Manroni resolveram demonstrar publicamente a intenção de terem o seu próprio suco. Na mitologia ataúrense, o primeiro habitante da ilha foi Domateu, que após casar com Inarika, teve três filhos: Kutukia, Lekitoko e Komateu. Certo dia, os três irmãos teriam se reunido no alto da montanha Manukoko e atirado flechas para cima. Após isto, cada um passou a morar no local onde as flechas caíram dando origem, respectivamente, aos grupos Manroni, Humangili e Makadade. No entanto, a convivência não era pacífica. Segundo Menunu, *Lela'it Hatudalas Mau Hu'u*, ocorreram inúmeras guerras, motivadas principalmente por disputas de terras. Sentado em sua cama, na parte de fora da casa onde mora – na região de *Pikero*, aldeia Masilihu –, e falando um misto de Hresuk e Tétum, Menunu, que, conforme ele e sua família, contava à época desta pesquisa mais de 100 anos de idade, disse que os ataúrenses eram temidos em todo o Timor por serem guerreiros valentes que tinham por hábito decepar a cabeça dos adversários.

A comunidade Manroni era a que possuía a maior extensão territorial, que ia desde o alto do Manukoko, passando por Maker, Uadalu, Tulai,

92. Esta competição faz parte de uma série de programas desenvolvidos em todo o Timor pelo gabinete da Presidência da República em conjunto com o Ministério do Turismo com a intenção de promover o desenvolvimento econômico e turístico do país. Nesta competição de pesca, participaram pescadores de várias localidades do Timor e alguns australianos.

Vila Maumeta até Akrema, no extremo leste da ilha. Conforme Menunu, os Manroni permitiam, mediante o pagamento de impostos, que pessoas vindas de outras aldeias e até mesmo das ilhas indonésias vizinhas ficassem em suas terras. Para gerenciar os seus domínios, os líderes Manroni dividiram o território em três partes: Beloi, Bikeli e a administração central, que ficava em Ili Timur, no alto da montanha. Embora não tenha encontrado registros escritos sobre esta época, pelos depoimentos dos moradores da ilha, entre o final do século XIX e início do século XX, a comunidade Manroni perdeu o domínio das suas terras. De acordo com o relato de Kalisuk, chefe da aldeia Masilihu, enquanto observávamos o movimento das pessoas durante um *Klorun Ro*[93], isto ocorreu porque após uma guerra em que os Manroni foram quase dizimados, o governo português, com a intenção de acabar com os conflitos, resolveu negociar com os líderes locais uma nova organização territorial. Segundo ele, como os Manroni tinham perdido a maioria dos seus líderes e sua população estava reduzida, teria sido acordado entre os líderes de Ataúro que os Manroni não mais constituiriam um reino naquele momento, mas o retomariam quando tivessem restruturado sua população e liderança. Ili Timur, que após a divisão passou a pertencer à Makadade, seguiu sendo habitada pelos Manroni, e o restante das suas terras foi anexado aos sucos Humangili e Makadade e parte originou os sucos Beloi e Bikeli, que passaram a ser administrados pelos descendentes dos imigrantes de outras localidades[94].

Ketemean, *Liurai* Manroni, alega que a restauração do reino estava sendo preparada quando, em meados dos anos 1970, a Indonésia invadiu o Timor-Leste, interrompendo o processo. Ainda segundo ele, tentativas de negociação com as lideranças locais foram feitas a partir de 2002, sem sucesso, e desde 2007, os Manroni estão se organizando para reivindicar sua autonomia diante do Estado. Durante o campeonato de pesca, os manifestantes Manroni resolveram colocar no seu barco, que participaria do evento, um cartaz de cartolina com os dizeres em Tétum: *hakail Ikan husi suku Manroni, Subdistritu Ataúro, Distritu Dili*[95]. Isto gerou resistência

93. Festa onde após construírem a base do barco, no local em que a árvore foi cortada, este é levado para a casa do seu dono. Conferir o capítulo *Entre Reciprocidades, Dádivas e Trocas Monetárias.*
94. Apesar de não ter encontrado registros escritos, segundo alguns relatos a guerra ocorreu porque os Manroni, à época, decidiram não pagar impostos ao *Liurai* de Metinaro, que era o responsável por coletá-los na área que incluía Ataúro e repassá-los ao governo português. O *Liurai* de Metinaro teria enviado guerreiros de Laklo (hoje um subdistrito de Manatuto) para auxiliarem os Humangili e os habitantes de Makadade no combate aos Manroni.
95. Tradução: Grupo de pesca com anzol do suco Manroni, subdistrito Ataúro, distrito Dili.

em alguns dos demais ataúrenses que lá estavam. Os policiais da PNTL rasgaram o cartaz e tentaram prender o líder da manifestação, um jovem de 28 anos, que se negou a sair alegando ter direito de estar naquele local e de fazer as suas reivindicações. Quatro policiais, sendo dois deles moradores de Humangili, começaram a agredi-lo com socos, pontapés e tentaram levá-lo para um local afastado da vista de todos. Porém, o jovem, sem revidar as agressões, pressionava os seus braços ao corpo para evitar ser algemado, dificultando a ação dos policiais que tentavam prendê-lo. Outro policial, membro da polícia marítima, aproximou-se e, com a base de uma espingarda, desferia coronhadas no jovem. Tudo isto era assistido a uma distância de menos de cinco metros por quatro membros da polícia das Nações Unidas (UNPOL) que, teoricamente, era responsável pelo comando da ação policial no distrito de Dili[96], pelo comandante da PNTL em Ataúro e pelo administrador interino do subdistrito. Nenhuma das autoridades presentes se moveu no sentido de evitar a agressão física. A aproximadamente 40 metros de onde tudo acontecia, o presidente Ramos-Horta e o comandante geral da PNTL, Longuinhos Monteiro, depois de algum tempo e aparentemente ser perceber o que ocorria, deram as costas à cena. O jovem com dores começou a gritar em sinal de que não mais resistiria e os policiais da PNTL retiraram-no do local.

Após este incidente, conversei com alguns Humangili que foram unânimes em atribuir a responsabilidade da agressão ao grupo que iniciou a manifestação. Segundo eles, aquele não era o momento para fazer protestos, já que havia sido acordado que os líderes de todas as comunidades iriam marcar uma data para o grupo Manroni apresentar as suas

96. Conforme o *Supplemental Agreement* entre o governo de Timor-Leste e a Missão Integrada das Nações Unidas no Timor-Leste (UNMIT), assinado em 1 de dezembro de 2006, a UNPOL assumiu o comando e o controle executivo do policiamento no país (Arrangement on the restoration and maintenance of public security in Timor-Leste, 2006). A partir de maio de 2009, a PNTL reassumiu gradualmente a responsabilidade pelo policiamento, iniciando pelo distrito de Lautem. O distrito de Dili permaneceu sob a responsabilidade da UNPOL até março de 2011, quando o comando e o controle do policiamento no país foi devolvido à PNTL (National police resume responsibility in Timor-Leste, 2011). Mas esta relação não se deu sem tensões. Conversando com um integrante da PNTL em Dili este comentou que a polícia precisa "usar a força" – agressões físicas – nas suas ações porque em um tumulto não adianta querer conversar, as pessoas não respeitam, principalmente, quando já estão embriagadas. Segundo ele, a Task Force, grupo de elite da PNTL, tem autorização do Comando Geral da polícia timorense para atirar para o alto antes de perguntar. Com relação aos policiais da ONU, disse que estes "não trabalham", "têm medo" e não se aproximam quando acontece algum problema. Os policiais da ONU, disse ele, "não conhecem as pessoas, não conhecem os lugares, não sabem falar Tétum, não resolvem nenhum problema e só estão aqui para ganhar dinheiro". Em contrapartida, um policial da ONU em Dili me disse que eles não podiam intervir diretamente, pois a sua função seria de observação e orientação aos policiais locais.

propostas. Mas, como eles resolveram agir sem autorização, deveriam pagar pela atitude desrespeitosa. Outros também comentaram, em um *ato de desconsideração*, que alguns dos manifestantes, apesar de dizerem ser Manroni, eram na verdade de Makadade e haviam se envolvido no movimento de criação do suco somente para conseguirem terras. Conversando com o chefe de aldeia Kalisuk e o catequista Meharek durante a inauguração da capela católica na aldeia Masilihu, eles me disseram que os Manroni, por serem descendentes de um dos fundadores da ilha, têm o direito a ter um suco próprio. Entretanto, acrescentaram que a comunidade Manroni é pequena, com cerca de 500 pessoas – referindo-se a Ili Timur – e, portanto, não poderia ter um suco, já que não tem população suficiente para formar aldeias.

Entre as resistências dos líderes das diversas comunidades da ilha está o temor de que a criação do novo suco provoque um reordenamento espacial, causando desapropriações de terra. Outro fator que unificou os líderes religiosos católicos e assembleianos, reforçando o movimento contrário à criação do novo suco, foi que algumas pessoas envolvidas no movimento de autonomia Manroni também haviam participado da tentativa de trazer a Igreja Adventista para Makadade. Os líderes religiosos ataúrenses temem que, com a autonomia do grupo Manroni, a hegemonia das duas Igrejas cristãs que lá estão seja ameaçada. Em Humangili, os representantes religiosos já manifestaram publicamente sua contrariedade e acionaram os integrantes das suas Igrejas que possuem uma inserção no *campo político* para que estes resistam e interfiram neste processo. O catequista Meharek comentou – com a concordância de Kalisuk e do coordenador da pastoral do menor que havia se juntado a nós – que os Manroni não podem agir desta forma, que precisam respeitar os costumes locais e esperar a reunião que será convocada pelos líderes dos sucos. “Se eles – as pessoas que fizeram a manifestação – agem desta forma desrespeitosa”, acrescentou Meharek, “o que farão quando tiverem um suco próprio?”.

Apesar da preocupação demonstrada, este não é um assunto prioritário para os Humangili. Eles deixaram para a administração do subdistrito e para os líderes das outras comunidades, principalmente do suco Beloi – o mais atingido com a divisão de terras na proposta de criação do suco Manroni –, a iniciativa de contestar a criação do novo suco. Entre os fatores que contribuem para esta postura está o fato de que os Humangili não serão diretamente afetados com a possível reordenação espacial, bem como reflete a tendência de serem reativos na resolução de problemas, aliado à diplomacia da comunidade, que é voltada para si mesma e busca não se envolver em disputas e problemas que envolvam outros sucos[97].

Os Humangili definem sua comunidade como um local onde não há conflitos, todos são cristãos, respeitam as regras de socialidade e resolvem os problemas conversando. Quando acontece algum problema envolvendo duas ou mais pessoas, o primeiro passo é deixar os *Ruma Opun* resolverem sozinhos. Caso a discussão persista, entram em cena, um por vez, os *Haha Opun*, os *Lela'it* e os chefes de aldeia. Geralmente, resolve-se o conflito nestas instâncias, porém, se persistir, é levado até o conselho do suco. Quando pairam dúvidas sobre quem está com a razão na discussão, os Humangili possuem dois rituais[98] que ajudam a clarear as responsabilidades das partes conflitantes. O *Topuk Tasi* é quando cada um dos lados envolvidos na discussão escolhe uma pessoa, geralmente da sua família, para entrar no mar segurando uma pesada pedra nos braços. Lado a lado, os representantes de ambas as partes mergulham com a pedra nos braços e o último a emergir será aquele que está com a razão. A outra cerimônia, o *Roi U'uk*, consiste em colocar um ovo na mão de quem está sendo julgado. Esta pessoa deverá fechar a mão apertando o ovo; se o ovo quebrar indica inocência, mas se não quebrar demonstra culpa[99]. Uma vez decididas as responsabilidades pelos fatos, em qualquer das instâncias, não cabem recursos.

---

97. Esta tendência reativa faz com que os Humangili, por mais que percebam o potencial problema e suas possíveis consequências, só tomem iniciativa no sentido de resolvê-lo quando este já se configurou e chegou até eles.

98. Conforme Leach (1995), contrapondo-se a Durkheim, não há diferenças entre os atos religiosos (sagrados) e os atos técnicos (profanos), pois ambos não denotam *tipos de ação, mas aspectos de virtualmente qualquer tipo de ação*. O ritual seria assim um tipo de *declaração simbólica que 'diz' alguma coisa sobre os indivíduos envolvidos na ação* (Leach,1995: 76). Stanley Tambiah (1979; 1996), seguindo a linha de pensamento de Leach, define os rituais como sistemas culturais de comunicação simbólica que podem ser expressos de múltiplas formas. A ação ritual pode ser encarada como 'performativa' e possui em níveis variados certo grau de formalismo, estereotipia, condensação (fusão) e redundância (repetição). Mariza Peirano (2001), inspirada nos trabalhos de Tambiah, propõe a conceitualização de ritual enquanto tipos especiais de eventos, com certa estabilidade, menos vulneráveis ao acaso, com uma ordem que os estruturam, possuindo um propósito coletivo e uma percepção de que são diferentes dos eventos cotidianos. No entanto, a delimitação do que é ação enquanto um ritual, evento crítico ou cotidiano só pode ser realizada, como afirma Peirano, dentro de um contexto etnográfico, e a sua definição é sempre relativa. Para discussões sobre o conceito de ritual, conferir: Van Gennep (1978); Turner (1967;1974); Goldman (1987).

99. Uma variação desta cerimônia é substituir os ovos por cocos. Quem está sendo julgado deverá segurar um coco em cada mão e bater um no outro. Se os cocos quebrarem a pessoa será inocentada e no caso contrário será considerada culpada.

Desde o final dos anos 1990, representantes religiosos vêm se constituindo como mediadores de conflitos. Certa vez, por volta das 20 horas, ouvi gritos e falatórios vindos da aldeia Hatulela. Mesmo estando a uns 200 metros da origem do problema, conseguia ouvir o que falavam. A discussão prosseguiu e, às 22 horas, apesar de saber que não é permitida a aproximação de pessoas que não estejam envolvidas no problema, resolvi chegar mais perto para ver o que estava acontecendo. Há uns 30 metros da casa onde discutiam, encontrei dois homens sentados na porta de um *keos*[100]. Na escuridão da noite sem lua, ouvíamos a discussão que envolvia apenas duas pessoas, mas parecia que eram várias. Aje – jovem católico de 24 anos e responsável por tocar o órgão nas missas aos domingos –, que trabalha no *keos*, sorrindo, disse que aquele problema não era nada demais, que em Humangili quando discutem, somente falam, mas ninguém agride fisicamente ou "retira a catana da cintura". Uma das normas de socialidade Humangili é a proibição de mostrar a catana durante as discussões. Esta regra, segundo Aje, existe desde o tempo dos antepassados, que a criaram para protegê-los e para manter a união da comunidade. Como pude constatar em diversas outras ocasiões, esta regra é aprendida desde a infância e utilizada pelos Humangili como um diferenciador deles perante os habitantes de outros lugares da ilha e do restante do Timor[101].

A discussão, que era entre duas pessoas da mesma família, girava em torno da disputa por propriedade de cabritos. Pelos ânimos da conversa,

100. *Keos* são pequenos armazéns que vendem, geralmente, água, cigarro, sabonetes, xampu, café, arroz e alguns outros produtos.

101. Os timorenses que residem na região Leste do país – nos distritos de Baucau, Viqueque e Lospalos – são conhecidos em todo o território como mais extrovertidos, agressivos, passionais e intolerantes quando comparados com os timorenses do lado Oeste. Os timorenses nascidos na parte Leste são chamados de *lorosa'e* (sol+subir, que pode significar sol nascente, leste) e os da parte Oeste, por sua vez, são chamados de *loromonu* (sol+poente, que pode significar pôr do sol, oeste). Embora não sejam expressões comuns entre os Humangili, os timorenses do Leste são também conhecidos como *Firaku* e os do lado Oeste como *Kaladi*. Não há consenso sobre a origem destas expressões. Uma das versões é que estes nomes foram adaptados das palavras portuguesas "vira-cu" e "calado", pois os portugueses, quando chegaram ao Timor-Leste no século XVI, teriam percebido que, ao abordarem os habitantes do lado Oeste, estes ficavam em silêncio, enquanto os do lado Leste viravam as costas e iam embora. A outra versão possível, conforme Seixas (2005; 2006), diz que *Firaku* é uma palavra do grupo etnolinguístico Makasae que significa *nosso amigo, companheiro, e Kaladi*, estaria associada ao grupo etnolinguístico Mambai, e teria origem na expressão indonésia *Keladi* (inhame), que foi, provavelmente, uma das primeiras plantas a serem cultivadas no Timor. Com o tempo, *Firaku* e *Kaladi*, passaram a designar pejorativamente os timorenses do Leste e Oeste, respectivamente. Para outras discussões sobre a utilização destas divisões na política e na resolução de conflitos, conferir: Fox (2000); Castro & Trindade (2007); Silva (2008); Kammen (2010).

não parecia que acabaria tão cedo. Passados 15 minutos da meia-noite, o ministro da eucaristia Kasata, caminhando lentamente, passou por nós e entrou na casa onde estavam discutindo. Logo a seguir, os gritos pararam e, dez minutos depois, Kasata saiu. O conflito estava resolvido. Conforme o próprio ministro da eucaristia me explicou alguns dias depois deste episódio, quando acontece alguma discussão, a primeira coisa a fazer é deixar a resolução do problema ao encargo dos chefes dos núcleos familiares. Caso não consigam resolver sozinhos, entram em ação os mediadores cristãos que ouvem cada um dos envolvidos na disputa e decidem qual das partes está com a razão. Cada Igreja tem um mediador de conflitos que age exclusivamente entre os integrantes da sua congregação. Os líderes cristãos encontraram um hiato temporal no processo de resolução de conflitos em que podem atuar, interferindo entre os *Ruma Opun* e os *Haha Opun*. Esta ação, que, no início, era apenas entre aqueles fiéis próximos as suas casas e que solicitavam ajuda, agora – embora não formalizada na estrutura oficial de mediação de conflitos – está legitimada. Os mediadores cristãos contribuem como anteparo para que os problemas não sigam adiante e se constituíram em atores relevantes para o sistema de justiça local.

Se observarmos em um plano aberto ou delimitarmos um período histórico específico, podemos ser levados a concluir que a comunidade Humangili se encontra em equilíbrio social nos termos propostos por Durkheim (2007), Malinowski (1978) e Evans-Prichard (2007), ou mesmo em um sentido mais radical de homeostase defendido por Parsons (1952). Todavia, se fecharmos o ângulo de visão e formos para as relações micropolíticas, perceberemos que há desequilíbrios, desordens, conflitos, rupturas e mudanças cotidianas que repercutem em maior ou menor grau, apesar das resistências, na dinâmica da comunidade.

No entanto, a sensação de estabilidade entre os Humangili é favorecida pela atuação de um *sistema moderador*, que pode ser observado tanto na dinâmica dos vários grupos que compõem a comunidade como na ação dos seus indivíduos. Este *sistema moderador* não é uma entidade fixa ou autônoma, pois compreende o movimento das forças – valores, leis, símbolos, instituições, ambiente e demais sistemas – que atuam em um determinado grupo, disponibilizando aos indivíduos um conjunto mais ou menos coerente de crenças e práticas sociais que interferem diretamente na formação e manutenção da sua autoimagem e no modo de agir coletivamente.

O *sistema moderador* é um sintagma antitético pois, mesmo favorecendo a percepção de equilíbrio, comporta a ruptura, a fragmentação e a mudança. Em si mesmo, este *sistema* não está relacionado com questões que envolvam, necessariamente, igualdade de direitos e deveres, podendo ser, até mesmo, discriminatório, autoritário e promotor de relações assimétricas. O suposto equilíbrio social não é um estado perene e homogêneo. Em termos abrangentes, este, como propôs Leach (1995), somente é possível se for encarado como algo instável e presente em sistemas globais abstratos. Porém, o *sistema moderador* permite a sensação de estabilidade, de domínio e de reconhecimento ao incorporar os dissensos, promovendo um equilíbrio que pode ser aparente ou não, dependendo do ângulo de análise, mas que não implica necessariamente na supressão do desequilíbrio e da incerteza.

Por isso, se os grupos sociais não estão totalmente em equilíbrio ou desequilíbrio, não significa que estes não ocorram de forma circunstancial. O que pude perceber na dinâmica social Humangili é que não há antagonismos a priori entre equilíbrio e instabilidade, estes assumem forma de acordo com o contexto em que a ação ocorre. Embora possam assumir uma manifestação contrastante e conflitante, não são necessariamente duas faces da mesma moeda. Por mais que os discursos racionais e conscientes dos Humangili evoquem a ideia de equilíbrio social e afastem o desequilíbrio, na prática, um não necessariamente pressupõe, se opõe, torna-se condição ou engloba o outro. Ambos ocorrem simultaneamente. Assim como podem ser incompatíveis, também convivem, influenciam-se, ou atuam de forma independente e não relacionados entre si em um mesmo registro espacial e temporal[102].

Considerando este contexto, entre os Humangili, as mudanças sociais têm o seu próprio ritmo, que pode parecer lento, mas a lentidão não significa estagnação. A própria inserção das lideranças religiosas

102. Conforme Leach (1995), o equilíbrio social absoluto seria inalcansável, pois o desequilíbrio e o conflito são duas constantes das relações. Por outro lado, Max Gluckman, influenciado entre outros pelo pensamento marxista, afirmava que seria possível alcançar o equilíbrio social por meio dos conflitos entre os diferentes subsistemas. Segundo Gluckman (1987), os conflitos seriam parte integrante da estrutura e mediados pelas práticas sociais. Victor Turner (1974), com base nos estudos de Van Gennep e Martin Buber, explora os conceitos de *liminaridade, drama social e communitas*, onde os conflitos intermediados pelos rituais levariam a unidade e a manutenção do *status quo*. Do meu ponto de vista, o conflito não obrigatoriamente impede ou conduz a uma situação de equilíbrio ou desequilíbrio. A aproximação entre eles é mais relacional e menos estrutural, funcional ou intrínseca.

nos assuntos restritos aos líderes políticos demonstra este movimento. Embora sujeitos às determinações sociais que limitam a mobilidade das pessoas e as suas influências enquanto agentes de mudança, os indivíduos Humangili não estão inertes. Como demonstrarei ao longo deste trabalho, há tensões, câmbios de discursos, escolhas pessoais, exclusões, omissões e alianças que nos conduzem a pensar que os indivíduos, apesar de não serem completamente livres, também não estão passivos frente à totalidade representada pelo social. As características de personalidade, biológicas, padrões lógicos e simbólicos, contextos ambientais e histórico-sociais, ao mesmo tempo em que são condicionantes para a forma de ser e agir, também, devido às múltiplas combinações entre eles - que, apesar de algumas consequências serem mais prováveis que outras, permitem um espectro variado de desdobramentos e semioses não previsíveis - contribuem para que se possa redimensioná-los e ressignificá-los.

Neste sentido, o próprio indivíduo não é uma identidade constituída a priori, ou uma unidade estrutural que revela determinadas características à medida que vai adquirindo consciência de si mesmo. O indivíduo é uma pluralidade que vai se constituindo ecologicamente sem nunca tornar-se completo[103]. A percepção de unidade e individualidade seria, segundo Simondon (1992), apenas uma fase, um estado relativo do processo de individuação. Assim, proponho o deslocamento do prefixo '*in*', habitualmente associado à unidade ou negação, com variações nas formas '*i-im-ir*' (infeliz-feliz, ilegível–legível, impróprio-próprio, irracional-racional), para sua outra forma de apresentação, vinculada aos prefixos 'en-em', significando movimento para dentro (inspirar, encobrir, emudecer). Se assumirmos esta segunda forma de realização do prefixo '*in*' em conjunto com a expressão divíduo (divisível) podemos entender o indivíduo, com a devida licença etimológica, como *imerso em pluralidade.* Prefiro esta expressão a outras com paralelismo semântico, como por exemplo, a noção de *divíduo*, proposta por Strathern (2006) no seu trabalho sobre os grupos sociais melanésios. Isto deve-se ao entendimento de que a divisibilidade pressupõe uma unidade passível de divisão, por outro lado, a pluralidade comporta o contraditório, a multiplicidade, a desconexão, a integração, a divisão, o familiar e o diferente que, relacionalmente, nos constitui sem nos definir completamente.

103. Utilizo a expressão *ecologicamente* como a interrelação entre os indivíduos de uma mesma espécie e destes com os demais agentes bióticos e abióticos que atuam em um determinado contexto. Quando me refiro a *tornar-se completo* é no sentido de algo acabado e sem espaço para o novo, o diferente e a mudança.

Desta forma, podemos compreender que, apesar das tentativas dos Humangili de manterem imutável a sua socialidade e reprimirem a diferença, estes possuem, mesmo entre os que reforçam esta prática, movimentos de ruptura, e entre aqueles que estimulam a ruptura há comportamentos de reforço à sensação de equilíbrio social. A percepção favorecida por determinados aspectos da sua organização social é de equilíbrio, mas, ao mesmo tempo, a instabilidade está presente e a religião – nas suas várias dimensões – contribui para consolidar ou refutar ambos.

ENTRE RECIPROCIDADES, DÁDIVAS E TROCAS MONETÁRIAS

Com o menor Índice de Desenvolvimento Humano dentre os países do Sudeste Asiático, o Timor-Leste ocupa a 120ª posição entre os 169 países avaliados pelo Programa das Nações Unidas para o Desenvolvimento (PNUD)[104]. Estimativas apontam que 49,9% da população vive com menos de US$ 1 dólar por dia[105]. Em média, 56,7% dos rendimentos do timorense são gastos em alimentação, sendo 13,1% com cereais, principalmente o arroz. Por último nesta lista está a educação e o lazer, com 3,5%; abaixo do álcool e tabaco, com 4,8%; e do transporte e comunicação, com 4,1%. A inflação, que tem como base os preços dos produtos consumidos em Dili, fechou o ano de 2010 em 15%[106]. Os resultados do censo realizado em 2010 revelam que 70,4% dos 1,066,409 habitantes vivem em zonas rurais e têm na agricultura de subsistência sua principal atividade[107].

Dados oficiais indicam que 252 mil dentre 262 mil timorenses acima dos 15 anos disponíveis para atividades laborais estão empregados, sendo 80 mil mulheres. Destes, porém, apenas 71 mil são trabalhadores assalariados, empregados principalmente nos setores da educação (15 mil) e da construção civil (10 mil). Os setores-chave do mercado laboral, a agricultura e a pesca, com 127 mil pessoas, e o comércio, com 44 mil, também concentram o maior índice de trabalhadores em situação de autoemprego (92 mil) e trabalho familiar não remunerado (71 mil). Do total dos trabalhadores empregados em todos os setores, 70% estão em situação de emprego vulnerável, ou seja, são trabalhadores com pouca probabilidade de conseguir um trabalho formal, ou de acessar benefícios e programas de proteção social, e estão sob o maior risco de sofrerem os efeitos dos ciclos econômicos. Cerca de 98% dos trabalhadores no setor da agricultura e pesca, e 88% dos envolvidos no setor do comércio, encontram-se nesta situação de vulnerabilidade[108].

---

104. Programa das Nações Unidas para o Desenvolvimento, 2010.
105. National Statistics Directorate, 2007. O primeiro-ministro Xanana Gusmão, em abril de 2009, durante o lançamento do relatório sobre os objetivos de desenvolvimento do milênio, confirmou estes dados, declarando que, aproximadamente, 50% da população vive abaixo da linha da pobreza (Alocução, 2009).
106. Autoridade Bancária e de Pagamentos de Timor-Leste, 2010.
107. National Statistics Directorate, 2011.
108. National Statistics Directorate, 2010.

A maior parte do comércio do país é controlada por comerciantes estrangeiros e a industrialização é incipiente, voltada principalmente para o mercado interno, com a produção de artesanato, tecelagem, cerâmica, descasque de arroz, tratamento do café e extração rudimentar de sal[109]. O principal empregador de mão de obra assalariada é o próprio governo, com 11,758 postos efetivos e 10,795 temporários[110]. Organizações internacionais, como as Nações Unidas, absorvem diretamente um baixo volume de mão de obra, com menos de mil trabalhadores timorenses empregados[111]. Porém, a presença internacional fomenta a circulação do dinheiro com o aluguel de casas, a contratação de seguranças particulares e de empregadas domésticas, a compra de alimentos e materiais elétricos, o consumo em bares e restaurantes, entre outros[112]. Conversando com um empresário timorense que aluga casas para os estrangeiros que trabalham no país, este manifestou preocupação com a possibilidade do término da missão da ONU, pois, segundo ele:

> A ONU não pode sair, se não o país quebra. O Timor não produz nada, o povo não tem dinheiro para comprar [...] mas eu acho que não sai, se sair vai acontecer uma crise e a ONU volta.

Humangili não está imune a este contexto. No entanto, na comunidade, excetuando as Igrejas cristãs, a presença das instituições internacionais para colaborar com a renda local é quase nenhuma e os empregos que fornecem um salário fixo são escassos. De acordo com as informações do conselho do suco, entre os anos de 2008 e 2010, de um total de 2,116 habitantes, apenas 47 pessoas – sendo somente quatro mulheres – possuíam trabalho assalariado, com rendimentos que oscilavam entre

109. Programa do IV Governo Constitucional, 2010.

110. Personnel Management Information System, 2010.

111. National Estatistics Directorate, 2010.

112. Há um crescente mercado paralelo de tráfico de drogas, contrabando de mercadorias, lavagem de dinheiro e prostituição no país (Fundação Mahein, 2010; Timor Post 21/12/2010; Suara Timor Lorosa'e 06/12/2010). Entre as profissionais do sexo que trabalham nos prostíbulos em Dili, há mulheres indonésias, tailandesas, chinesas e timorenses. Inclusive não é incomum vermos no aeroporto estrangeiros esperando jovens acompanhantes vindas de Bali. Há um hotel na rua Audian, frequentado principalmente por policiais da ONU, que é conhecido por oferecer prostitutas da "própria casa" aos hóspedes. Em 2008, na cidade de Dili, foram realizados dois filmes pornográficos com atores australianos e timorenses. Conforme o relato dos próprios timorenses as principais drogas distribuídas no país são maconha, anfetaminas e cocaína. Um jovem timorense de 27 anos que conheci durante uma partida de futebol, após me oferecer maconha que ele mesmo plantava em sua casa em um bairro na zona central de Dili, disse-me que aquela era "very good, from Australia".

US$ 40 e US$ 185 dólares mensais. Destes, 21 eram professores, quatro policiais da PNTL, dois representantes de ONGs e vinte trabalhadores temporários ou voluntários vinculados a algum projeto do governo, como guiar os técnicos do Ministério de Infraestrutura até os locais onde há vazamento nos canos que conduzem água para as aldeias e demais sucos da ilha.

Frente a isto, os Humangili, cuja principal atividade é a pesca e a agricultura, adaptaram-se às contingências e criaram algumas estratégias para fazer circular o dinheiro e acessar os bens de consumo – que, desde gêneros alimentícios a materiais de construção, são adquiridos principalmente na capital do país. A Igreja Católica se constitui hoje na comunidade como uma importante fonte de acesso ao dinheiro, por meio da construção e reforma nas suas propriedades, do financiamento de projetos e da formação de grupos de trabalho. Considerando estes fatores, e que a inserção econômica contribui para que o indivíduo encontre uma posição no grupo social onde vive, ou, como afirmou Godelier (2001) sobre as sociedades afetadas pelo capitalismo – onde pertencer a uma família, linhagem ou aldeia já não é suficiente para assegurar a sua sobrevivência –, a inserção econômica garante a própria existência social, neste capítulo, tenho como objetivo compreender, a partir da análise de algumas trocas simbólicas e materiais, como a Igreja Católica participa da vida econômica Humangili.

OS MERGULHADORES E A PESCA COM O OPA

Voltada, principalmente, para a subsistência, a pesca é uma atividade exclusiva dos homens e realizada antes da barreira de corais, a uma distância aproximada de 150 metros da praia. Após esta barreira, a profundidade do mar ultrapassa os 3 km e, em determinadas épocas do ano, é possível ver baleias, golfinhos e mesmo tubarões contornando a ilha. O mar que se estende ao norte, em direção ao suco Vila Maumeta, e ao sul, em direção a aldeia Berau, suco Makadade, está dividido entre as *Lisan* e as *Rumanan*. Conforme o ministro da eucaristia Kasata, o mar não pertence a ninguém, mas está dividido porque os antepassados encontraram nesta forma a solução para evitar conflitos e garantir que todos pudessem pescar. No entanto, cada lugar é marcado por histórias que remetem a um passado distante, atestando sua propriedade a um determinado grupo, e um pescador, para utilizar as águas que não são suas, precisa da autorização dos "senhores" daquele local. O senso de *territorialidade*[113] é algo significativo entre os Humangili e repercute em todas as suas relações, desde as com os núcleos familiares, com as demais *Lisan*, com os *pena'e* – timorenses de outras comunidades – e com os *dai*, ou estrangeiros.

A pesca Humangili é artesanal, e o mergulho com o arpão e o *Opa* são as principais técnicas utilizadas. No mergulho, os pescadores utilizam óculos feitos com madeira, ossos e plástico, além de arpões ou lanças, confeccionados por eles próprios. Embora sejam mais frequentes durante a parte da manhã e no final da tarde, não há uma hora específica para as pescarias de mergulho, que podem ser praticadas individualmente ou em grupo. À noite, é possível ver os mergulhadores iluminando as águas próximas ao *Ro Putin Hnatin* com as lanternas à prova d'água fornecidas pelo governo timorense.

Porém, a pesca com o *Opa* é preferida entre os Humangili. De formato retangular, os *Opa* são cestos feitos com bambus, podendo chegar a pouco mais de dois metros de comprimento por 1,60 metro de largura. Espécie de armadilha, possui uma ou mais aberturas que conduzem ao seu interior onde o peixe, após entrar, não consegue sair. Conforme a história Humangili, o *Opa* foi um presente da tartaruga/mulher que, depois de retornar para o mar, ofereceu-o ao seu marido e filhos como garantia de que nunca se esqueceria deles, pois garantiria a sua alimentação abastecendo-os de peixes. Cada *Opa*, dependendo do tamanho e da destreza do artesão, leva, em média, de três a seis dias para ser feito. Ketikori, enquanto trabalhava na construção do *Opa* em frente à sua casa na aldeia Maulaku, disse-me que consegue construir um "dos grandes" em, no máximo, quatro dias, mas ressaltou que tem que ter disponível a quantidade de bambus necessária e trabalhar o dia inteiro. Ao contrário da pesca de mergulho, que é praticada por pescadores de toda a ilha, o *Opa* é considerado um dos símbolos da identidade social dos Humangili por serem, segundo eles, os únicos que o utilizam e detêm o conhecimento de como fazê-lo. Para justificar a utilização do *Opa* por alguns pescadores de Berau, afirmam que estes são descendentes ou mantêm uma relação de cooperação familiar com os Humangili, e aprenderam com eles a fazê-lo.

113. Por *territorialidade*, utilizo a definição elaborada por Little (2002) como sendo o esforço coletivo de um determinado grupo social no sentido de ocupar, usar, controlar e se identificar com uma parcela específica do seu ambiente biofísico, convertendo-o em seu território.

Vitais para o fornecimento de peixe, os *Opa* são tratados com cuidado e a sua construção exige concentração e destreza. Qualquer falha nas amarras, um bambu mal colocado, uma abertura grande ou pequena demais poderá torná-lo ineficiente para pesca. Não são todos que dominam a técnica ou possuem autorização para fazê-lo. Cada grupo familiar tem os seus responsáveis por construí-lo, que são, geralmente, os homens mais velhos, os chefes da família, ou pessoas que foram autorizadas e treinadas por eles. Os jovens comentam que a parte maior, que serve como uma gaiola para prender os peixes, não é muito difícil de ser feita, e alguns até garantem que conseguem fazê-la. Porém, dizem que a técnica para a construção da parte interna, com a abertura para a entrada dos peixes, por ser mais complexa, é dominada apenas pelos "mais velhos".

As pescarias são realizadas entre os membros do núcleo familiar ou em sistema de cooperação com famílias de *Lisan* e *Rumanan* diferentes. Participei de algumas pescarias e acompanhei da praia dezenas de outras[114]. Os passos seguidos foram basicamente os mesmos em todas elas. Em uma destas pescarias, por volta das oito horas da manhã, eu e quatro pescadores católicos caminhávamos sobre as pedras da praia levando nas costas um *Opa* de dois metros de altura por 1,40 metro de largura, feito pelo senhor Menunu – sobrinho do *Lela'it Hatudalas* com o mesmo nome –, até o local onde fica o barco da sua família. O barco possuía cinco metros de comprimento por 90 centímetros de largura. Menunu disse-me que ele e os seus irmãos é que tinham construído o barco que, apesar de velho, era muito forte. Empurramos o barco, que estava afastado uns 50 metros da praia, até a água, e começamos os preparativos para partirmos. Colocamos dentro do barco o *Opa* que tínhamos levado e mais outros dois que lá estavam desde o dia anterior. Amarramos tudo com cordas de bambu para que não caíssem com o balanço das ondas. Foi quando Menunu, demonstrando certa vaidade, falou "usamos motor, não precisa remar", referindo-se ao seu motor de 8 hps. Acrescentou que, antigamente, era difícil pescar porque tinham que remar até a sua área de pesca, que fica ao sul da comunidade, a quase dois quilômetros de onde estávamos. A distância não é tão grande, mas, devido à curvatura da

114. Como as pescarias representam uma fonte importante de alimento para os núcleos familiares e respeitando a hierarquia local, comportava-me como um aprendiz, obedecendo às orientações dos pescadores mais experientes. À exceção do desgaste físico devido à sequência de pescarias com grupos familiares diferentes e de algumas queimaduras nas pernas e nos ombros causadas pelo sol – que, por vezes, me deixaram sem poder movimentar-me por alguns dias –, as pescarias em que participei transcorreram sem incidentes.

ilha, as águas e os ventos do lado leste se encontram com as do lado oeste naquele local, tornando o mar agitado.

Após tudo pronto, nos sentamos em círculo próximos ao barco para comermos um pouco de *tuat*[115], pipoca e beber *tua putin*. Menunu, que estava ao meu lado, apontou para a comida e disse que aquilo não era para alimentar, mas para agradecer os espíritos dos antepassados por terem transmitido a tradição da pesca, para lembrar os *antigos* que eles estavam prestes a entrar no mar e pedir proteção e sorte durante a pescaria. Depois de comer e beber, o filho mais velho de Menunu rezou o Pai-Nosso entoado em Tétum de forma rápida e quase inaudível, seguido de um amém coletivo.

Quando entramos no mar, já eram quase dez da manhã. Sem pressa, remamos para afastarmos o barco da costa, depois, tentamos, algumas vezes, ligar o motor que insistia em não funcionar, até que conseguimos e partimos em direção ao local da pescaria. O barulho do motor não condizia com a velocidade em que navegávamos, e a impressão era que remando chegaríamos mais rápido – mas, com certeza, mais cansados. Durante o percurso, passamos por outros barcos que, assim como nós, estavam colocando o *Opa* no mar. Alguns mergulhadores emergiam das águas, olhavam para nós, e logo desapareciam novamente. Ao chegarmos ao local determinado, descemos em uma pequena praia de uns vinte metros de comprimento, espremida entre os rochedos e o mar. Enquanto retirávamos os *Opa* do barco, Menunu calmamente conferia se eles estavam em boas condições. Disse-me que não se pode trabalhar rápido, é preciso paciência para pescar com o *Opa*, e que "o mar estando bom ou ruim sempre há peixe, porque o *Opa* ajuda, ele é nosso amigo".

Após apertar os nós que não estavam bem fixados, colocamos os *Opa* novamente no barco. De volta ao mar, andamos alguns minutos, desta vez, remando. A água transparente permitia que pudéssemos ver as pedras e os peixes no fundo do mar. Menunu, atento, escolhia o melhor local que se poderia utilizar para largar os *Opa* dentro do perímetro. Colocamos o primeiro na água, andamos mais um pouco, ao sinal de Menunu, colocamos outro, voltamos a andar e, por fim, largamos o último. Depois, recolhemos outros dois *Opa* que lá estavam há alguns dias. Não havia nenhum peixe. Os trocamos de lugar e devolvemos para a água. Realizada esta etapa, o filho e os sobrinhos de Menunu se lançaram

115. Arroz cozido, que pode ser feito com leite de coco e embalado em folhas de palmeira.

no mar, levando um arpão cada um. Com uma fina corda de bambu, os mergulhadores atravessavam os olhos dos peixes capturados e os amarravam vivos em suas cinturas. Desta vez, foram pescados dezoito peixes, que não ultrapassavam os dez centímetros de comprimento cada um.

Todos de volta ao barco, ligamos o motor para retornarmos ao *Ro Putin Hnatin*. Durante o trajeto de quarenta minutos, enquanto limpávamos os peixes, bebemos *tua putin* e fumamos cigarros de folha de acadiro, mas sem interromper o trabalho, que é feito lentamente economizando as energias, mas constante e sem pausas. A pescaria exige força e resistência física, não há muitas conversas ou distrações, todos têm uma função e sabem quando e como realizá-la. Depois de quatro horas, estávamos de volta ao ponto inicial. Na praia, preparamos o fogo para assarmos os peixes, que, normalmente, seriam divididos entre as pessoas da família, mas, naquele momento, só davam para nós comermos. A pescaria, segundo Menunu, "foi normal".

Em outra oportunidade, quatro famílias de três *Lisan* diferentes saíram em dois barcos para lançar no mar quatro *Opa* novos. O mar estava agitado, com ondas e vento que dificultavam o trabalho. Após cinco horas de pescaria, nos reunimos em baixo de uma árvore, próximo a *Hirikloek*. Lá estavam à nossa espera algumas mulheres e crianças com *tuat*, mandioca, feijão marrom, *tua putin*, café e *Newport*[116]. Também se juntaram a nós alguns adolescentes que não participaram da pescaria. Ao todo, éramos 36 pessoas entre homens, mulheres e crianças. Sentados embaixo da árvore, aguardamos a conferência dos peixes, realizada pelos líderes de cada família de acordo com o *Opa* e os pescadores que os retiraram da água. A hora é de observar e admirar o fruto do trabalho de cada pescador e de seus *Opa*. Depois de contados, porém, os peixes foram cuidadosamente divididos, em quantidades iguais, para que todos se sentissem contemplados.

Enquanto os líderes, sentados em círculo, faziam a divisão, alguns homens em pé acompanhavam o processo e outros preparavam a fogueira para assar os peixes. As mulheres teciam cestos de bambu e conversavam, as crianças brincavam à volta. Depois de feita a divisão, cada pescador oferece uma parte dos seus peixes para serem consumidos conjuntamente. Mais uma vez, demonstram a sua generosidade para com os companheiros

116. Nome da marca de uma bebida destilada de cor cobre importada da Indonésia e comum no Timor-Leste.

e reforçam os laços de amizade e de respeito entre as famílias, perpetuando, assim, a parceria. Esta dinâmica está baseada na tríade proposta por Mauss (2003) do *dar-receber-retribuir*, que, conforme Lévi-Strauss (2003), fundamenta as relações de *reciprocidade* que são um elemento estruturante das organizações sociais, nas quais não são trocados apenas objetos, mas também subjetividades, vínculos e reconhecimentos mútuos, estabelecendo, como definiu Temple (1999), uma relação reversível entre os sujeitos envolvidos nas trocas que podem ser positivas (união), negativas (vingança) ou simétricas (sem o envolvimento de relações de poder e dominação).

Os peixes foram cravados inteiros em espetos de bambu, só limpas as escamas, para serem assados na fogueira. As crianças, impacientes e com fome, comiam pequenos peixes crus. Até este momento, os adultos não comem e apenas bebem *tua putin*. Quando os peixes estavam assados, os líderes do grupo realizaram novamente a divisão em partes iguais para todos os presentes. Tudo feito, mas antes de começarmos a comer, todos em silêncio esperamos que Kelakori, catequista católico integrante de uma das famílias, rezasse em Tétum a Ave-Maria.

Enquanto comíamos, Palakose – católico, 54 anos de idade e *Lela'it Hnua Le'en Masilihu* –, que estava sentado ao meu lado, disse-me que, na "época dos avós"[117], em todas as cerimônias comia-se somente peixe, mandioca e milho, e bebia-se *tua putin*. Agora, continuou, tem outras coisas para comer e beber, mas isto não seria um problema para a manutenção dos costumes locais, porque o importante "é a amizade entre as pessoas". As doze *Lisan*, acrescentou, "são como os doze apóstolos que, assim como nós, eram pescadores". Quando ele terminou de falar, repeti, em tom de pergunta, a sua afirmação acerca das *Lisan*. Ele me olhou e disse, sorrindo – acompanhado pelos pescadores que estavam junto conosco –, que isto não era verdade, mas sim "história da Igreja", porque eles têm as *Lisan* e "pescam muito antes da religião" chegar à comunidade.

Quando a comida estava quase acabando, os líderes das famílias novamente se reuniram para discutir a data da próxima pescaria, porque, pelos costumes locais, quando um *Opa* novo é colocado no mar, os pescadores deverão voltar para verificar se há peixes após sete dias. Os líderes de cada família, os únicos autorizados a se manifestarem, tinham cada um o direito

117. Tanto os seus ancestrais como os espíritos dos mortos são também chamados de *Pau*, expressão genérica para avô(ó) ou *U Paun*, meu avô(ó).

a um tempo de fala, que era usado ao máximo. Esta conversa se estendeu, regada a *tua putin*, por mais de 30 minutos. Não que houvesse alguma dúvida acerca da data, mas, como este é um momento de confraternização, todos queriam falar, prolongar o diálogo e, assim, também reforçarem o seu prestígio e autoridade. Além disso, discordar sobre algo, ou repetir a fala dos outros para, no final, concordar com tudo o que já foi dito, é comum nas conversas Humangili, pois reflete a sua forma espiral de pensamento. Quando chegaram a um acordo, reunimos todo o material e voltamos para casa, os homens levando os peixes crus, que serão desidratados com sal, e as mulheres, as panelas, pratos e copos utilizados na refeição.

Certa vez, conversando com o ministro da eucaristia enquanto bebíamos café nos fundos de sua casa na aldeia Hatulela, comentei sobre a comparação das *Lisan* com os apóstolos. Kasata disse que o fato de terem doze *Lisan* e pescarem como os apóstolos antes de a Igreja chegar a Humangili somente reforça a ideia de que, mesmo sem saber, já tinham uma relação com Deus e com a Igreja Católica. Os pescadores "pescam peixes", disse-me ele, e os apóstolos eram "pescadores de homens". Isto é um exemplo, comentou, para as pessoas simples entenderem o que é o cristianismo. Os mais velhos não entendem muito bem, "não sabem ler, não conhecem a Bíblia, mas eles conseguem imaginar porque conhecem as *Lisan* e a pesca". A associação do seu sistema de cooperação e reciprocidades com a simbologia cristã se, por um lado, é uma estratégia de evangelização dos líderes da Igreja local, por outro, é utilizada entre os Humangili católicos para reforçar os aspectos de solidariedade e os costumes da comunidade.

Pelo relato de alguns pescadores e pelo que pude observar participando ou vendo-os retornar das pescarias, a comunidade enfrenta o problema da escassez de peixes. O senhor Kasata, pai do ministro da eucaristia e *Lela'it Hatudalas Lemenaru*, durante o processo de repartição dos peixes após voltar de uma pescaria, disse-me:

> A pesca está difícil, poucos peixes, só peixe pequeno. No passado, os peixes eram todos assim [apontando para os três peixes que ultrapassavam os quinze centímetros] e até maiores.

A quantidade de peixes, conforme os pescadores, vem diminuindo desde a década de 1990. Kolikuru, católico de 56 anos, em uma das nossas várias conversas de final de tarde no *Ro Putin Hnatin*, enquanto contava algumas das suas antigas histórias de pescaria, falou que, no passado, quando as pessoas respeitavam os costumes herdados dos antepassados, sempre tinham peixes. Porém, atualmente, segundo ele, há escassez de peixes porque as pessoas não ajudam umas às outras, não respeitam os antepassados e os jovens não querem pescar. Além disso, comentou que os indonésios, após entrarem no Timor-Leste, passaram a usar bombas no mar para atordoar e matar os peixes. Com um sinal de concordância dos outros três pescadores que estavam conosco, concluiu, dizendo que esta prática também ajudou a afugentar os peixes.

Esta última hipótese, porém, parece não explicar a atual escassez de peixes sentida pelos Humangili. Não há registros de que estas bombas tenham sido usadas nas águas frequentadas pelos pescadores locais e eles próprios, quando falam desta época, referem-se ao Timor em geral e não especificamente à comunidade. Uma alternativa aos argumentos de Kolikuru talvez seja o fato de que grande parte dos pescadores de Vila Maumeta e de Berau, a partir dos anos 2000, adotaram a prática da pesca com redes recebidas do governo. Como os Humangili estão entre estas duas comunidades, é possível que os peixes encontrem dificuldade para transitar de um lado para o outro. Outro motivo pode ser a presença cada vez maior de barcos a motor que navegam entre os corais, afastando os peixes.

O crescimento populacional da comunidade também contribui para a escassez, pois, com a necessidade de mais alimento, ocorreu um aumento na frequência das pescarias não acompanhado pelo número de peixes disponíveis naquela região. O senhor Kuruharek, católico e com mais de 70 anos de idade, enquanto caminhávamos em direção à aldeia Masilihu após uma missa na igreja em Hatulela, disse-me que, no passado, os Humangili tinham vários filhos, mas a maioria morria quando era criança, porém, agora, comentou, as pessoas estão vivendo mais tempo e "têm muitas crianças"[118]. De acordo com os dados do conselho do suco, em 2009, entre os 2,116

118. O crescimento populacional é um fenômeno que vem ocorrendo em todo o território timorense. Dados do Censo Nacional realizado em 2010 indicam que a população do país cresceu 13,4% em relação ao Censo anterior, de 2004. Com uma taxa de crescimento anual de 2,41%, o país aumentou, neste mesmo período, de 923,198 para 1,066,409 habitantes (National Statistics Directorate, 2011). Conforme os dados do Fundo das Nações Unidas para a Infância (2007), entre 1990 e 2006 a mortalidade de crianças menores de um ano caiu de 133 para 47 a cada 1,000 nascimentos e, entre as crianças de até cinco anos, caiu de 177 para 75. A diminuição nos índices de mortalidade infantil, de certa forma, está relacionada ao término dos conflitos armados entre o exército indonésio e os grupos de resistência à ocupação, bem como ao fornecimento de arroz, óleo e feijão nas escolas por entidades internacionais como a World Food Programme e às campanhas de combate à desnutrição infantil promovidas pelo governo.

habitantes, 583 (27,55%) eram crianças entre zero e dez anos e 316 (14,93%) tinham entre onze e dezesseis anos de idade.

Uma prática habitual dos pescadores é sair da comunidade para pescar nas praias de Dili, Manatuto e Liquiça[119]. Lá permanecem entre os meses de julho a outubro e retornam para Humangili no período da agricultura. No passado, a pesca em outras localidades estava relacionada ao sistema de cooperação entre as famílias de ambas as comunidades, unidas pelos casamentos. Aos poucos, esta atividade começou a assumir um caráter mais comercial. De acordo com Mepais, católico e *Lela'it Hnua Le'en Lengesi* que pesca nas águas de Bidau Santana em Dili:

> Aqui não tem peixe grande, não tem muito peixe. Em Dili tem peixe grande, um peixe assim [com um gesto de mãos mostrou o tamanho do peixe, entre 40 e 50 centímetros] os estrangeiros compram por US$ 25, US$ 30 dólares e até mais.

Após isto, sorriu e disse "é muito dinheiro, aqui não tem dinheiro", como que tentando justificar o valor cobrado pelo contraste entre a sua situação e a dos estrangeiros que, para os Humangili, "têm muito dinheiro". Completou dizendo que, na comunidade, usa-se o *Opa*, porque com ele "sempre tem peixe", mas, nos outros lugares, é necessário usar as "técnicas modernas" da rede, porque agora tem "uns barcos muito grandes" e, se não usarem redes, não conseguem pescar. Por outro lado, a dificuldade que se apresenta cada vez mais aos pescadores Humangili que vão pescar e vender os seus peixes em outras localidades é o gasto que isto exige. Aqueles que não possuem parentes diretos em Dili precisam alugar espaços na casa de outras pessoas – geralmente Humangili que conseguiram um emprego ou por casamentos passaram a residir na capital do país –, o que, dependendo das condições do lugar e do tempo que ficarão, oscila entre US$ 20 e US$ 40 dólares mensais. Além disso, há a competição com os pescadores de Dili e de outros lugares que se deslocam para a capital do país e arredores na busca de conseguirem vender os seus peixes.

Alguns pescadores também vendem peixes na própria comunidade, embora esta prática não seja comum. Um fardo com seis peixes de, no

119. Atualmente, os principais locais onde os pescadores Humangili pescam fora da comunidade são Bidau Santana, Metiaut, Metinaro e Tasi Tolu, todos no distrito de Dili, e Tibar, no distrito de Liquiça.

máximo, dez centímetros é vendido a US$ 1 dólar. Pensando na relação entre quantidade e preço, podemos imaginar que não há nada de extravagante nesta troca. Porém, se levarmos em conta que a comunidade é voltada para o mar, que, no passado recente, as pessoas trocavam um alimento por outro e que o dinheiro pouco circula, perceberemos que esta foi uma alteração significativa nas suas práticas sociais.

Entretanto, a noção formalista da escassez como a busca de soluções para a relação entre necessidades ilimitadas e meios limitados para satisfazê-las, embora nos ajude a pensar a saída dos pescadores para águas de outras regiões, não é suficiente para compreendermos a venda de peixes entre os próprios Humangili. Os pescadores na comunidade não produzem excedentes, as pescas não têm uma finalidade de venda – retiram o produto da sua própria cota, que seria consumida entre os membros da família – e a troca ocorre entre aquelas pessoas que, mesmo não possuindo relações de cooperação na pesca, mantêm outros vínculos de respeito, consideração ou laços familiares distantes. Esta prática da troca de peixes por dinheiro, ao contrário do que propôs Polanyi (1980) ao discutir as trocas econômicas nas sociedades atingidas pela monetarização, não provocou o desaparecimento da reciprocidade em detrimento dos intercâmbios mercantis. Ambos se misturam e passam a ser regidos por lógicas próprias, oriundas da sua interação, que, no caso Humangili, mantêm e reforçam as relações já estabelecidas. Uma forma de entendermos estes tipos de trocas é a partir do que Zelizer (2005) denominou *circuitos de comércio*, que seriam transações em que as relações monetárias e afetivas estariam presentes por meio de múltiplas combinações – que, mesmo com regras e limites definidos, variam conforme o local – sem provocar o rompimento nas relações interpessoais.

Diante das dificuldades da comunidade e dada a sua relação com o mar, padre Francisco, que não perde uma oportunidade para dizer que os pescadores Humangili, por serem numerosos, "são uma potência", reuniu, em 2006, um grupo de pescadores com o objetivo de formar uma cooperativa para socializar o trabalho e os ganhos com a atividade pesqueira. Para que eles tivessem uma sede onde pudessem fazer reuniões e guardar os seus materiais, construiu, em 2008, próximo à praia, a *Casa do Pescador*. Em 2009, fez uma nova construção, ao lado da já existente, para que os Humangili pudessem construir os seus *Opa*. Contudo, até o momento, tanto o plano da cooperativa como a utilização das casas não se concretizou.

Os pescadores assembleianos, por integrarem outra Igreja, não se sentem contemplados com as construções feitas pelo padre Francisco. Por outro lado, os Humangili católicos percebem estas construções como sendo de propriedade da Igreja e se referem a estes locais como a "casa dos padres". Estabelecem uma relação formal com aqueles espaços, utilizando-os somente durante os encontros promovidos pelo próprio padre Francisco. Uma forma de entendermos esta situação é que os pescadores não solicitaram a construção destes espaços e, ao relutarem a se apropriarem deles, os Humangili católicos, de certa forma, estão evitando o vínculo da reciprocidade e a consequente retribuição. Ao permitirem que a Igreja realizasse as construções e ao receberem dinheiro para trabalharem nelas, o ciclo da troca estaria fechado, não havendo dívidas a serem saldadas. Com esta atitude, preservam sua independência com relação à Igreja e a não subordinação à autoridade clerical.

Além disso, os Humangili já possuem locais para reuniões, que são as suas próprias casas ou as *Ruma Luli*, tornando desnecessário o uso de outros locais. Com relação à confecção dos materiais para as pescarias, eles possuem pessoas específicas encarregadas disto que, por sua vez, utilizam os espaços familiares, que são os mesmos há gerações. Existe, no imaginário coletivo da comunidade, a concepção de que, ao fazer a mesma coisa, sem alterações, todos os dias, obterão os resultados esperados – mesmo que a prática contrarie esta crença – que, no caso, é o *Opa* fornecer o peixe. Alterar esta dinâmica incorre na quebra dos sistemas vigentes, pois respeitar estes costumes significa manter de forma uniforme para todos os indivíduos a memória dos antepassados, as alianças e cooperações entre *Lisan*, a hierarquia e as divisões de tarefas já constituídas[120].

OS BARCOS E O KLORUN RO

Sendo a pesca uma das principais atividades dos Humangili, os barcos assumiram um papel importante na dinâmica social da comunidade. Além dos barcos "particulares", que pertencem aos núcleos familiares, cada *Lisan* possui o seu próprio barco que, conforme Kasata, *Lela'it Hatudalas Lemenaru*, obedece à seguinte relação:

120. Seguindo este raciocínio podemos, também, compreender alguns dos motivos que levam os Humangili a realizarem as pescarias dentro dos limites espaciais de cada *Lisan* e sem ultrapassar a zona dos corais.

> Hatudalas usa barco Kau-Lolo, Soluan usa Manluan, Mautuda usa Telan, Mausera usa Sailero, Tutunopun e Rumamaru usam o barco Maulatik, Hnelak usa Bibi Deli, Lulopun usa Reremanu, Hnua Le'en e Maule'ek usam o barco Molai, Tetoha usa Samaliu, Hatauk usa Terimanu.

Além desta divisão por núcleos familiares e *Lisan*, os barcos também são identificados como sendo católicos ou protestantes. Os barcos católicos ficam no *Ro Putin Hnatin* e os barcos protestantes no *Hnatin Lasi Ron.* Conversando com o catequista Meharek em sua casa, na aldeia Maulaku, ele me explicou que o nome *Ro Putin Hnatin*, ou lugar do barco branco, é porque barco lembra os apóstolos, que eram pescadores, e branco remete à pureza do Espírito Santo. Comentei com ele que havia ouvido de vários pescadores católicos que o significado do nome tinha origem na época em que viviam todos nas montanhas e, ao olharem para a praia em noites de lua cheia os barcos, colocados próximos uns aos outros, refletiam a luz dando a impressão do local ser todo branco. Meharek respondeu que isto era verdade, mas esta seria a versão de quando ainda eram "pagãos", porque agora que conhecem a Bíblia podem entender o significado "cristão" das suas histórias.

Durante a pesquisa, havia 13 barcos com até cinco metros de comprimento, 38 com até sete metros, 24 com dimensões não superiores aos dez metros, somente um alcançava os 12 metros de comprimento e nenhum ultrapassava 1,30 metro de largura. O senhor Metak, durante uma festa de casamento, disse-me que, quando era mais jovem, não havia motores e os homens precisavam conhecer o mar e serem fortes para remar. Dependendo das condições climáticas, a travessia entre Ataúro e Dili poderia durar até oito horas. Kolikuru, em outro momento, disse que o serviço era muito difícil e os barcos maiores tinham até oito remadores que, quando iam para Dili, cantavam e bebiam *tua putin* "para terem mais força". O comandante do barco batia com uma varinha de bambu naqueles remadores que não acompanhavam o ritmo dos demais. Mas, agora, dizia-me, "tem motor, não precisa remar".

Estes motores apareceram na comunidade a partir de 2002, doados pela Secretaria de Agricultura e Pescas que, na tentativa de fomentar a atividade pesqueira, também distribuiu redes, anzóis e lanternas para pescadores de várias localidades do Timor. As lideranças da comunidade designaram um representante de cada *Lisan* para receber um motor de 15 hps e os equipamentos para a pescaria. O que, por um lado, foi uma forma igualitária de distribuição, por outro, acabou reforçando a hierarquia já estabelecida. Estes motores, que deveriam ser usados para a pesca de forma comunitária, acabaram sendo apropriados pelos seus responsáveis, que o utilizam para transporte de mercadorias e passageiros, principalmente os habitantes da comunidade e de Vila Maumeta, nas viagens entre a ilha e Dili. Cada passageiro paga US$ 5 dólares e, dependendo da quantidade de carga que transportam, são acrescidos mais US$ 15 a este valor. Os materiais transportados são os mais variados e vão desde mercadorias para os *keos*, telhas de zinco, cimento, tijolos, móveis, animais e alimentos. Até mesmo uma motocicleta já foi levada para o suco Vila Maumeta.

A comunidade não protestou abertamente diante desta divisão, diferentemente do que ocorreu em outros sucos da ilha. Em Bikeli, por exemplo, a população, toda assembleiana, organizou-se e exigiu do governo uma quantidade maior de motores, recebendo 23 no total, alguns inclusive de 25 hps. Além dos barcos pequenos, semelhantes aos Humangili, em Bikeli há barcos maiores, com capacidade para levar dezenas de pessoas e algumas toneladas de mercadorias. Os pescadores realizam pescas em alto mar, em outras regiões do Timor, e viajam regularmente para as ilhas indonésias de Wetar e Lira. Para os Humangili, a concessão de mais motores ao suco vizinho não se deveu ao fato de que as pessoas de Bikeli se organizaram, ou porque possuíam barcos maiores, mas sim porque foram favorecidos por conhecerem funcionários do governo ligados a este projeto.

Mesmo aparentemente resignados, alguns Humangili estabeleceram parceria com pessoas de outras localidades para também possuírem um motor. Um exemplo é Semea, evangélico e dono de um *keos* em Humangili que se associou a um dono de *keos* católico, ex-guerrilheiro que, nos anos 1980, foi preso e enviado para Vila Maumeta onde mora até hoje. O primeiro entrou com o barco e o segundo com o motor. O acordo é que Semea poderia ficar com o dinheiro do transporte de passageiros, porém precisaria fazer as viagens durante a semana, quantas fossem necessárias, para conduzir os familiares e trazer mercadorias para o dono do keos em Vila Maumeta.

Apesar dos barcos serem pequenos e de os motores terem pouca força os barqueiros, na intenção de conseguirem o maior número de passageiros e lucrarem o máximo possível, não fazem um controle rígido do peso. A travessia Ataúro-Dili, quando realizada com o mar calmo, sem vento na direção contrária e com pouco peso no barco, é feita em cerca de duas horas. Todavia, quando o mar está agitado e o barco pesado, a viagem pode demorar mais de cinco horas, podendo, inclusive, acontecer alguma fatalidade. Foi exatamente o que ocorreu em agosto de 2008 com o barco Cristo Rei. Após sair de Dili levando 12 pessoas, foi surpreendido por um forte vento que, devido ao peso do barco, carregado com 280 kg de arroz, 30 kg de açúcar, seis caixas de *Newport*, cinco caixas de *Supermi* e *Sedaap*[121], fez com que o motor de 15 hps não resistisse e parasse de funcionar. O barco ficou à deriva e, na tentativa de evitar que afundasse rapidamente devido à água que entrava com as ondas, todo o material, incluindo as bolsas com roupas dos passageiros e 20 litros de gasolina, foram jogados ao mar. Depois de duas horas nesta situação e já com metade do barco submerso na água, foram resgatados pelo Nakroma, que passava por lá levando passageiros para Beloi.

Este episódio não foi exceção e, mesmo conhecendo os perigos da travessia, as viagens continuam sendo feitas com excesso de peso. Em abril de 2009, retornando de Humangili para Dili, apanhei o barco no *Ro Putin Hnatin* às quatro horas da manhã. Primeiro, fomos em direção à Vila Maumeta para pegarmos mais passageiros. No barco, havia católicos e assembleianos, pois os Humangili, em geral, não escolhem o barco pela denominação religiosa, mas sim pelos vínculos que estabelecem com o seu dono, ou pela habilidade do condutor[122]. Quando saímos definitivamente em direção a Dili, éramos 23 pessoas, mais as bagagens. Não havia lugar para todos, sentamos espremidos uns em cima dos outros. O mar na frente da aldeia estava calmo, porém, uns 50 minutos após iniciarmos a viagem, começou a chover e o vento aumentou. Em pouco tempo, fomos alcançados por uma tempestade em alto-mar. As ondas crescendo acima das nossas cabeças estouravam dentro do barco. O condutor desligou o motor e, por vezes, ligava-o novamente na rotação mínima na tentativa de controlar a direção e diminuir o impacto das ondas. Surfávamos as ondas agarrados uns aos outros para mantermos o equilíbrio. As nuvens encobrindo o sol, a força da chuva, do vento e das ondas fazia com que

121. Nomes das marcas de um tipo de macarrão instantâneo utilizado para fazer o *mie goreng*. Palavra de origem maláia, o *mie goreng*, ou macarrão frito, é uma comida apreciada em todo o Sudeste Asiático que foi popularizada em Humangili após a ocupação indonésia.

122. Para os Humangili, o condutor do barco é o responsável por todos os passageiros. A medida que este realiza inúmeras viagens sem que ocorram incidentes passa a ser considerado uma pessoa que tem a proteção dos espíritos dos antepassados, garantindo uma travessia segura.

não conseguíssemos enxergar quase nada. Algumas pessoas enjoadas vomitavam dentro do barco, enquanto eu e outros homens tentávamos, com garrafas de plástico cortadas ao meio, retirar a água que entrava. Em determinado momento, o condutor do barco anunciou que iria voltar a Humangili, várias pessoas protestaram dizendo que não poderiam retornar alegando já estarmos no meio do caminho e que voltar ou continuar a dificuldade seria a mesma. Estas pessoas haviam planejado a viagem e algumas contraíram dívidas, pedindo ajuda financeira a familiares, retornar seria prejuízo. A viagem demorou quase seis horas, sendo duas delas dentro da tempestade. Quando chegamos à praia, em Dili, a chuva já havia parado e fizemos uma fogueira para nos esquentar. Enquanto ficamos ali em pé nos aquecendo, as pessoas começaram a contar histórias sobre esta e outras viagens que haviam feito, falavam da coragem de enfrentar o mar e da destreza do *Sukaen*, ou condutor do barco. Naquele mesmo dia, por volta das 14 horas, o barco retornaria para Humangili levando mais passageiros, suas bagagens e mercadorias para os *keos*.

Até os anos 1990, a maioria dos barcos eram construídos usando a madeira e o bambu disponível na comunidade. Porém, atualmente, somente a base do barco é construída com a madeira local e o restante – pregos, cordas, tintas, madeiras etc. – são adquiridos em Dili. Apesar das modificações na forma do barco e da introdução do motor, a parte inicial da construção ainda é feita respeitando os hábitos locais. Cada *Rumanan* possui um lugar específico onde podem cortar o *Lero* (*cedrela toona*) que, somente depois de entalhado, é levado à casa do *Ro Opun*, ou dono do barco. Estas árvores, por vezes, também são adquiridas por meio da negociação entre as famílias.

Em um destes momentos, o comprador levou como pagamento três *Osa Lolon* e um *Kngohi*[123], além de fardos de mandioca e milho. Nestas negociações, realizadas somente entre os chefes das famílias, prevalece a troca de objetos em detrimento das transações financeiras. A cerimônia, realizada na casa do dono da árvore que pertence à *Lisan Lulopun*, seria

123. Os *Osa Lolon* são espécies de lanças de ferro que podem chegar aos 2,50 metros de altura. Apesar de que, desde 2003, uma pessoa da comunidade esteja fazendo os *Osa Lolon*, os Humangili geralmente os compram dos artesãos de Makadade, mantendo assim os costumes ancestrais. Um *Osa Lolon* pode custar entre US$ 30 e US$ 45 dólares. Da mesma forma, os Humangili não fazem *Kngohi* e preferem comprar os que são confeccionados nas regiões de Los Palos, Suai ou Oecusse, por serem, segundo eles, de melhor qualidade. Um *Kngohi* de "boa qualidade" pode custar para um timorense entre US$ 80 e US$ 150 dólares. O mesmo *Kngohi* se comprado por um estrangeiro não sai por menos de US$ 200 dólares.

para passá-la simbolicamente – uma vez que já tinha sido cortada e entalhada – para a outra família. O dono da árvore (*Ai Opun*), o *Ro Opun* e o *Pedaen*[124], em pé, de frente uns para os outros, seguravam os *Osa Lolon* e o *Kngohi* e em Hresuk o *Ai Opun* agradeceu os espíritos dos antepassados por terem fornecido a árvore e pediu-lhes proteção e ajuda para que ela se transformasse em um barco resistente. Esta cerimônia, para além da oficialização da troca de objetos, também significa que quem a adquiriu não está levando somente o tronco, mas um pouco da força da família que lhe forneceu a árvore.

Este evento, porém, possui uma dupla face. O *Ai Opun* e o *Ro Opun* ao cumprirem o contrato, que tem valores definidos – com alguma variação, a quantidade e o tipo de objetos trocados são geralmente os mesmos –, estão desobrigados de manterem qualquer vínculo futuro, não havendo a necessidade da retribuição, pois a relação se esgota em si mesma por meio do pagamento. No entanto, o barco construído a partir daquela árvore estará para sempre ligando ambas as famílias, que estão unidas através da proteção conjunta dos seus antepassados e mantém presente a constante dívida de considerações e reconhecimentos mútuos.

Depois de terminar o agradecimento, o *Ai Opun*, o *Ro Opun* e o *Pedaen* voltaram a sentar-se e as mulheres trouxeram um pouco de peixe seco e *tua putin* para que o acordo fosse definitivamente selado. Quando a cerimônia foi encerrada, o *Ro Opun*, em sinal de respeito pela família do *Ai Opun* – à qual agora, de certa forma, estava vinculado –, ficou sentado por mais alguns minutos conversando e bebendo *tua putin*. Mesmo sendo católicos, em nenhum momento utilizaram símbolos ou orações cristãs. Isto pode ser entendido por dois caminhos complementares. O primeiro é que as orações católicas são utilizadas comumente quando há um representante da Igreja – que pode ser até mesmo um integrante do núcleo familiar de um catequista, por exemplo –; o segundo está relacionado ao fato do *Ai Opun* em questão ser da *Lisan Lulopun*, ou donos do sagrado, que são considerados aqueles que mais respeitam e preservam os costumes dos antepassados. De forma geral, para os Humangili católicos, há uma separação entre as práticas ancestrais e a da Igreja, sem que necessariamente ocorram contradições entre elas. Eles reforçam os aspectos semelhantes – a cordialidade, o respeito ao outro, o comportamento amistoso

124. Significa habilidoso, que sabe fazer algo e designa as pessoas que dominam a técnica de construir alguma coisa. Neste caso específico, a expressão *Pedaen* é utilizada para identificar o construtor do barco.

e pacífico etc.- para associar as duas cosmologias e minimizam aquilo que os diferencia.

No segundo semestre de 2008, padre Luís construiu ao lado da casa paroquial, na aldeia Hatulela, uma pequena marcenaria para que os Humangili pudessem confeccionar ou reparar objetos e para, até mesmo, preparar as madeiras para serem usadas na construção dos barcos. Quando a oficina estava pronta, encarregou uma pessoa – que afirmava dominar as técnicas de marcenaria – da utilização do material, da coordenação dos trabalhos, bem como da tarefa de ensinar outras pessoas e socializar o uso das máquinas. Alguns meses depois, conversando com padre Luís, este me informou que a oficina estava parada porque o responsável havia desistido de trabalhar. Perguntei ao padre se ele iria continuar o projeto da marcenaria e a sua resposta foi que não sabia, precisava reavaliar o assunto, porque a comunidade não estava utilizando aquele espaço.

Naquela mesma semana, caminhando pela aldeia Masilihu, encontrei o ministro da eucaristia. Durante a nossa conversa, comentei sobre o fechamento temporário da oficina. O ministro disse que estava triste porque o projeto era algo bom para a comunidade e que o padre Luís havia gastado muito dinheiro para comprar os materiais de construção, pagar os pedreiros, comprar e trazer as máquinas de marcenaria para Humangili. Entretanto, afirmou ele, as pessoas não aproveitaram a oficina porque não entenderam que, apesar de ter um responsável, aquele espaço era para todos. Continuou dizendo que o responsável contratado pelo padre Luís não ensinava as outras pessoas, queria cobrar caro para realizar os serviços e tinha abandonado a oficina porque se associou a um comerciante de Berau – que possuía uma máquina para cortar e lixar madeira e com o qual tinha relações familiares – para, assim, obter maiores lucros. O problema, falou o ministro, foi que não avisou ao padre e estava utilizando as máquinas da Igreja para fazer "trabalhos de outros lugares".

Aproximadamente um mês depois desta conversa, descendo da aldeia Masilihu em direção à praia para ver os barcos que retornavam de Dili trazendo alimentos e telhas de zinco para uma festa de casamento que seria realizada naquela semana, encontrei Kelakuru, católico de uns 60 anos de idade. Acompanhados de outras seis pessoas que iriam buscar os alimentos do barco para levá-los até a casa do noivo, passamos na frente da oficina. Comentei com Kelakuru que a oficina estava fechada e por isso os pescadores não poderiam utilizar as máquinas para preparar a madeira dos barcos. Kelakuru me falou que não tinha problema, pois os pescadores não utilizavam a oficina porque "eles mesmos é que fazem os barcos".

Ao contrário do que afirmou o ministro da eucaristia, os Humangili entenderam qual a finalidade da oficina construída pelo padre Luís. Não a utilizavam, porque, entre outros motivos, os barcos são construídos pelos *Pedaen*, que aprenderam com seus pais o ofício. Por mais que os barcos se pareçam e utilizem as mesmas técnicas de construção, alguns *Pedaen* – geralmente os mais velhos, que já construíram vários barcos – são considerados melhores que outros. Os barcos são avaliados tanto pela qualidade da madeira como pelo prestígio social do seu construtor. A relação entre o *Ro Opun* e o *Pedaen*, mesmo que pertencentes à mesma *Lisan*, envolve a circulação de bens e os vínculos de reciprocidade entre os núcleos familiares. Por mais que a marcenaria pudesse facilitar o trabalho dos *Pedaen*, utilizá-la iria de encontro a todo o sistema de relações práticas e simbólicas envolvidas na construção dos barcos. Apesar da ruptura com o "familiar" e a adoção de referenciais diferentes serem uma possibilidade é, mais frequente, algo passar a fazer sentido e a interagir de forma proeminente nas relações sociais quando, como propôs Sahlins (2003), for significado pela ordem cultural em que está inserido. Sendo assim, utilizar a marcenaria implicaria no rompimento do sistema de trocas de bens habituais e dos vínculos de cooperação advindos destas práticas.

Associado a isto, conforme Tuakela – 29 anos, ex-integrante do grupo de jovens católicos –, padre Luís não tinha feito um convite formal para as pessoas participarem do projeto, não consultou as lideranças da comunidade sobre a construção da oficina e escolheu uma pessoa para trabalhar que não tinha o aval dos *Pedaen*. Estas atitudes foram encaradas como desrespeito à hierarquia e às regras de etiqueta local, pois os Humangili somente participam de algo se forem diretamente convidados e, quando não o são, sentem-se desprestigiados. Por outro lado, os *Pedaen*, por não dominarem o manuseio das máquinas, teriam que estar subordinados ao responsável da oficina, quebrando a hierarquia de poderes e de saberes instituída.

Quando o tronco da árvore já está aparentando a forma de um barco, dá-se início ao *Klorun Ro*, que é o puxar o barco do local onde foi construído até a casa do seu dono. Nestas festas, não há divisão entre católicos e assembleianos, que participam indistintamente. Em uma destas cerimônias, por volta das nove horas da manhã, ouvi o som de uma corneta de concha marinha utilizada pelo *Ro Opun* para avisar à comunidade que estava saindo de sua casa em direção ao local onde foi cortada a árvore e construída a base do barco. Lentamente, os homens, alertados pelo som da concha, começaram a subir a montanha sozinhos, em duplas ou em pequenos grupos. Como o caminho que conduzia até o local onde foi construído o barco era íngreme, com uma inclinação que chegava aos 60 graus, e devido ao cuidado com as pedras que rolavam conforme as pessoas iam passando, demoramos quase duas horas para vencermos o trajeto.

Uma vez lá, sentamos debaixo das árvores para descansar e nos abrigar do sol. Aos poucos, mais pessoas foram se juntando ao grupo. O *Ro Opun* aguardava até estarmos em número suficiente para podermos puxar o barco. O *Pedaen*, com alguns ajudantes, colocou um espesso tronco de bambu entre uma extremidade e outra do barco, amarrando-o com uma corda. Quando estava tudo preparado e, na avaliação do *Ro Opun*, já haviam homens suficientes para poder puxar o barco, ele convidou a todos para começarmos a cerimônia. Primeiro, o catequista Kelakori em oração agradeceu a Deus pelo novo barco, e pediu proteção para que tudo corresse bem durante a descida da montanha. Neste momento, pode-se identificar claramente quem é católico ou assembleiano. Os católicos fazem o sinal da cruz e esperam em silêncio a oração terminar e os assembleianos, além de não fazerem o sinal da cruz, oram sozinhos em voz baixa. Depois de concluída a oração, três mulheres encarregadas de levar a comida serviram *tuat*, peixe, pipoca e carne de cabra fatiada em pequenos pedaços, além de *tua putin* e café para beber. À exemplo da pesca, para os católicos, a comida consumida neste momento não tem um objetivo formal de alimentação – embora ajude a resistirem ao trabalho –, mas sim de agradecer e pedir a proteção dos antepassados durante a descida. Os assembleianos, por sua vez, justificam a manutenção deste ritual como um costume da comunidade, mas que não tem relação com adoração aos espíritos. Após comermos e bebermos rapidamente, as mulheres recolheram tudo.

Aos poucos, alguns homens começaram a entoar cantigas em Hresuk, e logo estávamos todos cantando e batendo os pés no chão. Ouviu-se, novamente, o som da corneta e o líder do grupo soltou um grito, o volume das vozes em coro aumentou, a poeira produzida pelos pés batendo no chão dificultava a visão. A passos largos e rápidos, a descida da montanha havia começado. Com cordas presas nas extremidades do barco os homens, divididos em dois grupos, iam amarrando e desamarrando-o nas árvores para evitar que ele despencasse nos precipícios. Tudo isto é feito com rapidez e destreza, não há espaço para erros. Cada um tem uma função, há aqueles que puxam o barco, que o amarram e os que avaliam o terreno para saber qual o melhor caminho a seguir. Por vezes, alguém gritava *hatu*[125] e todos se agitavam, paravam, olhavam para os lados e, em seguida, uma ou mais pedras rolavam montanha abaixo. À medida que íamos descendo, outras pessoas juntavam-se a nós, todos cantando e dançando.

Durante a descida, passamos na frente da casa de uma das irmãs do dono do barco, que, junto com o seu marido, ofereceu para o *Ro Opun* um *Osa Lolon* e um *Kngohi*. A oferta destes presentes por parte dos *Ana Hata*[126] é um costume nas festas do *Klorun Ro* e significa respeito para com o seu familiar que acabou de adquirir um novo barco. O homem segurando o *Osa Lolon* e a mulher o *Kngohi* sobem no barco e são conduzidos por alguns metros. O homem está sorridente, animado, cantando e dançando, enquanto a mulher demonstra constrangimento, diz que não quer entrar no barco, encobre o rosto com o *Kngohi*, chora e pede para sair. Este é um comportamento padrão, a alegria do homem demonstra a felicidade pela construção do barco e as mulheres manifestam o receio de que este novo barco possa trazer algum problema para o *Ro Opun*[127].

Após alguns metros, ambos saem do barco e continuamos a caminhada. Quando já estamos próximos à casa do *Ro Opun* e o caminho é menos íngreme e perigoso, as mulheres, crianças e adolescentes se juntam aos homens para puxar o barco. Ao chegarmos definitivamente na casa do *Ro Opun*, os parentes e amigos dançam e cantam em volta do novo barco. Apesar de estas festas serem aparentemente abertas para todos, elas são restritas aos integrantes da família e aos que já mantêm uma relação de cooperação com o *Ro Opun*. Sendo assim, aos poucos, aqueles

125. *Hatu* é uma palavra em Hresuk, originária do Tétum *Fatuk* que significa pedra.

126. *Ana Hata* é como são conhecidos os parentes do homem em relação aos parentes da esposa. Os objetos oferecidos ao *Ro Opun* pelos *Ana Hata*, geralmente, saem das *Rumanan* dos homens que casaram com as mulheres da família de origem do dono do barco.

127. O choro das mulheres Humangili, além de demonstrar os seus sentimentos, também aparece como uma obrigação social. O que determina se o choro é de alegria ou de tristeza é o evento do qual participam, e a intensidade do sentimento é marcada pela duração do choro. Nos próximos capítulos, apresento outros cenários sobre este assunto.

que não pertencem à família ou não ajudaram a puxar o barco desde o alto da montanha retornam para as suas casas. Enquanto isso, as mulheres estendiam uma lona azul no chão, colocavam pratos, copos e traziam a comida que seria servida para os homens que ajudaram a puxar o barco. O arroz, servido em quantidade, é o prato principal, mas há também *mie goreng*, caldo de feijão marrom e carne de porco cortada em pequenos pedaços.

Sentados no chão, em volta da lona, aguardamos até sermos autorizados a comer. O *Ro Opun* é a principal autoridade neste evento e, em sinal de respeito e agradecimento, convida o *Pedaen* e os líderes da sua família para sentarem em um local afastado dos demais onde, demonstrando sua distinção, sentam em bancos e comem apoiados em uma mesa. Após recebermos a autorização para comermos, foi feita novamente uma oração pelo catequista presente, que agradeceu a Deus pelo *Klorun Ro* e pela participação dos amigos. Ficamos lá durante algumas horas – o *Ro Opun* e o *Pedaen* já tinham se juntado a nós – contando antigas histórias e comentando sobre o que havia acontecido naquele dia. Alguns assembleianos que participaram do *Klorun Ro* – por terem relações familiares com o dono do barco e que não bebem álcool, não fumam e não dançam o *roinelu* – aos poucos, começaram a retornar para suas casas. Os católicos, no entanto, continuaram a confraternização mascando *pua malus*[128], fumando cigarro de folha de acadiro e bebendo *tua putin*. No final da tarde, já um pouco bêbados, eu, os outros homens que ajudaram a conduzir o barco e as demais pessoas que lá estavam retornamos para as nossas casas para descansar, porque à noite haveria uma festa, com mais comida, bebida e *roinelu*, que se estenderia até o amanhecer.

A cerimônia do *Klorun Ro*, que é realizada tanto por católicos como por assembleianos, envolve um considerável gasto financeiro, é planejada durante alguns meses e só acontece quando o *Ro Opun* conseguiu adquirir os bens para fazer a comemoração, mesmo que o barco esteja pronto. Isto porque este precisa fornecer alimentos e bebidas para todos os que o ajudaram a trazer o barco da montanha. Não oferecer comida às pessoas que ajudaram a puxar o barco é considerado uma quebra dos costumes. Por meio da reciprocidade entre as partes – puxar o barco/fornecer comida – não apenas os costumes são preservados, como são

128. A *pua malus*, também conhecida como *bua malus* em Tétum, é uma pasta de coloração avermelhada, feita da mistura de cal, areca e betel, que homens e mulheres de todo o Timor apreciam e mascam diariamente, conferindo-lhes um tom avermelhado na boca.

reafirmados os laços de amizade, o respeito e a cooperação entre as famílias. Por outro lado, o *Ro Opun*, ao fornecer comida e bebida, também reforça o seu prestígio e demonstra a prosperidade do seu núcleo familiar.

AGRICULTURA E A COOPERAÇÃO INTRAFAMILIAR

Regulado pelo clima de monções, Ataúro apresenta duas estações no ano: o tempo das chuvas e o da estiagem. Quando o período das chuvas se aproxima, a partir do mês de novembro, lentamente, a paisagem começa a ser alterada. Os animais, cabras e porcos são amarrados às árvores ou colocados em pequenos currais próximos às casas, cercas que demarcam o território de cada família são consertadas e o verde da floresta tropical passa a ser a cor mais frequente, contrastando com o cinza das pedras e das árvores sem folhas, ou o amarelo do mato queimado pelo sol que dominam durante o período da estiagem.

Entre os meses de novembro e março, os Humangili dedicam-se à agricultura, cultivando milho e mandioca. Cada grupo familiar possui um local específico para o plantio, que é passado de uma geração a outra. Estes terrenos ficam nas áreas mais altas da comunidade, onde a população vivia até o início da década de 1980, com temperaturas mais amenas e maior precipitação pluviométrica. Conversando com o ministro da eucaristia e o catequista Kopakila na capela do setor 2 – em *Maulele*, na aldeia Maumeta –, enquanto esperávamos a chuva passar para descermos em direção a Hatulela, Kasata me explicou que os Humangili plantam mandioca e milho desde o tempo dos antepassados. Segundo ele, os seus ancestrais não sabiam ler e escrever, mas entendiam a natureza e utilizavam o milho e a mandioca porque são resistentes e não precisam muitos cuidados. Com um gesto, que simulava o jogar a semente na terra, disse que "é só fazer isto que eles nascem sozinhos".

O resultado da colheita, além de servir de alimento durante os meses da estiagem, também será utilizado nos presentes de casamento, em funerais, no intercâmbio de objetos, como parte do pagamento pela compra de uma árvore para a construção de um barco, como compensação por alguma ofensa cometida contra pessoas de outras famílias e demais cerimônias de que venham a participar. Estas características fazem com que a agricultura Humangili não possa ser classificada como de subsistência, pois se destina também à circulação de bens, fomentando e mantendo os sistemas de trocas da comunidade. Para evitar que ratos e outros animais comam os grãos, a mandioca e o milho são armazenados em pequenas cabanas, chamadas de *Manlekan*, construídas no alto das árvores.

As fontes *Ipua* e *Tulai* são as únicas formas de acesso à água potável. A primeira, além de ser considerada sagrada e fornecer água para a população, também é utilizada para lavarem roupas, tomarem banho e descansarem durante as suas caminhadas. No início dos anos 1990, o governo Indonésio canalizou as águas da fonte *Ipua*, construindo três tanques coletivos distribuídos entre as aldeias Maulaku e Masilihu, além de levar a água para as casas dos líderes da comunidade e de alguns funcionários públicos – leia-se professores e alguns colaboradores. No lugar da fonte, foram colocados dois canos que vertem água 24 horas por dia. O impacto para o desenvolvimento da agricultura foi quase nenhum e a população, para obter água potável, precisa caminhar até a fonte *Ipua*, aos tanques, ou à casa de familiares que, porventura, possuam torneiras.

A dificuldade de acessar água é agravada pelo fato de os Humangili não fazerem poços artesianos, não utilizarem as técnicas de captação de água da chuva e não construírem barragens ou canais para direcioná-la. Além disso, os canos que conduzem a água para os tanques nas aldeias, frequentemente, estão rompidos, interrompendo o abastecimento, o que, por vezes, pode durar um longo período, como aconteceu em 2008, quando a comunidade ficou sem água durante três meses porque um dos canos da aldeia Maulaku rompeu após um deslizamento de terra. Mas, além de quebrarem ao serem atingidos por deslizamentos, algumas junções nos canos, por não terem sido bem feitas e não receberem manutenção, acabam rompendo com o tempo. E, como me disse Metak enquanto conversávamos próximo à *Ipua*, algumas pessoas, por não terem água nas suas casas, estragam propositalmente o encanamento.

Diante deste cenário, as chuvas são essenciais para a agricultura, pois são a única forma de irrigação do solo disponível para a maioria da população. A importância das chuvas pode ser observada na história Humangili por meio de dois rituais ligados à água. Um deles, o da fertilidade, mesmo com alterações, persiste até os dias de hoje. Sempre no mês de setembro, as pessoas reúnem-se no *Tolan Hnatin*[129] e, entoando cantigas em Hresuk e dançando, caminham em direção à fonte *Ipua*. Uma vez lá, oferecem

129. Local onde ficam as estátuas das divindades da fertilidade *Paku Mau* e *Lepu Hmoru*.

alimentos para os espíritos dos antepassados em uma demonstração de que não os esqueceram, para que estes fiquem felizes e tragam a chuva, a boa sorte e a fertilidade para a comunidade. Desde 2006, este ritual vem sendo integrado ao calendário da Igreja Católica local e, em 2009, os líderes católicos organizaram uma missa na igreja em Hatulela para celebrar esta data. Sobre a missa, o coordenador da pastoral do menor disse que poucas pessoas participaram porque decidiram fazer a cerimônia como antigamente, mas que, com o tempo, "eles entenderão que é uma só festa e os cristãos têm que participar da missa".

Apesar do ministro da eucaristia repetir constantemente que esta e as demais cerimônias não são para adorar os espíritos, mas sim para demonstrar respeito à memória dos antepassados e preservar os costumes Humangili, os católicos, de forma geral, ainda creem que os seus antepassados e os espíritos da natureza contribuem para que as chuvas não sejam escassas ou fortes demais a ponto de prejudicarem a colheita. Os assembleianos, por sua vez, não participam destas cerimônias e estabelecem um discurso associando a festa ao paganismo, e as divindades evocadas aos demônios.

O outro ritual, chamado *Serala Uran*, envolvia o sacrifício humano e era realizado quando a chuva tardava em aparecer, mas também quando acontecia algum desastre natural na comunidade. Embora não tenha fontes precisas para assegurar a época, segundo o relato das pessoas mais antigas, esta prática persistiu pelo menos até meados dos anos 1940. Durante a cerimônia, dirigida pelos líderes da *Lisan Lulopun*, um homem idoso, geralmente desta mesma *Lisan*, após se oferecer voluntariamente ao sacrifício, era amarrado a uma ou mais varas de bambu e arremessado para o alto, caindo entre as pedras ou em um precipício.

Conversando com o *Lela'it* Menunu, este afirmou ter presenciado alguns destes eventos, que tinham por finalidade lembrar aos espíritos que os Humangili ainda permaneciam em suas terras e conservavam o respeito e a memória dos seus antepassados. Contou-me que, no passado, quando a chuva não vinha e a *Lisan Lulopun* demorava em realizar o *Serala Uran*, os demais líderes das outras *Lisan* pressionavam-nos para que o ritual acontecesse. O ministro da eucaristia Kasata sobre este assunto comentou que esta prática já não existe e era do tempo em que a comunidade não conhecia o cristianismo, mas acrescentou que, nesta época, sempre havia chuva. Os católicos Humangili, que ainda preservam as histórias sobrenaturais ligadas aos espíritos da natureza e dos antepassados, têm uma inserção social menos *desencantada*[130] em comparação aos assembleianos, cujo comportamento manifesto associa todos os fenômenos a uma cosmologia autoeletiva cristã pentecostal.

As queimadas são a única forma de preparo da terra para receber as sementes. Ketikori, enquanto bebíamos água do coco – que ele mesmo, com os seus 56 anos de idade, retirou do coqueiro de quinze metros de altura que fica em frente à sua casa –, contou-me que "as pessoas daqui fazem assim [as queimadas] desde a época dos antepassados, sempre foi assim, os mais velhos não sabem fazer diferente [...] os avós faziam assim, até hoje é assim".

Os cuidados com as hortas são constantes e, todos os dias, pequenos grupos de duas, quatro ou mais pessoas, dependendo do tamanho do terreno e do número de integrantes da família, sobem à montanha em direção aos seus canteiros. Não há distinção de gênero ou hierarquia nas tarefas de plantio, conservação e colheita. Isto pelo menos no discurso, porque, na prática, embora os homens adultos participem, geralmente, são as mulheres e adolescentes quem realiza a maior parte do trabalho de retirar o mato que nasce junto com a mandioca e o milho, afastar possíveis animais – porcos e cabritos – que lá estejam, e fazer pequenos reparos nos terrenos que, por serem na maioria íngremes, devido à geografia montanhosa e acidentada, estão sujeitos a deslizamentos.

Certa vez, subindo a montanha, encontrei Hareklinga – 65 anos, católico e morador da aldeia Masilihu –, que caminhava em direção à sua horta acompanhado da esposa e duas adolescentes. Conversando sobre a chuva que havia caído alguns dias antes e sobre os cuidados constantes que os canteiros exigem, contou-me que plantam mandioca e milho porque é assim desde o "tempo dos avós" e que "se eles faziam deste jeito era porque sabiam o que era bom". Continuou com desânimo na voz dizendo que, no passado, todos cuidavam das hortas, mas agora muitas pessoas não gostam deste trabalho, principalmente os mais jovens que, segundo ele, ao irem para Vila Maumeta ou para Dili, aprendem outras coisas e, quando voltam, não querem trabalhar.

---

130. Max Weber associa o *desencantamento do mundo* a um processo histórico-religioso *que teve início com as profecias do judaísmo antigo e, em conjunto com o pensamento científico helênico, repudiava como superstição e sacrilégio todos os meios mágicos de busca da salvação* (2004: 95). Para uma discussão pormenorizada do conceito de *desencantamento* na obra de Weber conferir Pierucci (2003).

No mesmo sentido foram as reclamações de *Palakuru*, enquanto caminhávamos pela aldeia Maulaku acompanhando um *Klorun Ro*. Quando fizemos uma pausa para apertar os nós das cordas, sentamos em cima de uma rocha para aproveitar a sombra de uma árvore e ele me ofereceu um pouco de *tua putin*. Durante a conversa, disse-me que era agricultor e que aprendeu a cultivar a terra com os seus pais. Com lágrimas nos olhos, contou que, há oito anos não pode mais trabalhar e ajudar sua família. Ele estava se referindo à falta dos dedos das duas mãos, que perdeu devido à "lepra"[131]. A sua doença está controlada mas, segundo ele, agora é tarde, porque já não possui os dedos das mãos. Falou que, apesar de velho, ainda é muito forte, que gostaria de estar puxando o barco com os outros homens, mas não pode porque não consegue segurar a corda. Completou dizendo que, no passado, na época em que era jovem, não havia escolha, todos ajudavam na horta, ninguém reclamava ou contrariava os pais, mas, atualmente, os mais novos contestam e não querem trabalhar.

Estas não são observações isoladas. Ouvi de várias pessoas acima dos 40 anos de idade as mesmas histórias, sempre atribuindo à influência do "mundo externo" o comportamento aparentemente descomprometido dos jovens com relação ao sistema de trabalho habitual. Este argumento não está destituído de razão, pois aqueles jovens que saem da comunidade para estudar, ou os que passam um tempo na casa de parentes em Vila Maumeta ou Dili, estabelecem diferentes rotinas, convivem com as facilidades da energia elétrica, mantêm contato com outras pessoas – timorenses e internacionais –, adquirem novas perspectivas e ambições, tornando o ritmo de vida mais dinâmico e atrativo. Certa vez, por volta das 15h30min, caminhando pela praia em direção a *Oun Le'en* na busca de gravetos para preparar fogo, encontrei uma jovem católica de 19 anos que estava indo se reunir com seu pai, que retornava da pescaria. Já nos conhecíamos de Vila Maumeta, onde ela passa a maior parte do ano, na casa de parentes, e participa do grupo de jovens católicos local. Porém, agora tinha voltado à sua aldeia, porque os seus pais a chamaram para ajudar no preparo da horta. Apesar de obedecer, ela me disse que preferia

131. Embora os Humangili saibam que Palakuru perdeu os dedos das mãos devido à hanseníase, para eles, este ficou doente porque, antes mesmo de nascer, o seu pai desafiou a autoridade do seu avô. O avô, na intenção de punir a desobediência do filho – que não aceitava as suas ordens – teria feito um pacto com a entidade chamada *Rita*. No entanto, as consequências acabaram recaindo sobre Palakuru na forma da doença e da perda de seus dedos. Segundo as informações dos técnicos do *District Public Health Office*, durante a visita que fizeram a Humangili em outubro de 2009, em Ataúro foram registrados 21 casos de hanseníase entre os anos de 2003 e 2009.

estar em Vila Maumeta porque lá "tem os meus amigos, tem a escola" e, além disso, não gostava e não sabia "trabalhar na agricultura".

Aqueles que conseguem um trabalho, temporário ou fixo[132], passam a auxiliar financeiramente os seus parentes e a postura de "não ajudar" pode ser entendida, também, como uma forma de reivindicar uma nova posição dentro do núcleo familiar. Mesmo que ainda sejam jovens, residam na casa dos pais e estejam submetidos à autoridade do *Ruma Opun*, por saírem da posição de dependentes para a de (co)provedores financeiros, desejam certos privilégios que são próprios do chefe da casa. Mas, por outro lado, são poucos os jovens que saem da comunidade para trabalhar, e menos ainda os que conseguem um emprego fixo. Entre as reclamações daqueles que permanecem em Humangili – principalmente os que residem nas aldeias Hatulela e Masilihu, que ficam na parte baixa do suco –, está o fato de que os terrenos são distantes e o trabalho é repetitivo e cansativo. As crianças e adolescentes em idade escolar muitas vezes deixam de ir à escola, ou, então, caminham em média 12 km para ir e voltar das aulas em Vila Maumeta e, após retornarem, sobem a montanha para cuidar das hortas.

Como a cooperação intrafamiliar é uma das bases da sua organização comunitária, mesmo aqueles que manifestam contrariedade continuam, em sua grande maioria, realizando o trabalho nas hortas. Este sistema além de ser motivado por um sentimento de pertencimento ao grupo familiar, pela pressão social na manutenção das práticas habituais, também tem suas razões no receio de serem amaldiçoados e de perderem o apoio dos seus familiares, que podem entender a não participação nesta atividade como um desrespeito aos costumes e uma ofensa à autoridade dos "mais velhos". Uma vez afastada do sistema de cooperação intrafamiliar, a pessoa torna-se um párea, não possui terreno para cultivar, não recebe ajuda das lideranças da sua Lisan e, consequentemente, não terá o que comer, onde morar e nem participará das trocas de bens nos casamentos, funerais e outras cerimônias[133].

132. Como pedreiros nas construções da Igreja, participando de algum projeto pontual de uma ONG ou do próprio governo. Há ainda alguns que saem da comunidade e viajam para Dili para trabalhar durante alguns meses como serventes de obra nas empreiteiras da construção civil, como seguranças de casas e ONGs, ou vendendo jornais e créditos telefônicos nas ruas próximas ao Palácio do Governo.

133. Estas são situações extremas e incomuns entre os Humangili, pois normalmente os conflitos são resolvidos em estágios anteriores. Entretanto, caso ocorra, geralmente estas pessoas são obrigadas a sair da comunidade ou da própria ilha ou, então, são recebidas por outras famílias na

A dificuldade de acesso à água e a dependência da chuva como única fonte de irrigação do solo disponível para a maioria da população dificultam o desenvolvimento da agricultura. Outro complicador é que a terra já está dividida entre as famílias e a comunidade, devido às características da sua geografia montanhosa e à proximidade com os sucos de Vila Maumeta e Makadade, não tem para onde se expandir. Estas contingências, em conjunto com o aumento populacional, têm provocado a escassez de alimentos. Conforme Kuruharek, "aqui não tem muita comida, [...] os adultos não precisam comer muito, mas as crianças precisam". Apesar disso, na agricultura, os Humangili não trabalham em cooperação entre as famílias e o resultado da colheita não é socializado. Frente a esta situação, padre Luís repetiu em diversos sermões durante as missas frases do gênero: "as pessoas precisam ajudar umas às outras", "não basta dizer que é católico e ir à missa, precisa ajudar o vizinho que não tem o que comer", "para vencer as dificuldades, não adianta só rezar, as pessoas precisam se unir, trabalhar juntas, para que todos possam ter uma vida melhor".

Mesmo que não façam a irrigação, o nivelamento do solo ou o sistema de escadarias para otimizar a produção e a utilização do espaço para plantio, estas técnicas não são totalmente desconhecidas entre os Humangili. Na época das ocupações portuguesa e indonésia, estas tecnologias já eram utilizadas em outros locais no Timor-Leste e, mesmo hoje, podemos vê-las em diversas regiões como Aileu, Dili, Ermera e Baucau, por exemplo. Na década de 1980, o governo Indonésio construiu na comunidade algumas barreiras de pedra para controlar a erosão nos córregos – caminho percorrido pela água das chuvas entre a montanha e o mar –, mas estas agora estão destruídas devido à falta de manutenção. Em Dili, conversei com Antonino, que, em 1992, junto com alguns colegas da faculdade de Agronomia da Universitas Timor Timur, atual Universidade Nacional Timor Lorosa'e, realizou estágio de três meses em Ataúro com o objetivo de ensinar técnicas de plantio. Sediados em Vila Maumeta, percorreram várias aldeias ao redor da ilha. No entanto, devido às dificuldades de acesso, não foram até Humangili. Porém, representantes da comunidade foram convocados pelo administrador à época para participar de alguns encontros. Antonino me disse que, apesar de ensinarem

condição de servos. Nesta última hipótese, acabam por não possuir nenhum direito, bem como precisam se submeter às ordens de todos os outros membros da família que lhes acolheu, recebendo como única compensação um local para dormir e comida. Atualmente, não há ninguém na condição de servo entre os Humangili.

várias técnicas de plantio e falarem dos problemas que a queimada trás para o solo, o treinamento não surtiu efeito, pois "eles ouvem, mas voltam para casa e não fazem".

Em 2006, os padres Luís e Francisco iniciaram um projeto de hortas comunitárias em várias aldeias da ilha. A intenção era diversificar a cultura de plantio, introduzir técnicas e materiais para otimizar a plantação, aproveitar terrenos que até então não eram cultivados e proporcionar a agricultura o ano inteiro. Em Humangili, padre Luís distribuiu entre os chefes de família baldes, pás, luvas e mangueiras. Sobre isto, comentou: "nunca usaram, não se vê estas coisas aqui, onde estão? É como se nunca tivessem recebido nada, não usam!". Como projeto-piloto, construiu um canteiro próximo à fonte *Ipua*, com irrigação constante, um tanque de água, escadarias para controlar a erosão e melhor aproveitar a geografia inclinada do solo. Conforme padre Luís:

> Eu tentei, mas não deu certo. O projeto durou uns dois anos, ou melhor, eu levei ele por dois anos. Tinha uma pessoa daqui da comunidade que ficou encarregada, parece que era chefe de aldeia. Eu pagava para ele, não era muito, mas para a realidade daqui US$ 40 ou US$ 50 por mês é alguma coisa. Mas depois eu soube que ele não ia trabalhar, sempre tinha que pescar, ou alguma outra coisa. [...] Esta caixa d'água que está aqui em cima [na casa paroquial na aldeia Hatulela] estava lá, comprei e coloquei lá para armazenar a água, mas, como não usavam, trouxe para cá.

Entre os motivos possíveis para que não aderissem ao projeto está o fato do local escolhido ser considerado sagrado, palco de rituais, e não possuir um proprietário, sendo de uso coletivo. A agricultura é feita no interior dos grupos familiares, voltada especificamente para as suas necessidades, não fazendo sentido plantar para outras pessoas. O projeto, apesar de prever o contrário, foi entendido como de propriedade da Igreja que utilizou um espaço que não lhe pertencia. Além disso, havia uma pessoa responsável pelos cuidados da horta. Este encarregado era o chefe da aldeia Maumeta à época e, segundo algumas pessoas da comunidade, ele só deixava trabalhar quem fosse da sua família, agindo como proprietário da terra e da produção, passando, inclusive, a vender os produtos.

Outro motivo, assim como ocorreu com a construção da marcenaria, é o respeito à hierarquia local. Apesar do responsável pela horta comunitária ser um chefe de aldeia eleito pelo voto direto, ele não tinha autorização para representar as lideranças hereditárias. Estes líderes não foram consultados oficialmente, ou incluídos neste projeto, o que, pelos códigos hierárquicos da comunidade, foi considerado um desrespeito. Apesar de não protestarem diretamente, as pessoas, por meio da omissão, não aderiram à implantação do projeto. Quando este foi cancelado, a terra voltou a ser coletiva, pois o encarregado da horta não tinha mais o apoio da Igreja para estar lá.

Os Humangili, apesar dos cuidados com a manutenção e limpeza das hortas, são semicoletores, pois aproveitam basicamente o que a natureza oferece e confiam que, no próximo ano, estas mesmas condições se repetirão. Um exemplo disso é o consumo de *tua putin*. Principal bebida entre os Humangili, a *tua putin* é consumida durante as pescarias, para conversar, quando descansam e nas cerimônias, entre outras situações. Os Humangili dizem que a *tua* sacia a sede e alimenta, além de dar força para caminhar. Apesar de ser uma bebida apreciada e indispensável a qualquer cerimônia, não há plantação de *tua*, deixando ao encargo da natureza a renovação das árvores existentes. Cada árvore possui um dono e, para retirar o fruto e apanhar a bebida, é preciso autorização do *Ai Opun*. Como o consumo de *tua* é frequente e não existem muitas árvores, mesmo aqueles que possuem uma ou mais árvores nos seus terrenos, quando realizam alguma festa de casamento, enterro, ou outra cerimônia precisam comprar a bebida de outras pessoas. Cinco litros de *tua putin* custam US$ 1 dólar, contrastando com Vila Maumeta, onde os mesmos cinco litros são vendidos a US$ 3, e Dili, onde custam US$ 5 dólares.

Apesar disto, é possível encontrar, na época da estiagem, hortas feitas no pátio das casas dos catequistas que possuem torneiras. São hortas pequenas que produzem algumas verduras mas que, por não receberem os cuidados adequados com irrigação, plantio e proteção à exposição ao sol, acabam morrendo e sendo abandonadas com o tempo. Em uma manhã de julho de 2009, enquanto subia em direção à *Ipua*, passei por um local chamado *Ipanas* e parei para descansar e tomar um pouco de água que havia levado. Conversava com algumas pessoas que lá estavam quando um homem que descia a montanha carregando folhas de coqueiro para cobrir a sua casa, aproximou-se e sentou-se conosco. Ele tem 45 anos de idade, é católico e inventor. Uma das suas invenções, que me mostrou durante uma missa na capela da aldeia Maulaku, foi uma lanterna que construiu com madeira, papel laminado de cigarro, dois fios da espessura de um palito de fósforo, uma pilha enferrujada e uma pequena lâmpada. Quando terminou o encontro, enquanto nós descíamos a montanha iluminando o caminho com tochas, ele usava sua pequena lanterna. Embora integrado na comunidade, as suas ideias são ouvidas mais como curiosidades do que algo para ser colocado em prática, e as pessoas comumente dizem que ele "não é louco, mas fala como louco". Na comunidade, busca-se manter certa distância da diferença que pode ser totalmente excluída, desprestigiada, ou incorporada em níveis hierárquicos menores.

Quando nos encontramos em *Ipanas*, conversamos sobre o calor, as caminhadas, a construção de casas e entramos no assunto da água e das hortas. Segundo ele, o padre Luís pensa na comunidade e o projeto de hortas que havia desenvolvido "era muito bom", mas as pessoas não têm água em casa para poderem plantar. E aqueles que têm torneiras não sabem como plantar, porque "só plantam mandioca e milho". Para mudar esta situação, afirmou ele, precisa colocar água em todas as casas e as pessoas precisam aprender a plantar outras coisas[134]. No entanto, apesar desta opinião que desvia do padrão, as novas técnicas, para além de possíveis melhorias no modo de produção, trazem consigo alterações conceituais que modificam o ritmo de vida da comunidade. Uma técnica, para ser mais facilmente adotada por um determinado grupo social, precisa, entre outras coisas, ser *objetivada*, o que, segundo a visão cognitiva de Descola (2002), seria a integração desta às relações logicamente possíveis na dinâmica sociocultural. Estas relações, para os Humangili

134. Em 2007 o Departamento de Assuntos Econômicos e Sociais da ONU (UNDESA), em conjunto com a ONG *Roman Luan*, tentou construir tanques de armazenamento de água na comunidade, sendo um tanque para cada quatro ou cinco famílias. As lideranças Humangili não aceitaram e exigiram que a água fosse colocada em todas as casas. As conversas não chegaram a um consenso e o projeto não se concretizou. Em 2010, um grupo de assembleianos procurou apoio do padre Luís para retomar o projeto de canalização da água da fonte *Ipua*. Com o apoio financeiro de sua congregação na Itália, padre Luís e os assembleianos, já com a experiência adquirida do projeto anterior, incluíram – com o intuito de facilitar a aceitação do novo projeto – alguns líderes do conselho de suco e das *Lisan* na organização da obra, que previa para cada uma das casas do suco uma torneira e um tanque de 350 litros. O encanamento começou a ser construído em setembro de 2010 pelos próprios Humangili, que recebiam em média US$ 6 dólares por pessoa por dia trabalhado. Em termos de infraestrutura e de possíveis impactos na comunidade, o encanamento da água para as casas dos Humangili é um dos mais significativos projetos realizados nos últimos anos no suco. Além disso, conseguiu reunir assembleianos e católicos, líderes constituídos e emergentes em um mesmo projeto, apesar de cada um ter o seu papel definido a *priori* de acordo com a posição hierárquica que ocupam na comunidade. Não pude analisar as consequências desse projeto, já que as obras iniciaram na fase final da pesquisa de campo e não haviam sido finalizadas até a redação deste texto.

católicos, de forma geral, estão vinculadas à manutenção das práticas habituais, da estrutura organizacional já conhecida, da regulação do sistema de trocas – já que o milho e a mandioca são "objetos" de valor no intercâmbio de bens –, e na percepção temporal marcada pela sucessão cíclica das atividades que a expansão do plantio para os demais meses do ano alteraria.

INTERCÂMBIOS, DINHEIRO E OUTRAS TROCAS

Uma das características da atuação dos padres ítalo-brasileiros em Ataúro é o estímulo ao desenvolvimento econômico voltado para a sustentabilidade das comunidades onde trabalham. Porém, como observamos anteriormente, nem sempre os resultados das suas ações são os esperados. Foi o que também aconteceu em 2007 quando a Estação Missionária de Ataúro, por intermédio do padre Francisco, entrou em contato com os Leigos para o Desenvolvimento[135] na intenção de desenvolver um projeto de microcrédito. Nos dois anos seguintes, um total de onze Humangili, integrantes do grupo de pescadores, receberam cada um o empréstimo que variava entre US$ 500 e US$ 750 dólares. Este dinheiro deveria ser utilizado para a compra de redes, óculos e demais materiais necessários à pescaria. O valor do empréstimo seria devolvido aos Leigos em parcelas de doze a, no máximo, vinte meses, em que a regularidade do pagamento implicaria na possível renovação dos seus empréstimos.

O projeto, que visava instrumentalizar o grupo de pescadores e promover a inclusão e a distribuição de renda, acabou por incrementar a desigualdade e reforçar o poder daqueles que já o detinham. Isto porque as pessoas que participaram do programa de microcrédito já possuíam, dentro da dinâmica da comunidade, recursos financeiros e materiais, por pertencerem a famílias proeminentes e serem donos de barcos a motor e, até mesmo, de *keos*. O dinheiro que se destinava para a aquisição de materiais de pesca e o estímulo ao trabalho cooperativado acabou sendo utilizado para realizar festas de casamento, compra de *Kngohi* e outros materiais como telhas de zinco para cobrirem as suas casas. Como os produtos são comprados em Dili, o dinheiro acabou circulando pouco na comunidade.

135. *O Leigos para o Desenvolvimento* é uma organização católica sem fins lucrativos. O grupo, que está no Timor-Leste desde 2000, vem de Portugal, e busca promover a capacitação e a autonomização de pessoas e comunidades de países em desenvolvimento. Sobre os trabalhos desenvolvidos pela organização no Timor-Leste conferir: http://www.leigos.org.

Frente à necessidade de saldar as parcelas e de dar uma resposta ao empréstimo recebido, que deveria ter sido usado para promover a atividade econômica na ilha, alguns pescadores abriram *keos* na comunidade. Isto fez com que crescesse o número de *keos*, principalmente na aldeia Hatulela, muitas vezes abertos um ao lado do outro. Este crescimento contribuiu para o surgimento de um problema, em agosto de 2009, com a venda do arroz subsidiado pelo governo[136]. O arroz, importado do Vietnã, era repassado pelo governo às distribuidoras pelo valor de US$ 9 dólares o saco de 35 kg, que, por sua vez, vendiam àqueles comerciantes que possuíam a autorização do chefe de suco. Quando chegava ao consumidor final, o preço máximo do saco de arroz de 35 kg não podia ultrapassar o valor de US$ 12,50. Porém, nem todos os donos de *keos* Humangili conseguiram a autorização para comprar o arroz diretamente do governo. Nesta época, o conselho do suco havia parado extraoficialmente de trabalhar por não ter recebido no último mês os US$ 300 dólares que o governo trimestralmente disponibilizava aos conselhos para a compra de materiais para o funcionamento administrativo da sede do suco – como folhas, cadernos, canetas, entre outros, mas que, no caso dos Humangili, era dividido para uso pessoal dos seus membros. Aqueles donos de *keos* que não conseguiram a autorização passaram a vender o saco de arroz a US$ 17 dólares, e os comerciantes que compravam o arroz subsidiado resolveram acompanhar o aumento dos preços.

Conversando com Aje no *keos* onde trabalha na aldeia Hatulela, este me disse que não compensa para os comerciantes venderem os sacos de arroz pelo preço que o governo estipula. A sua justificativa para a elevação no preço era que precisavam se deslocar até Dili para comprar o arroz a US$ 12 dólares e tinham que cobrir os gastos com a gasolina do barco, alugar carros para transportar o arroz até a praia e custear sua alimentação em Dili. Alguns dias depois do aumento dos preços, circulou na comunidade que a PNTL, em Vila Maumeta, após receber uma denúncia, iria até Humangili para investigar o caso. O preço, logo a seguir, caiu para US$ 15 dólares, em uma tentativa de evitar a fiscalização. No entanto, mesmo assim, na semana seguinte, os policiais reuniram-se na sede do

136. O arroz é, atualmente, o principal alimento consumido pelos timorenses. Os contratos de importação de arroz pelo governo envolvem gastos significativos e constantemente são alvos de críticas e acusações de corrupção e desvio de dinheiro. Em 2009, por exemplo, denúncias sobre fraude nas licitações de importação do arroz envolveram a empresa *Prima Food*, que recebeu 2,48 milhões de euros e que contava, entre os seus acionistas, com a filha mais velha do primeiro-ministro Xanana Gusmão (Radio Australia News, 26/Jun./2009).

suco com os chefes de aldeia e donos de *keos* e proibiram a venda do arroz acima do preço. Uma alternativa para a venda do arroz e, até mesmo, aumentar os lucros seria dividir o saco de 35 kg em pequenas quantidades, como é feito, por exemplo, em Vila Maumeta onde um quilo é vendido a US$ 1 dólar. Porém, isto não ocorreu em Humangili, pois, como me explicou Aje quando o questionei sobre este assunto, por ser o principal alimento local e as famílias possuírem muitas pessoas, não compensava comprar o arroz em pequenas quantidades. Por outro lado, os donos de *keos* não teriam como armazenar os sacos de arroz e precisavam do dinheiro para comprar outros produtos.

Nos dias que se seguiram à reunião com a polícia, instaurou-se um boato na comunidade de que a denúncia tinha sido feita por um familiar de um dos policiais que morava em Humangili. Isto gerou desconforto entre as pessoas. Conversando com Kurukaki, católico e dono de *keos* na aldeia Hatulela, após me explicar todas as dificuldades e gastos que tinha para comprar o arroz, disse que ninguém gostou da intervenção da PNTL, porque este era um assunto dos Humangili. Em resposta à intervenção da PNTL, à redução do preço e à suposta denúncia anônima, decidiram interromper a venda de arroz.

A suspensão temporária, entre outros motivos, também foi implicitamente uma repreensão aos policiais Humangili por terem envolvido pessoas de outras comunidades – mesmo que fossem policiais – nestas questões. Os donos de *keos*, ao dizerem que foi um familiar dos policiais que havia feito a denúncia, estavam, nas entrelinhas, acusando os próprios policiais locais de o terem feito. Não os acusaram frontalmente porque, como não possuíam provas concretas para fazê-lo, poderiam comprometer as relações interpessoais, refletindo, mais adiante, nas possíveis alianças entre suas famílias. Isto gerou uma nova reunião, mas, desta vez, somente entre os policiais locais, os membros do conselho do suco e os donos de *keos*. Os policiais disseram que não tiveram culpa pelo que aconteceu, pois estavam cumprindo uma determinação do governo e que a ordem veio de instâncias acima deles. Quanto à denúncia anônima, pediram desculpas, e disseram que não poderiam revelar o nome da pessoa por ser uma norma da polícia, mas garantiram que não foi nenhum dos seus parentes. Também reafirmaram o compromisso com a comunidade dizendo que estavam sempre prontos, 24 horas por dia, todos os dias da semana, para defender as pessoas e que eles, por serem Humangili, só queriam proteger o seu povo. Depois disso, os boatos cessaram e o arroz voltou a ser vendido ao valor máximo de US$ 12,50, conforme estipulado pelo governo.

Mas não foram somente os boatos que pararam. Questões importantes suscitadas neste episódio, após a segunda reunião dos policiais com as chefias e donos de *keos*, também não foram investigadas. Como, por exemplo, quais os motivos que levaram o chefe de suco a não conceder a autorização para alguns donos de *keos*; como alguns comerciantes, mesmo sem autorização, conseguiram comprar uma quantidade superior ao limite individual que era de, no máximo, cinco sacos por pessoa; e por que aqueles donos de *keos* com autorização também estavam vendendo o arroz a US$ 17 dólares.

Outro episódio ocorreu em 2008, quando padre Luís organizou um abaixo-assinado com 750 assinaturas para reivindicar ao governo a reforma da estrada que liga Humangili a Vila Maumeta. Esta estrada, que tem aproximadamente sete quilômetros de chão batido e, por contornar a montanha, é sinuosa e com alguns trechos íngremes, tinha sido construída na década de 1980 pelo governo indonésio. Com o passar dos anos e a falta de manutenção, ficou intransitável a qualquer tipo de veículo. Conversando com Kahikura, coordenador da pastoral do menor e da comissão do abaixo-assinado, na frente da casa paroquial, após a missa dominical, este disse que os Humangili estão isolados porque é difícil chegar à comunidade, mas com a estrada os carros poderiam passar, facilitando o acesso das pessoas, que não precisariam caminhar tanto. Porém, segundo ele, foi difícil conseguir as assinaturas, porque muitas pessoas não sabiam escrever e a maioria dos que assinaram o documento foram os parentes dos professores ou dos catequistas católicos e, mesmo assim, tiveram que ir as suas casas para que assinassem. Disse ainda que todos "querem a estrada", mas ninguém participa porque acham que "o padre pode resolver sozinho".

Em 17 de julho, as assinaturas foram apresentadas ao presidente da Comissão de Infraestruturas e Obras Públicas do Parlamento Nacional. Em resposta, conforme Kahikura, ouviram que a estrada era importante, mas que, no momento, não havia verba e a comunidade teria que esperar a retificação no orçamento do Estado. Sobre a mobilização para o conserto da estrada, padre Luís comentou, enquanto conversávamos no salão paroquial em Hatulela:

> Eles não sabem fazer este tipo de coisa. Protesto, passeata, abaixo-assinado eles não estão acostumados com isso. [...] eles precisam aprender a protestar[137].

Em novembro de 2008, o governo acabou contratando uma empresa que cobrou US$ 700 mil dólares para realizar o serviço[138]. Contudo, foi disponibilizado, segundo padre Luís, somente US$ 230 mil dólares do total previsto. O trabalho consistiu em afastar as pedras que ficavam no caminho e colocar muros de contenção em dois trechos próximos à Vila Maumeta para evitar o deslizamento de terra. Em janeiro de 2009, após uma tempestade, vários trechos da estrada que, teoricamente, já estavam prontos desmoronaram e a passagem próxima à fonte *Ipua* ficou completamente destruída, dificultando, inclusive, o trânsito de pedestres. Após o investimento de, aproximadamente, ¼ de milhão de dólares, a estrada estava menos transitável do que antes. Uma semana depois desta chuva, no caminho de volta da *Ipua*, em direção à Hatulela, encontrei um grupo de pessoas, entre elas Kalisuk, chefe da aldeia Masilihu. Como estávamos indo para o mesmo lugar, caminhamos juntos e falamos sobre as condições da estrada. Conforme Kalisuk, foi gasto muito dinheiro, mas o trabalho não ficou benfeito. Comentei que a própria comunidade poderia ajudar no conserto da estrada, afastando algumas pedras e limpando o mato que crescia desordenadamente. Respondeu que concordava comigo, mas o problema é que as pessoas "querem dinheiro" e o governo não iria pagá-los pelo serviço.

O próprio Kalisuk, no ano anterior, havia experimentado uma situação, de certa forma, semelhante. Neste ano, o governo estava desenvolvendo em todo o território timorense o projeto que ficou conhecido como *Dua Dólar*[139]. Em Humangili, cada chefe de aldeia do sistema eleitoral ficou

137. A fala do padre Luís está relacionada às suas referências de participação coletiva e mobilização social durante o tempo em que viveu no Brasil, assim como as dificuldades que encontra em fazer os Humangili participarem das atividades que propõe. Os Humangili – como podemos perceber em inúmeras situações descritas neste trabalho – protestam, mas utilizam códigos e estratégias diferentes àquelas experienciadas por padre Luís.

138. Enquanto aguardava a retificação do Orçamento do Estado, o grupo organizado pelo padre Luís consultou uma empresa de construção civil que cobrou US$ 500 mil dólares pelo trabalho. Este valor foi apresentado ao governo, que não aceitou, dizendo que o custo estava muito elevado. Conversando sobre isto com Kahikura, ele disse que não sabia os motivos que levaram à escolha da outra empresa, mas desconfiava que não haviam aceitado fechar o negócio com a primeira porque ela pertencia à família de Mari Alkatiri, ex-primeiro-ministro, secretário-geral do partido FRETILIN e principal opositor do governo atual.

139. *Dua* é a palavra indonésia para o número dois. Este projeto pagava dois dólares por pessoa

encarregado de coordenar os trabalhos, de elencar as prioridades do que deveria ser feito e organizar a lista com os nomes das pessoas que participariam. Para que todos pudessem ser contemplados, foi feito um rodízio, no qual a cada duas semanas o grupo de trabalhadores era trocado. Divididos em equipes separadas por aldeias, o trabalho consistiu no conserto de algumas cercas, na retirada de pedras e da relva que dificultavam o caminho nas estradas e na limpeza do pátio da escola. Em um destes dias, estava passando na frente da sede do suco e reparei que havia uma concentração de pessoas. Soube que aguardavam a chegada do chefe da aldeia Masilihu para começarem o trabalho. O chefe Kalisuk chegou, após alguns minutos, e tocou o sino na frente da sede do suco para convocar os trabalhadores. Kalisuk disse-me que não podiam começar porque várias pessoas ainda não tinham chegado, e justificou o atraso dizendo que alguns, por serem mais velhos, têm dificuldades para caminhar, e outros "moram muito longe". Lentamente, as pessoas começaram a chegar, agrupando-se embaixo da árvore na frente da antiga sede do suco para abrigarem-se do sol. O chefe da aldeia, depois da longa espera, leu em voz alta a lista com os nomes das pessoas que participariam das atividades naquele dia. Tudo isto levou umas duas horas e, depois, calmamente, levantaram e foram limpar o pátio da escola. A limpeza durou vinte minutos, o serviço do dia estava pronto.

Quando o projeto acabou, ainda ficaram vários caminhos e córregos por consertar, porém a comunidade se dispersou. Conforme Kalisuk, eles estavam aguardando o início do próximo projeto, que pagaria três dólares por dia trabalhado. Para qualquer atividade que seja externa aos afazeres diários dos núcleos familiares, ou que envolva áreas de uso coletivo – locais que não possuem um proprietário ou que pertençam à Igreja ou ao governo timorense –, os Humangili não se envolvem se não receberem dinheiro. A construção do mercado público também nos ajuda a pensarmos esta dinâmica de cooperação entre as pessoas para a manutenção dos espaços comuns. O mercado, que funciona às quintas-feiras, é realizado ao ar livre embaixo de uma árvore ou dentro das ruínas de uma casa construída pelos indonésios ao lado da antiga sede do suco. Em 2007, a administração do subdistrito pediu para que os Humangili construíssem o mercado no *Ro Putin Hnatin*, próximo à praia. A comunidade não gostou da ideia, alegando que lá havia muito vento e que era longe das suas

para cada dia trabalhado. A ideia era que as próprias comunidades conservassem a limpeza, construíssem ou reformassem as ruas, escolas, os córregos etc.

casas. A administração insistiu dizendo que era importante a construção do novo mercado para que as pessoas de outras comunidades pudessem frequentá-lo. A ideia é que o local se transformasse em ponto de encontro dos negociantes de Vila Maumeta, Humangili, Berau e demais aldeias da ilha. Os líderes da comunidade, após negociação com o administrador do subdistrito, acertaram que cada pessoa receberia US$ 3 dólares por dia trabalhado. No entanto, depois de concluído, este espaço praticamente nunca foi utilizado e, após alguns meses da construção, um forte vento derrubou a estrutura, inviabilizando totalmente qualquer tentativa de usá-lo. O senhor Pengmau – 43 anos, católico e descendente de *Mataplolon* –, enquanto conversávamos na *Ruma Luli* da sua família na aldeia Maumeta, comentou que "nós falamos que não ia funcionar, mas não ouviram".

O mercado Humangili, apesar da construção do novo local, continuava sendo feito no antigo espaço próximo à sede de suco, na divisa entre as aldeias Hatulela e Masilihu. Kalisuk, em 2008, aproveitando o projeto *Dua Dólar* e o material do mercado próximo à praia, resolveu construir um novo, perto da sede do suco. A construção envolveu quase todas as pessoas acima dos dezoito anos e levou um mês para ser concluída. Em Humangili, são poucas as pessoas que participam do mercado, que começa às oito horas e vai até, no máximo, 10h30min, com a venda de chinelos, roupas e material de higiene, como sabonetes e xampu. Às vezes, algumas mangas, bananas e abacaxis trazidos de Makadade também são vendidos. O mercado, pela distância das outras aldeias e por ter produtos facilmente encontrados nos *keos* próximos as suas casas, acaba sendo pouco eficiente como espaço de convívio e ponto de venda de mercadorias.

Esta relação com a conservação dos espaços comuns está ligada à própria organização hierárquica rígida da comunidade. As chefias, ao reterem o poder, refreiam as pessoas de terem uma voz ativa, o que contribui para um comportamento de espera que os seus líderes resolvam as questões que dizem respeito ao coletivo, pois, pela dinâmica de poder, esta responsabilidade somente cabe a eles. Outro fator que contribui para este comportamento é a centralidade das relações dentro do núcleo familiar, pois o trabalho em conjunto com pessoas de outras famílias está associado aos vínculos de reciprocidade estabelecidos entre os *Ruma Opun*. Ao se voltarem para as questões próprias do seu núcleo familiar e não se comprometerem com a conservação dos espaços coletivos, reproduzem – apesar disto já provocar desconforto em alguns deles – a própria dinâmica psicológica e social da comunidade.

Talvez o grupo de artesãos *Manukoko* seja a experiência mais bem-sucedida – dentro das lógicas de socialidade local – no sentido de um trabalho cooperativo que está além das relações entre os núcleos familiares, as *Lisan* e as *Rumanan*. Os Humangili são conhecidos em toda Ataúro e na capital do país pelas suas estátuas que, no passado, representavam as suas divindades e antepassados. Estas estátuas eram utilizadas em diversos tipos de cerimônias e dentro das casas para atrair a sorte, a fertilidade, a saúde e afugentar – ou invocar – os espíritos malignos. Atividade restrita a algumas pessoas das *Lisan Hnua Le'en* e *Maule'ek*, as estátuas não eram vendidas, mas trocadas por objetos e alimentos. A partir dos anos 2000, algumas pessoas, percebendo a possibilidade de ganhos financeiros com a venda das estátuas para os estrangeiros que começavam a entrar no país, criaram o grupo *Manukoko*. Com o tempo, as estátuas passaram a representar outros motivos, como santos católicos, mulheres timorenses, réplicas da estátua do Cristo Rei em Dili, pequenos barcos, crocodilos e outros animais. Este grupo conta com vinte artesãos de várias *Lisan* que expõem os seus produtos em Dili, na avenida Pantai Kalapa em frente a um restaurante frequentado pelos internacionais. Ficam neste local somente durante o dia porque, à noite, apesar do movimento de pessoas, devido à falta de iluminação, não é possível aos potenciais clientes visualizarem as estátuas. Mas, apesar de dividirem as despesas com o aluguel do depósito para guardar as estátuas – pagam US$ 30 dólares mensais – e morarem todos próximos, em Palapasu[140], não trabalham no sentido de socializar os rendimentos e aumentar as vendas coletivas. Cada um faz o seu trabalho, vende o seu produto e busca isoladamente novos pontos de venda. Assim, é comum ver alguns artesãos circulando pela cidade, tentando vender as suas estátuas na frente de outros restaurantes ou mesmo deixando-as em algumas madeireiras na esperança de que um cliente em busca de uma mesa ou cadeira se interesse e acabe comprando-as[141]. Conforme disse-me Nangalaun enquanto conversávamos em sua casa na aldeia Maumeta, sua família faz estátuas há várias gerações, mas agora está muito velho e doente – mostrou-me as mãos, que tinham um leve tremor –, por isso não trabalha mais. Comentou, referindo-se ao

140. Em Palapasu, há uma casa que pertence a um homem de Dili casado com uma mulher Humangili. Nesta casa, que os Humangili brincam dizendo que é uma "pequena aldeia", residem, entre moradores permanentes e transitórios, mais de 20 pessoas que pagam, cada uma, US$ 20 dólares por semana.

141. Os artesãos, aproveitando a visita de alguns estrangeiros que vão a Ataúro nos sábados com o Nakroma, também expõem as suas estátuas próximo ao cais de Beloi, ou mesmo nas pousadas próximas.

grupo *Manukoko*, que, atualmente, muitas pessoas querem fazer estátuas "só para ganhar dinheiro [...] os Humangili não compram estátuas, eles [artesãos do grupo Manukoko] ficam em Dili".

O que pude perceber é que, entre os Humangili, o dinheiro é um objeto cobiçado e possui uma materialidade efêmera, sendo utilizado para satisfazer as suas necessidades imediatas e de curto prazo. Até mesmo pela dificuldade de obter o dinheiro, a riqueza das pessoas ainda é medida considerando o número de cabritos, porcos, *Osa Lolon* e *Kngohi* que possuem, pois estes são encarados como bens mais perenes e que podem ser usados nas trocas entre as famílias. Como me disse Ketikori, o dinheiro "não se pode guardar, se usa uma vez e acaba", sendo preferível, assim, gastá-lo rapidamente. A relação que as pessoas estabelecem com o dinheiro não é uniforme, este apresenta múltiplos significados (Zelizer, 2009) e estão relacionados com o *modo como o usamos, a nossa inclinação para gastar, investir, poupar* (Dood, 1997: 108), conferindo-lhe uma heterogeneidade, pois, ao mesmo tempo em que a *sua realidade é múltipla e as moedas são plurais*, o dinheiro também é *singularizado, marcado para fins específicos* (Neiburg 2007: 127).

Se ainda há uma regulação nos preços dos produtos nas relações entre os Humangili, o mesmo não acontece quando estão diante de um estrangeiro. Na Festa de São Pedro[142], em 2009, enquanto os católicos estavam reunidos próximos ao mar, passou na frente da aldeia uma lancha ocupada por três pessoas. Entre elas estava o embaixador da União Europeia que, atraído pelo movimento da festa e pela presença de alguns estrangeiros, convidados do padre Francisco, resolveu parar e descer à praia. Logo foi abordado por um artesão que lá estava com um barco em miniatura, réplica daqueles usados no passado pelos chefes durante as guerras e para viajarem a Dili. Eu estava um pouco mais afastado, sentado embaixo de uma árvore, junto com outros Humangili. Após algum tempo, o artesão veio em nossa direção, sorridente, e sentou-se conosco, pois lá estavam algumas pessoas da sua família que perguntaram o valor pelo qual havia vendido o barco. Ele mostrou o dinheiro e disse, "US$ 50 dólares". Todos sorriram dizendo que ele havia feito um bom negócio, porque este barco geralmente é vendido a US$ 25 dólares. Este mesmo barco provavelmente em alguma feira de artesanato no Brasil ou na

142. A Festa de São Pedro, que comemora o dia do santo com o mesmo nome, é organizada pelo padre Francisco desde 2007.

Europa custaria mais do que US$ 50 dólares. A questão que importa aqui é que o artesão Humangili superfaturou o barco para os padrões locais não pela qualidade do seu trabalho, ou por conhecer os valores do mercado internacional do seu produto, mas sim pelo único motivo do comprador ser um estrangeiro que, segundo ele, "tem muito dinheiro".

Nem mesmo as relações estabelecidas com os padres da comunidade escapam a esta dinâmica. Conversando com o ministro da eucaristia próximo ao salão paroquial em Hatulela, este disse que o prédio da igreja precisava de consertos, mas que, se os padres não pagassem, "ninguém ajuda". Não é incomum os Humangili católicos pegarem alimentos que o padre Luís compra e deixa na casa paroquial, ou a gasolina guardada para o gerador, ou cobrarem a mais para fazer algum conserto nas dependências da igreja. Durante a inauguração da capela em Masilihu, padre Luís comprou alimentos para a festa, porém os donos do terreno e responsáveis pela manutenção da capela fizeram uma comemoração com comida e bebida para os seus familiares que iniciou três dias antes. Durante a inauguração, padre Luís comentou comigo que aquela capela custou quatro mil dólares, quando disse isto, o catequista Meharek, que estava conosco, disse, "muito caro". Realmente, aquela construção, que utilizava cimento na base e tinha o restante feito com bambu, custaria, em Dili, que tem um custo de vida mais elevado, no máximo, US$ 1,500 dólares. Mas as pessoas envolvidas nas construções da Igreja, à medida que o trabalho inicia, apropriam-se de alguns materiais, sendo necessário comprar mais.

Em outubro de 2008, por ocasião do Dia das Crianças, padre Luís reuniu um grupo de 30 adolescentes de Humangili, Makadade e Vila Maumeta, e fez um passeio até a ilha de Jaco, no extremo leste do país. Na volta, os jovens não puderam viajar para Ataúro com o Nakroma porque não havia mais passagens. Naquele sábado, uma comitiva do governo iria visitar a ilha, e não havia sobrado passagens para a população. Um condutor de barco Humangili se prontificou a levar as crianças para Ataúro, porém cobrou US$ 10 dólares por pessoa, ou seja, o dobro do preço normal. Como padre Luís me explicou, por precisar enviar as crianças para ilha, pois teriam que retornar às aulas na escola, e também porque os gastos para mantê-los em Dili seriam maiores, acabou aceitando o valor estipulado.

A introdução das trocas monetárias, no entanto, não impactou a comunidade de forma a suprimir as alianças e circulação de bens pelo sistema de reciprocidade, e tampouco os Humangili estão dispostos a fazer qualquer coisa por dinheiro. Desde que iniciei este estudo, três grupos de pesquisadores internacionais e uma produtora de televisão timorense estiveram em Humangili para conhecer as suas histórias. Alguns pagaram até US$ 700 dólares para ouvi-los e, em todas as vezes, eles aceitaram o dinheiro e narraram histórias ou canções que são de domínio público, conhecidas de todos e que eles próprios contam no dia a dia para quem desejar ouvir. A produtora timorense – que, segundo os seus integrantes, tinha sido fundada por um padre católico –, foi à comunidade para gravar histórias locais para um especial de televisão sobre a cultura do Timor. Após conversarem com o ministro da eucaristia, este reuniu quatro pessoas ligadas à sua família e ao grupo de pescadores formado pelo padre Francisco. Depois da gravação, o grupo da produtora partiu em direção a Vila Maumeta e nós continuamos conversando no *Ro Putin Hnatin*. O *Lela'it* Mepais me disse que muitas pessoas vêm a Humangili para saber as suas histórias, e acrescentou: "eu falo, mas só um pouco, se ela não quer, pode ir embora". Contou que, em 2007, um estrangeiro que falava Tétum estava caminhando em Hatulela e oferecia dinheiro para os adolescentes lhe contarem histórias. Mepais falou que, quando soube da situação, foi até a pessoa e a repreendeu, gritando em Tétum que ela não podia fazer aquilo. O estrangeiro teria respondido que era amigo dos padres. Mepais contou que retrucou, dizendo que os padres não mandam na comunidade e, sorrindo, comentou que o estrangeiro foi embora correndo e com medo.

Esta postura de não falar sobre as suas histórias está relacionada, por um lado, à dinâmica refratária da comunidade à intromissão externa em tudo o que diga respeito aos seus hábitos e significados. Por outro, a transmissão oral do conhecimento e as poucas alternativas de mobilidade social fazem com que aqueles encarregados de (re)lembrar as suas histórias ocupem uma posição diferenciada. Os *Haha Opun*, assim, concentram as informações e as divulgam em fragmentos, em versões resumidas, entre as pessoas da sua *Rumanan*. O conhecimento destas narrativas está associado ao ciclo de vida, à medida que as pessoas envelhecem, vão aprendendo e se apropriando delas. Isto faz com que muitos Humangili conheçam parcialmente, ou mesmo não saibam algumas das suas histórias. Entre os próprios *Haha Opun*, uma maneira de atribuírem-se valores é a partir da idade que têm e do número de histórias de outras *Lisan* que conhecem. Apesar disso, e a gravação das entrevistas por dinheiro é um exemplo, os Humangili se adaptam à conjuntura das suas relações sociais[143].

Em dezembro de 2009, alguns artesãos que participavam do grupo *Manukoko* se aproximaram das *Bonecas de Ataúro*[144] pedindo ajuda para vender os seus produtos. A coordenadora das Bonecas disse-lhes que, para que isto acontecesse, os artesãos precisariam se organizar para que não fossem apenas os integrantes de uma única família a participar, e que, então, ela poderia ajudá-los a melhorar a técnica de fazer estátuas e auxiliar a encontrar lugares para expor os seus produtos. Esta parceria acabou não funcionando. Entre as razões para isto estão que a coordenadora das *Bonecas*, além de ser uma estrangeira, também era mulher, duas personagens que não possuem autorização para trabalhar com as estátuas Humangili. Além disso, os artesãos estavam procurando meios de distribuir o seu produto e não alguém para ensiná-los a fazer o que já faziam, mesmo que com uma possível melhora na qualidade. O padrão de pensamento, em uma generalização sujeita a desvios, é centrado no presente, na ação imediata, na satisfação dos desejos em curto prazo. Desenvolver uma tarefa hoje para receber os benefícios em longo prazo, que poderão não chegar, não faz parte das perspectivas que motivam a ação da maioria dos Humangili. Por outro lado, apesar do interesse comercial e das mudanças temáticas das estátuas, os artesãos são conservadores na forma de confeccioná-las, e utilizam as mesmas técnicas e materiais do passado. Aliado a isto, os artesãos que procuraram auxílio não queriam socializar com os demais integrantes do grupo esta possibilidade de venda dos seus produtos.

143. Utilizo a expressão *conjuntura das relações sociais* para diferenciar do conceito de *estrutura da conjuntura*, proposto por Sahlins (1990). Conforme Sahlins, a estrutura conjuntural é a *realização prática das categorias culturais, em um contexto histórico (específico), expressas nas ações interessadas dos agentes históricos incluindo a microssociologia da sua interação* (1990: 15). Para Sahlins, a cultura *nomeia e distingue a organização da experiência e da ação humana por meios simbólicos* (1997: 41). A estrutura, assim, manifesta-se na conjuntura e sofre alterações a partir de determinados padrões já existentes. No entanto, do meu ponto de vista, a cultura, por ser relacional, é constantemente (re)inventada, com espaços para a construção mediada pelas dinâmicas sociais e interpessoais. Embora o nosso repertório cultural passe por processos de simbolização, a transmissão simbólica de padrões culturais preestabelecidos é um dos seus aspectos, que podem envolver ou não conflitos entre grupos desiguais. Para outros debates sobre esta questão, conferir Toren (1988) e Robbins (2004).

144. O grupo *Bonecas de Ataúro* foi criado em 2006 pelo padre Luís, sob assessoria de uma artista plástica suíça. Isto foi uma tentativa da Estação Missionária de formar uma cooperativa e fornecer alternativas para aumentar a fonte de renda da população local. Sediado em Vila Maumeta, o grupo confecciona bonecas de pano e bolsas.

Um dos problemas enfrentados pelos projetos da Igreja e demais organizações nacionais e internacionais que visam à distribuição de renda na comunidade é não considerarem que a divisão do trabalho e mesmo dos lucros com determinada atividade, por vezes, vai de encontro ao sistema de trocas baseado na *reciprocidade* entre os núcleos familiares. A socialização dos produtos, do trabalho e mesmo do dinheiro, em termos gerais, não necessariamente rompe com a reciprocidade, pelo contrário, pode, inclusive, estimulá-la e ampliá-la com o estabelecimento de novos vínculos[145]. Contudo, a reciprocidade praticada entre os Humangili possui formalidades e procedimentos a serem adotados pelas partes envolvidas que são estabelecidos em uma relação face a face entre os chefes dos núcleos familiares que, além de estreitar e confirmar os vínculos já firmados, também têm uma dimensão econômica. Ao se apropriarem de determinados bens, superfaturarem os seus produtos para os estrangeiros e não distribuírem os lucros com pessoas que não façam parte dos seus vínculos de reciprocidade, os Humangili estão reproduzindo as lógicas sociais e buscando fortalecer os seus núcleos familiares.

Mas não somente de reciprocidades e intercâmbios regulados pelas escolhas racionais e imposições sociais são pautadas as circulações de bens entre os Humangili. Há espaço para outra forma, que Mauss (2003) identificou como *dádiva*. Esta seria, segundo ele, um *fato social total* que comportaria - em maior ou menor grau, dependendo das contingências - as relações religiosas, políticas, jurídicas, diplomáticas, econômicas, ou seja, espelharia a totalidade da vida social. O *dar e retribuir* seria uma prática que transcende as trocas materiais e envolve dimensões simbólicas que aproximam as pessoas, tornando-as, mesmo que por um breve momento, em semelhantes. Ao dar, sempre concedo algo de mim e, ao receber, sempre recebo algo do meu doador. Conforme Lanna (2000), a antítese da *dádiva* seria a ausência da relação. A dádiva, segundo a definição *modesta do dom* proposta por Caillé (2006: 31), *existe enquanto for aceita a possibilidade de uma falha na reciprocidade*, em que, mesmo estabelecido o vínculo, não há a expectativa do retorno. Para Godbout (1998) a *dádiva* é um gesto socialmente espontâneo, uma obrigação interna que o doador confere a si mesmo. A existência de outras intenções não necessariamente inviabiliza a *dádiva*, pois esta pode ser tanto interessada

145. Sobre as formas de manifestação da reciprocidade durante o contato de pequenas comunidades rurais com órgãos do governo e outras entidades, conferir os estudos de Lanna (1995) e Sabourin (1999; 2000) realizados no Nordeste brasileiro.

como desinteressada, útil ou simbólica[146]. Estas peculiaridades da *dádiva* a tornam dinâmica, heterogênea e resistente a qualquer dogmatismo e aprisionamento a um padrão único de manifestação.

Um exemplo do que estou dizendo aconteceu durante o conserto de uma *Ruma Luli* da *Lisan Hatudalas Lemenaru*, na aldeia Maumeta. Por volta das nove horas da manhã, os familiares começavam a chegar para o trabalho, que consistia em refazer o teto da casa. Os *Pani Heheru* – homens ligados à família por casamento com mulheres da *Rumanan* – trouxeram para o *Lela'it*, de acordo com os costumes, um *Osa Lolon* e um *Kngohi* cada. A construção das *Ruma Luli* é realizada pelos homens, e as mulheres ficam encarregadas de preparar a comida e cuidar das crianças. Finalizada esta parte, que durou aproximadamente quatro horas, começou a última etapa da cerimônia. Os *Pani Heheru*, junto com suas esposas e filhos, cantando e dançando o *roinelu*, aproximaram-se, um por vez, do *Lela'it* que estava na frente da *Ruma Luli* e lhe entregaram os objetos. Os *Osa Lolon*, como símbolo de força, foram depositados na porta de entrada da *Ruma Luli* e os *Kngohi* erguidos até o alto da casa, com a finalidade de embelezá-la. Quando este processo estava quase no fim, Kurureti, *Lela'it Tutunopun Lemenaru*, aproximou-se junto com sua família e ofereceu para o *Lela'it Hatudalas* um *Osa Lolon* e um *Kngohi*. Por serem cerimônias restritas aos integrantes da família que construiu a *Ruma Luli*, os demais Humangili, mesmo que tenham relações de cooperação e vínculos familiares, se pertencerem a outra *Lisan* ou *Rumanan*, não participam e estão desobrigados a oferecer qualquer presente ao *Lela'it*. No entanto, o *Lela'it Tutunopun* o fez e, ao fazê-lo, mesmo sem a pressão social para tal gesto, retirou da sua própria *Lisan* objetos que poderão fazer falta em futuras trocas. Após entregar os objetos, Kurureti e sua família, respeitando as regras daquele evento, saíram, pois não pertenciam à família do *Ruma Opun*. Apesar de não ter nenhuma obrigação de retribuir o presente recebido, que não faz parte do repertório de trocas daquele evento, o *Lela'it Hatudalas*, quando foi servida a comida, pediu para que um dos seus filhos fosse pessoalmente convidar o *Lela'it Tutunopun* e sua família para se juntarem a eles.

Analisando o comportamento manifesto e as regras sociais que regem aquele momento, não podemos explicar satisfatoriamente os

146. Sobre isto, conferir também Lanna (2000); Godelier (2001); Mauss (2003); Caillé (1998; 2006); Sabourin (2008).

motivos que levaram à oferta dos presentes. Estes devem ser buscados em outro nível, mais difícil de ser apreendido, pois envolve a subjetividade da ação. Mesmo não tendo como afirmar com exatidão quais as intenções – subliminares e inconscientes – que motivaram Kurureti, com certeza, entre elas, está a consideração pela amizade que ambos os *Lela'it* mantêm desde a infância. Kurureti, depois do almoço, enquanto tomávamos *tua putin*, disse-me que era amigo do *Ruma Opun* daquela família desde que eram crianças e, apontando para um local próximo, comentou que brincavam ali mesmo antes de saberem caminhar.

Apesar de não ter obrigatoriedade social de retribuir o presente recebido o *Lela'it Hatudalas*, além de convidar Kurureti e o seu núcleo familiar para almoçarem juntos, reservou para ele a melhor comida e um lugar ao seu lado na mesa. O *Ruma Opun*, que frequenta todos os domingos a missa, enquanto comíamos arroz, feijão marrom e peixe seco, disse-me que aquela cerimônia, embora fizesse parte dos costumes Humangili, também era cristã, porque as pessoas ajudavam umas as outras. Mas advertiu, fazendo uma crítica à própria dinâmica atual de cooperações entre as pessoas e àqueles religiosos que se afastaram das práticas ancestrais, que "muitos cristãos não ajudam uns aos outros como nós fazemos"[147].

Como podemos observar, na comunidade convivem diferentes formas de trocas de bens. O dinheiro, ao mesmo tempo em que é desejado, também é percebido como algo que compromete as relações de reciprocidade. Porém, a introdução do dinheiro não é necessariamente uma conversão de um tipo de troca para outro e os seus usos refletem a forma como os Humangili se relacionam socialmente. A Igreja não escapa a este contexto, e a relação que os Humangili estabeleceram com esta não é somente espiritual, mas também hierárquica e econômica. Se, por um lado, a atuação dos padres católicos aparece para os Humangili como sinônimo de cooperação, melhoria na qualidade de vida, respeito ao próximo, também esbarra na dificuldade de aceitarem o diferente que, apesar de não impedir, confere variados ritmos aos processos de mudança.

147. Discuto mais detalhadamente no último capítulo esta posição dos Humangili que, de acordo com o contexto e com o que desejam argumentar, aproximam ou distanciam as práticas ancestrais e cristãs.

CONVENÇÕES, OBRIGAÇÕES E ALGUNS DESVIOS

Após o casamento, as mulheres Humangili, sem direito a herança ou a propriedade de terras, deixam a sua família de origem e passam a pertencer ao conjunto de regras e hierarquias próprias da *Lisan* e da *Rumanan* do marido. Porém, este sistema é mais organizacional e para efeitos de direitos sucessórios dos seus descendentes. No cotidiano, as mulheres continuam mantendo relações afetivas, simbólicas e práticas com seus pais, irmãs(os), tias(os), primas(os) e avós. A dinâmica de mútua cooperação que se estabelece entre os núcleos familiares unidos através do casamento contribui para a manutenção destes vínculos.

Isto também repercute no comportamento dos homens adultos. Embora estejam organizados socialmente de forma patrilinear e virilocal, alguns identificam a sua ascendência de maneira cognática bilinear até a 3ª ou 4ª geração, ou selecionam, entre os seus antepassados maternos ou da sua esposa, aqueles que serão incluídos à sua parentela. Este é o caso, por exemplo, do *Lela'it* Menunu, que, mesmo sem saber precisar a data do seu nascimento, afirma ter mais de 100 anos de idade. Apesar de algumas pessoas, geralmente descendentes de outros *Mataplolon* e *Haha Opun*, afirmarem que há pessoas mais velhas na comunidade e que Menunu não tem mais que 90 anos, é comum encontrarmos, tanto entre os homens como entre as mulheres, aqueles que, apesar de não pertencerem à sua *Lisan*, associam antecedentes em comum alegando um suposto parentesco. Conforme as histórias locais, certo dia, Menunu, quando jovem, saiu sozinho de sua casa em direção à aldeia Berau. Durante o caminho, sentindo-se cansado e com vertigens, desmaiou, caindo entre as pedras. Depois de um dia e uma noite – esta é a versão mais difundida, porém, o número de dias que ficou desaparecido pode mudar conforme quem conta a história – sua família, preocupada com o desaparecimento, foi procurá-lo e, quando o encontrou, Menunu já estava morto. Após o levarem de volta para Humangili e quando estavam prestes a enterrá-lo, Menunu voltou à vida. Desde então, ele teria adquirido capacidades especiais que lhe permitiriam conversar com os espíritos, adivinhar o futuro, diagnosticar e curar várias enfermidades. Isto contribuiu para que ele se transformasse no principal *Mataplolon* e *Haha Opun* da comunidade e assumisse a função de *Lela'it* da *Lisan Hatudalas Mau Hu'u*. Neste caso o papel de destaque de Menunu fez com que as pessoas procurassem uma associação à sua família.

No entanto, esta autorreferência familiar não implica necessariamente um reconhecimento mútuo ou a existência de uma relação de cooperação entre as pessoas. Isto porque as regras de filiação e parentesco que definem os laços familiares não são uniformes e podem apresentar diferentes formas de manifestação dependendo das relações estabelecidas no interior dos grupos sociais. Para os Humangili, um dos motivos destas associações familiares é a busca de um espaço simbólico diferenciado, favorecida pelo alargamento do conceito de parentesco, proporcionado pelo contato com pessoas vindas de fora do país, inclusive timorenses que retornaram após a independência, e à introdução do cristianismo na comunidade. As Igrejas cristãs influenciaram também para que ocorressem algumas modificações no próprio sistema de casamentos. Tendo em vista este contexto, analiso, a seguir, as formas de arranjo matrimonial Humangili e algumas das contribuições da Igreja Católica – e do cristianismo de forma geral – para a formação das atuais regras que orientam os casamentos na comunidade.

Para que os casamentos aconteçam – assim como em qualquer outro grupo social –, existem algumas normas a serem seguidas, que regulam e restringem o acesso dos homens Humangili a determinadas mulheres da comunidade. Os casamentos devem ser exogâmicos, sendo vetados aos parentes até o terceiro grau e desaconselhados entre as pessoas da mesma *Lisan* e, mais ainda, da mesma *Rumanan*[148]. O ministro da eucaristia Kasata, enquanto conversávamos próximo a *Ruma Luli* de sua família, na região de *Lemenaru*, disse-me que a proibição dos casamentos com parentes até

148. Sobre a proibição do incesto, Lévi-Strauss (2009), no seu trabalho acerca das estruturas elementares do parentesco, afirma que, mesmo contingente na sua manifestação, esta é uma regra observada em todos os grupos humanos. Tal proibição estaria localizada na dialética entre aquilo que ele denomina de estruturas: a natureza – aspectos biológicos – e a cultura. Freud (2006) também atribui ao *tabu do incesto* um caráter universal, mas o situa na relação entre os desejos inconscientes que se adaptam, ou são reprimidos pelas regras sociais. Concordo com a universalidade das interdições que se manifestam de forma circunstancial limitando o acesso a determinados membros do grupo social. Porém, creio que, dentro de um contexto etnográfico, é mais operacional considerarmos as proibições do incesto como envolvendo tanto aspectos psicológicos individuais, como biológicos e sociais. No cotidiano, o binarismo causal se dilui, pois ambos os fatores contribuem para a maneira como percebemos a nós mesmos, interagimos com as outras pessoas e observamos o mundo, influenciando diretamente na formação e no convívio em grupo. Para outras análises sobre a universalidade do casamento, suas origens e interdições, conferir Gough (1975).

o terceiro grau são interdições desde a época dos seus antepassados que "não conheciam a Bíblia e não sabiam biologia", mas tinham a sabedoria e "sabiam o que era melhor para Humangili". O catequista Meharek, em outro momento, disse-me que, por estas regras estarem de acordo com a Bíblia, "antes de a Igreja chegar", os Humangili já eram "cristãos mesmo sem saber".

Apesar disso, conforme Duarte (1984), o casamento entre primos cruzados era permitido pelo menos até a década de 1960, período que trabalhou como missionário católico em Ataúro. Ainda hoje podemos encontrar este tipo de arranjo matrimonial entre os casais acima dos 50 anos de idade. Entre as gerações mais jovens, também é possível observar algumas uniões entre primos cruzados, porém são cada vez menos comuns. Menos frequente ainda é o casamento entre pessoas da mesma *Lisan*. Este tipo de união, além de aumentar as chances de ocorrerem casamentos com parentes em linha direta, também repercute na economia local, ao romper com a circulação de bens e de mulheres entre as *Lisan*, dificultando a formação de alianças. Por outro lado, a partir de uma perspectiva espacial do parentesco[149], em que o foco está nas trocas entre grupos determinados pelo espaço físico que ocupam e não necessariamente genealógico, o casamento com pessoas da mesma *Lisan* desencadeia uma contradição, pois as mulheres precisam se deslocar do seu contexto familiar de origem – terras usadas para a agricultura, o sepultamento, a construção de casas, locais de pesca etc. – para a do seu marido. Quando os casamentos são endogâmicos, esta transição não se completa.

No momento, há apenas um caso deste tipo em Humangili. Mesina, 28 anos e ex-chefe esportivo do grupo de jovens católicos, casou-se com uma mulher da sua *Lisan*. Ele trabalha como servente de obras para construtoras indonésias em Dili, mas retorna constantemente para Humangili, onde estão sua esposa e filhos. Na noite do Natal de 2008, enquanto conversávamos, comíamos bolachas salgadas e bebíamos café em sua casa na aldeia *Masilihu*, falou-me que os líderes da sua *Lisan* resistiram ao casamento. Mas ele argumentou que não tinha parentesco até o segundo grau com sua esposa e que se responsabilizava por qualquer problema que porventura surgisse da união, como serem amaldiçoados

149. Para exemplos de análises enfocando a dimensão espacial do parentesco e dos arranjos matrimoniais, conferir Courrege (1965), sobre os sistemas, Aranda e Kariera; Hamberger (2005) sobre comunidades da Indonésia Oriental, Brasil Central, Vale do Missouri e Costa da Guiné.

e não poderem ter filhos, por exemplo. Conforme Mesina, "as pessoas da mesma *Lisan* não podem casar, mas quando querem, elas casam".

O *Lela'it* Karahuin, em outro momento, disse-me que, quando ele era jovem, todos respeitavam a decisão dos pais, mas agora "quando duas pessoas querem casar, mesmo que os pais não queiram, elas casam". Apesar de afirmar que estes comportamentos não estão de acordo com a Bíblia, o ministro da eucaristia comentou que quando ocorre o casamento entre pessoas com um grau de parentesco próximo é porque "os jovens não entenderam a cultura". E isto, segundo ele, é responsabilidade dos pais e dos "mais velhos da família", que não transmitiram e ensinaram corretamente os seus costumes aos mais novos "desde crianças, para que cresçam conhecendo a cultura". Este argumento é compartilhado pelos demais líderes católicos e assembleianos. Com isto, eles reivindicam as causas dos comportamentos desviantes, que contrariam as regras atuais, a uma falha no processo de socialidade, em que a ruptura seria no plano da comunicação e da cognição e não jurídica, religiosa, simbólica ou moral.

Contudo, a união entre as pessoas com vínculos que contrariam as normas sociais Humangili, como pude observar, em nada tem a ver com um possível desconhecimento dos costumes locais. De certa forma, este comportamento é mesmo uma atualização de algumas práticas do passado, nas quais os primos cruzados casavam entre si, mas também pode ser encarado como uma resistência, não totalmente consciente, a determinados padrões de conduta advindos do contato com o "mundo exterior", personificados mais claramente pelas Igrejas cristãs. Por outro lado, os jovens, atualmente, apesar das normas rígidas, estão obtendo, como veremos a seguir, uma maior liberdade para escolherem os seus parceiros. Esta abertura contribui para que a força exercida pelas imposições sociais, em algumas ocasiões, seja contestada por meio da insistência em determinado comportamento, na tentativa de impor a sua vontade. No entanto, isto somente é feito por aqueles que possuem alguma influência dentro do seu núcleo familiar, seja por contribuírem financeiramente, seja por ocuparem uma posição que os credenciam a assumirem funções de destaque na sua *Lisan* e *Rumanan*. Apesar dos impedimentos, algumas práticas do passado, mesmo contrariando as atuais regras sociais, ainda persistem, porém despidas da sua historicidade e legitimidade, assumindo um estatuto de transgressão tolerada.

Este também é o caso da poligamia. Entre os Humangili, um homem, ao casar com várias mulheres, demonstra virilidade, prosperidade econômica, garante a descendência numerosa e amplia, pelo casamento dos seus filhos, as possibilidades de alianças com outras famílias. O levirato, regra social que, em Humangili, obrigava as viúvas sem filhos a se casarem com o mais velho dos seus cunhados que fosse solteiro ou viúvo sem filhos, era uma prática comum. Segundo me falou Nangalaun, católico de 63 anos, enquanto conversávamos em sua casa na aldeia Maumeta, a prática da poligamia entre os Humangili teve entre as suas causas as constantes guerras que, no passado, ocorreram contra outras comunidades, motivadas, principalmente, por disputas de território, que faziam com que a população masculina diminuísse, sendo, então, necessário que o homem tivesse várias mulheres. Contou-me isto como uma justificativa para o comportamento poligâmico dos seus antepassados, que contrariava as regras da monogamia cristã.

Atualmente, a poligamia, além de ser combatida entre os líderes cristãos[150], também é prevista como ilegal pela Proposta de Lei do Código Civil (Timor-Leste, 2010) timorense. Os casamentos, de acordo com a Proposta de Lei, para serem reconhecidos, precisam ser realizados no *civil, na Igreja Católica, ou tradicional monogâmico* (artigo 1475º, nº 1). Além disso, não é permitido o casamento civil entre duas pessoas unidas por matrimônio católico anterior (artigo 1477º, nº 2)[151]. Nota-se a influência católica na Proposta de Lei – se não institucionalmente, ao menos simbolicamente –, pois, apesar de o Timor-Leste ter a liberdade religiosa garantida na Constituição, as demais religiões cristãs não católicas, budista e muçulmana praticadas no país não foram contempladas no que concerne a legalidade das uniões por elas celebradas até o momento.

150. A poligamia é uma forma de arranjo matrimonial difundida em todo o território timorense e combatida pela Igreja Católica desde a sua entrada no país, com as primeiras missões dominicanas. Conforme Menezes (2006: 173), no início do século XVII, *quando os dominicanos ainda não exerciam também o poder temporal, Frei Gaspar Evangelista prendeu um cristão, por este viver em poligamia e que, depois de solto, entrou um dia sub-repticiamente na habitação do sacerdote e apunhalou-o.* Durante o estudo que realizou em 1964, no antigo conselho de Ermera, Menezes (2006) afirma ter encontrado 437 casos de poligamia.

151. Entre os impedimentos para o casamento civil expostos na Proposta de Lei Código Civil de Timor-Leste, constam também: *o casamento anterior não dissolvido, católico ou civil, ainda que o respectivo assento não tenha sido lavrado no registro do estado civil* (artigo 1490º, alínea C); *o parentesco na linha recta; o parentesco no segundo grau da linha colateral; a afinidade na linha recta* (artigo, 1491º, alíneas A-B).

Sobre o casamento e a prática de contrair várias esposas, o jornal Nacional Diário atribuiu ao bispo Alberto Ricardo a seguinte declaração durante a missa realizada na catedral de Dili, no dia sete de junho de 2009:

> O bispo Ricardo afirmou que, em Timor-Leste, tem que haver uma família forte para que se possa combater os vários inimigos, como a poligamia, a prostituição, o amor livre e o sexo livre[152] (tradução minha).

O jornal *Timor Post*, em 23 de junho de 2009, publicou a seguinte fala do mesmo bispo durante uma cerimônia em Bobonaro, na qual batizou mais de 600 crianças em um único dia:

> Volta-se a falar que o homem pode casar com 4 mulheres, isto é muito pior que voltar a ser animal, porque isto é proibido pela Igreja. Nós cristãos temos que ter um bom comportamento. [...] Isto não pode, a Igreja proíbe isto, isto não pode acontecer, porque isto é pecado[153] (tradução minha).

Apesar disso, ainda podemos encontrar alguns casos de poligamia entre os Humangili. Kerakia, 43 anos, católico que mora em *Rulele*, na aldeia Maumeta, é um destes exemplos. Ele possui quatro esposas, duas duplas de irmãs, que são primas entre si. Todos residem na mesma casa dividindo as tarefas domésticas e a criação dos filhos. Kerakia é tema de brincadeiras elogiosas entre alguns jovens católicos da comunidade. Certa vez, conversando com um grupo de seis homens entre 24 e 32 anos, próximo ao mercado na divisa entre as aldeias Hatulela e Masilihu, falamos sobre os preparativos de um casamento na igreja, que aconteceria em poucas semanas. Durante a conversa, discutimos sobre os valores e objetos que o noivo precisaria transferir à família da noiva e os gastos para realizar a festa. A certa altura, comentei sobre Kerakia e as suas quatro esposas. Mepais, ex-integrante do grupo de jovens católicos, falou que Kerakia era um "homem forte". Kurukaki, ex-chefe deste mesmo grupo, que também

152. "Bispu Ricardo Hateten iha Timor-Leste tenki família forte hodi bele duni inimigu barak hanesan poligamia, prostituisaun, amor livre ho sexo livre" (Jornal Nacional Diário, p. 15, 08/06/2009)

153. "Dehan fali mane ida bele ho feto hat (4) ne'e pior liu fali animal tanba nee Igreja bandu. Ita nudar sarani tenki hatudu hahalok diak, ho neon no laran. [...] Ne'e labele, Igreja bandu ida nee, nee labele akontese, tanba nee sala" (Timor Post, p. 19, 23/06/2009).

estava conversando conosco, desenhou uma linha no chão e disse que este era Kerakia, depois desenhou mais dois riscos de cada lado, dizendo que "eles dormem desse jeito". Neste momento, todos sorriram e alguns repetiam "katuas forte".

De acordo com a história contada na comunidade, Kerakia, quando ainda era jovem, fez um pacto com uma das entidades chamadas de *Tanga Mak Nian* para assim obter mais força. Porém, em troca, a cada cinco anos, a entidade levaria um dos seus filhos. Preocupado e para garantir uma descendência numerosa, ele teria usado um elixir, cuja fórmula se perdeu, para atrair as mulheres que, ao encostarem-se nele, eram seduzidas. No entanto, há outra explicação mais prosaica para os seus casamentos. Com a morte de alguns homens de sua família, ele teria casado com as viúvas destes. Conforme Kopakila, catequista e o responsável pela capela em *Maulele*, na aldeia Maumeta, apesar de Kerakia "ser católico, ele não frequenta as missas", tentando, assim, amenizar a contradição entre ser cristão e poligâmico. Além disso, segundo o ministro da eucaristia, "não é verdade" que a cada cinco anos um dos seus filhos morre, porque, na maioria das vezes, as suas esposas sofrem abortos espontâneos logo nas primeiras semanas da gravidez. Com isto, ao mesmo tempo em que desperta dúvidas sobre o pacto com a entidade sobrenatural, não a descaracteriza totalmente, e tenta promover uma versão menos trágica ao imaginário católico local. Para os Humangili, de forma geral, as crianças, mesmo antes do nascimento, já possuem vida e são aguardadas, pois representam simbólica e materialmente a continuidade da família, a harmonia do casal e atestam a virilidade do homem. Os abortos, quando espontâneos, são entendidos como punição por um comportamento desviante de algum dos pais às regras da comunidade. Neste sentido, o discurso católico protege as pessoas de influências malignas atribuindo o castigo aos espíritos dos antepassados e ao próprio deus cristão, cujas decisões seriam sempre corretas, tornando os abortos uma fatalidade. E o feto não sofreria, porque, como ainda está em formação, não teria consciência sobre as coisas.

Como os registros e estudos sobre os Humangili são escassos, torna-se difícil fazer uma análise diacrônica. Sendo assim, só posso, a partir das observações atuais e do contraponto com a história recente timorense, propor alguns fatores que, ao longo do tempo, com maior ou menor influência, contribuíram para a diminuição da poligamia. Entre as causas, temos o fato das guerras entre as diferentes comunidades terem acabado, fazendo com que a população masculina aumentasse, tornando o casamento de um homem com várias mulheres não mais necessário para a continuidade da descendência. O aumento geral da população é outro dos motivos, ocasionando menos espaço para residirem e para plantarem. Com a falta de emprego e a pouca circulação de dinheiro, há também dificuldades em obter os bens materiais para realizar os casamentos e, depois, para sustentar as suas famílias. Concomitante a estes fatores, a introdução em Ataúro da simbologia cristã com o trabalho dos missionários católicos e evangélicos, principalmente na segunda metade do século XX, a adesão em massa da comunidade ao cristianismo no início dos anos 1980, o contato cada vez mais frequente com estrangeiros e, recentemente, os impedimentos legais expressos na Proposta de Lei do Código Civil timorense contribuíram para que algumas práticas fossem ressignificadas, outras marginalizadas, ou terminassem sem espaço de manifestação na atual organização social Humangili.

AS FORMAS DE ARRANJO MATRIMONIAL

Os casamentos, entre os Humangili, contribuem para a promoção de alianças e o reforço dos laços de amizade entre as famílias. Até mesmo por isso, não é incomum que duas famílias optem por casar homens e mulheres da mesma geração entre si. Através da transferência de objetos, alimentos e animais, os casamentos favorecem a circulação de bens. Toda a dinâmica que envolve os casamentos também é uma forma de distinção social em que a família do noivo, com a entrega de bens à família da noiva, demonstra prosperidade e confirma a união, garantindo a descendência do seu grupo familiar. O *Kra'uk Sek'ngari* – como são chamados tanto os valores e bens exigidos ao noivo pela família da noiva, como a cerimônia do casamento pelos costumes locais – colabora para a percepção Humangili de estarem preservando os seus costumes, do noivo e sua família demonstrarem respeito à família da sua futura esposa e oferecerem um tipo de compensação por estes estarem perdendo um dos seus integrantes[154].

154. Optei por utilizar a expressão nativa ao invés de *dote* ou *preço/valor da noiva* (bridewealth), pois os valores fixados não consideram apenas o "preço da noiva" que avalia se esta é bonita, trabalhadora, se será uma boa mãe, se respeita os mais velhos e conhece os costumes, além do impacto de sua perda para as atividades do seu núcleo familiar, por exemplo. Também é ponderado o "preço do noivo", que analisa entre outros fatores a sua posição hierárquica na família e

Estes bens e valores, geralmente, consistem na oferta de: *Osa Lolon, Kngohi*, cabritos, porcos, mandioca, milho, areca e betel. A quantidade depende das características e posição social da noiva, do noivo e de suas respectivas famílias, mas não costuma ultrapassar dezoito unidades entre *Osa Lolon* e *Kngohi*, seis cabritos e porcos, enquanto os grãos podem chegar a mais de vinte fachos cada um[155]. Entre os assembleianos, o dinheiro já foi integrado a este processo, porém, entre os católicos, as trocas costumam envolver apenas objetos e animais. O dinheiro, entre os católicos Humangili, normalmente é exigido quando o homem pertence ao grupo assembleiano, a um núcleo familiar proeminente na comunidade, ou vem de outro suco. Conversando com os irmãos Ketihura e Kerakia próximo à Igreja assembleiana em Hatulela, o primeiro disse que os evangélicos Humangili adotaram o dinheiro nos casamentos a partir de 2004. O seu irmão, que estava ao lado, disse que "pagar em dinheiro é melhor" e, referindo-se às comunidades assembleianas de Beloi e Bikeli, acrescentou: "lá o homem paga uma vez e depois não precisa pagar mais". Mas em Humangili, segundo ele:

> Nunca acaba, sempre tem que dar alguma coisa, quando nasce alguém, quando morre, sempre. [sorrindo, completou] Às vezes o homem morre e ainda não pagou.

No entanto, fizeram a ressalva de que os valores, em todo o Timor-Leste, estão cada vez mais altos porque as pessoas "querem ganhar dinheiro". Porém, disse Kerakia, em Humangili não cobram muito caro,

---

na comunidade, se este é percebido como um homem trabalhador ou se possui emprego formal e respeita os costumes da comunidade. Além disso, há o "preço da família" onde é observada a posição e influência que cada uma das famílias ocupa na hierarquia das suas respectivas *Lisan* e o seu poder econômico (não necessariamente em dinheiro, mas em força de trabalho, terras, animais e objetos que possuem). A combinação destes fatores – cujo nível de importância é relacional e contextual – determinará os valores estipulados.

155. Os tipos de objetos e animais, os valores e os procedimentos variam conforme a região. Em Dili, conversei com Manuel, católico de 32 anos. Ele está casado há seis anos e, apesar de ser da região de Viqueque, reside em Dili há oito anos. Segundo ele, ainda está pagando os 70 búfalos, 15 cabritos, 8 *Kngohi*, além de alimentos e outros objetos. Esta transferência de bens e valores também é conhecida em todo o Timor-Leste como *barlake*, palavra de origem malaia, que foi incorporada ao Tétum e, com o tempo, tornou-se mais comum que a expressão nativa *hafoli*. Sobre as formas de arranjo matrimonial e o barlake, conferir, entre outros: Duarte (1979) sobre os casamentos nas regiões de Fatuberliu, *Barike* e Samoro; Forman (1980) sobre a relação cíclica dos rituais de nascimento, casamento e morte do grupo etnolinguístico Makasae; Guterres (2001) sobre os rituais de casamento e funeral deste mesmo grupo; e Silva (2009) sobre os regimes morais associados às negociações nos casamentos de famílias da elite de Dili.

porque "aqui não tem dinheiro" e, depois que casam, a família do marido "sempre ajuda a família da mulher quando é preciso". "Os Humangili", prosseguiu, "ajudam uns aos outros". Ketihura acrescentou que o valor em dinheiro entre os Humangili assembleianos não ultrapassa US$ 3 mil dólares, contrastando com os outros sucos de Ataúro, em que o valor solicitado pode chegar a US$ 6 mil dólares[156].

Contudo, apesar da introdução do dinheiro, os assembleianos, por enfrentarem a rigidez da organização social Humangili e a desconfiança dos católicos com relação à possível ruptura das práticas ancestrais, ainda mantêm as doações de *Osa Lolon*, *Kngohi* e demais bens. A possibilidade da substituição completa dos objetos e animais pelo dinheiro encontra resistência entre os católicos, pois repercute no simbolismo destas trocas. Se considerarmos a questão do gênero enquanto uma diferenciação categorial[157], os *Osa Lolon* e os *Kngohi* nos revelam a separação e a complementaridade entre o masculino e o feminino, em que o primeiro, conforme os próprios Humangili, está vinculado à virilidade e à força e, o segundo, à beleza e à suavidade. A oferta dos grãos e animais simboliza, por sua vez, a fartura e a sobrevivência durante os períodos de dificuldades[158]. A reunião de todos estes elementos nas cerimônias de casamento, pelo gesto de dar e receber, reflete os vínculos interpessoais,

156. Os valores e, até mesmo, a própria prática de ter que oferecer algo para a família da noiva vem lentamente sendo criticada pelos jovens Humangili, que os percebem como algo que dificulta as uniões. Em diversas conversas quando os jovens me perguntavam sobre os valores que os homens no Brasil precisavam transferir para a família da esposa e eu respondia que este não era obrigatório, ouvi a expressão, em Tétum, *Diak Los*, ou *muito bom*. Porém, estas mesmas pessoas criticavam o suco vizinho de Makadade onde, apesar de serem patriarcais, são matrilineares e uxorilocais e, portanto, o homem não precisa fornecer os objetos, alimentos e animais à família da noiva. Eles diziam que, embora não seja proibido, dificilmente um Humangili se casa com uma pessoa daquela comunidade. Conforme os Humangili, quando ocorrem casamentos onde a mulher é de Makadade, eles precisam obrigar a família da noiva a receber os "presentes", da mesma forma, só permitem o casamento com um homem de Makadade após este se comprometer a disponibilizar os valores estipulados.

157. Utilizo a noção de gênero enquanto uma categorização *de pessoas, artefatos, eventos, sequências etc. que se fundamentam em imagens sexuais – nas maneiras pelas quais a nitidez das características masculinas e femininas torna concretas as ideias das pessoas sobre a natureza das relações sociais* (Strathern, 2006:19). Para discussões sobre a desnaturalização e a perspectiva relacional do gênero, conferir entre outras: Flax (1992); Swain (2002); Sardenberg (2008). Judith Butler (2003), nesta mesma linha, questiona o dualismo sobre os conceitos de gênero e sexo, afirmando que ambos não estão limitados ao biológico, mas são construções histórico-culturais.

158. A quantidade de cabras e porcos que uma família possui são um dos diacríticos de sua riqueza. Mesmo nos períodos de estiagem e de pesca escassa, os Humangili não consomem a carne e derivados destes animais, que são utilizados somente nas trocas entre as famílias e em momentos festivos, principalmente nos casamentos, *Klorun Ro* e funerais.

familiares e a continuidade dos valores coletivos herdados dos seus ancestrais. Características estas que representam, para os Humangili, alguns dos fundamentos da sua organização social.

Mas estas trocas também têm uma dimensão prática. Os *Osa Lolon* e os *Kngohi* utilizados no *Kra'uk Sek'ngari* ficam sob a responsabilidade dos líderes da *Rumanan*, que os guardam e controlam sua qualidade e quantidade para, posteriormente, serem utilizados em novos casamentos. Quando um homem deseja casar, precisa pedir autorização aos líderes da sua *Rumanan*, que avaliam se possuem os bens necessários e, em caso contrário, conversam com os demais líderes da *Lisan* para contribuírem fornecendo objetos. Isto repercute nas relações de poder, pois a medida de riqueza das *Rumanan* também é avaliada pelo número de *Osa Lolon* e *Kngohi* que possuem, conferindo aos líderes do sistema hereditário maior ou menor influência durante as negociações.

Em uma manhã de novembro de 2009, enquanto caminhava em direção a *Mau Ngiruk*, no alto da aldeia Masilihu, para acompanhar um *Klorun Ro*, passei por um lugar chamado *Hatu Ta*. Lá encontrei o *Lela'it* Karahuin. Após conversarmos durante alguns minutos, este me convidou para bebermos *tua putin* no local onde nasceu e que hoje utiliza para fazer o *Opa*. Sentamos embaixo das árvores com uma brisa constante que refrescava o ambiente. Logo se aproximaram mais três pessoas e ficamos conversando e bebendo *tua putin*. Em determinado momento, uma das pessoas, que fazia parte da *Lisan* de Karahuin, comentou que um jovem da sua família insistia com os seus pais para que realizassem o *Kra'uk Sek'ngari*. O *Lela'it*, que já tinha sido informado pelo *Ruma Opun* da família do jovem que desejava casar, respondeu: "eu já falei que não pode, ele tem que esperar, tem pessoas antes dele". Um casamento, por mais que envolva apenas dois núcleos familiares, ressoa em toda a *Lisan*, e os *Haha Opun* e *Lela'it* controlam o fluxo de entrada e saída de objetos para que não ocorra desequilíbrio, influenciando diretamente na ordem dos casamentos. Entretanto, o dinheiro, quando utilizado, não é socializado com os integrantes da *Lisan* e da *Rumanan*, mas fica com o núcleo familiar de origem da noiva. No caso de uma substituição dos objetos pelo dinheiro, a intervenção dos líderes do sistema hereditário torna-se, a princípio, desnecessária. As dimensões, prática e simbólica, que envolvem a conservação do sistema de circulação de bens no *Kra'uk Sek'ngari*, são interdependentes. A cada vez que estas trocas acontecem, são reafirmados os costumes locais e a reciprocidade entre as famílias, contribuindo para o sentimento de coesão e reprodução/reforço do seu *sistema moderador*.

Atualmente, há três formas principais de arranjo matrimonial entre os Humangili. São elas: o casamento como resultado da negociação direta entre os chefes de cada família; a compra da noiva pelo seu pretendente; e os casamentos não arranjados, consequência do interesse mútuo entre duas pessoas. A mais antiga delas, institucionalmente falando, é a negociação entre os chefes de família. Nestes casos, os noivos, embora geralmente já se conheçam, sabem que irão casar no futuro e têm um tempo para namorar, não participam do processo de escolha e não podem recusar-se a casar, pois isto seria considerado um desrespeito aos líderes de ambas as famílias.

Em diversas conversas que tive com homens acima dos 50 anos, muitos comentaram que, quando casaram, as mulheres escolhidas para si pela negociação entre os chefes das famílias, após o *Kra'uk Sek'ngari*, passavam a residir na casa dos pais do marido e ajudavam nas tarefas domésticas, cuidando das crianças das outras mulheres e trabalhando na agricultura. O homem tinha entre dois e três anos para consumar o casamento – manter relações sexuais – ou devolver a esposa para a família de origem[159]. O *Lela'it* Kurureti, disse-me que:

> No passado os noivos não se conheciam, quando a mulher ia para a casa do marido eles não conversavam. Quando ele [o marido] queria alguma coisa, pedia para alguém falar com a mulher. Aos poucos iam se aproximando, se conhecendo.

Este período em que a noiva permanecia na casa dos pais do noivo também servia como uma fase de avaliação. Caso a mulher não demonstrasse interesse em ajudar nas tarefas domésticas, na agricultura e não respeitasse o marido e sua família, estes poderiam devolvê-la para os seus pais. Porém, a devolução da noiva somente era possível se o casal ainda não tivesse filhos. Com a devolução da mulher, a família desta deveria

159. O padre Duarte (1984) comenta que na década de 1960, o período para a consumação do casamento poderia chegar a quatro anos. Segundo ele, o irmão mais novo do pai do noivo era quem tinha o direito à primeira noite de núpcias (Duarte, 1984: 49). Os Humangili não confirmam esta última informação dizendo que provavelmente o padre Duarte confundiu com outro lugar ou não entendeu as informações que havia recebido. O que acontece, segundo eles, é que, depois da primeira noite entre os noivos, um grupo de homens e mulheres mais velhos da família do marido confere se há sangue no local onde eles dormiram, para, assim, atestar a virgindade da mulher.

restituir os bens e valores recebidos à família do noivo. Mas, como me disse Mauhuin, católico de 45 anos, enquanto bebíamos *tua putin* em uma festa após um *Klorun Ro*, o homem, em sinal de respeito à família da mulher e consideração pelo tempo que esta ficou afastada da casa dos seus pais, sempre deixa, pelo menos, um *Osa Lolon*, ou um *Kngohi*.

A outra forma, também antiga, porém menos comum atualmente, é a compra da noiva. Sobre certos aspectos, esta é uma variante dos casamentos arranjados entre os chefes da família. Se, no acordo feito entre os líderes dos núcleos familiares, os noivos têm idades aproximadas e um tempo para se conhecerem, a "compra da mulher" costuma ser feita por homens de outro suco ou distrito que têm mais de trinta anos e pertencem a famílias que possuem boas condições financeiras se comparados com o restante da população. Um exemplo disto ocorreu em 2008 com uma jovem católica de vinte anos. Apesar de não desejar casar, a família desconsiderou os seus protestos e confirmou o casamento com um homem de Dili, que possuía estabilidade econômica devido ao seu cargo de funcionário público. Esta forma de casamento rompe com o sistema de reciprocidades e alianças dentro da comunidade, porém estabelece outras relações. O marido, até mesmo por não residir em Humangili e fazer parte de outro grupo etnolinguístico, com práticas e símbolos diferentes, não colabora na pesca e demais atividades, porém ajuda financeiramente o núcleo familiar da sua esposa.

Estes tipos de arranjos matrimoniais vêm recebendo críticas de parte dos Humangili cristãos, que os entendem como contrários ao cristianismo, e dos padres ítalo-brasileiros, que se recusam a realizar as cerimônias nestas condições. Além disso, os jovens – homens e mulheres – mesmo se submetendo, estão cada vez mais resistentes aos casamentos arranjados. O Estado, com a criação de mecanismos legais como a Proposta de Lei do Código Civil e programas de proteção aos direitos das mulheres, reforçado pela atuação das organizações não governamentais, completa este cenário em que os casamentos não consensuais perdem cada vez mais espaço. No entanto, os casamentos arranjados pelos chefes de família e a compra da noiva, mesmo ocorrendo com menor frequência, continuam sendo realizados. Porém, estes são tratados como assuntos internos, não discutidos fora dos núcleos familiares o que, por vezes, representa uma tentativa de evitar possíveis críticas de outros Humangili e a revelação dos valores envolvidos.

Portanto, os casamentos não arranjados, se comparados aos outros dois tipos, apesar de terem sido estabelecidos como prática mais recentemente, são hoje os mais comuns[160]. Nestes casos, as pessoas podem escolher com quem desejam casar. Porém, para que isto aconteça, é necessário seguir uma série de regras e formalidades. Embora não haja uma proibição por escrito, há uma recomendação, entre as famílias assembleianas, para que as suas mulheres casem somente com homens da sua Igreja. Entretanto, os homens assembleianos podem casar com mulheres católicas já que, depois do casamento, as mulheres e os seus descendentes passam a integrar a família do marido e a seguir as suas regras. Esta prática é justificada como uma forma de evitarem conflitos com os católicos, que ainda mantêm costumes considerados "pagãos" pelos assembleianos. Kerakia sobre este assunto comentou que, no passado, os católicos e evangélicos casavam entre si. Mas, depois do conflito com os católicos de Vila Maumeta, em 1997, por conta do proselitismo que os assembleianos faziam à época, preferiram mudar para evitar desentendimentos e preservar a harmonia na comunidade, pois, segundo ele:

> Aqui não tem conflitos entre nós e os católicos, todos vivem em paz. [...] o casamento é assim porque é para evitar conflitos na família. Porque somos todos cristãos, mas temos algumas práticas diferentes, então para evitar que a mulher pense de um jeito e o homem de outro, a gente procura casar somente com pessoas da Igreja.

O catequista Meharek, sobre esta prática dos assembleianos comentou que "somos todos cristãos, Deus é um só, Jesus é um só, a Bíblia é uma só, não precisa separar", porém, como a comunidade evangélica possui algumas regras diferentes, acrescentou, "assim é melhor, porque não tem confusão entre as famílias". Entretanto, há outro aspecto desta recomendação que está ligado à pertença a uma determinada Igreja ser, basicamente, pela adesão dos filhos à religião dos seus pais. O casamento das mulheres assembleianas com homens da sua Igreja, e dos homens com mulheres católicas, contribui para a coesão e o crescimento numérico dos seus membros.

160. Em 1958, Rui Cinatti (1987) constata que no Timor, de forma geral, os casamentos não arranjados eram pouco frequentes e o seu controle contribuía para a conservação das riquezas entre grupos familiares determinados. Outros estudos sugerem que os casamentos arranjados vêm diminuindo entre grupos da elite timorense (Guterres, 2001), ou mesmo afirmam que estes já não são praticados pelas elites urbanas do Timor (Silva, 2009).

Conversando com quatro homens católicos, enquanto observávamos os *Pedaen* trabalharem na casa que padre Francisco estava construindo para que os pescadores pudessem fazer os *Opa*, um deles, sobre a endogamia religiosa nos casamentos das mulheres assembleianas, afirmou: "eles [os assembleianos] não entenderam que somos todos cristãos, eles dividem, se separam". Outro homem que estava ao lado acrescentou, provocando risadas em todos, que, se alguém desejar casar com uma assembleiana, tem que "pegar a mulher e levar para a casa, assim os pais não podem proibir". O primeiro, ainda sorrindo, disse: "não pode, o *Kra'uk Sek'ngari* é muito caro", causando novas risadas. A inserção do dinheiro nas negociações de casamento assembleianos, embora originalmente não tenha sido criada para isto, favoreceu esta divisão. Se, por um lado, cria dificuldades para os homens assembleianos pagarem os valores e bens exigidos, por outro, praticamente inviabiliza que um católico Humangili se interesse em casar com uma mulher assembleiana.

Tanto entre católicos como assembleianos, a iniciativa de estabelecer uma relação deverá sempre partir do homem. No entanto, este só poderá cortejar uma mulher depois do *Sanga Ni Saon*, ou procurar uma mulher, ser autorizado por seu pai. Esta autorização surge quando o homem, na avaliação do seu pai, já está em idade para casar e a dinâmica familiar assim permitir. Isto significa que, dentro da hierarquia que considera a prioridade sempre aos mais velhos, é a vez deste homem procurar uma esposa e a sua família está preparada para adquirir os bens necessários para o *Kra'uk Sek'ngari*.

Certa vez, voltando da montanha onde tinha ido buscar folhas de palmeira junto com Sailori para consertar o teto da sua casa, encontramos uma jovem que voltava da aldeia Maulaku, em direção à aldeia Maumeta. Sailori, ao avistá-la, sorriu e a chamou para conversar. Depois de alguns minutos, quando se despediram, ele lhe entregou um dos cocos que havíamos colhido anteriormente. Depois disso, voltamos a caminhar e ele disse-me que estava buscando uma esposa porque o seu pai havia ordenado que ele casasse, pois já estava com 32 anos e precisava ter uma família e filhos. A jovem que havíamos encontrado era a sua *Sole Asu*, ou mensageira. Quando um homem se interessa por uma mulher precisa, pelos costumes locais, escolher um intermediário que levará até a mulher as suas intenções. Oferecer a fruta à jovem foi um presente que, mesmo não sendo obrigatório, é uma forma de reconhecimento e uma maneira de agradá-la para que essa se empenhe em convencer a sua pretendida a concordar com o namoro.

No entanto, a procura por uma namorada nem sempre respeita estas regras e, às vezes, não é aberta a toda a comunidade, ou, até mesmo, é mantida em segredo. Esta é uma forma que os homens encontraram para tentar diminuir a sua exposição, porque, se demorarem a conseguir uma namorada, ou se forem recusados seguidamente, acabam virando alvo de comentários dos demais. Há também aqueles que, ao invés de usarem o *Sole Asu*, escrevem cartas e entregam diretamente à sua pretendida, ou enviam mensagens por telefone celular[161]. Da mesma forma, alguns namoros entre os católicos, quando ainda nas primeiras semanas, não são oficializados. Esta não oficialização deve-se a múltiplos aspectos: por vezes, os jovens não foram autorizados pelas suas famílias a namorarem; ou os pais da jovem já a prometeram para um homem de outra família; em parte, também é devido aos gastos que o homem precisa lançar mão para agradar a mulher pretendida. Além disso, ao retardar a oficialização do namoro, se desobriga de uma responsabilidade social, podendo cortejar também outras mulheres.

Quando estabelecido formalmente o namoro, o homem passa a presentear a namorada com colares, sabonetes, espelhos e pentes. Conforme sua condição financeira, pode acrescentar a estes produtos outros utensílios para embelezar a mulher. Estes presentes são uma espécie de ritual e funcionam como sinal de que ele e sua família possuem condições de arcar com os gastos para a realização do casamento, de que o compromisso firmado é sério, como aviso aos demais jovens de que aquela mulher está comprometida, e para agradar a namorada, pois esta pode desfazer a relação caso não goste do namorado, ou esteja insatisfeita com os presentes. As demonstrações de afeto devem limitar-se aos presentes e a andarem de mãos dadas, porém sempre à vista ou acompanhados por alguém.

A mulher, por sua vez, está descomprometida de oferecer qualquer presente ao namorado. No entanto, precisa demonstrar-lhe publicamente respeito e obediência. Este comportamento demonstra que a mulher está

161. Em Humangili, só há telefones móveis pré-pagos, cujo aparelho de segunda mão custa, em média, US$ 5 dólares nas lojas em Dili, e os créditos podem ser adquiridos a partir de US$ 1 dólar. Como o único local onde há energia elétrica para carregar a bateria do celular é na sede do suco e o sinal não abrange toda a comunidade os Humangili, geralmente, ligam o aparelho somente quando precisam comunicar-se com alguém.

interessada na relação e envaidece o rapaz enquanto alguém que está com uma companheira que o respeita e que promoverá a harmonia em sua casa. A não submissão e o não reconhecimento público da autoridade do namorado podem implicar no rompimento da relação.

Certa vez, por volta das 9h30min, saí da aldeia Maumeta em direção à aldeia Masilihu. Ao longo do caminho, em *Selaem*, parei para descansar embaixo de uma das poucas árvores com folhas e sombra que havia naquele trecho, de onde se podia ver a aldeia Hatulela e o mar. Lá estavam duas jovens que voltavam da montanha com folhas de palmeira para cobrir suas casas. Sentei com elas e conversamos, deixando o tempo passar enquanto recuperávamos as energias para voltarmos a caminhar. Alguns minutos depois, outros dois jovens, que iam para a montanha, juntaram-se a nós. A conversa seguiu despreocupadamente, ninguém tinha pressa de sair da sombra. Em certo momento, começaram a falar sobre o namorado de uma jovem que, após quatro meses de namoro, decidiu terminar a relação. O motivo alegado por ele, segundo o grupo, foi que sua namorada tinha *ibun boot*[162], ou seja, falava demais e não aceitava que o seu namorado dissesse o que ela deveria ou não fazer. Um dos jovens completou dizendo que a mulher quando tem namorado ou é casada precisa "ter um bom comportamento", que implica em demonstrações públicas de respeito e subordinação ao companheiro. Uma das jovens que lá estava rebateu, dizendo "mas quem manda na casa é a mulher", e todos sorriram. Continuando a conversa, perguntei se a jovem – que é católica, tem 24 anos e ganha o próprio dinheiro trabalhando nos projetos de artesanato dos padres no suco Vila Maumeta – estava triste com o término do namoro. Eles disseram que achavam que ela ainda não sabia da decisão do namorado, que simplesmente havia parado de procurá-la há alguns dias e comunicado aos seus colegas, que se encarregariam de divulgar a notícia até que chegasse a ela. Acrescentaram que este não tinha sido o primeiro namorado da jovem, e que os outros haviam feito o mesmo.

Em Humangili, as mulheres, enquanto solteiras, podem ter uma atitude contestadora, independente e, até mesmo, desafiadora, embora não seja comum. Porém, quando comprometidas, por namoro ou casamento, precisam manter uma postura reservada e demonstrar publicamente subordinação em relação ao namorado ou marido. A obediência

162. *Ibun boot*, é uma expressão em Tétum que significa, literalmente, boca grande.

e o respeito público da mulher ao marido significam entre os Humangili que o casamento é feliz e próspero. A mulher pode argumentar com o marido na tentativa de influenciar suas decisões, mas nunca em público, e a última palavra sempre é a do homem. Segundo o *Lela'it* Mepais, é responsabilidade do marido "cuidar da mulher e educar a mulher para se comportar bem". Se, antes do casamento, o comportamento das mulheres era uma responsabilidade dos seus pais, depois de casadas, passa a ser do marido. Por exemplo, se o marido desrespeitar uma pessoa da família de sua esposa, estará sujeito a sanções, comumente o aumento dos valores e bens exigidos no *Kra'uk Sek'ngari*. Em contrapartida, se a esposa desrespeitar algum familiar do marido ou outra pessoa da comunidade, a responsabilidade, e as possíveis represálias, recairão sobre o homem.

O cuidado dos homens sobre o comportamento das suas esposas não significa infantilização ou despersonalização das mulheres. Se considerarmos que cada grupo social apresenta os seus próprios valores para atribuir hierarquias (Dumont, 1993), e que a diferença de gênero não implica necessariamente na subordinação da mulher pelo homem (Strathern, 2006), perceberemos que há outros fatores envolvidos no controle dos homens sobre o comportamento das mulheres Humangili. Não desqualificando que, na dinâmica social e nas relações micropolíticas os homens, baseados em pré-concepções de gênero, podem agir em busca de uma superioridade sobre as mulheres, no caso Humangili, o controle do comportamento de um pelo outro está relacionado, também, aos aspectos geracionais e à divisão hierárquica de funções[163]. A organização social Humangili prevê que todos os integrantes do núcleo familiar estão sob a responsabilidade do *Ruma Opun*, que, por sua vez, está sujeito aos seus pais, aos *Haha Opun* e aos *Lela'it*. Respeitando a lógica, na qual os mais novos precisam se submeter aos mais velhos e todos estão submetidos aos que ocupam posições hierárquicas superiores, as mulheres, à medida que envelhecem, assim como os homens, aumentam a sua influência na família extensa, na *Rumanan* e na *Lisan*. Aquelas casadas com os líderes podem interferir no comportamento dos homens e mulheres do seu grupo familiar, as mulheres mais velhas dos núcleos familiares prevalecem sobre as mulheres e homens mais jovens – inclusive os que são integrados por casamentos –, os irmãos menores estão subordinados aos mais

163. Sobre a hierarquia entre gerações na divisão do poder nas famílias, conferir a análise de Simião (2006) sobre algumas das políticas públicas do Estado e de organizações civis que visam a construir uma sensibilidade e combater a violência doméstica no Timor.

velhos. Assim, todos, de alguma forma, estão submetidos a alguém, uns mantêm o controle sobre os outros, pois as consequências do comportamento de uma pessoa repercutem externa e internamente em toda a dinâmica familiar.

LITÍGIOS, SEPARAÇÕES E COMPENSAÇÕES

Os Humangili costumam ser classificatórios. Procuram situar o comportamento e a maneira de pensar das pessoas a partir de pré-concepções generalizantes que norteiam as suas relações sociais. Há estereótipos que identificam o comportamento esperado dos *Haha Opun*, *Mataplolon*, padres, políticos, homens brancos, timorenses do Leste ou do Oeste, católicos, evangélicos, mulheres, homens, e assim por diante. As próprias *Lisan* possuem características, associadas às suas histórias de fundação ou a um acontecimento significativo do qual os seus ancestrais supostamente participaram, que tentam atribuir um padrão de comportamento social e perfil psicológico aos seus integrantes[164]. Segundo os Humangili:

> Hatauk ou Hataur Opun: (fazer+respeitar/temer+donos = assustar, amedrontar) considerados leais, defensores, guerreiros, mas que podem querer fazer justiça com as próprias mãos;
> Hatudalas: (pedra+empilhar) frequentemente associados a construtores; pessoas que trabalham diariamente e que têm um perfil mais de execução do que de planejamento;
> Hnelak: (buraco+passar) costumam encontrar soluções para qualquer problema, não há fronteiras ou obstáculos que não consigam superar;
> Hnua Le'en: (buraco+dentro) comparados às formigas, pois são prevenidos, buscam provisões e as guardam para os momentos difíceis;
> Luli ou Lulopun: (sagrado+donos) são pessoas com um perfil altivo, orgulhoso, serenos e não discutem muito, pois acham que estão sempre com a razão;
> Maule'ek: (expelir+buraco) falam o que pensam, não se importam se

164. Por exemplo, *Lulopun* é considerada a primeira *Lisan* a ter surgido, composta de descendentes diretos de Lekitoko – o primeiro Humangili –, o que explicaria sua altivez e orgulho; a *Lisan Hnelak* vem de Laklo, distrito de Manatuto, cujo fundador teria sido empurrado para o mar após uma forte chuva e lá sobrevivido vários dias à deriva até chegar a Humangili; os *Hatauk*, após os homens de Dare matarem seu patriarca e sequestrarem suas mulheres, cruzaram o mar rumo a Dili e subiram a montanha até Dare, colocaram fogo nas casas e mataram vários homens daquela comunidade, demonstrando a sua valentia, força na guerra e capacidade de aterrorizar os seus adversários.

irão ou não agradar os outros, intempestivos e, por vezes, devido a este comportamento sincero, são mal interpretados;
Mausera: (expelir+colocar = pôr para fora, revelar) são ponderados, discretos, ouvem as opiniões dos outros, são analíticos e, quando envolvidos em disputas, não se exaltam e mantêm a serenidade;
Mautuda: (expelir+palavra/dizer/expressar = falar rápido) possuem a tendência a serem autoritários e intransigentes, ríspidos no primeiro contato com os outros, dificilmente voltam atrás em suas decisões, porém são leais aos seus amigos;
Rumamaru: (casa+comprida/alta/elevada) espertos e bons negociantes, conseguem, por meio do diálogo, contornar as dificuldades e reverter situações desfavoráveis;
Soluan ou Solun Opun: (aqueles que prendem, donos da prisão) pessoas tranquilas, reflexivas, não têm pressa para realizar alguma coisa, gostam de estar sozinhas e pensam antes de tomar qualquer decisão, porém, quando decidem, dificilmente são convencidos do contrário;
Tetoha: (processo de bate estaca na fabricação de metais) passionais, os sentimentos vêm antes da razão, o que faz com que ajam primeiro e depois pensem no que fizeram, irritam-se facilmente e possuem a tendência a serem provocadores e brigões;
Tutunopun: (montanha+donos) orgulhosos, práticos e decididos, possuem posições firmes, dificilmente voltam atrás em uma decisão e são resistentes a aceitar opiniões contrárias as suas ideias.

Apesar da estereotipia, os Humangili também são relacionais. As características citadas, embora contribuam para uma postura defensiva, desconfiada com relação às reais intenções dos outros e sejam usadas no seu aspecto negativo, para depreciar desafetos, não são consideradas para a formação de alianças e, individualmente, muitas pessoas não se reconhecem nelas. Mesmo que, em princípio, o indivíduo e suas idiossincrasias estejam imersos na *persona* coletiva representada pelo grupo ao qual é associado, os Humangili, nas relações diretas e interpessoais, fazem a distinção entre o *singular* e o *coletivo*, que não são hierarquizados ou encarados como uma única coisa, mas transferem, por analogias e homologias, características uns para os outros[165].

165. As expressões *analógicas* e *homólogas* em contraposição a *hierárquica* na relação entre o *singular* e o *coletivo*, foram originalmente propostas por Strathern (2006) ao estudar os Hagen das terras Altas de Papua Nova Guiné. Os termos *singulares e coletivos* são utilizados em substituição a *sociais* e *pessoais*. Segundo Strathern, ao refletir *sobre a forma singular, pode-se acrescentar que o estado de autonomia é efetivo não porque uma pessoa se tenha colocado contra interesses "sociais", mas antes celebra a sociabilidade (sic) que ele/ela tem dentro de si* (Strathen, 2006: 41).

Isto pode ser observado na forma como os católicos atribuem os nomes pessoais em Hresuk. Os *Haha Opun*, nos primeiros dias após o nascimento, realizam a cerimônia do *Hrutu Ahas* na casa dos pais da criança. Eles amarram uma fita ao pulso do recém-nascido e proferem nomes de seus antepassados. Os espíritos dos ancestrais estariam presentes neste momento e seriam sentidos pelas crianças, cuja reação, à medida que os nomes são pronunciados – sorrir ou parar de chorar, por exemplo –, determina a escolha[166]. A criança, ao receber o nome, adquiriria o potencial para representar as características daquele antepassado, podendo, inclusive, acrescentar novas qualidades ou defeitos que serão transmitidos às futuras gerações. Mas isto só se confirmaria com o tempo, por meio da avaliação do seu comportamento social.

Há, porém, exceções a esta regra. Jose Maria de Jesus, ou simplesmente Aje, como é conhecido por todos, não participou da cerimônia do *Hrutu Ahas* e, assim, não possui nome em Hresuk. O seu pai, que é católico, embora tenha encontrado resistências entre os *Haha Opun* por optar em dar ao último dos seus sete filhos apenas o nome cristão, não cedeu. Para resolver o impasse, o pai de Aje argumentou que os nomes dos antepassados eram importantes para a preservação da "kultura", mas que, neste caso, não eram necessários, uma vez que o nome Jose Maria de Jesus era "elevado" e "vindo de Deus". Esta postura, embora ainda seja algo raro de ser observado na comunidade, reflete a influência da Igreja Católica e dos símbolos cristãos, que são absorvidos progressivamente em um movimento de contraponto e aproximação ao sistema de valores herdados dos ancestrais.

Podemos também perceber esta postura relacional dos Humangili nas tentativas de ressignificação das qualidades atribuídas às *Lisan*. Um exemplo é a *Lisan Hatudalas*, na qual os seus integrantes são considerados, pela perspectiva negativa das suas características, como pessoas que têm dificuldades para articular ideias e propor soluções, sendo executores por excelência. Porém, atualmente, o principal líder político, o *Haha Opun* e o *Mataplolon* mais respeitados da comunidade são deste grupo. Assim, ouvi comentários de pessoas de diversas *Lisan* afirmando que os *Hatudalas* são

166. No passado, esta cerimônia era realizada nas *Ruma Luli* das *Rumanan*, porém, desde os anos 1980, vem sendo feita diretamente na casa dos pais do recém-nascido. Os assembleianos também realizam este ritual de atribuição do nome. Porém, desvinculam os aspectos espirituais e justificam a manutenção desta prática como uma forma de preservarem os costumes Humangili.

inteligentes, mas preferem ouvir antes de falar, e que são executores porque sabem como realizar as tarefas.

Esta visão classificatória e relacional, entre os Humangili, pode ser sentida em todos os outros aspectos que envolvem a sua socialidade, inclusive nas relações entre homens e mulheres, católicos e assembleianos, e nas regras que proíbem o incesto e o sexo fora do casamento. Os assembleianos costumam afirmar que os membros da sua Igreja, ao contrário dos católicos, respeitam as normas que controlam a aproximação entre os jovens e impedem as relações sexuais fora do casamento. No entanto, em maio de 2009, um adolescente assembleiano de 14 anos, ao voltar da escola em Vila Maumeta, quando já estava próximo à aldeia Hatulela, tentou beijar uma jovem, também assembleiana e da mesma idade. Outras adolescentes, católicas e assembleianas, que caminhavam alguns metros adiante, ao perceberem o que estava acontecendo, começaram a gritar e a jogar pedras para que ele se afastasse. Menos de uma semana depois, os pais deste jovem ofereceram um *Osa Lolon*, um *Kngohi* e duas cabras para a família da adolescente. Além disso, ele passou quase um mês sem poder sair de casa e, até mesmo, ir às aulas. Isto não foi somente um castigo, mas uma tentativa da família de, ao retirá-lo de circulação, diminuir os comentários das outras pessoas. Depois deste episódio, conversei com alguns adolescentes católicos que disseram que os jovens assembleianos, quando saem de Humangili, também bebem *tua putin*, namoram e, até mesmo, fumam cigarros. Mas, aqui, disse-me um deles, "não podem, é pecado, a Igreja não deixa"[167].

Quando duas pessoas solteiras mantêm relações sexuais, o homem, obrigatoriamente, deverá indenizar a família da mulher pela ofensa e, nos casos de gravidez, deverá se casar. As mulheres, embora fiquem estigmatizadas moralmente por terem mantido relações sexuais antes do casamento, têm, normalmente, a sua responsabilidade atenuada. A "culpa" recai sobre o seu pai, que não transmitiu corretamente os valores da comunidade e não controlou o seu comportamento. No entanto, o pai

167. Em 30 de agosto de 2009, participei no suco Vila Maumeta da comemoração dos dez anos do referendo que proporcionou aos timorenses escolherem entre autonomia ou independência da Indonésia. À noite, observei que alguns jovens assembleianos de Beloi e Humangili, aproveitando a escuridão e enquanto as pessoas dançavam ao lado da tenda montada no campo de futebol, consumiam bebida alcoólica utilizando um cano de borracha que era retirado da bolsa que escondia a garrafa.

e todo o núcleo familiar da mulher também são considerados vítimas do homem que "seduziu" a sua filha[168].

Porém, nem sempre as mulheres estão passivas neste processo, e tampouco a lógica para julgar estes casos é aplicada de forma linear. Em abril de 2010, um homem católico de 29 anos – que namorava uma jovem há dois anos –, aproveitando que praticamente todas as pessoas da aldeia Hatulela estavam participando da missa ou do culto dominical, manteve relações sexuais com outra mulher dentro de uma casa próxima à igreja católica. Três meses depois, a família da mulher exigia o pagamento pela ofensa sofrida e que realizassem o casamento, pois ela estava grávida. O homem, alegando ter sido vítima da sedução da mulher, recusava-se a casar. Depois de passar pelas primeiras instâncias de justiça local, e como as partes não chegavam a um acordo sobre o ocorrido, foi realizada pelos líderes uma reunião na sede do suco, onde estavam presentes os *Haha Opun* e *Lela'it* de ambas as famílias e os chefes do suco e aldeias. Cada família tinha um representante para argumentar a seu favor. A conversa se estendeu por mais de duas horas sem que chegassem a um acordo.

Diante da iminência de um veredito que o obrigaria a casar, o homem, pedindo licença aos líderes presentes, retirou do bolso um papel e leu em voz alta a seguinte frase em Tétum: *hadomi mosu, maibe ita la kohi malu,* cuja tradução seria algo como *o amor surgiu, mas você não quer corresponder*. Segundo ele, a carta lhe fora entregue pela mulher, um pouco antes do início da missa, no dia em que tiveram relações sexuais. Disse, também, que não havia mostrado antes a carta por respeito à família da mulher, mas, como os líderes não acreditavam em sua inocência, não teve alternativa. Com esta nova evidência, os responsáveis pelo julgamento, após analisarem a carta e constatarem que a letra era realmente da mulher, decidiram que o homem não precisaria casar. No entanto, ele deveria assumir a paternidade, sustentar financeiramente a mulher e a criança, bem como ajudar a família desta até o seu filho completar 10 anos.

168. Paulo Braga, nos anos 1930, esteve durante um mês em Ataúro. Desta experiência escreveu um texto chamado *A ilha dos Homens Nús* (Braga, 1936) onde descreve algumas cenas de jogos sexuais praticados na praia – localizada no atual suco de Vila Maumeta – pelos habitantes da ilha. A narrativa sob a ótica do aventureiro branco em terras exóticas é marcada por uma idealização do "outro" e da natureza em seu estado selvagem e puro. Como não há outros registros deste tipo de prática sexual livre e sem restrições, assim como, isto ir de encontro ao conjunto de regras sociais e interdições que regulam o contato entre as pessoas, o relato de Braga, apesar de curioso, não pode ser considerado como uma fonte que descreva os padrões comportamentais da época.

Mesmo não discordando sobre o pagamento, o homem reivindicou a guarda do filho que ainda não havia nascido. Após novas deliberações sobre o assunto, os líderes comunicaram que os valores anteriormente definidos não seriam alterados, porém a criança deveria ficar com a mãe até os cinco anos e depois passaria a morar com o pai. O problema estava formalmente resolvido, mas os boatos não cessaram. Algumas pessoas ligadas à família do homem disseram-me que a mulher grávida, mesmo antes da relação sexual que havia gerado o problema, não era mais virgem. Alguns dias depois, conversando sobre este assunto com quatro Humangili que não pertenciam a nenhuma das famílias, mas eram amigos do homem, disseram-me que não sabiam quem era realmente o pai da criança, porque a mulher já tinha feito sexo com outras pessoas.

A decisão dos líderes Humangili para que a criança passasse a morar com o pai após completar cinco anos não foi baseada em nenhuma culpabilidade ou punição à mulher, mas considerou as regras de descendência da comunidade. A mulher já tinha sido punida com a negativa do casamento e o homem com a indenização à família desta. Pela lógica de justiça Humangili, como o pai manifestou publicamente o desejo em criar o seu filho, a decisão sobre a guarda da criança foi correta e contemplou ambos os lados envolvidos, pois a criança ficaria com a mãe para poder ser alimentada e crescer com saúde e, depois, mesmo sem quebrar os vínculos maternos, passaria a residir e a integrar a *Lisan* e a *Rumanan* do seu pai.

Outra situação ocorreu em 2008, quando uma jovem católica de 21 anos, após o seu namorado viajar para Dili e lá permanecer por vários meses, passou a se relacionar com outro homem às escondidas. O caso somente foi descoberto quando a sua barriga começou a crescer, revelando a gravidez. O homem, apontado como o pai da criança, negou a paternidade, alegando que a jovem teria engravidado do namorado. Os *Ruma Opun*, os *Haha Opun*, os *Lela'it* e alguns anciãos das três famílias se reuniram e, após ouvirem o namorado da jovem e fazerem os cálculos sobre o tempo da gravidez, constataram que ele não poderia ser o pai, pois estava em Dili no período em questão. Definida a paternidade, o homem, por ter engravidado a moça, que já estava comprometida, teve que pagar à família desta um *Osa Lolon*, dois *Kngohi*, dois cabritos, um porco, e assumir o compromisso de ajudá-la financeiramente após o nascimento da criança. Ao contrário do primeiro caso, o homem não conseguiu provar sua inocência e não apresentou provas de que foi seduzido, sendo, assim, o único penalizado formalmente pelos líderes locais. No entanto, a família da jovem deixou em suspenso a decisão sobre o casamento, pois ainda tinham esperanças de convencer a família do namorado traído a aceitar as suas desculpas e manter o relacionamento entre ambos. Como o pai da criança que iria nascer não reivindicou a guarda do filho, este, após o nascimento, seria criado pela família da mulher, pertencendo à *Lisan* do seu avô materno.

Mesmo que as regras sociais e religiosas sejam explícitas e igualitárias para ambos os sexos na proibição das relações sexuais fora do casamento, estas são encaradas moralmente de forma diferente entre homens e mulheres. Os códigos morais, apesar da pretensão globalizante, não são transmitidos e valorizados de forma homogênea. A *moral*, que é a maneira como o indivíduo se submete e avalia as regras sociais, faz com que o comportamento, mesmo limitado por um determinado conjunto de ações, não esteja sempre de acordo com as normas explicitamente definidas (Foucault, 2007). Assim, as mulheres que não casam com o homem com o qual perderam a virgindade encontram dificuldades em conseguir um novo namorado. As que engravidam e não casam, embora possam desempenhar normalmente todas as funções sociais, têm as chances de casar reduzidas. Entre as próprias mulheres, aquelas que rompem com as regras de castidade passam a ser percebidas como "usadas", e são levantadas dúvidas quanto à paternidade dos futuros filhos que venham a ter. Além disso, por as mulheres representarem a harmonia na família e contribuírem com a economia por meio das trocas de bens no casamento, entre outros motivos, a capacidade das que rompem com as regras de castidade de promover a união e administrarem a casa também é questionada. Até por isso, quando as relações sexuais entre solteiros são descobertas, o padrão é obrigá-los a casar porque, com o casamento, a ofensa e os estigmas são atenuados. Já os homens, apesar de terem que pagar uma indenização à família das mulheres e sofrerem resistências de alguns chefes de família ao tentarem realizar futuros acordos de casamento, não sofrem necessariamente o mesmo estigma por parte dos demais homens e mulheres. Se estes forem considerados trabalhadores, bons pescadores, conhecedores da "kultura" e participarem ativamente da dinâmica social, a relação sexual praticada e a não recusa em pagar a indenização acaba por ser encarada como um atestado de sua masculinidade e hombridade.

A prática de relações sexuais antes do casamento, mesmo que as pessoas decidam por se casar, implica em uma série de procedimentos para a reparação da ofensa à família da mulher. Esta situação aconteceu com Kurisuk. Em 2003, ele foi morar durante algum tempo com familiares em Dili. Longe de casa, começou a namorar uma jovem Humangili que também estava em Dili residindo com parentes. Entretanto, mantiveram a relação em segredo e não comunicaram aos seus pais. Após alguns meses de namoro, ela engravidou. Os dois decidiram, por conta própria, oficializar o namoro e casar. Após Kurisuk comunicar sua família, estes mandaram o *Sole Asu* até a família da mulher, que não autorizou imediatamente o casamento porque se sentiu desrespeitada, não somente pela gravidez, mas também por não ter sido consultada previamente a respeito do namoro, forçando, assim, o pagamento da indenização previamente à negociação do *Kra'uk Sek'ngari*. Diante da recusa dos pais da mulher em autorizar a realização da cerimônia de casamento, o casal estendeu a estada em Dili até o nascimento da criança. Após alguns meses sendo sustentados pela família do jovem e quando a criança já tinha completado quatro meses de vida, retornaram para Humangili. Com a não concordância da família da mulher em realizar o *Kra'uk Sek'ngari*, não puderam fazer o casamento na igreja porque, para os Humangili católicos, a cerimônia cristã é uma consequência da união firmada pelos costumes herdados dos antepassados. Somente em 2009, após inúmeras conversas, pedidos de desculpas e oferecimento de presentes é que a família da mulher autorizou o *Kra'uk Sek'ngari*, que pôde, assim, ser realizado.

Não há um tempo estabelecido para o namoro, que pode durar semanas, meses e mesmo anos até a realização do casamento. Porém, se o namoro se estender por um longo período e o homem resolver romper a relação, desde que não seja em função do "mau comportamento da mulher", deverá pagar uma indenização à família desta. Em 2009, um assembleiano que namorava há nove anos uma mulher da sua Igreja foi residir com parentes em Dili. Na capital do país, conheceu uma mulher católica com quem começou a namorar, porém não comunicou à noiva. Depois de alguns meses, decidiu oficializar a relação com a nova mulher e pedi-la em casamento. A família da ex-noiva considerou a atitude como desonrosa e estipulou uma multa de três mil dólares como compensação pela quebra do compromisso que havia sido firmado entre as famílias.

Já as separações após o casamento, embora possíveis, são incomuns. Além da regra social que impõe a um homem com filhos que este não pode se separar da esposa, outros motivos são a disparidade entre o número de homens e mulheres solteiros de cada *Lisan* e os elevados gastos necessários para o casamento, agravados pela pouca circulação de bens e de dinheiro, que tornam remotas as chances de quem se separa casar-se novamente. Aliado a estes fatores, a possibilidade cada vez maior dos noivos poderem se conhecer antes do casamento, escolherem com quem pretendem se casar, de algumas relações sexuais serem consumadas ainda na fase do namoro e de que a geração de filhos, na maioria das vezes, ocorre já no primeiro ano de casados, contribui para a manutenção do casamento. A separação, quando acontece, normalmente é proposta pelas mulheres católicas casadas com homens de outras comunidades, iniciadas principalmente quando o marido deseja ter uma segunda mulher. Durante a pesquisa, haviam duas mulheres formalmente separadas na comunidade. Koesahe, católica, professora de religião da escola primária e filha do catequista Meharek, tem dois filhos e está separada do seu marido, que é da região de Baucau, na parte leste do Timor, porque, segundo ela, este queria casar-se com outra mulher. Fez questão de dizer que ela é a *Hehata Anulu*, ou a primeira mulher, que, pelos costumes, é quem possui maior poder dentro da casa, mas não quis continuar casada porque a poligamia "não é cristã". O outro caso ocorreu também com uma mulher católica, de 35 anos, que tem três filhos e está separada desde 2008 porque o seu marido, que é de Liquiça, casou-se com outra mulher. Ela, da mesma forma que Koesahe, fez questão de reforçar que é a "primeira mulher", porém não aceitou o novo casamento do seu marido por "isto não ser cristão" e retornou para Humangili.

Quando a separação é motivada pela esposa, a sua família de origem tem que devolver à família do marido os valores e bens do *Kra'uk Sek'ngari* recebidos até então. Porém, nos casos de poligamia, desde a entrada do cristianismo em Humangili, a família da mulher não está obrigada a devolver os bens recebidos. Normalmente, os acordos são feitos internamente, entre os líderes de ambas as famílias. Atualmente, entretanto, as mulheres também estão exigindo assistência financeira, fazendo com que estes casos, quando há recusa do marido em prover o sustento dela e de seus filhos, sejam levados até a polícia. O *Lela'it* Mepais, sobre isto, comentou que os homens de outros distritos que casam com as mulheres Humangili não entendem os costumes da comunidade, por isso precisam procurar a polícia, algo inconcebível há alguns anos por ser considerado um desrespeito aos costumes e às autoridades locais. No entanto, acrescentou, "no passado não era assim, sempre pagavam, mas agora o homem [que não é da comunidade] não quer mais [pagar], então temos que ir à polícia. Mas quando é Humangili, sempre se resolve aqui".

Há outra forma de separação em que, embora ainda sejam socialmente considerados casados, a mulher sai de casa e passa a morar com sua família de origem, ou com os seus filhos adultos. Foi o que aconteceu com a esposa do *Lela'it* Karahuin. Após o primeiro casamento, Karahuin decidiu casar-se com outra mulher. A primeira esposa, mesmo descontente e sentindo-se preterida, continuou casada e cumprindo com as obrigações domésticas. Quando a segunda esposa faleceu, em 2005, a "primeira mulher" disse que não desejava mais viver com seu marido e que nunca mais queria vê-lo, porque ele havia preferido a outra esposa ao invés dela. Após sair de casa, foi morar nas montanhas, em um local que pertence à família do marido. Desde então, apesar das sucessivas tentativas de reconciliação de Karahuin, sua esposa não retornou para casa. A separação não foi motivada pelo fato do marido contrair um novo casamento, como nos exemplos anteriores, mas sim pela esposa se sentir desrespeitada nos seus direitos de primeira mulher e, portanto, de chefe da casa. A sua família não precisou devolver o que havia recebido pelo *Kra'uk Sek'ngari*, porque ela continuava morando nas terras do marido. Por outro lado, Karahuin também não estava obrigado a pagar à família da esposa qualquer indenização, pois não aceitava a distância e ainda tinha esperanças na reconciliação.

Entre os Humangili, de forma geral, há o entendimento de que os homens, ao se desentenderem com as suas esposas, podem agredi-las fisicamente. No entanto, segundo as normas da comunidade, isto somente é possível se a mulher se comportar de uma forma que seja considerada desrespeitosa ou que envergonhe o seu marido publicamente. As agressões assumiriam um caráter educativo e punitivo, com ênfase na primeira. De acordo com Foucault (2007; 2008), as agressões ao outro assumiram várias formas ao longo da história e seriam um recurso legítimo dentro de determinados contextos para disciplinar e educar, onde o corpo se constitui em um lócus privilegiado no qual se inserem as marcas das relações de poder e transmissão de saber. Neste sentido, Simião (2006), ao abordar a questão da violência contra mulheres no Timor, sugere que as agressões intrafamiliares estão relacionadas a determinadas concepções sobre a punição corporal como educativa e produtora de subjetividades[169].

Mesmo que possível sob certas condições, as agressões físicas dos maridos sobre as esposas não são comuns em Humangili. Entre os motivos está que, ao agredir a mulher por ela ter "se comportado mal", os homens atestam publicamente que seu casamento e seu núcleo familiar não estão em harmonia. Neste caso, o homem também é responsabilizado e passa a ser alvo de comentários por não ter conseguido controlar e educar a própria esposa. Por outro lado, para os Humangili católicos, as mulheres detêm o poder de amaldiçoar os seus maridos, podendo causar-lhes enfermidades, dificuldades para caminhar, cegueira, infertilidade e até mesmo a morte.

Conforme o *Lela'it* Menunu, "quando o homem se desentende com a mulher, ele não vai pescar, porque tem medo de entrar no mar e morrer"[170]. Estes poderes não seriam o resultado de um processo de aprendizagem, mas herdados de mãe para filha e constituintes da natureza/biologia da mulher. Alguns Humangili pertencentes às famílias dos líderes católicos costumam justificar estes poderes associando as mulheres à Virgem Maria e afirmando que elas são "a segunda justiça depois de Deus"[171]. No entanto, conforme o *Lela'it* Menunu, as mulheres seriam a força criadora por excelência, pois "todos os Humangili descendem de Inarika", a primeira mulher, que nasceu espontaneamente, sem ser concebida por um pai e uma mãe, e que casou com Domateu iniciando o povoamento de Ataúro[172].

169. Este entendimento sobre as agressões não é somente válido para marido e mulher, mas também pode ser ampliado para as relações entre professores e alunos, mães e filhos, irmãos e irmãs mais velhos com os mais novos, no grupo de amigos, e mesmo dentro da Igreja e na atuação dos policiais locais no controle da população. O ministro da eucaristia, sobre este assunto, comentou comigo que "os Humangili não brigam, nós somos cristãos, quando tem um problema, as pessoas conversam", porém, acrescentou que, "às vezes, um pai bate no filho, mas não é só para bater, é para educar".

170. Para os Humangili, e no Timor-Leste em geral, o mar é considerado a justiça infalível, pois ninguém que comete um erro sairia impune do mar. Quando ocorrem acidentes devido às tempestades, mau funcionamento do barco, ou ataques de tubarões e crocodilos, as pessoas creem que somente aqueles que têm pensamentos impuros ou que fizeram algo de errado é que serão vitimados.

171. Os assembleianos evitam atribuir poderes sobrenaturais às mulheres ou associá-las diretamente à Virgem Maria. Costumam dizer que homens e mulheres foram criados por Deus e, por isso, seriam iguais, devendo um respeitar ao outro.

172. Sobre a importância concedida às mulheres em outras comunidades timorenses, principalmente na realização de rituais relacionados à fertilidade e à complementaridade entre o femi-

Contudo, o alcance da influência das mulheres é limitado ao seu núcleo familiar, pois não é permitido que elas atinjam pessoas que integram outras famílias. Quando isto acontece, para os Humangili, significa o mau uso do poder que possuem e estão sujeitas a punições por praticarem bruxaria. O ministro da eucaristia, sobre o poder atribuído às mulheres, comentou que este foi "concedido por Deus" como uma forma das mulheres controlarem os seus maridos para que estes tenham um "bom comportamento". Os homens, com as agressões físicas, impõem no corpo das mulheres determinados padrões de conduta e pensamento, e as mulheres, por sua vez, pela força sobrenatural que possuem, por meio do pensamento consciente, atingem diretamente o corpo dos homens. Implícito nesta relação está o controle mútuo que homens e mulheres exercem uns sobre os outros. Através de métodos diferentes, ambos possuem forças equivalentes e contribuem para a busca do equilíbrio na comunidade.

As mulheres, apesar de terem acesso limitado às posições formais de comando na estrutura hierárquica Humangili, não são consideradas socialmente inferiores aos homens. Para explicar esta dinâmica, costumam utilizar a metáfora bíblica. Conforme eles, Deus criou primeiro o homem, por isso, no mundo todo, não importando o lugar, "os homens são sempre os chefes". Contudo, isto não significaria que haja diferenças entre homens e mulheres, pois seríamos "todos iguais". O exemplo de família, modelo de relação harmoniosa entre homens e mulheres, seria o núcleo de Maria, José e Jesus. Conforme os Humangili, católicos e assembleianos com quem conversei, apesar de Maria ser mãe de Jesus e este ser filho de Deus, ambos respeitavam as ordens de José, mas todos eram iguais e ajudavam uns aos outros.

Se não é incomum ouvir dos homens que as mulheres "não têm capacidade para ser chefe de suco", "têm dificuldades para pensar" e "precisam respeitar o marido", por outro lado, também é possível ouvir das mulheres que alguns homens "não sabem pescar", "não são inteligentes", "não são bons chefes", e que precisam "ter um bom comportamento". Apontar as características negativas, depreciar diminuindo as qualidades do outro é algo praticado em todos os níveis, independentemente de sexo, idade e posição social. Estes comentários, assim, não

---

nino e o masculino que trariam a estabilidade social, conferir o estudo de Hicks (2004) na aldeia Mamulak, de falantes de Tétum Térik, na região de Viqueque, e Traube (1986), entre os Mambai.

estão limitados à relação entre homens e mulheres, mas se estendem para os *Haha Opun*, *Mataplolon*, professores, políticos, padres timorenses e estrangeiros, assembleianos, católicos, jovens, idosos etc. Contudo, todas as críticas que tendem a fazer uma comparação na intenção de sobressair as suas próprias qualidades pessoais ou dos familiares e amigos são feitas reservadamente, no interior das famílias ou entre pessoas com vínculos estreitos. Coletivamente, elas são evitadas, para não gerar punições e não provocar desentendimentos – presentes ou futuros – nas relações entre as famílias. Diante deste cenário, podemos pensar a subordinação das mulheres como algo não exclusivo da disputa de poderes marcada pela possível oposição da diferenciação sexual/genital, mas que envolve aspectos organizacionais e a estrutura hierárquica – política, gênero, geracional, econômica, institucional etc. – que também impedem aos próprios homens, dependendo do lugar que ocupam na família e na organização social, de assumirem determinadas posições.

O KRA'UK SEK'NGARI

Nos casamentos não arranjados, após as fases do cortejo, do namoro e de a mulher concordar com o casamento, o homem comunica sua intenção ao seu pai que, por sua vez, reúne-se com a sua esposa, o *Haha Opun* da sua *Rumanan* e alguns familiares, geralmente os mais velhos, para deliberarem sobre a união. O casamento somente será autorizado se não forem constatados quaisquer empecilhos, como a existência de laços de parentesco até o terceiro grau ou dúvidas quanto à moral da jovem – por exemplo, suspeitas desta não ser virgem ou não gostar de trabalhar nas tarefas domésticas e na agricultura.

Após o consentimento de todos, os pais do noivo escolhem entre os seus familiares uma pessoa para ser o *Sole Asu*, que deverá ir até a casa dos pais da mulher, levando o *Ngehlilin* – pequeno cesto de palha que contêm uma porção de cal, areca e betel utilizados para fazer a *pua malus* –, para comunicar-lhes as intenções do homem. A família da noiva, após se reunir e decidir pelo casamento, da mesma forma que a família do noivo, escolhe um *Sole Asu* para transmitir a resposta. Desde este momento, a comunicação entre as famílias é feita por intermédio dos dois mensageiros, ou porta-vozes. Geralmente, entre os Humangili, uma mulher representava a família do noivo e um homem representava a família da noiva, e ambos deveriam ser pessoas que possuíssem certo prestígio na aldeia, ou dentro da *Lisan* ou *Rumanan* à qual pertenciam, porém esta regra sofreu alterações. O pescador Kolikuru, enquanto observávamos os mergulhadores no mar, disse-me que, "no passado, só os katuas eram *Sole Asu*, mas hoje é diferente, qualquer pessoa pode ser, não tem problema". No entanto, estes porta-vozes ainda precisam ser reconhecidos como pessoas que respeitam e preservam os costumes locais.

A resposta da família da noiva deve ser dada em poucos dias, porém, geralmente, não ultrapassa 24 horas após o pedido, pois a demora poderá ser interpretada como falta de respeito para com a família do homem. Depois de receber a confirmação do interesse da família da mulher pelo casamento, o mensageiro da família do noivo vai até a frente da casa dos pais da noiva e espeta um *Osa Lolon* como símbolo do compromisso firmado. Em seguida, a família da noiva começa a deliberar sobre o valor do *Kra'uk Sek'ngari*. No passado, as conversas para determinar os valores e bens eram feitas entre os líderes do núcleo familiar e da *Rumanan* da noiva, porém, hoje, como me disse o ministro da eucaristia Kasata, "toda a família participa, todo mundo fala". Quando os valores são estipulados, o *Sole Asu* do noivo é comunicado para que transmita à família deste. A partir de então, a família do noivo começa os preparativos para reunir os materiais solicitados, além de fornecer presentes aos familiares da noiva[173].

Concluída esta fase, passa-se para a cerimônia do casamento propriamente dita. Geralmente, o noivo não possui toda a quantia estipulada pela família da noiva, porém este deverá levar até a *Ruma Luli* da *Rumanan* desta, pelo menos, três *Osa Lolon* e um *Kngohi*. Nesta ocasião, as famílias podem tentar renegociar o valor, porém dificilmente este é alterado. Os itens que faltam para a conclusão do *Kra'uk Sek'ngari* são pagos no decorrer dos anos, e sempre que o marido precisar ajudar ou prestar homenagens à família de sua esposa – como nos funerais, nos anos em que a colheita não foi suficiente, na construção de uma casa, entre outros –, estes produtos são descontados do valor total.

Durante a cerimônia do *Kra'uk Sek'ngari* de Kolihali e Piapuk, os *Lela'it*, os *Haha Opun* e os *Ruma Opun* de ambas as famílias, todos católicos,

173. Este é o momento onde a família do noivo pode contestar e tentar renegociar os valores estipulados para o *Kra'uk Sek'ngari*. No entanto, isto precisa ser feito com cuidado, pois a família da noiva pode sentir-se desrespeitada e aumentar os valores previamente determinados.

sentados no chão e em círculo, conversavam sobre os valores que já haviam sido estipulados. As outras pessoas sentaram à volta e a posição de maior ou menor proximidade com os que estavam no círculo principal indicava o lugar que ocupavam na hierarquia de ambas as famílias. Algumas mulheres, enquanto isto, mascando *pua malus*, preparavam a comida ou faziam cestos de bambu. O diálogo entre os líderes das famílias era porque os familiares da noiva não aceitavam os *Osa Lolon* que o noivo havia oferecido. Dos quatro *Osa Lolon* levados, dois deles, segundo os líderes da família da noiva, não tinham a qualidade esperada, pois eram menores uns cinco centímetros do que os outros. Eles exigiam a troca imediata, alegando que aquilo era um desrespeito à sua família.

Após cinco horas de conversa, e depois do *Sole Asu* do noivo, por duas vezes, ter saído para buscar novos *Osa Lolon*, que também foram recusados, o impasse persistia. Alguns dos líderes da família da noiva levantaram de onde estavam e, retirando os *Osa Lolon* de "menor qualidade" do lugar, jogaram-nos no chão, mostrando, assim, contrariedade. A esposa de um dos homens da família da noiva, vendo que o seu marido era o mais exaltado, foi até ele e, segurando os seus braços, empurrou-o, tentando afastá-lo da discussão. Com a resistência do marido, ela colocou a mão na cabeça, demonstrando fadiga e tontura. As pessoas à volta, que pertenciam à família da noiva, sorriam e soltavam gritos, divertindo-se com a situação. Até que, por fim, ele, sorrindo e brincando com as pessoas que estavam próximas, afastou-se do grupo.

Gestos, gritos, sorrisos, levantar e ameaçar abandonar as conversas, alegar dores de cabeça e negociar até o último instante fazem parte da performance do evento. As discussões são marcadas pela dramaticidade. Porém, tudo é feito dentro de certos limites, onde não se pode agredir, verbal ou fisicamente, a outra parte envolvida. Apesar disso, nestas cerimônias os gestos e determinados comportamentos – de cordialidade, animosidade, alegria, contrariedade, entre outros – não são apenas formalidades a serem seguidas, mas há espaço para a espontaneidade. Ao comunicar sentimentos e opiniões estes gestos se constituem em uma linguagem, com códigos específicos, tão importante quanto aquilo que é verbalizado.

Os líderes da família da noiva, mesmo demonstrando irritação e ao jogar os *Osa Lolon* no chão, em nenhum momento, olharam, dirigiram a palavra, ou se aproximaram dos familiares do noivo, evitando, assim, desrespeitá-los. As expressões do rosto mudavam a todo instante, quando falavam eram sérios e taciturnos, logo a seguir, sorriam para as outras pessoas. Por vezes, alguns se afastavam da discussão alegando mal-estar físico, dores de cabeça e cansaço. Havia um revezamento no qual os homens da família da noiva trocavam de posição, ora reclamavam, ora eram conciliadores, ora sentavam no círculo para dialogar, ora saíam mostrando descontentamento. Os homens, com estes gestuais, estão comunicando que, ao mesmo tempo em que se sentiram desrespeitados, continuavam abertos ao diálogo e ainda mantinham o respeito à posição hierárquica e de interlocutores dos demais. Com esta postura, demonstravam também a sua posição de liderança na família e o prestígio que tinham naquele grupo, pois não são todas as pessoas que podem agir daquela maneira.

Além disso, evidenciavam que estavam cuidando do patrimônio da sua família, porque se aceitassem um *Osa Lolon* ou *Kngohi* de menor qualidade, teriam dificuldades em repassá-los nas futuras negociações de casamento e em outras cerimônias. Kurukaki, que estava sentado ao meu lado, disse-me, sobre o impasse a respeito dos *Osa Lolon*, que "isto é um grande problema". Mas acrescentou que "sempre é assim, eles [os líderes] discutem, discutem, mas depois se entendem". Ao encenarem comportamentos que remetem aos valores e situações vivenciadas pelos seus antepassados nas negociações de casamento, estão transmitindo aos jovens, desde cedo, como devem se comportar diante destes eventos[174]. Da mesma forma, a mulher, ao tentar acalmar o seu marido, não o fez por temor de que este passasse dos limites. Os limites estavam dados e mesmo o seu comportamento exaltado estava dentro dos códigos de conduta para aquela situação. Ela, com essa intervenção, demonstrou para todos que lá estavam que era uma mulher sensata, que cuidava do marido e pensava no coletivo ao tentar evitar constrangimentos para ambas as famílias.

Os líderes da família do noivo, para tentar solucionar a questão, sugeriram trocar os *Osa Lolon* por um *Kngohi*. Esta sugestão dividiu os líderes da família da noiva, que passaram a conversar entre si, até

174. As *Ruma Luli*, com toda a performance das cerimônias onde os bens materiais, o conhecimento, os símbolos, a relação com os antepassados, as disputas de poder e as práticas sociais são atualizadas e transmitidas às novas gerações, se constituem, para utilizar uma expressão proposta por Fox (1993), em um *teatro de memórias*. No entanto, ao contrário das casas sagradas pesquisadas por Fox, as *Ruma Luli* não são, necessariamente, um *ritual attractor*, mas sim um dos elementos da organização social da comunidade que favorecem – física e simbolicamente – a realização de rituais.

chegarem ao consenso de que não aceitariam a troca. A discussão ficou mais tensa, porém os líderes da família do noivo não levantavam a voz, demonstrando respeito pelos demais. Após horas de negociação, que terminou por durar o dia inteiro, os familiares da noiva aceitaram os novos *Osa Lolon* e receberam mais um *Kngohi*. Porém, apesar do acordo realizado, as famílias permaneceram conversando, pois os líderes da família do noivo precisariam demonstrar que estavam constrangidos com o incidente e reforçar que não desejavam desrespeitar a família da noiva e, por outro lado, a família desta deveria deixar claro que não tinham guardado ressentimentos e que tudo o que disseram anteriormente ficou no passado.

Em nenhum momento durante a cerimônia foram evocados símbolos e práticas católicas porque, conforme Kurukaki, "este é o casamento Humangili, o casamento cristão é depois, na igreja". Para os Humangili católicos, embora o *Kra'uk Sek'ngari* não contrarie as suas crenças cristãs, esta é uma cerimônia praticada antes do cristianismo chegar à comunidade, cuja manutenção contribui para a preservação dos seus costumes e a reverência à memória dos seus antepassados. Conversando com o *Lela'it* Mepais enquanto observávamos a chegada de alguns barcos que voltavam de Dili, este me disse que "primeiro as pessoas fazem o Kra'uk Sek'ngari, sempre foi assim, depois casam na igreja".

A oficialização do *Kra'uk Sek'ngari* ocorre quando o *Haha Opun* da *Rumanan* da noiva, no momento da cerimônia, junta uma porção de farinha de milho, mistura com mel e amêndoa de canária, depois coloca tudo em uma folha de betel e joga para o ar proferindo as seguintes palavras:

> Lea ria mak kra'uk sek'ngari nia (*Vamos hoje amassar o sek'ngari*)
> Si rua...(*Que os dois ... e ... - nome dos noivos*)
> La poak la pelak (*Gerem filhos, tenham descendência*)
> Kmamuk hatu suli la mai (*Perfurem as pedras e sigam em frente*)
> Sa'e konanan sa'e si'a lamai (*Vençam as dificuldades e que estas não voltem*)
> La'a mnori la'a mnata (*Para a vida, para o esverdeado*)
> Hehata sengulu perani sengulu (*Dez mulheres, dez homens*)
> La'a kngau ina ama hea hali (*Para conhecer uma mãe e um pai*)

O primeiro verso significa a unidade entre as duas famílias. No segundo, é proferido o nome dos noivos, para que todos os presentes e os espíritos dos antepassados tenham certeza de quem são as pessoas que estão casando. No passado, ao invés do nome dos noivos, os *Haha Opun* falavam o nome de duas divindades, Kássu Kia e Ké Turu, que simbolizam a união perfeita e harmônica. Porém, com o fortalecimento do cristianismo entre os Humangili, conforme o ministro da eucaristia Kasata, o nome das divindades foi substituído pelo dos noivos, para não remeter a rituais "pagãos". Apesar de fazerem a separação entre o *Kra'uk Sek'ngari* e o casamento na igreja, a influência do pensamento cristão pode ser sentida nestas pequenas alterações. O terceiro verso traz votos de prosperidade, pois ter uma família com muitos filhos significa que os pais terão ajuda na pesca e na agricultura. Depois, no quarto e quinto versos, é pedido que as agruras e as dificuldades não venham a atingir a família. Volta-se, novamente, para a prosperidade no sexto verso, com a alusão ao verde da colheita farta. "Dez mulheres, dez homens" significa a descendência numerosa e a perpetuação da família. No último verso, os votos são para que não esqueçam os antepassados e sempre lembrem as suas origens[175].

Depois de concluída a cerimônia do *Kra'uk Sek'ngari*, o casamento está oficializado. A seguir, realiza-se o *Topon Gnirisan*, no qual os integrantes de ambas as famílias comemoram a união comendo peixe seco, arroz, *mie goreng*, caldos de legumes e feijão, e bebendo *tua putin* e café. Este é, pelos costumes, o ritual final de despedida da noiva, que deixa a família de origem e passa a pertencer à *Rumanan* do marido. Ambos vão morar na casa dos pais do marido, ou em sua própria casa, quando já possuem uma.

No passado, a mulher não trocava de residência imediatamente e, dependendo da decisão dos líderes da família, esta transferência ocorria somente após alguns dias, uma semana, ou, mesmo, depois de um mês ou mais. Esta atitude demonstrava as possíveis desavenças e assuntos não

175. Duarte (1984) apresenta uma versão com alguns versos diferentes. Segundo Kurukose, descendente do assistente do padre Duarte na década de 1960, a versão está incorreta. Ele justifica o equívoco com o fato do padre não ter assistido a cerimônia e não conhecer a língua Humangili, fazendo com que confundisse algumas palavras. No entanto, há outras possibilidades para isto. Uma delas é que a fala ritual tenha sido alterada com o tempo, como aconteceu com a substituição do nome das divindades pelo dos noivos. A outra pode estar relacionada à postura resistente dos Humangili em abrir as suas histórias para as pessoas de fora da comunidade. Talvez, por isso, tenham passado a informação de forma incorreta, para não desagradar ao padre, negando-se a fornecer a informação, e nem desrespeitar os costumes da comunidade de guardar suas histórias apenas para seus membros. A versão apresenta os seguintes versos: *Lea ria má kra'u sek-gnari (vinde hoje amassar o sek-gári); Sirua Kássu-Kia, Ké-Túru (que os dois sejam Kássu-Kia, Ké-Túru); La'a Poti, la'a pela (Gerem filhos tenham descendência); Mu'u súli mai, hátu súli mai (quer se estenda a folha da bananeira, quer se projete a saliência da rocha) La'a mnoro, la'a mnata (cheguem eles a amarelecer, a reverdecer); hehata seng'úlu, perani seng'úlu (dez fêmeas, dez varões); La'a kgau Iná ama hea háli (venham a conhecer uma só mãe, um só pai)* (Duarte, 1984: 46).

totalmente resolvidos durante a negociação, como também revelava a importância da noiva para a sua família e a tristeza em deixá-la partir. Na data marcada, a mãe do noivo dirigia-se até a casa dos pais da noiva para buscá-la. Porém, a partir dos anos 1980, esta prática começou a ser modificada e, atualmente, segundo o ministro da eucaristia, o novo casal já vai "junto para a casa do noivo". Contudo, Kasata advertiu, que "nem todos os católicos fazem assim, alguns esperam o casamento na igreja para depois morar na mesma casa". Se, para os católicos, residir na mesma casa somente após o casamento na igreja é uma exceção, entre os assembleianos isto é a regra. O assembleiano Ketihura, sobre os casamentos Humangili, comentou, enquanto conversávamos próximo à sua casa em Hatulela, que o *Kra'uk Sek'ngari* é válido e já significa que as pessoas estão casadas. Porém, em tom de crítica, disse que para morar juntos os noivos precisam da "bênção de Deus", por isso, "nós fazemos o *Kra'uk Sek'ngari* igual os católicos. Mas, para eles [os católicos], a mulher já vai morar com o marido. Para nós, não. Esperamos o casamento na igreja".

O noivo, não importando a sua Igreja, com o tempo, deverá honrar a família da noiva e o seu compromisso com esta, pagando a quantia restante para o *Kra'uk Sek'ngari*. Quando o noivo entrega os últimos objetos e alimentos para a família da noiva, é realizada a cerimônia do *Kne Pipahe*. Por mais que uma pessoa individualmente tenha condições de finalizar o pagamento do seu *Kra'uk Sek'ngari*, esta deverá esperar e ajudar os homens mais velhos da família – pai, irmãos, avô – que porventura não tenham realizado o seu próprio *Kne Pipahe*[176].

Participei de um destes momentos em que o casal, assembleiano, já estava unido há 17 anos e tinha quatro filhos. Os parentes católicos e evangélicos de ambas as famílias, durante o dia, reuniram-se em torno da casa dos noivos. Cheguei por volta das 14h30min e sentei-me junto com um grupo de pessoas, aproveitando a sombra produzida pela parede de

176. Existe toda uma negociação nos núcleos familiares e nas *Rumanan* para a repartição dos bens pois, apesar dos mais velhos terem a prioridade, estes não podem utilizar todos os bens e valores da família em seu único proveito. Uma história Humangili que torna sempre presente este sistema é sobre a criação da *Lisan* Rumamaru. Os irmãos Kolikose, Kirireti e Kaireti eram os líderes da *Lisan* Tutunopun. No entanto, Kolikose, na condição de irmão mais velho e chefe da *Lisan*, decidiu, sem consultar os irmãos, utilizar a maioria dos bens familiares para saldar a sua dívida para com a família da esposa. Os demais irmãos, apesar de saberem que a preferência para utilizar os bens familiares cabia ao irmão mais velho, reclamaram alegando que este não tinha o direito de utilizar quase todos os bens da família, pois isto criaria problemas para que eles pudessem realizar o seu próprio *Kne Pipahi*. Kaireti, o irmão mais novo, ficou muito revoltado e resolveu afastar-se da *Lisan* de origem e criar a sua própria, os Rumamaru.

uma casa. Ficamos lá esperando, conversando e deixando o tempo passar. Os *Sole Asu* dos noivos caminhavam agitados e sérios de uma casa à outra, mandavam amarrar os animais que seriam entregues à família da noiva, contavam os *Osa Lolon*, *Kngohi* e os alimentos várias vezes. Algumas mulheres idosas ensaiavam passos de *roinelu*, mascavam *pua malus* e cantavam. Muita agitação, conversas e crianças brincando por toda parte. Com intervalos irregulares, ao longo do dia, uma concha marinha era entoada por sopro, convocando os familiares ou, simplesmente, informando a comunidade de que lá havia uma festa.

Às cinco horas, quando o calor do sol estava mais tolerável, os *Sole Asu* dos noivos, utilizando a concha marinha, deram o sinal de que a cerimônia iria começar. Saímos da casa do casal em direção à casa dos pais da esposa, distante uns 100 metros uma da outra. Os assembleianos, caminhando, e os católicos, dançando e cantando, seguiram os *Sole Asu*. Ao chegarmos à frente da casa dos pais da noiva, fomos recebidos por estes e pelo *Haha Opun* da sua *Rumanan*. Após os cumprimentos iniciais, o *Sole Asu* do noivo entregou-lhes dois *Osa Lolon*, oito *Kngohi*, três cabritos, dois porcos, doze fardos de mandioca e inúmeros fardos de areca e betel. Os chefes das duas famílias, os *Haha Opun* e alguns *katuas*, depois que os objetos foram entregues, reuniram-se na frente da casa para fazerem a contagem de tudo o que o noivo já havia pago desde o início do casamento. Sentados em uma esteira de palha, utilizando pequenas pedras que simbolizavam o tipo e a quantidade de objetos e animais que foram entregues, realizaram a contagem sobre o olhar atento de todos.

As pessoas amontoavam-se, queriam assistir, ver pelo melhor ângulo, alguns jovens retiravam as crianças curiosas que tentavam entrar no círculo. Este momento é um pouco tenso, porque nada pode estar faltando. Quando a contagem foi finalizada, e constatado que os valores e bens exigidos no *Kra'uk Sek'ngari* estavam completos, a noiva encobriu o rosto com as mãos e começou a chorar. A seguir, outras mulheres também começaram a chorar, estimuladas por aqueles que estavam observando, que sorriam e ensaiavam passos de *roinelu*. O choro tem como objetivo comover o marido para que este aumente a quantidade de bens. Seguiu-se nova negociação. Após uma hora de conversa, em que o marido argumentou que não tinha condições para aumentar o valor do *Kra'uk Sek'ngari*, mas reafirmou que sempre ajudaria a família quando estes precisassem, a cerimônia foi encerrada. Apesar dos noivos serem assembleianos, as orações cristãs, como é costumeiro nas cerimônias evangélicas, não foram feitas. Entre os motivos está o fato de os pais dos noivos – que eram católicos e assembleianos – terem aderido as suas respectivas Igrejas em idade avançada e ainda preservavam certos costumes, separando as práticas herdadas dos ancestrais daquelas adquiridas por intermédio do cristianismo.

Depois deste momento, ocorre o *Oipahi Uga'na*. Nesta ocasião, o pai da noiva e sua família prestam homenagens ao noivo por ter honrado o acordo firmado. Não há uma pressão para que o homem forneça todos os bens imediatamente ao *Kra'uk Sek'ngari*, até porque, após o casamento, o marido está obrigado a ajudar a família de origem da sua esposa sempre que estes precisarem. Porém, dependendo da relação estabelecida entre os núcleos familiares e do tempo decorrido para concluir a transferência de bens e valores, a família da noiva pode insultar o noivo por demorar em honrar o acordo firmado. Contudo, estes insultos, entre os Humangili, somente ocorrem se o noivo, mesmo com condições de fazê-lo, não cumprir com a obrigação de ajudar a família da sua esposa e não presenteá-los nos casos de óbitos, entre outras situações. Isto, além de descumprir com as regras sociais para estes momentos, é considerado um desrespeito para com a família de origem da sua esposa.

O CASAMENTO NA IGREJA E ALGUMAS CONTROVÉRSIAS

Entre os católicos, como vimos anteriormente, casar na igreja não é a prioridade, pois, para eles, o *Kra'uk Sek'ngari* já é a consumação do casamento. Sobre esta percepção dos católicos, o ministro da eucaristia Kasata comentou que "no passado, o *Kra'uk Sek'ngari* era a única forma de casamento que os Humangili conheciam", mas, agora, como "somos católicos, precisamos casar na igreja" e, mesmo que demore, "todos casam na igreja para não viver como pagãos". As cerimônias de casamento cristãs ao serem introduzidas na comunidade passaram por um processo de *adoção*, que acontece quando dois sistemas distintos estão justapostos, cuja coexistência é marcada por tensões que não implicam necessariamente na anulação ou transformação estrutural de um dos dois (Robbins, 2004) e que, em Humangili, com o tempo passaram a fornecer elementos um para o outro, oscilando entre similitudes e contrastes.

Estas tensões podem ser observadas na insistência dos líderes cristãos da necessidade do casamento na igreja. O ministro da eucaristia, durante o sermão que proferiu durante uma das missas que dirigiu em fevereiro de 2009 – pois padre Luís havia viajado de férias –, disse que os catequistas precisavam se organizar e, junto com o grupo de jovens católicos, deveriam visitar todas as casas e fazer uma lista dos católicos que ainda não eram casados na igreja. Em tom enérgico, disse que as pessoas precisam escolher "se são católicas ou não, porque os católicos têm que casar na igreja, não podem viver em pecado". Terminou dizendo que, se alguém deseja que o seu filho seja batizado, "primeiro terá que casar na igreja", e questionou: "se não é casado, porque quer batizar o filho?". Esta argumentação remonta à época da ocupação portuguesa, em que a Igreja Católica também utilizava o registro de batismo como uma das suas estratégias para a cristianização do Timor, já que esta era praticamente a única forma da população obter um documento legalmente válido.

Apesar da advertência pública, os grupos não se formaram. Este tipo de orientação não é uma questão colocada pelos padres ítalo-brasileiros, pois, para eles, o casamento na igreja não significa adesão ao catolicismo. Com relação a isto, padre Luís, quando retornou de férias, comentou comigo:

> Eles primeiro têm que entender o que é o catolicismo, ser católico não é ir à igreja, ou beijar a mão do padre como eles fazem aqui. O casamento é o menor dos problemas.

Sobre a fala do ministro da eucaristia, padre Luís disse:

> Ele está mais calmo, antes era mais rígido. Mas esta postura não é dele, a Igreja no Timor é assim. Muitos padres aqui não conversam, não explicam nada, só dão ordens. [...] Muitos padres só ficam dentro das igrejas mandando em todo mundo.

Este comportamento com relação ao casamento não acontece com os cristãos assembleianos. Apesar de realizarem a cerimônia do *Kra'uk Sek'ngari*, evitando, assim, conflitos com os católicos, a união só é legitimada após o casamento na igreja. Se, entre os católicos, o casamento na igreja é uma consequência do *Kra'uk Sek'ngari*, que pode ser protelada no tempo, para os assembleianos, apesar de ser realizado antes, o *Kra'uk Sek'ngari* é um efeito secundário do casamento cristão. Para solucionar a questão das duas cerimônias de casamento, os evangélicos as realizam com um intervalo de poucos dias uma da outra. Independente da religião dos noivos, na semana anterior ao casamento na igreja, há um sobe e desce diário entre o mar e o local onde será realizada a festa, pois as famílias precisam carregar os materiais e alimentos comprados em Vila Maumeta ou em Dili. Além dos alimentos e bebidas, também são compradas telhas de zinco, utilizadas como cercas para demarcarem o espaço onde ocorrerá a festa, as quais depois serão usadas para cobrir a casa dos noivos ou dos seus pais. A preparação das festas é feita durante meses e envolve um gasto financeiro significativo, contribuindo para que estas cerimônias demorem a acontecer.

Frente a esta dificuldade, um grupo de homens católicos se organizou e estabeleceu outro tipo de alianças na comunidade. O grupo *Maun Alin*[177], criado em 2009, implantou um sistema de financiamento, no qual cada integrante deverá contribuir com US$ 10 dólares para festas de casamento na igreja e US$ 5 dólares para funerais. Porém, somente os integrantes do grupo – aproximadamente 40 homens, entre 21 e 35 anos – têm direito a receber, e isto não se estende aos demais membros das suas famílias. Nos casos de casamentos, deve-se comunicar ao grupo pelo menos três meses antes da cerimônia na igreja. Isto é necessário para que as lideranças – o chefe, o secretário e o tesoureiro – possam deliberar sobre o assunto e comunicar aos demais integrantes, dando-lhes um prazo para obterem o dinheiro. Mesmo que esta ajuda seja utilizada somente para os gastos com a festa de casamento na Igreja Católica, este grupo provocou desvios no processo habitual. Os seus integrantes não estão unidos necessariamente por laços de parentesco ou afinidades, podendo, inclusive, não terem relações uns com os outros. Esta dinâmica acaba por estabelecer outro espaço de poder dentro da comunidade, pois, se a decisão sobre a possibilidade da realização do casamento na igreja não é deslocada da figura do chefe da família, pelo menos, é compartilhada com os líderes deste grupo. No entanto, depois de um ano da sua criação, o grupo está enfrentando problemas, pois nem todos os membros fornecem os valores estipulados, alegando não terem dinheiro. Isto nos mostra, além das dificuldades em acessar o dinheiro, a dualidade dos Humangili entre a vontade de criar iniciativas que estabeleçam novas formas de relações e parcerias, e as barreiras encontradas no seu contexto cognitivo, simbólico e prático em estender estas mesmas relações para fora das alianças familiares.

177. *Maun Alin* (irmão mais velho + irmão menor) é uma expressão em Tétum que significa irmãos.

Quando a data marcada para o casamento se aproxima, são realizadas algumas reuniões para definir as chefias das equipes de trabalho que se encarregarão do preparo da comida, da limpeza, de servir os noivos, da segurança, dos enfeites – enchimento de balões e confecção de bandeirinhas de papel e adornos feitos com palha de palmeira e tiras de bambu –, os responsáveis por cuidarem da mesa onde ficará a comida para os convidados, da animação, e os que cuidarão para que o gerador, alugado na própria comunidade por US$ 5 dólares diários, não pare de funcionar. O local onde os convidados e os noivos ficarão também é coberto com lonas para protegê-los do sol[178].

Alguns minutos antes da hora marcada para o casamento, os noivos saem da casa dos pais da noiva – aludindo à saída da mulher da *Ruma Luli* da sua *Rumanan* nas cerimônias do *Kra'uk Sek'ngari* – ou, no caso dos católicos, já casados, saem da sua própria casa em direção à igreja. Lá chegando, sentam-se nos últimos bancos e esperam pelos dirigentes. O noivo veste terno branco ou escuro, gravata e luvas brancas, e a noiva usa um vestido claro que, normalmente, é rosa, branco ou amarelo. Estas roupas, tanto dos noivos como dos seus padrinhos, são praticamente as mesmas em todos os casamentos, pois os Humangili as emprestam, ou alugam, uns para os outros. Quando o dirigente – padre ou pastor – se desloca ao altar para iniciar a cerimônia, os noivos, acompanhados pelos dois casais de padrinhos, são convidados a sentarem-se nos primeiros bancos. Durante toda a cerimônia, os noivos não se tocam e quase não trocam olhares. As demais pessoas, a exemplo das missas e cultos habituais, dividem-se por sexo, as mulheres sentadas do lado esquerdo e os homens do lado direito do altar.

Os casamentos católicos seguem como se fossem uma missa comum. Conforme o padre Luís me disse enquanto almoçávamos na casa paroquial, após uma missa dominical, "faço a missa normalmente e depois, durante o sermão, adapto a leitura do dia ao casamento e chamo os noivos". Segundo padre Luís, ele não gosta de realizar casamentos, batizados ou qualquer outra cerimônia:

178. Estas lonas, que foram compradas ou trocadas por outros objetos, eram usadas anteriormente como tendas para abrigar os deslocados internos da crise político-militar de 2006. Calcula-se que, entre abril e maio de 2006, algo em torno de 150,000 a 178,000 pessoas saíram ou foram obrigadas a sair das suas casas, e passaram a morar nestes campos (Internal Displacement, 2009). Em Ataúro não houve conflitos, porém um campo de deslocados foi montado, entre os sucos de Beloi e Vila Maumeta, para receber pessoas de outras partes do Timor.

> Eu faço, não tem problema, é uma obrigação do padre fazer este tipo de coisa. Mas estas coisas são todas formalizadas, as pessoas não prestam atenção em nada. Nós temos é que sair de dentro das igrejas e ir para as ruas.

Já a cerimônia religiosa entre os assembleianos é toda voltada para o casamento propriamente dito, e os sermões dos dirigentes enfocam diversos aspectos da relação entre marido e mulher, como a fidelidade e o respeito que ambos devem ter um para com o outro. Tanto entre católicos como assembleianos, quando a cerimônia é encerrada, parentes e amigos vão para a frente do altar e cumprimentam os noivos. Depois os noivos, acompanhados dos seus pais, padrinhos e alguns convidados, caminham em direção ao local da festa, que, geralmente, é realizada na casa onde vão morar ou, se ainda não tiverem uma, na casa de um dos integrantes do núcleo familiar do marido. Neste momento, os noivos e todo o cortejo que os segue, em silêncio, demonstram para a comunidade que o casamento foi realizado. As cerimônias de casamento cristão são celebradas pela manhã e terminam por volta do meio-dia, o que torna a caminhada, devido ao calor do sol, às roupas e sapatos aos quais não estão habituados, dependendo da distância, cansativa.

Em 2009, fui ao casamento católico de Tuakela e Koharek. Eles já moravam juntos desde 2007, depois de terem realizado o *Kra'uk Sek'ngari*. Saímos da igreja em Hatulela e fomos em direção a Masilihu, onde seria realizada a festa de casamento. Na frente e ao lado da casa, foram colocadas tendas para proteger do sol, e distribuídos alguns bancos de madeira e uma mesa central para servir a comida. Quando os noivos chegaram, acompanhados dos padrinhos, de seus pais e de seu filho de um ano, já havia várias pessoas esperando. Os noivos, parados na entrada, esperaram que o mestre de cerimônias os anunciasse e os autorizasse a entrar. Ao som de uma música timorense produzida por um toca-fitas, o mestre de cerimônias convidou os noivos a entrarem, e estes cumprimentaram todos os presentes com um aperto de mão para aqueles que ocupam posições hierárquicas de destaque ou são próximos afetivamente, e com um aceno com a cabeça ou de mão para as demais pessoas. Enquanto faziam isto, percorreram todas as partes do terreno até chegarem à cozinha, onde cumprimentaram a equipe responsável pelo preparo da comida. Quando retornaram para o espaço principal, sentaram-se em um local reservado que foi montado para eles, para seus pais e para os padrinhos de casamento. Durante todo o tempo, o mestre de cerimônias narra o que está acontecendo e faz brincadeiras com os noivos e alguns convidados.

Com exceção do mestre de cerimônias, que falava constantemente no microfone alugado para a ocasião, as demais pessoas ficavam em silêncio ou conversavam em voz baixa. Há toda uma reverência para com aquele momento. O mestre de cerimônias, depois que os noivos se sentaram, orientou – sempre usando o microfone, apesar de o lugar ser pequeno e estarmos todos próximos uns aos outros – as equipes responsáveis pelo preparo da comida e montagem da mesa. Depois, leu em voz alta o cronograma com a sequência das atividades, desde a cerimônia do casamento na igreja até a noite, com a dança. Após aproximadamente uma hora de espera, o mestre de cerimônias anunciou que os noivos iriam fazer o brinde de casamento. Então, os noivos levantaram-se e dirigiram-se até a mesa que estava montada à sua frente com bolo, refrigerantes, cerveja, *Newport*, bolachas e alguns salgados. O mestre de cerimônias orientou os noivos a servirem dois copos de refrigerante e a cortarem duas fatias de bolo. Feito isto, pediu para que estes levassem ao mesmo tempo o copo de refrigerante à boca um do outro. Porém, isto foi feito por etapas, pois o mestre de cerimônias, à medida que contava de um a três, intercalava entre os números algumas histórias e brincadeiras com os noivos. Depois, os mesmos procedimentos foram feitos com a fatia de bolo. Isto terminado, todos voltaram a sentar e o silêncio retornou.

Depois de alguns minutos, o padrinho do noivo, à convite do mestre de cerimônias, falou sobre a alegria daquele momento e desejou sorte, felicidades e uma descendência numerosa aos noivos. Discurso concluído, esperamos mais um pouco até o mestre de cerimônias solicitar aos noivos que se dirigissem às demais pessoas e os convidassem a comer. Os noivos, assim, se levantaram e caminharam entre as pessoas convidando-as, uma a uma, a se servirem. No cardápio, carne de porco e cabrito fatiado, arroz, *mie goreng*, legumes fervidos, mandioca e feijão marrom. Após comerem, os convidados começaram a retornar para as suas casas para descansar, porque, à noite, haveria festa com música mecânica, dança e mais comida e bebida.

Durante a pesquisa, ocorreram, entre católicos e assembleianos, nove casamentos na igreja e, em todos, os procedimentos, com pequenas variações – como, por exemplo, o padrinho da noiva ou outra pessoa com posição social de destaque na comunidade também falarem – foram os mesmos. No entanto, apesar das semelhanças protocolares e de ser um momento festivo, os casamentos revelam as diferenças sociais entre as famílias. Restritos aos familiares e às pessoas que mantêm algum vínculo de reciprocidade com os noivos – que precisam ser convidados pessoalmente para a festa –, quanto maior é o número de pessoas, a variedade e quantidade de comida e bebida, de mesas e bancos para sentar, de enfeites e o tamanho do terreno onde é realizada a festa, podemos inferir o grau de importância hierárquica, o número de relações de reciprocidade com outros núcleos familiares e o poder econômico daquela família. Além disso, aparecem as tensões entre os núcleos familiares e os grupos religiosos que, geralmente, no cotidiano, são abafadas.

Certa vez, durante uma festa de casamento na aldeia Hatulela, o almoço foi servido quase às quatro horas da tarde porque a família da noiva demorou a chegar. O mestre de cerimônias da festa disse-me que precisavam esperar a família da noiva para poderem autorizar as pessoas a comer, caso contrário, os familiares da noiva poderiam sentir-se desrespeitados. Quando estes chegaram ninguém reclamou ou fez comentários sobre a demora. O atraso da família da noiva, que era composta por assembleianos e católicos, foi uma maneira de uma parte dos seus integrantes demonstrarem o protesto pelos valores do *Kra'uk Sek'ngari*. Algumas pessoas ligadas ao núcleo familiar de origem da noiva queriam valores mais elevados, pois alegavam que o noivo pertencia a uma família importante e com *status* social na comunidade.

Outra situação ocorreu na festa de casamento de Kalisuk – professor de religião da escola primária e primo do ministro da eucaristia – com Ketikela. Eles já haviam realizado o *Kra'uk Sek'ngari*, mas ainda não moravam juntos, pois Kalisuk, que, na época, ainda não era professor, mas havia recebido a promessa de que o seria, preferiu não colocar sua posição em risco. Algumas semanas depois dele ter sido nomeado professor, conversamos no *Ro Putin Hnatin*, e ele me disse que já estava casado e que gostaria de morar com a esposa, mas não podia porque "agora eu sou professor de religião, não posso morar com a minha mulher [antes do casamento católico], a Igreja não deixa". Um ano depois desta conversa, na festa de comemoração do casamento na igreja, compareceram poucas pessoas da família de Ketikela, porque os pais dos noivos tinham discutido e rompido relações desde os anos 1990. Esta situação nunca foi resolvida, desculpas não foram pedidas e ambos os lados afirmavam terem razão e, portanto, não dariam o primeiro passo para a reconciliação. O resultado é que o casamento ocorreu devido à insistência dos noivos, porém a relação de reciprocidade entre os núcleos familiares continuava comprometida.

Em outra oportunidade, fui a um casamento de dois irmãos Humangili. Apesar de terem nascido em um núcleo familiar assembleiano, um dos irmãos era católico, pois, quando criança, foi morar em Dili com familiares católicos, passando, assim, a praticar o catolicismo. No mesmo dia, foram realizadas duas cerimônias separadas, uma na igreja evangélica e outra na católica. Quando terminaram as cerimônias – com diferença de dez minutos uma da outra –, os casais saíram das respectivas igrejas e caminharam em direção à casa dos seus familiares para realizarem a festa em conjunto. Tudo transcorreu sem nenhum incidente porém, à noite, enquanto os católicos esperavam a festa com dança, canções locais e música mecânica, os assembleianos, responsáveis pela organização, programaram a apresentação do coral da igreja, que cantava músicas religiosas. Os católicos, descontentes, entoavam algumas cantigas em Hresuk e ensaiavam passos de *roinelu*, mas o amplificador tornava mais potente os cânticos assembleianos. A festa, que tinha começado às 21 horas, acabou quatro horas depois, pois os católicos, insatisfeitos com a impossibilidade de dançar e cantar, saíram mais cedo e os evangélicos, depois que o amplificador estragou, por volta da meia-noite, também pararam de cantar e retornaram para as suas casas.

Os problemas com pessoas vindas de outras comunidades também se manifestam nestas festas. Em novembro de 2008, participei de uma comemoração de casamento na aldeia Hatulela. Durante a festa, estavam presentes alguns descendentes da família do noivo, mas que nasceram e moravam em Vila Maumeta. Dois homens deste grupo, de 23 e 24 anos, meses antes, tinham sido agredidos por policiais da PNTL após terem se envolvido em conflitos com outros jovens do suco onde moram. A festa começou por volta das 20 horas e, quando estava próximo à meia-noite, um dos jovens de Vila Maumeta, já embriagado, enquanto estavam todos dançando, aproveitou para desferir socos em um policial Humangili que estava de folga participando da comemoração. Com as primeiras trocas de socos e pontapés, as crianças e as mulheres saíram correndo e gritando em várias direções. Isto gerou confusão, todos ficaram assustados, a poeira levantada pela correria das pessoas dificultava a visão e os homens que queriam apartar o conflito não conseguiam alcançar aqueles que estavam brigando. Quando a equipe de segurança conseguiu separar os envolvidos no conflito, algumas mulheres, mais velhas, gritavam para os jovens voltarem para Vila Maumeta, pois eles - apesar da ascendência - "não são Humangili" e "sempre fazem confusão". Os seus maridos tentavam controlá-las, dizendo para ficarem caladas e não estimularem ainda mais o problema. No final, tanto o policial como o jovem continuaram na festa, porém em lados opostos, sem se aproximarem. Os homens mais velhos conversavam ora com um, ora com outro, para acalmá-los, e, assim, prosseguirem com a comemoração.

Participei também de um casamento em Vila Maumeta[179]. Alguns Humangili foram convidados por terem vínculos de parentesco com os noivos. Em determinado momento da festa, depois que todos já tinham comido e se preparavam para dançar ao som de uma banda timorense de Dili que havia sido contratada especialmente para a ocasião[180], os *katuas* Humangili começaram a entoar canções em Hresuk e a dançar o *roinelu*. O *Ruma Opun* e chefe da família do noivo levantou-se de onde estava, foi até o microfone e disse que iria conceder cinco minutos para que eles pudessem dançar e cantar as músicas Humangili. Enquanto os *katuas* dançavam e cantavam, acompanhados das crianças, o *Ruma Opun* explicou no microfone, apontando para eles, que aquilo era um costume que tinham herdado dos seus antepassados. Disse isto como se as danças e canções locais fossem uma curiosidade e as pessoas que lá estavam participando da festa também não fossem de Ataúro. Esta postura de estranhamento sobre os costumes locais não é incomum entre os descendentes Humangili que moram em Vila Maumeta ou Dili, e que, geralmente, possuem maior poder econômico e mantêm contatos com estrangeiros. Eles associam a introdução da música mecânica, da bebida destilada, da cerveja, dos salgados e doces como símbolos dos novos tempos e do desenvolvimento intelectual, cultural e econômico. Isto pode ser entendido como um dos efeitos da globalização[181]. Desde 1999, com o plebiscito que desencadeou

179. Em Vila Maumeta, como há energia elétrica a partir das 18 horas até as 24 horas, os casamentos na igreja são realizados normalmente à noite, seguidos da festa. Desta forma se evita o calor do dia e se aproveita a luz produzida pelo gerador do governo, que fica próximo da sede do suco.

180. Em Humangili, isto não acontece, porque é dispendioso para os padrões locais contratar uma banda para animar ao vivo as festas de casamento. Porém, em Vila Maumeta, esta é uma prática que vem se tornando comum entre aquelas famílias que possuem melhores condições financeiras.

181. Utilizo a expressão *globalização* como sendo um conceito polissêmico e um fenômeno não uniforme (Geertz, 2001; Sahlins, 1997), configurando-se em um recurso analítico na compreensão

o processo de independência do país, os timorenses entraram em contato de forma mais intensa, em um curto espaço de tempo, com lógicas e práticas de vários lugares do mundo, inclusive por intermédio dos funcionários das Nações Unidas, das organizações não governamentais, dos trabalhadores vindos de outros países asiáticos, dos missionários religiosos e dos próprios timorenses que retornaram do exílio vindos, principalmente, da Austrália, Moçambique e Portugal.

Sobre outro ponto de vista, complementar aos possíveis efeitos da globalização, a própria divisão que os Humangili fazem entre o *Kra'uk Sek'ngari* e as festas cristãs contribui para esta percepção. De certa forma, também pode ser um caminho encontrado pelos Humangili que saíram da comunidade e não possuem uma posição de liderança na hierarquia hereditária se constituírem, com a *adoção* de outros valores, em depositários de prestígios que lhes conferem *status* diferenciado. No entanto, estes Humangili, no cotidiano, continuam subordinados às divisões hierárquicas e praticando as regras que orientam as relações entre os núcleos familiares e as *Lisan*.

Os efeitos de tudo isto também podem ser sentidos entre os Humangili que não saíram das suas aldeias, apesar de estarem relativamente isolados fisicamente e serem mais conservadores e resistentes às mudanças. No caso específico dos casamentos, os jovens católicos, embora critiquem a postura assembleiana de evitar as danças e cantigas locais, quando ocorrem festas, preferem a dança embalada ao som mecânico das fitas cassete de grupos timorenses ou indonésios. Durante uma festa de casamento, enquanto bebia café e repetia pela segunda vez o prato de arroz com *mie goreng*, conversei com o chefe de aldeia Kalisuk e o dirigente assembleiano Kerakia. Kalisuk, com a anuência de Kerakia, comentou:

> No passado não tinha música [referindo-se ao som mecânico], era só cantiga e roinelu. A única coisa que tinha nas festas era peixe, mandioca e *tua putin*, mas agora tem outras coisas. [...] os jovens só querem música moderna, não se preocupam mais com a cultura.

Sobre isto comentei que, de certa forma, os casamentos na igreja também traziam elementos novos, porque o noivo casava de terno e

dos processos de decomposição e recomposição de identidades individuais e coletivas (Velho, 1997; Pace, 1997) que nos confronta com a multiplicidade de identidades possíveis, tornando-as mais posicionais e plurais (Hannerz, 1997; Friedman, 2000; Appadurai, 2004; Hall, 2004).

gravata e a noiva usava vestido. Eles sorriram, e Kalisuk disse "é verdade, no Timor não tem terno e gravata". Kerakia completou dizendo:

> Eu já tinha falado isto antes com o chefe [Kalisuk], aqui é muito calor, não se usa terno, se usa Lipa e Kngohi. O melhor é usarmos o que sempre usamos, Lipa e Kngohi, acho que os casamentos deveriam ser assim. Terno e gravata é roupa de estrangeiro.

No entanto, as músicas cantadas por grupos de fora da comunidade continuam embalando as festas católicas, os assembleianos mantêm as músicas religiosas e todos casam usando o terno, a gravata e o vestido de noiva. Estas falas refletem não uma oposição às inovações, que já foram incorporadas à dinâmica destas cerimônias, mas sim a preocupação geral dos adultos acima dos 40 anos de que os jovens possam esquecer os costumes herdados dos antepassados. A reivindicação do uso da *Lipa* e do *Kngohi* por parte dos assembleianos também pode ser entendida como uma forma dos seus líderes se oporem às constantes acusações dos católicos de estarem rompendo com os costumes ancestrais. Ao reivindicar determinadas vestimentas como sendo "originais", e sugerir que elas sejam usadas nas cerimônias oficiais – mesmo que isto não seja efetivado –, resgatam, ao menos no discurso, o vínculo com as práticas dos antepassados. Seguindo esta lógica, os assembleianos, não explicitamente, tentam evitar desentendimentos com os católicos, saem da defensiva e colocam a seguinte questão dentro da própria comunidade: quem realmente se preocupa e preserva os costumes Humangili?

Como podemos observar, os arranjos matrimoniais sofreram algumas alterações, com o passar dos anos, por meio da introdução na comunidade de determinados símbolos, interditos e regras oriundas das Igrejas cristãs. Por outro lado, o casamento na igreja, ao mesmo tempo em que impôs alguns padrões de conduta, também sofreu adaptações no sentido de se aproximar do ritmo, das regras e das formalidades da socialidade Humangili. Esta dinâmica é marcada por contrastes entre o "novo" e o "antigo", a "mudança" e a "permanência", dialética esta que coloca em discussão para os Humangili, de forma não homogênea, a maneira com que eles percebem e constroem a sua autoimagem.

ENCONTROS E DESENCONTROS

Na cosmologia Humangili, há um *ser superior*, chamado Meromak[182], que teria criado o mundo, os animais e as plantas que hoje existem. Porém, este vive afastado em um lugar desconhecido e inacessível, tanto dos homens, como dos espíritos da natureza e dos antepassados. Os Humangili, logo após a morte física, passariam pelo julgamento do *conselho de anciãos* em um local no próprio suco chamado de *Suli Nian Suli Nan*. Se for julgada uma "pessoa boa", de acordo com o seu comportamento, que envolve o respeito aos pais, aos costumes, símbolos, normas e hierarquias da comunidade, esta passaria a conviver com os seus ancestrais. Por outro lado, se for julgada como alguém que desrespeitava os preceitos da comunidade, ela seria enviada para *Lumera*, local situado a sudoeste da ilha, onde viveria em meio ao fogo. De acordo com esta crença, não haveria uma descontinuidade drástica entre o transcendente e o mundano. Os dois mundos, espiritual e material, estariam acontecendo simultaneamente no tempo e no espaço, sendo que, conforme o *Lela'it* Menunu:

> Os espíritos podem ver as pessoas, mas as pessoas [com exceção dos *Mataplolon*] não podem ver os espíritos. [...] eles andam aqui junto com as pessoas, entram nas casas, mas as pessoas só veem os espíritos quando eles deixam.

As concepções de uma única força criadora e de "espíritos bons", que vivem em harmonia, e "espíritos maus", que são torturados pelo fogo, favoreceram um *alinhamento de frames*[183], contribuindo para o discurso

---

182. Esta palavra vem do Tétum *Maromak*, em que uma possível tradução seria *aquele(a) que ilumina/brilha*. A concepção sobre um ser superior, criador do mundo, é comum a praticamente todos os grupos sociais timorenses. Para discussões sobre a utilização da expressão *Maromak*, conferir Therik (2004), entre os timorenses do lado ocidental da ilha, e Traube (1986; 2007), entre os Mambai.

183. A expressão *alinhamento de frames* (*frame alignment*) foi proposta por Snow (1986), a partir do trabalho desenvolvido por Goffman sobre a organização da experiência no processo de construção e percepção da realidade (Goffman, 1986). Este alinhamento consiste no estabelecimento de *uma conexão entre as orientações interpretativas dos indivíduos e das organizações de movimentos sociais (OMS), de tal forma que um conjunto de interesses, valores e crenças dos indivíduos e as atividades das OMS vejam-se como congruentes e complementários* (Snow et al. 1986: 464). Os *frames* podem ser considerados, conforme Zald (1996: 262), como metáforas específicas, representações simbólicas e arranjos cognitivos para arregimentar ou confrontar comportamentos e eventos em um modo avaliativo e sugerir maneiras alternativas de ação. Para outras discussões sobre o conceito e a aplicação dos *frames*, conferir Gamson e Modigliani (1989).

dos missionários católicos e evangélicos na associação deste *ser superior* à figura do Deus cristão e para a introdução dos conceitos de paraíso e inferno bíblicos. A vida no paraíso seria encarada como um aperfeiçoamento da vida mundana e o inferno como punição para os não batizados. Se, na compreensão anterior à versão cristã, as almas dos mortos estavam entre os "vivos", com as noções de céu e inferno, elas, agora, habitam um lugar que os Humangili não sabem determinar. Contudo, para os católicos, o trânsito das entidades sobrenaturais ao "mundo dos vivos" continuaria sendo feito sem empecilhos.

No entanto, os Humangili católicos nunca sabem com certeza se o que veem ou sentem é consequência do contato com um dos seus ancestrais ou se é um demônio que veio do inferno para tentá-los e prejudicá-los. Os demônios, entendimento unânime entre os Humangili católicos e assembleianos, teriam a capacidade de assumir a aparência de qualquer pessoa, podendo ficar parecidos com os antepassados e, assim, confundi-los. A dificuldade de identificá-los seria agravada pelo fato de que aqueles que pertencem ao mundo transcendente, quando se manifestam para as pessoas, nunca falam de onde vêm – se do céu ou do inferno –, ou como conseguiram chegar até Humangili.

Entre os principais *espíritos/demônios*, temos o *Hawa* que, pela simbologia cristã, passou a ser associado a satanás, o *Pighituk* que seria a segunda entidade mais poderosa, os *Ihmori I'Ik* e os *Tanga Mak Nian*, grupo de "demônios" que vivem em todos os lugares, e os *Tutun*, ou *Pohe Tutun*, que residem no topo das árvores. Além destes, há também os *Pohe* que, com a introdução do cristianismo, passaram a serem identificados como sendo as almas daqueles Humangili que já faleceram, mas que ainda não foram para o céu ou para o inferno, vivendo na comunidade e, até mesmo, dentro das casas das pessoas[184]. Porém, para os assembleianos, não haveria distinções, pois os *Nusa Opun Rare Opun*[185], expressão genérica para estas

184. Há outros espíritos tutelares como o *Tamu Koma Ria* (fogo), *Angi* (vento), *Tamu Koma Suri* (chuva), aqueles que protegem os locais sagrados como a fonte Ipua (*Rita*), o bambual localizado no monte Luli (*Tamu Koma*), as estátuas da fertilidade (*Paku Mau e Lepu Hmoru*), além daqueles que representam animais como tubarões, tartarugas, cobras, entre outros. Estas entidades, originalmente, não eram consideradas "espíritos maus", mas, com o cristianismo, a comunidade se dividiu no entendimento sobre elas. Enquanto para os assembleianos todos são percebidos como "demônios", para uma parte da comunidade católica, estes espíritos ainda permanecem como protetores.

185. A expressão *Nusa Opun Rare Opun*, significa literalmente, *dono da ilha dono da terra*, mas também pode expressar o plural para *os donos da terra* ou os *donos da ilha*. Os espíritos da natureza e dos antepassados, por serem os primeiros habitantes da ilha e terem vivido antes dos atuais Hu-

entidades, seriam sempre os demônios disfarçados com a intenção de enganar e desviar os crentes do caminho de Deus.

Nem mesmo os *Mataplolon*, responsáveis por intermediar o contato entre os dois mundos, conseguiriam distinguir quando estão na presença de um demônio ou de um antepassado. Esta dificuldade dos *Mataplolon* está relacionada ao processo de diminuição dos seus poderes de mediação com o sobrenatural desencadeado com o fortalecimento do cristianismo. Atualmente, seis *Mataplolon*, entre os dezessete que há na comunidade, todos católicos, alegam possuir a capacidade de comunicar-se com os espíritos de forma regular e intencional[186], transitando entre o mundo espiritual e o material, entre o cristianismo e as crenças nativas. Os demais *Mataplolon*, embora afirmem conhecer os rituais e as fórmulas para invocar os espíritos, somente poderiam enxergar as entidades sobrenaturais quando estas permitem. As suas funções concentram-se mais nos assuntos medicinais com a utilização de ervas, poções e encantamentos para curar enfermidades físicas e espirituais. Os assembleianos também recorrem aos *Mataplolon*, porém estes são procurados apenas para a resolução de problemas físicos, como cortes, infecções, torções, fraturas etc.

Um episódio que ilustra a tentativa de controlar o acesso ao mundo sobrenatural ocorreu em agosto de 2010. Os policiais Humangili, a pedido do chefe de polícia da ilha, convocaram 23 pessoas, entre homens e mulheres da comunidade, para participarem de uma reunião na sede de suco em Hatulela. Estas pessoas tinham sido identificadas como *Ihmori I'ik* – como também são conhecidos aqueles que preparam poções mágicas e encantamentos com a intenção de prejudicar outras pessoas[187]. Durante a

mangili, são percebidos como os legítimos senhores do local onde a comunidade vive. Reverenciá-los faz parte, também, do conjunto de práticas e símbolos Humangili de respeito à hierarquia e aos mais velhos. Alterar isto poderia repercutir não somente em sua cosmologia, mas afetar algumas das bases de sustentação de sua organização social. Isto se constitui em um dos motivos pelos quais os católicos ainda resistem em abandonar determinadas práticas e crenças ligadas aos espíritos.

186. O número de *Mataplolon* em Humangili, atualmente, corresponde ao dobro de *Mataplolon* dos sucos de Vila Maumeta e Makadade juntos. Nos sucos assembleianos de Beloi e Bikeli, não há *Mataplolon* com capacidades de intermediar a relação com o sobrenatural. As suas funções foram deslocadas para os assuntos medicinais, sem nenhuma relação espiritual.

187. Os *Ihmori I'ik* podem ser qualquer pessoa, independente da idade, gênero ou posição social. Ao contrário dos *Mataplolon* e demais lideranças não há uma transmissão hereditária, eleição ou a permanência vitalícia nesta posição. As pessoas "escolheriam" ser um *Ihmori I'ik* podendo constantemente deixar de ser e voltar a sê-lo, pois a expressão designa mais a qualidade da ação e menos uma função.

reunião o chefe de polícia anunciou que a partir daquele momento estava proibido, sob pena de prisão, qualquer tipo de ritual ou encantamento para "prejudicar outras pessoas". Segundo o chefe de polícia isto estava causando muitos conflitos entre as famílias da ilha, além de não ser "cristão". Em silêncio os Humangili, entre eles três *Mataplolon*, sob a ameaça de serem presos ouviram tudo e depois levantaram e foram embora. Alguns dias depois, conversando com um policial Humangili sobre a reunião, este me disse que, apesar destas práticas provocarem discórdia entre os grupos familiares e não estarem de acordo com os preceitos cristãos, os *Ihmori I'ik* continuariam fazendo o que sempre fizeram porque "isto não é assunto da polícia" e "as pessoas é que procuram os *Ihmori I'ik*".

Se entre os Humangili assembleianos o cristianismo estimulou um movimento de ruptura e demérito às crenças nativas, por meio da introdução de novos elementos que proporcionaram diferentes práticas e lógicas para pensarem o mundo espiritual e material, o mesmo não pode ser afirmado para os católicos[188]. A comunidade católica vive, na relação entre as crenças nos espíritos e a cosmologia cristã, uma alternância em direção à ruptura e à continuidade. Conversando com o catequista Meharek em sua casa, este me contou sobre a época em que tentou construir a primeira capela católica Humangili. Segundo ele, quando ainda era adolescente, o seu pai teria comprado de outra pessoa um pequeno espaço de terra no alto da montanha para que pudessem fazer uma horta. Nos anos 1960, após a morte do seu pai, ele, como já era catequista, resolveu construir a capela naquele local. Porém, o antigo dono do terreno reivindicou a devolução da terra, alegando que não tinha vendido ao pai de Meharek, mas emprestado mediante o oferecimento de alguns objetos e alimentos. Além disso, segundo o catequista, este também alegou que aquela terra não era para ser usada para a construção de capelas, mas sim para a plantação de milho e mandioca.

Conforme Meharek, naquela época, ainda era jovem e os católicos não eram numerosos como atualmente. Portanto, tinha pouca influência na comunidade e teve que aceitar sem contestar a decisão dos líderes do

188. A ruptura completa dos assembleianos com as práticas e crenças de reverência aos espíritos dos antepassados e a cosmologia nativa é mais um objetivo a ser alcançado do que um fato inegável. O próprio cristianismo por eles praticado é o resultado da interação entre as crenças locais e cristãs. No entanto, isso não significa que não tenham promovido uma mudança, pois a relação por eles estabelecida entre o cristianismo e as crenças locais é em si mesma uma continuidade e uma alteração de padrões lógicos, simbólicos e comportamentais herdados das gerações anteriores.

sistema hereditário, que devolveram a terra ao antigo proprietário. No entanto, inconformado com a situação, Meharek me disse:

> Eu orei para Meromak para que ele morresse. Ele estava errado, então orei e, no ano seguinte, ele morreu. Meromak é forte, é o mais poderoso de todos. Eu sou católico, então orei e ele morreu. Quando se faz alguma coisa errada, Meromak castiga. Não adianta pedir ajuda de nenhum espírito, Meromak é mais forte. [...] a terra era minha, era para fazer a capela, ele desrespeitou a vontade de Meromak. Então, morre, tem que morrer, não pode desrespeitar Meromak.

A história bíblica do Gênese também reflete esta situação. Certa vez, na capela da aldeia Maumeta, conversei com um grupo de homens católicos. Já era próximo das 18 horas, o sol estava se pondo e a sombra das nuvens que encobriam a montanha Manukoko fazia com que a noite chegasse mais cedo. As pessoas que lá estavam brincavam de assustar umas as outras com a escultura de uma árvore de um metro de altura que tinha uma cobra enrolada no tronco. O catequista Kopakila me explicou que aquela escultura representava a história bíblica da expulsão de Adão e Eva do paraíso e que a cobra era de madeira, mas eles estavam brincando porque os Humangili têm medo de cobras por elas serem silenciosas e atacarem as pessoas quando menos esperam.

Continuamos a conversa que chegou ao assunto da criação do mundo. Conforme o catequista, Deus foi quem criou todas as coisas, inclusive os homens e as mulheres. Diante desta afirmação, disse-lhes que tinha ouvido de diversas pessoas, inclusive do próprio *Lela'it* Menunu, que Inarika foi quem concebeu os Humangili. Kahikura respondeu que a história de Inarika é uma versão dos antepassados, por isso tem que ser valorizada e não pode ser esquecida, mas, agora que são cristãos, sabem que foi "Deus quem criou tudo sozinho".

Apesar deste discurso das lideranças religiosas, há, entre os demais Humangili católicos, outra versão sobre a criação dos homens que mescla elementos bíblicos e nativos. Algumas semanas depois do episódio na capela da aldeia Maumeta, conversei com Tuakela sobre o tema da criação do mundo e dos homens. Repeti a ele a questão que havia feito semanas antes aos líderes católicos. Assumindo uma postura séria que lembrava os *Haha Opun* quando narram as histórias das suas *Lisan*, Tuakela me disse que era fácil de entender e que iria me explicar. Então, começou a narrar a história do Gênese desde o início.

Primeiro, disse ele, só existia Meromak, tudo era escuro e não havia os animais e as pessoas. Deus, então, resolveu criar os homens, as plantas, os animais e tudo o que existe hoje. Naquela época, existia apenas um casal, Adão e Eva, que vivia junto com os animais, e todos falavam a mesma língua. Eles viviam sem ter problemas e Adão era o chefe de todos os animais. Passado algum tempo, o homem teria ido conversar com a cobra e pediu para comer o fruto da árvore proibida. Ao ouvir isto, comentei que achava que teria sido a cobra que ofereceu o fruto para Eva. A sua resposta foi que não, pois era o homem o chefe e, portanto, ele é quem teria conversado com a cobra. O homem, assim, após comer o fruto, ofereceu-o à mulher, que não conseguiu engolir tudo, ficando um pedaço no meio do seu peito sem descer para a barriga e, por isso, as mulheres possuem seios e os homens não. Quando Meromak descobriu que eles tinham comido a fruta, expulsou Adão do paraíso e, como Eva era a sua esposa, foi junto. Eles tiveram dois filhos homens e não havia mulheres para casarem. Nesta parte da história, Tuakela parou e me perguntou: "Como um homem sozinho pode ter filhos?".

Estávamos diante de um dilema que os próprios cristãos do lado ocidental do mundo, onde institucionalmente o cristianismo possui uma história mais longa, evitam discutir. Após alguns segundos de pausa, para enfatizar a pergunta e dar-me tempo para pensar no assunto, Tuakela continuou falando que o "mundo é muito grande" e "um homem sozinho não pode ter filhos". Então, segundo ele, "Meromak permitiu que os animais e as plantas se transformassem em pessoas" para que pudessem ajudá-lo a povoar a Terra[189]. Concluiu a história afirmando que por este motivo é que Domateu nasceu sozinho, sem ser concebido, e Inarika nasceu primeiro na forma de peixe, depois se transformou em porco, e finalmente virou mulher. Perguntei-lhe se isto também teria acontecido em outros lugares do Timor e do mundo. Ele respondeu que isso "é possível", mas ele somente tem certeza sobre as pessoas que vivem em Ataúro.

189. Esta história do Gênese apresenta algumas modificações dependendo de quem a conta. Uma das versões é que Domateu e Inarika teriam gerado os Humangili somente após o dilúvio porque Noé e sua família não conseguiriam sozinhos povoar toda a Terra. Esta versão, de certa forma, se adapta melhor à história da criação de Ataúro pois, conforme o mito, no início dos tempos tudo era oceano e, aos poucos, o mar foi baixando, revelando a montanha Manukoko, onde nasceram os três irmãos fundadores da ilha. Além disso, evita uma contradição com a história bíblica, onde apenas a família de Noé teria sobrevivido ao dilúvio.

Apesar das histórias sobre o Gênese, a preocupação sobre a origem do mundo e dos homens não é algo que ocupa os Humangili de forma constante. Entre os motivos para isto está o fato de que a solução para este problema já teria sido encontrada tanto na versão cristã como nativa que, por apresentarem semelhanças, acabam por atestar a veracidade de um Deus criador de todas as coisas. Como podemos perceber, as transformações de símbolos e práticas, e mesmo a adoção dos preceitos católicos que conviveriam de forma paralela com as crenças nativas, ao contrário do que aconteceu com o cristianismo assembleiano Humangili, ou com os *Urapmin* estudados por Robbins (2004), não foi suficiente para provocar a desvalorização das histórias locais. Há uma troca de informações em que o processo de incorporação dos diversos elementos disponíveis, realizado por parte da comunidade católica Humangili, ocorre gradual e circunstancialmente, tanto em direção à cosmologia cristã como à nativa.

Para estes católicos, mesmo que as lideranças da Igreja tenham uma postura de separá-las, as crenças ancestrais e as introduzidas com o cristianismo não seriam necessariamente divergentes, podendo ser tanto categorias distintas como sincrônicas sem que isto provoque conflitos lógicos e simbólicos. O padre Duarte, na década de 1960, ao se deparar com esta dualidade de práticas e preocupado em conciliar o cristianismo com as crenças locais, afirmou: *a religião ataúro é monoteísta, mas com um substrato muito denso de animismo, sem que daí resulte uma contradição de termos* (Duarte, 1984: 284). A *assimilação*, em que a recepção dos novos padrões estaria sujeita as concepções preestabelecidas (Horton, 1975; Sahlins, 1990; Laugrand, 1999), não se esgotaria com a distinção, ou com o predomínio de um sistema de valores sobre o(s) outro(s), provocando alterações relacionais em ambos. A transformação, a adoção e a assimilação religiosa não são, obrigatoriamente, processos irreversíveis e totalizantes, ou, mesmo, níveis incompatíveis de relações. De certa forma, este movimento contínuo de transição favoreceu a elaboração das respostas dos Humangili católicos ao que eles consideram os "pontos frágeis" das narrativas bíblicas e, por outro lado, as histórias locais ganharam uma nova dimensão, ampliando o seu repertório simbólico e extrapolando os limites da comunidade ao serem inseridas em um contexto histórico mais amplo.

Outra situação que nos ajuda a pensarmos esta dinâmica ocorreu durante a inauguração da capela na aldeia Maulaku. A cerimônia estava programada para iniciar às 15 horas. Por volta das nove horas, como estava próximo, pois tinha ido tomar banho na fonte *Ipua*, resolvi passar na capela para ver os preparativos da missa. Lá estavam algumas mulheres e adolescentes que arrumavam o terreno, delimitavam o perímetro com cordas e colocavam os enfeites no altar. Um pouco antes das 10 horas, o catequista Meharek, acompanhado de outros catequistas e alguns *katuas*, passou a uns 50 metros de onde estávamos. Uma senhora, após me oferecer um copo de café, disse-me que o catequista estava indo para a montanha agradecer aos espíritos dos antepassados pela construção da capela.

No período da tarde, ao retornar para assistir a cerimônia, encontrei o catequista Meharek sentado em uma cadeira de madeira colocada debaixo de uma árvore, observando o ensaio das músicas e dos escoteiros, e os últimos ajustes nos enfeites do altar. Após nos cumprimentarmos, ele me convidou para sentar ao seu lado. Sentei-me no chão e ficamos conversando por alguns minutos. Depois de um tempo, ele me ofereceu a cadeira na qual estava sentado. Recusei, dizendo que estava bem, mas ele insistiu, alegando ter que sair para resolver algumas questões relacionadas à preparação da missa. Disse-me, também, que a cadeira que acabara de me oferecer lhe pertencia e há mais de 30 anos, em todas as cerimônias católicas, "é sempre a mesma, só sento nela [...] só eu ou quem eu permito é que pode sentar nesta cadeira". Dito isto, quando ele se levantou e saiu, sentei-me na cadeira.

Alguns minutos depois de ter saído, Meharek retornou. Levantei-me e concedi a ele novamente o lugar. Durante a nossa conversa, comentei que o havia visto pela manhã caminhando em direção à montanha. Respondeu-me que ele tinha ido realizar a cerimônia de agradecimento aos "espíritos dos avós". Segundo Meharek, "hoje é a festa para inaugurar a capela. O padre Luís vai inaugurar a capela, aqui é a festa da religião, somos todos cristãos, mas não podemos esquecer os avós". Conforme o catequista, os espíritos dos antepassados moravam naquele lugar antes mesmo da construção da capela. Portanto, a cerimônia realizada pela manhã era uma forma de demonstrar respeito, mostrar-lhes que não haviam sido esquecidos, e para pedir que continuassem a proteger aquele local.

Padre Luís não concede uma atenção especial a esta mescla de práticas e crenças. Segundo ele, "eu não me envolvo, não adianta ficar falando". O seu trabalho, influenciado pela Teologia da Libertação, está focado na tentativa de estimular as mudanças sociais, com a melhoria da qualidade de vida e com a discussão de temas pertinentes ao cotidiano Humangili. Em uma das nossas conversas na qual contou algumas das suas experiências durante a ditadura militar no Brasil, como a participação em passeatas, fugas das agressões policiais e, até mesmo, certas intrigas do clero à época, este me disse:

> Eu tive uma boa formação na Itália. Eu e o Chico [padre Francisco] participamos de um grupo que procurava retirar o catolicismo de dentro das igrejas. Nós saíamos na rua, batíamos na porta de uma casa qualquer e falávamos com as pessoas. [...] Mas foi no Brasil que aprendi a trabalhar. Quando cheguei lá e vi o que eles [parte do clero ligado à Teologia da Libertação] estavam fazendo, aquilo era algo diferente. [...] Não adianta ficarmos aqui no Timor falando de religião e de Igreja enquanto as pessoas estão com fome.

De acordo com padre Luís, o fato dos Humangili ainda manterem as práticas e crenças nativas em conjunto com o catolicismo não é um fato isolado, mas comum a todas as comunidades timorenses. Isto, segundo ele, "é responsabilidade do clero daqui, que não discute nada, não sai dos conventos e das igrejas. [...] Aqui, o bispo manda e todos fazem". Sobre a ação dos padres timorenses, comentou:

> No retiro em Dare, conversei com dois padres jovens de Same. Perguntei o que eles estavam fazendo, se tinham a pastoral do menor e me responderam que o que tinham era os escoteiros [que fazem a segurança das missas] e os acólitos [ajudam a preparar e auxiliam os padres nas missas] e mais nada. Dois padres jovens, timorenses, não conseguem trabalhar com a comunidade, não pode. [...] Outra vez, conversei com um seminarista de Liquiça e fiz a mesma pergunta, e ele me disse que lá só fazem os sacramentos. Uma paróquia daquele tamanho, só fazer sacramentos, não pode.

Esta postura do padre Luís de distanciamento das práticas locais tem as suas consequências. Apesar de dizerem que "o padre se preocupa com os Humangili", "quer fazer coisas boas para o suco", "conhece Ataúro e caminha igual aos Humangili", "é um katuas forte" – referindo-se ao fato de, mesmo com 71 anos, dois a menos que padre Francisco, caminhar por todas as aldeias e, pelo menos duas vezes na semana, ir de Vila Maumeta até Humangili a pé – os católicos também afirmam que padre Luís não conhece os costumes e os valores Humangili. Conversando com Kahikura, coordenador da pastoral do menor, durante uma viagem de barco até Vila Maumeta, este me disse que:

> As pessoas gostam do padre, ele ajuda muito e tem ideias boas. Todo mundo gosta dele. Mas ele não participa [das cerimônias ancestrais], e algumas coisas que ele quer mudar as pessoas não gostam. [...] então, às vezes, as pessoas não ajudam, não participam. Quando ele pede alguma coisa, as pessoas dizem que vão fazer, mas não fazem. Mas alguns ainda fazem, mas não fazem direito.

Em contrapartida, padre Francisco, estabelece uma relação um pouco diferente. Mesmo que compartilhe das mesmas influências teológicas e metodológicas no trabalho com comunidades em situação de vulnerabilidade social, bem como a posição crítica com relação à atuação da Igreja, padre Francisco procura, ao contrário do padre Luís, se envolver e fazer a mediação entre as práticas locais e o catolicismo. Talvez a principal atividade organizada por ele neste sentido, e que já foi incorporada ao calendário de comemorações católicas Humangili, seja a *Festa de São Pedro* ou, como é mais conhecida, a *Festa do Pescador*. Neste dia, os pescadores católicos Humangili simulam o *Klorun Ro* puxando um tronco de madeira que é utilizado como base do barco por, aproximadamente, 300 metros, da aldeia Hatulela até o mar. Depois, com os seus próprios barcos, retiram os peixes dos *Opa* cedidos pelas 12 *Lisan* para a ocasião[190] e os assam. A intenção original era de que estes fossem repartidos entre todos os que participam do evento mas, com a escassez de peixes, a divisão prioriza os chefes das famílias, os representantes religiosos e algumas pessoas de fora da comunidade, convidadas do padre Francisco. Mais tarde, por volta das 17 horas, é realizada uma missa em frente ao mar, ao pé da estátua de São Pedro, que padre Francisco mandou construir em 2007, com direito a *Opa*, barcos em miniatura, frutas e feixes de areca e mandioca colocados próximos ao altar. À noite, após o encerramento da missa, ocorre a "noite cultural", com a apresentação de músicas e danças timorenses.

Durante a festa que aconteceu em 2008, enquanto os pescadores católicos se preparavam para puxar o barco e fazer o ritual de agradecimento aos espíritos dos antepassados, o ministro da eucaristia, utilizando um

190. Cada Lisan, após os *Lela'it* das *Rumanan* se reunirem e deliberarem sobre qual das famílias irá ceder o *Opa*, emprestam dois *Opa* por um período de 10 a 15 dias para a realização da *Festa de São Pedro.*

megafone, dizia para todos que: "isto não é para adorar nenhum espírito, isto é para preservar os nossos costumes, [...] isto é feito para Deus". Quase ao mesmo tempo em que o ministro Kasata falava, Mauhuin, que estava ao meu lado, explicou-me que iria começar a cerimônia de agradecimento aos espíritos. Segundo ele, "aqui sempre se faz assim. Agora é a festa da Igreja, mas tem que agradecer aos avôs. Não pode brincar com os espíritos". Metak, um dos coordenadores do evento, que estava ao nosso lado, comentou de forma mais radical que era preciso agradecer aos espíritos dos antepassados por tudo o que já tinham feito e para que eles ajudassem a ter peixe. Conforme Metak, "a festa da Igreja é mais tarde com a missa, agora é a festa Humangili".

No ano seguinte, durante o mesmo evento, alguns Humangili do grupo de pescadores formado pelo padre Francisco foram convidados pelo ministro da eucaristia para realizarem a encenação de um antigo ritual de proteção ao barco. O objetivo era que este fosse um breve momento de alusão aos hábitos dos antepassados, mas não foi exatamente o que aconteceu. Os pescadores encarregados de fazerem a demonstração convidaram um *Mataplolon* para participar. Este, na frente de todos, após convocar, em Hresuk, os espíritos dos antepassados que estariam presentes, torceu o pescoço de um frango, degolou-o e começou a passar o sangue nas bordas do barco. As pessoas à volta sorriam, brincavam umas com as outras e alguns homens começaram a ajudar a espalhar o sangue. Os líderes católicos locais, com exceção do ministro da eucaristia Kasata, que pedia para os pescadores encerrarem rapidamente o que estavam fazendo, também sorriam, divertindo-se com a situação, e um catequista e um professor de religião chegaram a participar espalhando o sangue. Depois da missa, conversei com Metak e outros pescadores. Disse-lhes que tinha ficado com a impressão de que alguns líderes da Igreja não tinham gostado do que havia acontecido. Metak, concordando comigo, respondeu provocando sorriso em todos que "aquilo [o sangue do frango] é igual à água benta do padre".

Em 2010, a organização da festa passou por algumas mudanças. Foi construído especialmente para a ocasião um barco ao estilo das antigas embarcações para substituir o anterior, que era alugado dos pescadores que participavam do grupo formado por padre Francisco. Como me explicou o ministro da eucaristia, eles precisaram fazer isto porque aqueles pescadores que não tinham os seus barcos alugados começaram a reclamar que o padre estava privilegiando uns em detrimento de outros. Para evitar novos constrangimentos, como o ocorrido no ano anterior, não repetiram o ritual de proteção ao barco. As atividades foram organizadas e executadas por pessoas que estavam diretamente ligadas ao padre Francisco e por católicos de outros sucos, como Vila Maumeta e Makadade.

O resultado foi que, na festa, haviam mais pessoas de fora da comunidade do que os próprios Humangili. Por volta das 19 horas, enquanto as pessoas dos outros sucos esperavam o início da "noite cultural", os líderes católicos locais comunicaram ao padre Francisco que não haveria nenhuma apresentação, porque os Humangili não iriam participar. Conforme o coordenador da pastoral do menor, muitos Humangili "ficaram em casa, não quiseram vir". Segundo ele, o motivo era que padre Francisco tinha convidado pessoas de outros sucos para coordenar a festa, demonstrando que não conhecia os seus costumes e não confiava neles e, portanto, "a festa não é nossa, a festa é da Igreja. [...] eles vieram na missa, porque são cristãos e precisam participar da missa, mas depois foram embora"[191].

Como podemos perceber, apesar de terem posturas diferentes com relação ao contato com as práticas e costumes locais, os padres são alvos das mesmas críticas, ou seja, de que não entenderam as lógicas que regulam as relações Humangili. Ao transportarmos a discussão para a religião, encontraremos entre os Humangili argumentos que, por analogia, seguem a mesma linha de raciocínio para desqualificarem a prática religiosa uns dos outros. Entre os assembleianos, o cristianismo é encarado como uma nova consciência sobre o mundo e o seu discurso remete à ruptura com tudo o que faça alusão à reverência aos espíritos. Alegam que os antepassados só mantinham estas crenças sobrenaturais por não conhecerem o cristianismo. Segundo eles, a manutenção dos costumes ancestrais é importante, porém os Humangili, por serem cristãos, deveriam preservar a memória dos seus mortos de outras maneiras – lembrando os seus nomes, mantendo as vestimentas, as canções, certos hábitos e técnicas de pescaria, de construção de barcos, entre outras.

Para os católicos, há uma divisão na forma de como estabelecer esta relação. Parte da comunidade católica, principalmente aqueles ligados

191. Os assembleianos, mesmo que todos os anos sejam convidados, somente em duas oportunidades enviaram representantes para a *Festa de São Pedro*. A justificativa para a ausência, segundo eles, é que a festa, além de ser para reverenciar um santo católico, também reúne vários elementos "pagãos" de culto aos espíritos.

diretamente à Igreja, como as famílias dos catequistas e coordenadores dos grupos formados pelos padres, não se opõem e valorizam os rituais que envolvem os espíritos como uma forma de preservarem os seus costumes. Contudo, estes devem ser realizados em um momento separado, pois não fazem parte do repertório da Igreja. A outra parte não vê problemas em misturar elementos de ambos, pois, para eles, não haveria contradições entre o catolicismo e as crenças em espíritos da natureza e dos antepassados. A discussão interna é sobre qual grupo Humangili melhor compreende o cristianismo que, por sua vez, pode ser encarada como a contraparte do debate sobre qual deles melhor representa os costumes e os valores locais.

Apesar destas divergências de opiniões, os Humangili católicos, quando questionados acerca de sua religião – mesmo aqueles *Mataplolon* que acabaram de sair de um ritual onde invocaram os espíritos ancestrais –, responderão, sem hesitação, que são católicos. Isto porque eles, de forma geral, não têm dúvidas quanto à sua identificação religiosa. Esta não é uma questão com a qual se defrontam. O seu entendimento sobre "ser cristão" não estaria relacionado a um momento de êxtase, ou conscientização, durante a conversão de um sistema cosmológico para outro que provocaria o abandono de crenças anteriores. Para os católicos, ao contrário dos assembleianos, a sua adesão religiosa não envolve, necessariamente, mudanças de padrões psicológicos, emocionais ou intelectuais que implicariam na alteração comportamental e cognitiva, mesmo que variando de intensidade, em todos os níveis das suas vidas.

Para eles, a confirmação da sua "fé" estaria relacionada ao fato de terem permitido que a Igreja entrasse na comunidade, serem batizados e casarem no religioso, vestirem a sua melhor roupa para irem à missa aos domingos, acolherem, mesmo com versões, os símbolos e narrativas bíblicas, acreditarem no Deus cristão e em Jesus Cristo, reverenciarem a imagem da Virgem Maria e estarem prontos para organizarem as festas, encontros e procissões da Igreja. Além disso, resistem às possíveis investidas dos diferentes grupos religiosos que queiram se instalar na comunidade. Os outros aspectos do cristianismo como, por exemplo, a fraternidade e o respeito ao próximo, como já estariam presentes em sua socialidade – apesar de favorecerem uma identificação –, não seriam um fator de distinção cristão ou, colocando em outros termos, os Humangili já eram cristãos antes de conhecerem o cristianismo. Isto, somado ao fato dos Humangili seguirem a religião dos seus pais – que em certos aspectos é uma transposição, para a questão religiosa, das regras da comunidade de respeito aos antepassados, da divisão hierárquica e territorial, da transmissão hereditária de poder e vínculo com as *Lisan* e *Rumanan* –, contribui para que os católicos, por mais que haja dissensos sobre como deve agir um cristão, não questionem a veracidade da sua pertença religiosa, mas sim imputem uns aos outros uma "má compreensão" do que seria o cristianismo[192]. Por isso, as críticas entre os católicos, e destes para com os assembleianos e vice-versa, não são no sentido de que o "outro" não é cristão, mas sim de que o "outro" não entendeu "como é ser cristão".

EVANGELIZANDO OS CRISTÃOS

Este discurso que atribui ao "outro" a falta de entendimento sobre o cristianismo não é exclusivo dos Humangili. Conversando com um grupo de freiras timorense sobre o significado da caridade cristã, após uma palestra que assistimos na escola das irmãs canossianas, no bairro Has Laran, em Dili, elas me disseram que a Igreja precisa trabalhar no sentido de "evangelizar os cristãos". Com 96% da população declaradamente católica, segundo estas freiras, a maioria das pessoas ainda não conseguiu fazer a transição completa daquilo que chamaram de animismo para o catolicismo. Conforme elas, a crença em espíritos dos mortos e da natureza acentua-se à medida que se afastam dos centros urbanos de Dili e Baucau e entre aquela parcela da população com pouca instrução escolar. A "ignorância" contribuiria para a falta de compreensão dos escritos bíblicos fazendo com que os cristãos ficassem vulneráveis a determinadas influências e "superstições". Em outra oportunidade, durante o sermão de um padre timorense em uma missa na capela de Bidau Lecidere, na capital do país, este convocou os cristãos presentes a combaterem "o animismo [...] porque isto é uma praga e, infelizmente, ainda é praticado por alguns católicos que não entenderam o catolicismo".

192. Mesmo que a noção de conversão religiosa possa ser entendida como um processo contínuo de ajuste na identidade e não implique em uma drástica reorganização de significados (conferir Hefner, 1993; Snow & Machalek, 1984), esta não seria uma expressão adequada para o atual contexto Humangili. Segundo os próprios Humangili, eles "já nascem cristãos", ou já praticavam os valores cristãos antes do cristianismo chegar à comunidade. Portanto, não haveria a conversão, mas a adesão a uma instituição religiosa que representaria formalmente determinados valores e crenças já presentes entre eles. O que revelam nos seus embates e acusações mútuas é a necessidade de conhecer mais o cristianismo oficial da Igreja que pertencem.

Em Humangili, esta vulnerabilidade que os religiosos citados atribuem ao "pouco entendimento do cristianismo", em parte, é consequência da forma como a própria Igreja se organizou na comunidade. Até a chegada dos padres ítalo-brasileiros, a coordenação dos trabalhos e a orientação da comunidade católica estavam ao encargo dos catequistas e do ministro da eucaristia, que não possuíam uma formação institucional sobre as temáticas bíblicas e tampouco sobre como desempenhar as suas funções. Conforme Meharek, apesar de conversar com os padres que visitavam a ilha e com catequistas de outros lugares, ele nunca recebeu orientações ou frequentou cursos que o preparassem para compreender os escritos bíblicos e para evangelizar a comunidade. O mesmo aconteceu com Kasata que, em 1993, após a visita do pároco de Motael à ilha, foi convidado para ser o ministro da eucaristia. Porém, conforme ele me disse, não queria aceitar o convite porque não entendia o que teria de fazer e não se sentia preparado, uma vez que o seu contato com a Igreja era apenas o das missas dominicais. Após consultar os seus familiares, que possuíam um lugar de destaque na estrutura hierárquica da comunidade, resolveu aceitar o convite, mas não recebeu nenhuma preparação para desempenhar as suas funções. Sobre os demais catequistas Humangili, Meharek comentou que ele é quem escolheu e preparou a todos: "tem um em cada aldeia, todos são daqui. Tem que ser assim, quando o padre vinha aqui eles [os demais Humangili] não queriam ouvir".

A evangelização consistiu em uma mediação simbólica e prática[193]. Como me disse Meharek, os catequistas, sob a sua orientação e a conivência do clero timorense, tentavam aproximar os valores e os costumes ancestrais ao cristianismo. Para isso, enfatizavam a correspondência das concepções de um Deus criador, de espíritos "maus" e "bons" que vivem em lugares separados após a morte, da valorização de uma autoimagem cordial e pacífica, e dos santos, anjos e demônios como correlatos às suas entidades sobrenaturais. Além disso, a própria organização das missas e cultos, com suas fases, formalidades e símbolos, a exemplo das cerimônias

193. Conforme Montero (2006), a atividade missionária e o processo de mediação são, em muitos aspectos, uma forma de comparação e classificação das diferenças, em que os códigos, sentidos e valores partilhados serão sempre contextuais. Para exemplos das estratégias de evangelização dos missionários religiosos e a adequação entre as narrativas e cosmologias nativas e cristãs, conferir, entre outros: Vainfas (1995) e Pompa (2001), sobre a ação dos missionários católicos no Brasil colonial; Calávia Saéz (1999) sobre as missões franciscanas no século XIX entre os Amahuaca na Amazônia peruana; Durand (2004) sobre a história do cristianismo no Timor-Leste; Silva & Araújo (2007) sobre mediação cultural e códigos de comunicação; Koning (2008), sobre o pentecostalismo carismático em comunidades chinesas na Indonésia.

locais, foi mais um ponto de comparação utilizado pelos representantes católicos que contribuiu para a aproximação, *ou o alinhamento de frames*, das crenças nativas com o cristianismo.

Recentemente, no ano de 2009, a Igreja Católica realizou uma seleção nacional para professores de religião das escolas públicas timorenses. Em Ataúro, participaram dez pessoas, sendo todas reprovadas no processo seletivo. Conversando com um integrante da comissão avaliadora, este me disse que os candidatos não atingiram a média mínima nas provas de conhecimentos bíblicos. Contudo, após se reunir, a comissão avaliadora decidiu que Ataúro não poderia ficar sem professores de religião e aprovaram três Humangili pertencentes às famílias dos líderes católicos locais. Kalisuk, professor de religião, minimizando a relevância do processo seletivo, comentou que não precisava saber muita coisa para ser professor, porque há um livro que diz o que eles têm que falar em cada aula.

Mas o fato do cristianismo conviver e se mesclar às crenças nativas também pode ser entendido como um reflexo da postura Humangili e, em sentido mais amplo, do próprio clero timorense, de não estarem abertos, em um primeiro momento, à diferença e à mudança. Um exemplo disto ocorreu durante um encontro com as freiras canossianas em Dili. A palestrante, uma freira brasileira, falou sobre métodos contraceptivos e a importância do uso de preservativos para a prevenção de doenças sexualmente transmissíveis. No final do encontro, durante o debate, uma freira timorense, técnica em enfermagem e responsável pelo programa de aconselhamento familiar da Igreja, afirmou que não indicava "este tipo de coisa" para ninguém, pois os casais não precisavam usar preservativos porque já eram casados e as demais pessoas poderiam sentir-se incentivadas a fazer sexo antes do casamento. A freira Rita, que havia palestrado, respondeu com cuidado, para não provocar atritos, que era importante os religiosos fornecerem, ao abordarem a questão da sexualidade, todas as informações, pois mesmo aqueles casados poderiam trair os seus parceiros. Além do que, com ou sem o consentimento da Igreja, as pessoas continuavam fazendo sexo, na maioria das vezes, antes do casamento. A freira timorense respondeu que ela, como membro da Igreja, não poderia compactuar com o erro dos outros e que as pessoas não poderiam fazer sexo fora do casamento. Além disso, segundo esta freira, a aids – um dos assuntos principais da palestra – teria cura, pois um padre timorense havia dito que vários fiéis da sua paróquia tinham se curado desta doença durante as missas e orações que realizava apenas com o "poder da fé em Deus". Neste caso, não seria inadequado sugerir que o padre assumiu uma função parecida a do *Mataplolon* Humangili, como curandeiro e mediador na relação com o sobrenatural.

A freira Rita, diante deste argumento, respondeu que cientificamente a aids ainda não tem cura, mas como elas são religiosas sabem que milagres acontecem. Porém, os milagres são chamados assim porque não ocorrem com todos e a todo o momento, mas são uma graça de Deus concedida a poucos. Em virtude disso, até mesmo para cumprir com a vontade de Deus e para proteger as pessoas, elas deveriam fornecer todas as informações e não ocultá-las, pois não cabia à Igreja, mas a cada um, individualmente, escolher o que queria fazer. Apesar disso, a freira timorense afirmou que continuaria não falando sobre preservativos nas suas palestras e aconselhamentos[194].

A forma como os padres ítalo-brasileiros foram enviados para Ataúro também é ilustrativo desta resistência. Conforme padre Luís, logo que chegou ao Timor-Leste, foi conversar com o padre de Becora, paróquia responsável pelo suco de Bidau Santana, em Dili, onde ele e padre Francisco se instalaram inicialmente. Ao falar das suas intenções de desenvolver projetos comunitários naquele suco, o pároco de Becora

194. As freiras brasileiras ao chegarem ao Timor precisam adaptar-se aos costumes locais. Entre as mudanças que precisam adotar está o uso obrigatório do *hábito*, mesmo que a sua *ordem* não o exija no Brasil. Uma freira timorense, que havia retornado ao Timor após viver alguns anos no Brasil, comentou comigo que a Igreja do Timor "vive das aparências [...] eles acham que usar *hábito* é uma grande coisa, as pessoas vão respeitar". Por outro lado, o uso do *hábito* faz parte de um conjunto mais amplo de relações formalistas e hierarquizadas comum aos grupos sociais timorenses, além de ser uma forma de identificação social, diferenciando as pessoas entre si. Com relação à sexualidade, apesar da repressão, ou mesmo por causa dela, circula entre os padres e freiras do Timor uma série de comentários acerca do comportamento sexual dos integrantes do clero. Um deles é que entre os anos de 2008 e 2009 sete freiras teriam ficado grávidas, sendo três delas de padres. As freiras, após o nascimento das crianças, teriam sido expulsas das suas ordens, e os padres transferidos para outras paróquias. O próprio bispo Ximenes Belo não está imune aos comentários. Em 2002, mesmo ano da proclamação da independência do país, o bispo, aos 54 anos de idade, pediu a resignação da função de administrador apostólico alegando ter que deixar o Timor para realizar tratamento médico em Portugal. Porém, outra versão circula, de que o bispo teria sido afastado pela Igreja por ter se envolvido em "escândalos sexuais". Desde então o bispo, atualmente missionário em Maputo, capital de Moçambique, retornou apenas duas vezes ao Timor – sendo uma delas para o velório de um parente – e, conforme me disse um integrante do clero, "para entrar no Timor ele precisa da autorização dos bispos, nem o Vaticano pode autorizar, tem que pedir para os bispos". Como estas informações estão baseadas apenas em depoimentos, elas precisam ser lidas com cautela e interpretadas dentro dos limites em que se apresentam, ou seja, como comentários e boatos que, em certo sentido, independente de corresponderem ou não aos fatos, ilustram o pensamento de agentes religiosos sobre o próprio clero timorense.

teria dito para padre Luís que não autorizaria nenhuma atividade além de uma missa por semana, pois não queria que, após o seu retorno para o Brasil, a comunidade demandasse uma continuidade dos trabalhos. Depois de sucessivas reuniões nas quais insistiam em poder atuar em uma comunidade, os dois padres foram enviados para Ataúro. Sobre isto, padre Francisco comentou, após uma missa que celebrou na sua casa em Bidau Santana, onde permaneceu enquanto se recuperava de uma cirurgia por causa do rompimento dos ligamentos do pé direito, que eles eram "bicho de cidade". Por isso, disse ele, queriam ficar em um suco de Dili, pois a capital do país oferecia um pouco mais de recursos materiais e humanos para que pudessem desenvolver projetos, mas "nos mandaram para Ataúro, tudo bem, trabalhamos lá".

A transferência dos padres para Ataúro, de certa forma, foi uma medida para afastá-los de Dili e, ainda assim, manter o controle sobre eles. Ao chegarem a Ataúro, passaram a residir no suco Vila Maumeta e dividiram as tarefas, cabendo ao padre Francisco o trabalho no suco Makadade e ao padre Luís em Humangili. Conforme padre Luís, logo que chegou à ilha, na sua primeira reunião com um grupo de jovens e catequistas de Humangili, o ministro da eucaristia, que até então era a maior autoridade entre os católicos, teria entrado na sala no meio do encontro e mandado todos levantarem e saírem, porque não tinham que "estar conversando com aquele padre" sem a sua autorização.

Esta postura resistente ao "outro" reforça e é reforçada pelas disputas de poder e pelo receio da intromissão externa na organização social e hierárquica da comunidade. Em novembro de 2008, o núncio do Vaticano sediado em Jacarta, acompanhado do bispo de Dili, foi a Ataúro especialmente para visitar os padres que lá trabalham. O cronograma de atividades previa que o núncio chegaria pela manhã em Humangili e, depois, iria para Makadade e Vila Maumeta, celebrando, em cada suco, uma missa com os católicos locais. Em Humangili, apesar de muitas crianças, dos escoteiros, dos acólitos e dos representantes católicos presentes, poucos adultos participaram da recepção às autoridades eclesiais. Conversando com algumas pessoas no *Ro Putin Hnatin*, enquanto esperávamos a lancha que traria o núncio e o bispo, elas me disseram que muitos adultos não vieram até a praia porque estavam na montanha cuidando das suas hortas, pois era tempo da agricultura e não poderiam descuidar da limpeza dos seus terrenos. Ketikore, morador da aldeia Maulaku, me disse que no passado – a partir da segunda metade dos anos 1980 – todos desciam a montanha para as festas da Igreja, "mas hoje não, as pessoas não querem [...] se não cuidarem da horta não têm o que comer". Comentei com ele que, no passado, também havia hortas para cuidarem e a sua resposta foi que "antes a Indonésia obrigava a participar, todos tinham que vir, mas hoje, se não participa, não tem problema".

Um pouco depois deste diálogo, falei com alguns dos líderes católicos sobre este assunto. Eles utilizaram o mesmo argumento de que os Humangili precisavam ir para a montanha cuidar da limpeza das suas hortas. Disse-lhes que as pessoas dos núcleos familiares se revezavam nos dias da semana para cuidarem das hortas e que a comunidade não subia toda ao mesmo tempo para a montanha. O coordenador da pastoral do menor, que participava da conversa, respondeu que era verdade, que, mesmo tendo que cuidar da plantação, as pessoas poderiam participar da recepção ao núncio, mas é que "eles não quiseram vir, não se importam".

Mas não foi somente o fato de "não se importarem" ou de não perceberem a relevância do bispo e do núncio para a hierarquia da Igreja que fez os Humangili não participarem mais ativamente do encontro. Segundo o ministro da eucaristia, os mais velhos ainda não esqueceram que, na década de 1990, durante uma visita dos representantes do clero timorense a Ataúro – na qual participou o atual bispo de Dili, que acompanhava o núncio –, estes utilizaram um helicóptero para viajar até a ilha e pararam, sem terem solicitado previamente a permissão, no *Ro Putin Hnatin*, levantando "poeira e fazendo muito barulho". Conforme Kasata, "os *katuas* não gostaram porque aqui é um lugar sagrado". O bispo e sua comitiva não pediram desculpas pelo transtorno, sendo isto considerado um desrespeito pelos líderes locais. Outro motivo é que, meses antes da visita do núncio, o bispo de Trento – província italiana do padre Francisco –, também esteve no Timor e em Ataúro. Porém, devido às dificuldades de logística e acesso, o bispo não foi a Humangili. Convidados pelo padre Francisco, alguns Humangili católicos se deslocaram até Vila Maumeta, mas não participaram da organização do evento, sentindo-se desprestigiados. Assim, o argumento de que teriam que subir a montanha para cuidarem das plantações durante a visita do bispo e do núncio encobre antigos ressentimentos dos Humangili para com as lideranças da Igreja.

De certa forma, os próprios padres residentes em Ataúro contribuíram para a ausência de parte dos Humangili adultos durante a recepção ao núncio, que também é italiano. Conversando com padre Luís enquanto aguardávamos a chegada da lancha que traria o núncio, este me disse:

> O núncio vem toda hora ao Timor, mas nunca veio a Ataúro. Ele só vem agora porque o bispo da região do Chico [o bispo de Trento], quando veio ao Timor, perguntou para ele se já conhecia os padres italianos que moravam em Ataúro. Quando ele disse que não, o outro bispo disse que ele tinha que vir conhecer o nosso trabalho.

Continuando a conversa, perguntei ao padre Luís qual seria a programação do dia e o que aconteceria nos demais sucos. Ele respondeu que não sabia exatamente, mas que iria ter uma missa e, provavelmente, os catequistas organizariam "alguma apresentação de dança ou música como sempre fazem". Conforme padre Luís, "eu não me envolvi muito, não vou ficar preparando uma porção de coisas para uma visita de 30 minutos do núncio. O Chico foi para Makadade e não sei o que eles vão fazer lá". Padre Francisco tinha ido para o suco Makadade dois dias antes da visita do núncio, pois teria se desentendido com os catequistas de Vila Maumeta, que queriam coordenar todo o evento. Padre Francisco teria dito aos catequistas que o núncio viria visitar os católicos de Ataúro, e não somente os de Vila Maumeta. Além disso, teria afirmado que nos demais sucos também havia católicos que tinham o direito de organizar as suas próprias festas.

A visita do núncio foi acompanhada da declaração do bispado de Dili, tornando Ataúro uma *quase-paróquia.* Esta é uma fase da burocracia institucional católica para transformar as comunidades que possuem um número de fiéis consideravelmente grande em paróquias independentes da qual estavam vinculados anteriormente. Porém, de acordo com padre Luís, quando uma igreja é alçada à condição de *quase-paróquia*, em poucas semanas ou meses, é transformada em paróquia. Contudo, segundo ele, no caso de Ataúro, não havia muito o que comemorar, pois esta teria sido apenas uma medida política para agradar ao núncio, sem nenhuma intenção de ser concretizada pelo bispo de Dili. Conforme padre Luís, a Igreja não se interessa por Ataúro e nenhum padre timorense deseja trabalhar na ilha, pois "aqui tem muita coisa para fazer e eles só querem ficar dentro dos seminários". Assim, segundo padre Luís, transformar Ataúro em paróquia só iria trazer transtornos para eles próprios – pois teriam mais burocracias para gerir – e para o clero timorense, que, no futuro, encontraria dificuldades em enviar padres para a ilha.

Estas resistências e disputas de poder não são exclusivas dos católicos. Conversando com assembleianos Humangili enquanto aguardavam atendimento no posto médico em Vila Maumeta, estes me disseram que gostavam do Brasil e que conheciam vários missionários brasileiros no Timor[195]. Mencionaram o trabalho de ensino da língua portuguesa aos cristãos de Ataúro feito por uma missionária vinculada a JUVEPE[196]. Ao falarem isto, comentei que conhecia o seu trabalho com o ensino da língua portuguesa, as capacitações que oferecia aos professores assembleianos e os cursos bíblicos com os pastores, e que já tinha visitado a creche que ela havia inaugurado para as crianças do suco Makadade. Disse-lhes também que, há alguns anos atrás, um casal de missionários brasileiros havia trabalhado na ilha. Eles responderam que conheciam os missionários, apesar deles não trabalharem em Humangili, mas que agora não sabiam onde eles estavam, mas achavam que tinham voltado para o Brasil. Comentei que tinha ouvido que este casal de missionários havia encontrado dificuldades para trabalhar com os pastores de Beloi e Bikeli. Responderam-me que o problema não foi dos pastores daqueles sucos, mas sim dos missionários brasileiros, que não entenderam como era a Igreja do Timor e queriam fazer coisas que não podiam, como, por exemplo, intensificar o proselitismo religioso para alcançar os católicos e interferir nas decisões dos líderes locais. Então, os pastores de Ataúro, segundo os assembleianos Humangili, disseram para os missionários brasileiros que daquela forma eles não poderiam mais trabalhar na ilha, "mas não mandaram eles embora".

No ano de 2006, um grupo de missionários assembleianos brasileiros vinculados à organização britânica sem fins lucrativos *Christian Vision* tentou ampliar a sua influência junto à Assembleia timorense e intensificar as campanhas de evangelização no país. Os missionários brasileiros, que ajudavam financeiramente na reforma das igrejas e demais construções assembleianas, tinham as suas ações limitadas e não podiam interferir nas decisões dos líderes locais. Para dirigirem um culto, por

195. Conforme informações da Embaixada brasileira no Timor, em 2010 havia, entre adultos e crianças, 287 brasileiros no país. Deste total, 108 estavam registrados oficialmente como missionários evangélicos (vinculados a 17 diferentes instituições entre Igrejas e ONGs) e 18 como missionários católicos (padres, freiras e leigos). Entre estes missionários, havia 79 mulheres e 47 homens.

196. A JUVEPE é uma instituição filantrópica, cristã interdenominacional, criada em 1981 na cidade de João Pessoa, Brasil. Atuando, principalmente, na área da educação, sua missão é auxiliar as Igrejas na evangelização dos grupos sociais ainda não cristianizados.

exemplo, precisavam ser convidados e acompanhados pelos pastores timorenses. Após inúmeros desentendimentos gerados pelas divergências sobre como deveria ser conduzida a atuação da Igreja, a pastora Gomes, líder da Assembleia timorense, tentou influenciar os órgãos públicos para que não renovassem as suas permissões de permanência no país. A questão somente foi resolvida depois que o governo, ao ser pressionado a se posicionar devido os protestos dos missionários evangélicos, interferiu dizendo que o país era democrático e as pessoas não poderiam ser expulsas por discordarem sobre assuntos religiosos.

Sobre os motivos que levaram ao desentendimento, um missionário brasileiro comentou que "os assembleianos timorenses se contentaram com o pequeno espaço que têm no país e não querem crescer, têm medo da Igreja Católica". Os integrantes da *Christian Vision*, alguns meses depois do rompimento com a Assembleia de Deus, criaram a Igreja Evangélica Visão Cristã. Para os assembleianos Humangili com quem conversei sobre este assunto, a pastora Gomes teria agido corretamente, porque esta "seita", referindo-se à Igreja fundada pelos missionários brasileiros, "só causa problemas e divide os cristãos".

Entretanto, nem sempre os conflitos entre os diferentes grupos religiosos são resolvidos com base na diplomacia. Em Beloi, após assistir ao culto assembleiano, conversei com um dos pastores daquele suco. Sentados à sombra de uma árvore na frente da sua casa e tomando água de coco, comentei com o pastor que tinha percebido que ele mancava ao caminhar. Puxando a perna direita da calça até o joelho, o pastor me mostrou uma cicatriz e disse que "fiquei meses sem poder caminhar e até hoje não fiquei bom". Segundo ele, este teria sido o resultado de uma agressão sofrida há cinco anos feita por católicos, em Dili, que não concordavam com o fato de ele estar pregando no suco onde moravam.

Os próprios agentes religiosos da Visão Cristã, após fundarem a sua Igreja, têm sido alvos das agressões dos católicos. Uma destas situações ocorreu em dezembro de 2008. Depois de sucessivos conflitos e apedrejamentos na igreja da Visão Cristã em Aileu, dezenas de católicos teriam invadido e destruído objetos e móveis que estavam dentro do prédio. Em março de 2009, ocorreu outro incidente com um grupo autodenominado de *Conselho da Juventude para a Segurança e Estabilidade do Subdistrito de Ainaro*. Este *Conselho da Juventude*, que conta com membros de grupos de artes marciais[197], invadiu a igreja da Visão Cristã e proibiu que os evangélicos entrassem no recinto. No mesmo ano, em Bobonaro, um pastor da Visão Cristã foi agredido por um grupo de pessoas enquanto realizava um culto na casa de fiéis. Em Same, distrito de Manufahi, no ano de 2010, com o incentivo de um chefe de suco, inúmeras pessoas contrárias à instalação da Visão Cristã na comunidade tentaram colocar fogo na igreja. Em janeiro de 2011, a igreja que estava sendo construída na região de Manatuto foi depredada por católicos contrários à sua instalação na comunidade.

As justificativas para as agressões, conforme os católicos com quem conversei em Dili, seriam que estes missionários, após se instalarem em uma comunidade, alugavam ou compravam um terreno utilizando o nome de timorenses para construir a sede do que eles alegavam ser uma ONG. Porém, com o tempo, e sem pedir permissão às autoridades locais, começavam a realizar cultos e a pregar para os cristãos. De acordo com o bispo de Baucau, estas *seitas representam uma praga, principalmente porque se desconhece os propósitos dessas organizações* (Radio Vaticana, 2010). A forma de atuação dos missionários da Visão Cristã, acostumados com o mercado religioso brasileiro, que é mais tolerante à prática incisiva de convencimento ao "outro", causa estranheza aos timorenses e desencadeia comportamentos de defesa e ataque, podendo ser manifesto em atos de agressão. No atual contexto social timorense, a pregação religiosa com o intuito de convencer alguém que já frequenta uma Igreja é considerada uma falta de respeito e uma afronta aos demais grupos religiosos. Este sentimento é partilhado tanto por católicos como por protestantes.

197. Atualmente os principais grupos de artes marciais no país são: Persaudaraan Setia Hati Terate (PSHT); Kera Sakti; Kmanek Oan Rai Klaran (KORK); Padjdjaran e outros grupos menores que praticam Boxe, Karate, Taekwondo, Kung Fu, Aikido e Kempo. Há, ainda, os grupos onde os seus membros não estão vinculados a um estilo específico de arte marcial, entre os quais temos: a Sagrada Família, o Doze-Doze, o Cinco-Cinco, o Sete-Sete e o Kolimau Dua Ribu. Todos estes grupos, com maior ou menor intensidade, possuem um componente espiritual misturando elementos católicos com crenças em espíritos da natureza e dos antepassados, bem como utilizam encantamentos para tornarem-se invulneráveis durante os conflitos. Certa vez, em Dili, um integrante do Kolimau Dua Ribu disse-me que eles desejavam "a Igreja Católica timorense e não a Romana". A própria Igreja Católica possui um grupo de artes marciais criado nos anos 1980 pelo padre indonésio Hadiwijoyo. O Tunggal Hati Seminari – Tunggal Hati Maria (THS-THM), como me informou o coordenador do grupo em Ataúro durante o treinamento que realizaram em Humangili, foi trazido da Indonésia para o Timor-Leste para ser um contraponto aos diversos grupos de artes marciais que se desenvolviam no país. Com o lema "pela Pátria e pela Igreja" a ideia, segundo o coordenador, seria atrair a atenção dos jovens para a Igreja por meio das artes marciais. Para uma análise dos grupos de artes marciais no atual contexto histórico e social timorense conferir Scambary (2006; 2009).

Em Dili, um dirigente religioso timorense e integrante do Conselho das Igrejas Protestantes no Timor comentou que o Conselho não se envolve nos problemas da Visão Cristã porque não concorda com os seus métodos de evangelização e de inserção nas comunidades. Porém, quanto mais dificuldades os missionários da Visão Cristã encontram no seu trabalho, mais intensificam o seu proselitismo religioso que, por sua vez, é um dos motivos para as agressões que sofrem. A reação de ambos os lados acaba por ser a consequência e uma das causas das agressões. Em um movimento circular, esta dinâmica preenche as expectativas de agredidos e agressores que, grosso modo, de um lado, é a resistência e luta contra o mal por meio da evangelização e implantação do poder de Deus na Terra e, do outro, é a luta contra o invasor, o desrespeito e o diferente[198].

As agressões não seriam atos espontâneos ou circunscritos apenas às divergências religiosas em que uma fonte primária – que pode ser um grupo ou uma única pessoa – serviria como catalisador para uma espécie de contágio coletivo. Pelo contrário, as agressões, nestes casos, apresentam o que Tambiah (1996), ao estudar conflitos etnonacionalistas no Sudeste Asiático, denominou de *rotinização* e *ritualização*. Estas ações possuem um caráter performático organizado com fases distintas no desenvolvimento do processo, que são planejadas e controladas pelas lideranças dos grupos envolvidos. Um episódio que ilustra estes eventos teria ocorrido em 2005 durante as manifestações dos católicos contra a proposta do governo, liderado pela FRETILIN, de tornar o ensino religioso uma disciplina não obrigatória nas escolas públicas. A Igreja Católica, no mês de abril daquele ano, reuniu entre três e cinco mil pessoas nas ruas de Dili. Conversando com religiosos católicos, estes afirmaram que, durante as manifestações, fiéis com catanas e armas de fogo estavam prontos para reagir no caso de haver violência policial[199]. No entanto, as agressões, que poderiam desencadear conflitos em âmbito nacional, não se concretizaram, pois, segundo os religiosos com quem conversei,

198. Como abordei em um trabalho anterior a percepção do que seja violência *é relacional, depende do contexto, do grupo social e do que encaramos como moralidade, como ético, como agressão, como uso abusivo da força, como poder e autoridade* (Boarccaech, 2009: 145-146). Neste sentido, tanto os missionários da Visão Cristã como os integrantes das comunidades onde eles tentam se inserir podem ser considerados, dependendo do ângulo de análise, simultaneamente como agressores e agredidos.

199. Estas informações foram fornecidas por cinco religiosos (três padres e duas freiras) em momentos diferentes e em separado. Optei por omitir os seus nomes para preservá-los de possíveis represálias, bem como pelo fato da sua identificação nominal não ser indispensável para a análise em questão.

"felizmente a polícia não agrediu ninguém", e o governo recuou na sua proposta inicial. O que interessa para esta análise não é se estas informações, fornecidas pelos próprios integrantes do clero, correspondem aos fatos, mas sim que, para eles, esta é uma possibilidade factível e um comportamento possível entre alguns católicos.

Em Humangili, como podemos perceber até aqui, também há a tensão entre católicos e assembleianos, bem como a contrariedade com relação à entrada de religiosos de outras denominações na comunidade. Porém, ao contrário do que ocorre em outros sucos, os desentendimentos motivados por divergências religiosas não são resolvidos por meio das agressões físicas. Conforme o assembleiano Ketikura, as pessoas que se envolvem nestes conflitos – evangélicos e católicos – não entenderam o que é o cristianismo e utilizam a religião como pretexto para resolver antigas desavenças. O *Lela'it* Kalisuk, sobre este assunto, disse-me que as agressões encobrem disputas por propriedades de terra, dinheiro, prestígio social, entre outros motivos. Neste mesmo sentido, o ministro da eucaristia comentou:

> O timorense não esquece, guarda e depois, quando pode, se vinga. Às vezes, a pessoa já morreu, mas o filho ou o neto se vinga. [...] o timorense não sabe conversar, mas nós [os Humangili] sempre conversamos. [...] um cristão não agride o outro.

Um exemplo desta posição dos Humangili de não agressão física, quando se trata de conflitos religiosos, ocorreu em 2008. Em janeiro daquele ano, um grupo de assembleianos roubou estátuas feitas por artesãos Humangili enquanto estes tentavam vendê-las no porto em Beloi para os turistas que visitavam a ilha, trazidos pelo Nakroma. As estátuas, que são consideradas pelos assembleianos como representações do "demônio", foram encontradas, no dia seguinte, totalmente queimadas. Os católicos de Vila Maumeta – descendentes Humangili – queriam revidar com a agressão física aquilo que encararam como um desrespeito aos costumes dos seus antepassados. No entanto, os líderes do sistema hereditário Humangili não permitiram a intromissão dos católicos de Vila Maumeta, alegando ser este um problema da sua comunidade. Após se reunirem, decidiram que os assembleianos que moram em Hatulela não poderiam ser responsabilizados e, portanto, punidos pelo erro dos evangélicos dos demais sucos. Com a intenção de não prolongar a discussão, até mesmo porque não tinham certeza sobre quais eram individualmente as pessoas que haviam roubado e queimado as suas estátuas, optaram por não pedir indenização ou revidar as agressões. O catequista Meharek comentou sobre os assembleianos que haviam destruído as estátuas: "Não pode destruir as estátuas. Nós fazemos as estátuas desde o tempo dos avós. [...] Eles não entendem porque não são de Humangili. [...] Eles são cristãos, mas não entenderam o cristianismo". O assunto não foi esquecido e, apesar das relações aparentemente cordiais, ainda há ressentimentos que poderão gerar, entre outras consequências, desavenças pessoais entre as famílias e dificuldades em estabelecer alianças políticas em campanhas eleitorais.

DIFERENTES EXPERIÊNCIAS, OUTRAS PERSPECTIVAS

A maneira, como os católicos Humangili se relacionam com as crenças locais e os valores e práticas cristãs pode, também, ser entendida como um reflexo do seu pensamento em *perspectiva*. O conceito de *perspectiva*, sistematizado por Viveiros de Castro (1996: 128) a partir das suas reflexões sobre a cosmologia dos grupos sociais ameríndios, implica na diferenciação marcada pela especificidade dos corpos, entendidos como *um conjunto de afecções ou modos de ser que constituem um habitus*, e não pela cultura. Este corpo, que possui uma existência fugaz, estaria em constante processo de mudança através das trocas de substâncias corporais, comensalidades, e da partilha de afetos e memórias (Vilaça, 2005).

Teríamos, então, o *multinaturalismo*, baseado na unidade do espírito e na diversidade corporal, ao invés de um *multiculturalismo*, associado ao relativismo e às representações com a igualdade corporal e a pluralidade cultural[200]. Sob este ponto de vista, os animais e os espíritos dos mortos teriam, para os ameríndios, uma organização social com festas, desejos, xamãs, chefias etc., igual aos humanos. Porém, esta ocorreria de formas diferentes, em que a consubstancialidade do corpo é que forneceria o acesso à sua decodificação. Para utilizar um exemplo sugerido por Lima

200. Para Viveiros de Castro (1996: 128), *o relativismo (multi)cultural supõe uma diversidade de representações subjetivas e parciais, incidentes sobre a natureza externa, una e total, indiferente à representação; os ameríndios propõem o oposto: uma unidade representativa ou fenomenológica puramente pronominal, aplicada indiferentemente sobre uma radical diversidade objetiva. Uma só "cultura", múltiplas "naturezas" - o perspectivismo é um multinaturalismo, pois uma perspectiva não é uma representação. Uma perspectiva não é uma representação, porque as representações são propriedades do espírito, mas o ponto de vista está no corpo.*

(1996: 31) ao estudar a caça ao porco-do-mato entre os Juruna, os porcos, ao fuçarem as cascas de coco, produziriam um som parecido com um apito para os humanos, porém, para eles, possuiria uma *musicalidade tão rica como aquela das flautas*. Nesta mesma linha de raciocínio, Descola (1998: 28) afirma que, para os povos amazônicos, apesar dos animais e plantas serem diferentes dos humanos na sua morfologia e comportamento, *a existência social que eles têm à nossa revelia é idêntica à nossa*.

Deslocando do contexto ameríndio para o Humangili, utilizo a *perspectiva* não como o contraponto naturalista à visão culturalista. A *perspectiva*, como a entendo, indica a possibilidade dos indivíduos acionarem e transitarem entre múltiplos referenciais para reconhecer e codificar a si mesmos e o ambiente à sua volta. Este trânsito não ocorre exclusivamente no plano observável e consciente, pois pode ser subjetivo e inconsciente, e está relacionado com as influências físicas, biológicas, ambientais, e ao repertório lógico e simbólico que o indivíduo dispõe[201].

De forma semelhante aos ameríndios, para os Humangili, os animais e os espíritos também possuem linguagem e organização social, sendo a consubstancialidade uma forma de acessar os seus pontos de vista. Em conversas com os pescadores, perguntei a alguns deles se acreditavam que os peixes falavam, tinham chefes e casas para morar. As respostas foram sempre afirmativas, de que todos os animais conversam, têm chefes e família. Ao insistir no assunto, questionando se os peixes viviam da mesma forma que as pessoas, diziam, de forma concreta, que os peixes vivem na água, mas os Humangili não sabem o que eles fazem ou sobre o que conversam, porque "não são iguais [os corpos] aos peixes".

O entendimento sobre o mundo espiritual encontra estas mesmas dificuldades marcadas pela diferenciação dos corpos. Referindo-se à

201. Para discussões sobre a noção de perspectiva, conferir o estudo de Leibniz (2009) sobre o conceito de *mônada*. Conforme Leibniz, as *mônadas* seriam substâncias simples, indivisíveis, impenetráveis às influências externas, completas, diferentes entre si e originadas de uma unidade primitiva, que ele associa a Deus. Esta unidade primeira seria universal e conteria todas as realidades possíveis, não existindo nada para além dela mesma. No entanto, pela variedade de substâncias simples, teríamos a percepção de inúmeros universos, mas todos seriam apenas uma perspectiva desta unidade suprema observada pelo ponto de vista de cada *mônada*. Para Nietzsche (2001), não existiriam fatos e verdades absolutas, pois toda verdade seria uma interpretação parcial e perspectivada pela própria história dos sujeitos. Segundo Ortega y Gasset (1998), o mundo é o que percebemos e o conhecimento surge de uma perspectiva particular e parcial. Neste sentido a realidade é plural e poderia mudar conforme as perspectivas de cada sujeito, sendo todas válidas. No entanto, a verdade absoluta poderia ser alcançada desde que se una todas as perspectivas disponíveis e possíveis sobre uma determinada situação concreta.

concepção de eternidade, Duarte (1984: 276) comenta que *o ataúro não é nada descritivo nem claro, deixando-nos a impressão de que não tem ideias definidas ou teme desvendar mistérios cobertos pelo sigilo tradicional*. A impressão causada a Duarte não é equivocada, mas não se deve apenas a uma possível falta de curiosidade ou ao temor de *desvendar mistérios* que, a princípio, são exclusivos dos *Mataplolon*. A dificuldade está relacionada também ao fato dos animais e dos espíritos possuírem uma diferente forma corporal que lhes confere idiossincrasias que são inacessíveis aos Humangili. Apesar de projetarem determinadas lógicas e comportamentos aos espíritos e aos animais, atribuindo-lhes sentimentos, pensamentos, linguagem e organização social, isto não produz necessariamente uma sinonímia.

A própria forma como os espíritos são percebidos é alterada conforme a sua materialidade. Ao discutir a essência da alma para os "ataúro", Duarte (1984) afirma:

> [...] a alma é simultaneamente issik-rung'u ou mang'ak e pohóe. Issik-rung' ou mang'ak é imaginado como sopro, com sede na cabeça, e, ao mesmo tempo, elemento espiritual, força vital que transmigra. Pohóe, também elemento espiritual, é alma-personalidade que, transcorrido um lapso de tempo relativamente longo, entra no conselho dos «avós» e se chama upaun, utamu (avô). Conclui-se daqui que o elemento que reencarna é o mang'ak; e o elemento-personalidade que entra no conselho dos espíritos dos antepassados é o pohóe. Mas tanto o mang'ak como o pohóe são tratados por upaun (Duarte, 1984: 275).

No entanto, o que pude observar entre os Humangili católicos é que, para eles, não existe a simultaneidade de diferentes tipos de alma. O que ocorre é que esta recebe diferentes tipos de nomes dependendo da sua manifestação. Enquanto habita o corpo, a alma é chamada de *Isik Runguk* e, como Duarte (1984) já havia constatado, estaria localizada na cabeça e identificada como uma força vital, algo que mantêm o corpo vivo. A *Isik Runguk* poderia sair do corpo, enquanto a pessoa dorme, e entrar em contato com os espíritos dos antepassados e da natureza. Porém, ao retornar para o corpo físico, esqueceria ou confundiria as experiências do "outro mundo" com os sonhos, pois não se perceberia como uma unidade isolada do corpo. Quando a pessoa morre, rompe-se a ligação entre a *Isik Runguk* e o corpo material. Esta, então, passa a ser chamada de

Pohe e assumiria, já livre do corpo, outra perspectiva, que lhe permitiria viver com os demais espíritos.

Quando um *Pohe* assume a forma humana e se manifesta para os seus familiares ou amigos, é chamado de *Rik Lalok* e tratado como igual, porém, quando visto por alguém que não o conheceu em vida, continuará sendo chamado de *Pohe*, mas em um sentido que, traduzido para o português, assemelha-se à assombração. Caso a pessoa tenha morrido em litígio com alguém, ou o seu espírito esteja assombrando uma casa, os *Mataplolon* realizam a cerimônia do *Roi Un*, na qual vão ao local em que o corpo do morto foi enterrado e invocam a sua presença. Após negociar com o *Pohe* a resolução do problema, o espírito coloca parte do seu corpo imaterial em um pequeno animal ou inseto, que somente o *Mataplolon* pode identificar. Neste momento, o espírito que se manifestou no animal passa a ser chamado de *Mhangad*. O *Mataplolon*, então, mata o animal e o mistura com betel para fazer a pasta da *pua malus*, que é mascada por ele e pela pessoa que o procurou, e selam a pacificação entre as partes. O *Mhangad* não morre com o animal, mas liberta-se do corpo e une-se, novamente, ao *Pohe*.

Os espíritos, independentemente deste ritual, teriam a capacidade de incorporarem ou transformarem-se em um animal sem precisar se dividir para que isto aconteça. Ao fazê-lo, passam a observar o mundo sob a perspectiva do animal, mas nunca perdem o seu referencial inicial, que, no caso dos espíritos dos mortos, é o do mundo sobrenatural e o Humangili. Da mesma forma, os animais que se transmutam em humanos observariam o mundo sobre outro ponto de vista, mas nunca deixarão de pensar e sentir como o animal que continuam sendo. Por exemplo, uma ave, pelas crenças ancestrais, ao se transformar em um Humangili, seria aceita na comunidade e teria o mesmo olhar sobre o mundo e as relações sociais que eles. Porém, viveria em dualidade, pois, ao mesmo tempo em que se reconhece e é reconhecida como uma pessoa, também será considerada por ela própria e pelos demais Humangili como diferente. A transmutação seria um caminho para o entendimento de outras formas de percepção que conviveriam sem se anularem. As duas perspectivas estariam presentes, ao mesmo tempo, separadas e unidas.

Podemos observar isto no fragmento da história sobre *Plao noro Amat* que descreve a origem do *Opa*[202]:

---

202. A história sobre *Plao noro Amat* – a tartaruga e o tubarão – pertence à *Lisan* Tutunopun. A

Turukiri teve um filho a quem chamou de Palakiri. Ainda hoje existem familiares de Turukiri. Os seus descendentes contam as histórias de Turukiri de uma geração para outra / Palakiri cresceu e começou a fazer as mesmas coisas que o seu pai, pois ouvia as histórias da sua mãe. Palakiri começou a trabalhar como agricultor e a cultivar vários tipos de plantas, principalmente betel, em um lugar chamado Malusulu / A sua plantação cresceu e todos os dias Palakiri colhia as folhas e os frutos do betel para mascar. Um certo dia percebeu que haviam folhas de betel caídas no chão e que alguém havia colhido as folhas e os frutos. Todos os dias acontecia a mesma coisa / Um dia, tentando desvendar o mistério, Palakiri colocou uma madeira no alto da árvore para poder dormir e ficar de vigia. Foi então, que viu lá de cima, uma tartaruga que se aproximava vindo do mar. Ficou prestando atenção e percebeu que a tartaruga tirou a sua pele e transformou-se em uma mulher e começou a subir na árvore para colher o fruto do betel / Quando ela alcançou o topo da árvore não percebeu a presença de Palakiri que estava atento e preparado para prender o ladrão que roubava as folhas e os frutos do betel / Quando a tartaruga chegou ao topo da árvore, Palakiri agarrou-a pelos braços e prendeu-a. Havia também um tubarão que tinha subido em outra árvore, em outro lugar não muito distante, que a ouviu pedir socorro. O tubarão, então, foi socorrer a tartaruga. Mas naquele momento não podia enfrentar o dono da plantação de betel. E então, o tubarão desceu do alto da árvore e correu rapidamente para o mar para avisar ao pai e aos irmãos da tartaruga o que tinha acontecido / Palakiri no alto da árvore, depois de ter prendido a tartaruga, falou: *então é você que sempre vem roubar o meu betel, não é? Agora vou te matar.* Então, a tartaruga falou: *perdão, não me mates, vamos viver os dois juntos.* Nesse dia a tartaruga passou a ser a esposa de Palakiri, e passaram a morar no lugar chamado Malusulu, junto com a sua mãe Kunae / Durante a manhã, enquanto ainda estava escuro, os dois foram para a sua casa. E quando lá chegaram a tartaruga cavou um buraco no lugar onde faziam uma fogueira para enterrar a sua pele de tartaruga. Depois de ter enterrado a sua pele de tartaruga recolocou as três pedras no lugar onde faziam a fogueira. Então ela falou para Palakiri: *de hoje em diante somente eu cozinharei nesta fogueira e a mãe velhinha irá usar a outra para cozinhar* / Ele conver-

versão que apresento é uma compilação da história narrada por Menunu, *Lela'it* Hatudalas, e por Kurureti, *Lela'it* Tutunopun, traduzida do Hresuk para o Português. Além de descrever a origem do *Opa*, esta história também transmite a mensagem de que as famílias unidas pelo casamento precisam respeitar umas as outras, bem como, os homens devem cuidar e proteger as suas esposas, pois as mulheres poderão – caso sintam-se desrespeitadas pelo marido e sua família – retornar para a casa dos seus pais e desfazer o casamento. No final deste capítulo apresento a versão em Hresuk.

sou com sua mãe que lhe respondeu: *quando vivíamos sozinhos, era eu quem usava esta fogueira para cuidar de ti. Agora que já tenho uma nora ela irá tomar conta de ti, pois eu já estou velha* / Desde aquele dia que passaram a viver juntos, tiveram dois filhos chamados de Turukiri e Mehali. Os filhos cresceram e já entendiam algumas coisas. Quando os seus filhos tinham 6 e 5 anos já tinham crescido e entendiam algumas coisas / Eles tiveram mais uma filha, chamada Kunae, que tinha 3 anos. Um certo dia *Sea Plao* [nome da tartaruga na forma de mulher] saiu de casa para buscar água numa nascente que ficava em Lutus, na região de Beloi. Este lugar ficava muito longe, próximo a Berao / A cada dia as três crianças ficavam mais espertas porque estavam sempre perto do seu pai. Porém, nesse dia, que a sua mãe foi buscar água nesse lugar tão longe, o seu pai também tinha saído para realizar alguns trabalhos. As três crianças procuraram os pais e como não encontraram começaram a chorar e não respeitaram a sua avó que tentava acalmá-los / No entanto, quando a nora *Sea Plao*, mãe das três crianças, já estava próximo da casa, ouviu a sogra gritando: *vocês, calem a boca, porque estão a chorar olhando para cima? Parecem com a sua mãe lá no fundo do mar com a cabeça virada para cima comendo as algas* / A nora, que estava nos fundos da casa ouviu tudo o que a sua sogra dizia, não uma ou duas vezes, mas várias vezes seguidas. Então, a nora sentindo-se muito triste foi torrar um pouco de milho que tinha guardado e retirou a sua pele de tartaruga que ela tinha enterrado em baixo das pedras da fogueira, lavou muito bem a pele e partiu levando consigo os seus três filhos / Ela era uma mãe que adorava os seus filhos. Porém, devido à injustiça que sofreu, decidiu voltar para o fundo do mar e viver com os seus pais / Quando chegaram a um lugar chamado Bikan Lamiri, a mãe pegou a sua pele e colocou no mar para amolecer. Depois começou a colocar a sua pele de tartaruga. Ela também deu de comer aos seus filhos e disse a Turukiri e a Mehali: *vocês três precisam cuidar uns dos outros e cuidem bem da Kunae* / Ela voltou para o mar e o seu corpo continuava a transformar-se em uma tartaruga. Os filhos chorando, principalmente Kunae que ainda era muito pequena, ficaram à espera da mãe que tinha partido, abandonando os filhos pequenos / Os filhos pensaram que tinham perdido todo o amor e o cuidado da sua mãe e se perguntavam: *quem é que vai cuidar de Kunae? A avó está sempre com a cara zangada. O que vai ser de nós três? E se o nosso pai também sair de casa? No entanto, não faz mal, nós iremos conseguir sobreviver.* O irmão mais velho acalmou os irmãos mais novos / Eles esperaram por umas duas ou três horas. O seu pai, Palakiri, chegou e perguntou aos seus filhos: *a mãe de vocês foi aonde?* O filho mais velho, Turukiri, respondeu: *a mãe vestiu a sua antiga roupa de tartaruga e saiu daqui e foi para lá. Ela falou para nós cuidarmos uns dos outros e para nós esperarmos até o pai chegar para nos levar de volta para casa* / O pai olhou para os seus filhos e ficou muito triste. Ele perguntou para os seus filhos: *para onde foi a sua mãe? Eu vou procurá-la e trazê-la de volta. Vocês esperem aqui e tomem conta da sua irmã Kunae. E* o filho mais velho respondeu: *eu vou cuidar dos dois* / Ouvindo isso, o pai, sentiu-se mais animado e entrou no mar. Quando já estava um pouco afastado, perguntou para os filhos: *ela foi por aqui?* Os filhos responderam: *um pouco mais para lá.* Quando perguntou pela quinta vez, os filhos, da praia, responderam: *ela mergulhou aí.* Então, o pai mergulhou para o fundo do mar e quando já estava quase perdendo o fôlego percebeu que não estava mais no mar, mas em terra seca. Quando pisou na terra ele logo subiu numa árvore que estava perto. Lá de cima da árvore avistou uma nascente de água, que estava ali perto e onde estavam muitas mulheres, algumas tinham ido buscar água, outras estavam tomando banho e outras já estavam indo embora / Palakiri, o pai das crianças, ficou observando a beleza das mulheres. Ele colheu uma folha da árvore, cuspiu na folha e a atirou próximo do lugar onde estavam as mulheres. Mas um vento forte levou a folha para outro lugar. Colheu outras folhas e começou a atirá-las uma por uma. As mulheres pensaram que era o vento que fazia as folhas caírem, não imaginaram que tinha alguém as atirando / Depois, ele pegou outra folha, colocou bastante saliva e deixou-a cair perto delas. Elas perguntaram umas para as outras: *ai! nós estamos todas aqui, será que tem um animal selvagem jogando fezes esverdeada em nós? Todas olharam para cima da árvore e viram Palakiri lá no alto* / Então, todas elas disseram: *o senhor vai para onde? Por que não desce e vem até aqui*? Palakiri, ao descer, percebeu que tinha um tubarão passeando por perto. E, com medo, disse: *eu vou descer, mas eu estou com medo porque estou vendo muitos cães.* As mulheres responderam: venha, eles não mordem / Palakiri cheio de coragem desceu e perguntou para elas: *por acaso vocês viram uma mulher passar por aqui?* Elas responderam: *sim, ela passou por aqui hoje, mas estava chorando por todo o caminho.* Palakiri seguiu o caminho e encontrou um porco que estava a chafurdar à volta de uma bananeira. Então ele passou sem fazer barulho, porque era um porco muito grande / Ele caminhou até que encontrou uma casa e viu a mãe das crianças que estava tecendo kngohi. Palakiri sentou-se e depois de algum tempo a sua esposa perguntou: *para onde estás indo?* Ele respondeu: *eu vim te procurar por causa dos nossos filhos.* A esposa respondeu: *a tua mãe estava muito zangada comigo, e por isso mesmo, eu não quero voltar, você volta e cuida bem dos nossos filhos e um dia eles irão contar a nossa história* / Antes de ir embora, espera pelo meu pai, ele tem uma coisa para lhe entregar. Palakiri esperou muito tempo e perguntou: o teu pai foi aonde? A esposa respondeu: *quando você veio, não o viu plantando bananeira na horta?* O marido disse: *não, eu somente vi um porco a chafurdar à volta de uma bananeira.* A esposa respondeu que este era o seu pai. O marido perguntou: *aonde está a tua mãe?* A esposa disse: *ela está dentro da casa* / Quando ela falou para ele se encontrar com o tubarão [sua mãe], Palakiri tentou convencer a sua esposa *Sea Plao* a regressar com ele, mas *Sea Plao* recusou-se a voltar porque a sua sogra, Kunae, a tinha tratado muito mal. Palakiri continuou a insistir mas a resposta era sempre não. A sua esposa, entristecida apenas dizia: *quando me apanhaste lá, ficamos juntos com os nossos filhos e eu cuidava deles e esqueci do meu pai, da minha mãe e de toda a minha família aqui / Talvez, se você tivesse vindo imediatamente atrás de nós eu poderia ter voltado. Mas agora eu já vesti a minha roupa de antes e não voltarei com você porque posso ser agredida ainda mais que antes. É melhor você voltar e cuidar bem dos nossos três filhos. Mas espera pelo meu pai, vamos ver o que ele pensa sobre isso.* Nisto, os dois permaneceram calados. Palakiri continuou ali sentado à espera do sogro, muito desolado e triste / Quando o sogro voltou da horta, os dois se cumprimentaram e conversaram, o genro ficou contente ao ouvir a forma carinhosa como o sogro e a sogra falavam com a sua filha. Dizendo: *talvez seja melhor vocês dois voltarem juntos para cuidarem dos nossos três netos.* Então a filha chorando respondeu: *não, eu nunca mais volto para lá / Na verdade, as coisas não deveriam ser assim. Tudo isso aconteceu porque o pai e a mãe não tinham betel para mascar, então, eu e a mãe saímos. A mãe ficou de longe a ver e a colher betel em outro lugar até eu ser presa. Depois fui viver para o outro lado durante todos esses anos até agora. Por isso, já não quero voltar para lá nunca mais. Deixa ele voltar sozinho para tomar conta dos seus netos* / A filha recusou-se a voltar e disse: *agora, eu só quero tecer Kngohi. Lá, eu parecia estúpida sem saber o que fazer. Deixa estar, ele e a mãe dele podem cuidar das crianças até elas crescerem. Um dia elas lembrarão do que viram e ouviram de mim e vão contar para os mais novos* / Quando a conversa terminou o pai mais velho disse: *nós, como pais, temos a obrigação de falar para vocês dois buscarem um acordo. Mas, se existe opiniões diferentes, porque ainda não pensam igual, eu acho melhor que o nosso genro fique por mais cinco dias aqui. Eu quero ensinar algumas coisas para que ele possa cuidar melhor dos nossos netos lá* / O genro ouviu e perguntou ao sogro: *quem é que vai cuidar das crianças?* O sogro respondeu: *alguém vai cuidar deles, genro, faça conforme eu estou te dizendo. Assim, tu poderá ter uma vida melhor com os nossos netos* / O genro ouviu e obedeceu, ficando com os sogros por mais cinco dias, aprendendo como fazer o *Opa*, tecer o bambu etc., *temos tudo isso aqui perto da nossa casa, observe até aprenderes.* Ele aprendeu tudo sobre como fazer o Opa para quando voltar para casa poder fazer exatamente como o sogro lhe ensinou / No quinto dia Palakiri queria voltar para casa, pois estava preocupado com os seus filhos: *como é que eles estarão agora?* O sogro sabia da sua preocupação e disse para o consolar: *está tudo bem, alguém está cuidando deles. Não te preocupes com as três crianças.* O genro sentiu-se mais calmo ao ouvir as palavras do sogro. O sogro combinou com o genro que quando este voltar não deveria esquecer as suas palavras e deveria seguir as seguintes recomendações / Agora você vai apanhar uma madeira, para usar como suporte / Você deverá seguir por este caminho, quando chegar ao bananal escolha os cachos mais carregados de banana / Corta os dois cachos mais carregados e pendura no suporte / Carrega até chegar na tua terra e quando a água do mar estiver na altura dos joelhos, vira as costas para a terra, baixa a cabeça e atira os cachos de banana para a terra / O genro fez tudo conforme lhe foi ensinado e os cachos de banana se transformaram em peixes de várias espécies e a madeira que servia de suporte transformou-se numa enorme enguia / A última instrução foi que colocasse o cesto próximo às rochas para que a tartaruga [sua esposa] pudesse colocar alguma coisa para as crianças / O genro, Palakiri, despediu-se e saiu da casa do fundo do mar e voltou para a sua casa em Malusulu. Quando chegou atirou a madeira com os cachos de banana e as bananas transformaram-se em peixes e a madeira em enguia. Os filhos, com fome, ainda o esperavam na praia. O pai chamou os filhos e todos se abraçaram. As crianças perguntaram pela mãe, mas o pai ao invés de responder pediu para os filhos limparem e prepararem os peixes. E depois, disse aos dois filhos mais velhos para acenderem uma fogueira para começar a assar alguns peixes e dar de comer para a sua irmã menor, Kunae / Depois de comer, todos juntos voltaram para casa levando os pesados materiais. Um ou dois dias depois o pai começou a preparar o Opa. Depois de acabar, o levou para o mar conforme lhe foi ensinado. Os filhos de Palakiri foram crescendo e o filho mais velho Turukiri e o seu irmão Mehali casaram e foram viver separados. O irmão mais velho passou a viver em um lugar chamado Nusa Helin e o irmão mais novo foi viver em um lugar chamado Mandrate. O irmão mais velho, Turukiri, não deixou descendentes. O irmão mais novo teve dois filhos que chamou de Koikera e Palakera.

Para os Humangili, as semelhanças físicas, a performance corporal, a linguagem e a partilha de determinados alimentos, embora favoreçam a percepção do ponto de vista do "outro", não são suficientes para os tornar em iguais. Por mais que se compartilhem os mesmos hábitos, sempre haverá diferenças. Os timorenses de outros lugares do Timor, que por algum motivo, se estabelecem na comunidade – por meio de casamentos ou professores temporários da escola primária, por exemplo –, ao demonstrarem conhecimento e respeito pelos costumes locais, poderão ser integrados e reconhecidos como Humangili sem nunca deixarem de ser *pena'e*, ou estrangeiro. Mas os seus descendentes, apesar de serem associados a uma origem externa, serão considerados *autênticos Humangili* se nascerem, crescerem, residirem e respeitarem as regras e os costumes que regem a dinâmica do suco. Desta forma, os descendentes Humangili que nasceram e moram em outros sucos, apesar das semelhanças físicas e de compartilharem um conjunto de crenças e hábitos, se não frequentarem a comunidade, ou não forem fluentes em Hresuk, ou ainda se demonstrarem desrespeito a regras locais, serão considerados, simultaneamente, Humangili e *pena'e*.

Um exemplo disso aconteceu após um *Klorun Ro*. Enquanto comíamos sentados no chão, um senhor, descendente Humangili e pertencente à mesma *Rumanan* do *Ro Opun*, mas que reside em Vila Maumeta desde a adolescência, gentilmente me convidou para sentar em uma cadeira. Agradeci o convite, mas recusei, dizendo que, por ter ajudado a puxar o barco, eu deveria sentar e comer junto com os "trabalhadores". Um dos pescadores, que estava sentado ao meu lado, após o senhor se afastar, disse-me que ele não entendia os costumes Humangili, porque era de Vila Maumeta. Mais tarde, durante a festa, conversando com o *Ro Opun* e alguns outros homens, estes comentaram sobre o que tinha ocorrido horas antes. O *Ro Opun* disse que eu estava correto em continuar sentado com os demais homens que trouxeram o barco da montanha. Com relação ao seu parente, falou que este era filho da irmã de sua mãe e que tinha nascido em Humangili, "mas ele é de Vila e não entende [os costumes locais]".

Em outra ocasião, fui a um funeral em Vila Maumeta de um homem da *Lisan Tutunopun*. Um pouco antes de sair de Hatulela, junto com outros Humangili que estavam levando *Osa Lolon* e *Kngohi* para entregar ao núcleo familiar do falecido, conversei com o ministro da eucaristia próximo à praia. Este me disse que ainda não tinham decidido a hora do enterro, pois não havia consenso sobre onde o corpo seria enterrado. Os *katuas* e os *Lela'it* da *Lisan* queriam que o corpo fosse sepultado na aldeia Maulaku, no mesmo local em que o falecido havia nascido, pois este, apesar de residir em Vila Maumeta, "conhecia e respeitava" os hábitos Humangili e, portanto, deveria ser enterrado conforme os seus costumes. Mas o seu filho mais velho alegava que não fazia sentido enterrar o seu pai em Humangili, pois teriam que levar o corpo de barco até o outro suco, subir a montanha, carregar o caixão, sendo tudo isto desnecessário já que havia um cemitério em Vila Maumeta. Durante o *Sita Pohoe* – cerimônia na qual se chora sobre o corpo do morto –, que durou toda a noite, os líderes da *Lisan* e o filho do falecido, nos fundos da casa, tentavam chegar a um acordo.

Por volta das três horas da manhã, enquanto eu tomava café e conversava com algumas pessoas, próximo de onde estava ocorrendo a negociação, um *katuas* Humangili veio ao nosso encontro. Sentou-se em um banco e disse que a conversa seguiria por mais algum tempo, porém a decisão já tinha sido tomada e o corpo seria enterrado no cemitério de Vila Maumeta. Segundo ele, o filho mais velho do falecido não entendia os costumes Humangili e, por isso, insistia em não levar o corpo do seu pai de volta para a aldeia em que tinha nascido. Comentei que todas as pessoas daquele núcleo familiar eram Humangili, e indaguei como poderiam não entender os seus valores e regras sociais. Outro *katuas*, que já estava no grupo conversando comigo, respondeu que o filho do falecido, apesar de ser Humangili, pensava diferente e não entendia os costumes da comunidade.

Esta diferenciação também pode ser observada no tratamento das enfermidades físicas. Os Humangili, muitas vezes, quando adoecem ao saírem para outros sucos ou distritos, retornam para as suas casas com a intenção única de realizar o tratamento com os *Mataplolon*. Certa vez, no suco Vila Maumeta, conversei com o diretor do serviço de saúde de Ataúro. Ao perguntar-lhe os motivos pelos quais não trabalhavam em conjunto com os *Mataplolon*, no sentido de trocarem informações e instrumentalizá-los para o atendimento de determinadas enfermidades, a sua resposta foi que: "eles [os Mataplolon] não querem, eles acham que sabem tudo, que têm poderes e não querem ouvir ninguém". Porém, em contrapartida, ouvi, não somente dos *Mataplolon*, mas de vários Humangili, que não adianta buscar o médico – mesmo os médicos timorenses – porque eles não conhecem "as doenças", "não conhecem o nosso corpo" e os seus remédios "não funcionam".

Em outubro de 2008, enquanto conversava com algumas pessoas próximo à escola primária na aldeia Masilihu, o *Lela'it* Mepais que estava passando por lá, após nos cumprimentar, parou para conversar. Disse que tinha acabado de voltar de Dili porque estava doente e precisava de tratamento. Nisto, mostrou o seu braço direito que estava inchado e infeccionado do cotovelo até a mão. Ao ver o ferimento, preocupado, perguntei se ele já tinha ido ao médico para tratar a infecção. Mepais respondeu que não adiantava ir ao médico, porque eles não conhecem os Humangili. Dois dias depois, encontrei-o novamente e o seu braço, ainda muito inchado, estava coberto por uma pasta vermelha que os *Mataplolon* fazem com raízes, ervas, areca e betel, além de ter um galho de uns três centímetros de *Ilangam* – árvore com propriedades medicinais utilizada pelos *Mataplolon* para o tratamento de doenças – colocado dentro do orifício por onde saía a infecção. Mepais, mostrando o seu braço – e provavelmente percebendo a expressão de preocupação no meu rosto –, explicou-me que o ferimento "doía um pouco", mas que, em alguns dias, estaria sarado, porque os *Mataplolon* conhecem as doenças Humangili. Uma semana depois, encontrei-o novamente próximo à praia e ele sorrindo me chamou para mostrar o seu braço que, agora, estava apenas com um pequeno inchaço no local onde havia sido colocado o galho.

> Olha, está bom, não tem mais nada. Se eu vou ao médico, eles não fazem isto. [...] eles estudaram, mas não conhecem as pessoas daqui, o remédio deles não funciona. [...] Os Mataplolon conhecem [os Humangili].

Outra vez, voltando da montanha, encontrei em Masilihu, o ministro da eucaristia que acabara de sair de uma missa. Descemos juntos em direção à aldeia Hatulela. Durante a nossa conversa, perguntei como estava a saúde da sua esposa, grávida de seis meses. Respondeu que estava bem e começamos a falar sobre gravidez e partos. Kasata me explicou como trabalham os parteiros e, em determinado momento da conversa, disse que os Humangili "têm a mesma origem, as pessoas são iguais, [...] não temos mistura". Comentei que as pessoas do suco têm diferentes alturas e tons de peles e algumas *Lisan* tinham sido criadas por pessoas de outros lugares do Timor. Ele respondeu que era verdade, as pessoas são diferentes e alguns tinham vindo de fora, mas que isto faz muito tempo e agora "todas as pessoas nasceram aqui, todas as pessoas pensam igual, somos todos iguais".

Alguns meses depois, eu e outros Humangili estávamos na aldeia Hatulela, sentados nos fundos de uma casa, conversando em volta de uma fogueira que iluminava a noite nublada. Bebendo *tua putin* contávamos histórias antigas e recentes uns para os outros. Foram narradas histórias sobre pescarias, mitos de formação de algumas *Lisan*, feitos heroicos dos seus antepassados, sobre a prática de cortar cabeças dos inimigos durante as guerras, encontros que tiveram com espíritos dos mortos e da natureza e as crenças de que estes podem incorporar nos animais. Eu contei algumas histórias sobre o Brasil, a minha família e o tipo de trabalho que desenvolvia como antropólogo. Foi dito também que, no passado, alguns *Mataplolon* poderiam sair dos seus corpos permitindo-lhes acessar o mundo dos espíritos e, os mais velhos e poderosos, teriam a capacidade de transformar os seus corpos assumindo diferentes formas e, assim, conviver com outros seres. No entanto, hoje em dia, isto não seria possível, pois as técnicas e fórmulas necessárias para facilitar estas transformações teriam sido esquecidas[203]. Neste caso, a transmutação física das pessoas muda de registro ao perder as características de um fenômeno inegável, passando para o plano das ideias, como uma possibilidade latente[204].

A conversa naquela noite seguiu adiante e falamos sobre alguns interditos alimentares dos grupos familiares. Cada *Lisan* Humangili possuiria o seu animal, ou mais de um, que são interditados para a caça e a pesca, pois representariam os seus ancestrais. Porém, o consumo da carne destes animais seria tabu apenas para os integrantes da própria *Lisan*, aos demais, não haveria uma proibição de comê-los, desde que afastados das pessoas para as quais aquele animal representa um veículo de manifestação dos seus antepassados. Apesar disso, os Humangili

203. Além dos *Mataplolon*, alguns Humangili que teriam sido amaldiçoados por outras pessoas ou pelos espíritos dos antepassados, ou da natureza, também poderiam ter os seus corpos modificados. Os Humangili assembleianos negam estas histórias afirmando que isto nunca existiu e muitos católicos evitam comentar o assunto. Talvez o fato destas transformações estarem associadas a práticas proibidas e a forças consideradas negativas, aliado ao crescimento do cristianismo e ao enfraquecimento dos poderes dos *Mataplolon*, tenham sido alguns dos motivos para o "esquecimento" destas fórmulas.

204. Segundo Erikson (2000), no seu estudo sobre os Matis da Amazônia brasileira, a metamorfose apresentaria uma *dimensão metafórica* fazendo com que a transmutação física não possa ser entendida de forma estrita, contribuindo para que, conforme Wawzyniak (2010: 8) ao referir-se às comunidades ribeirinhas do baixo rio Tapajós, *mais importante que a intensidade do desfiguramento físico é o progressivo processo de transformação da pessoa*. Embora ambos os autores estejam se referindo a diferentes manifestações do perspectivismo ameríndio as suas observações são interessantes para pensarmos o contexto Humangili.

evitam comer a carne de qualquer animal considerado *Luli*, mesmo que não o seja para a sua *Lisan*. Conforme eles, ao matarem um animal que esteja incorporado por um espírito, este último não morreria, mas sentiria as dores físicas e poderia querer vingar-se.

Em determinado momento, perguntaram se no Brasil tinha *Lisan*. Respondi que o Brasil era um pouco diferente do Timor e não usávamos a expressão *Lisan* para designar o conjunto de pessoas que faziam parte das nossas famílias. Continuei a explicação dizendo que o Brasil é um país grande, com muita terra e vários tipos de pessoas de todo o mundo. "Mas quem nasceu lá primeiro?", perguntaram-me. Mesmo sem saber a resposta, comecei a falar sobre os grupos indígenas brasileiros e algumas das suas crenças e práticas. Enquanto falava que os indígenas acreditam em espíritos da natureza e que, no passado, usavam poucas roupas, faziam as suas flechas, entravam na floresta para caçar, mergulhavam nos rios para pescar e que hoje muitos se tornaram cristãos, um dos homens que ouvia as minhas histórias comentou que "eles são iguais a nós".

Continuei falando e cheguei à questão da antropofagia. Contei que, durante as guerras, alguns grupos indígenas, ao prenderem um guerreiro adversário, levavam-no para a sua aldeia e este lá vivia por muito tempo, podendo casar e ter filhos. Até este momento, as pessoas ouviam a história atentamente. Porém, quando disse que, em um determinado dia, este guerreiro era sacrificado em um ritual no qual as pessoas comiam pequenos pedaços de sua carne, foi uma comoção geral. Os Humangili que ouviam a história se agitaram, batiam com as mãos no chão, alguns soltavam gritos, as mulheres que estavam sentadas próximas a nós faziam caretas e escondiam o rosto com lenços. Diante do espanto gerado, falei que isto não acontece mais e que aquelas pessoas comiam a carne do adversário porque acreditavam que a força deste guerreiro entraria nos seus corpos. Kolikuru que, minutos antes tinha afirmado que os espíritos podem entrar nos animais, olhou para mim e disse com um tom que parecia demonstrar incredulidade e horror: "Mas eles acreditam nisto?". Neste momento, qualquer possível semelhança com os indígenas que praticavam a antropofagia foi desfeita. A empatia e a identificação inicial não foram suficientes para alcançarem o ponto de vista do outro, por causa das diferenças de valores e interpretações sobre como as pessoas deveriam pensar e se comportar.

Entre os Humangili, ocorre tanto o *multinaturalismo* - diferentes corpos, mesma cultura -, como o *multiculturalismo* - mesmo corpo, diferentes culturas. A noção de perspectiva no contexto ameríndio implica em que *todos os seres veem ("representam") o mundo da mesma maneira - o que muda é o mundo que eles veem* (Viveiros, 1996: 127). Contudo, para o caso dos Humangili, tanto a forma como vemos o mundo quanto o mundo que nós vemos, pode mudar. Os marcadores da diferença não necessariamente se extinguiriam com as semelhanças que podem advir da partilha de um mesmo ponto de vista que é dialogicamente parcial e integral. Estes diacríticos seriam acionados, de forma consciente ou inconsciente, conforme as circunstâncias. Os critérios de diferenciação e aproximação empregados pelos diversos grupos sociais - e mesmo individualmente -, como sugeriu Bateson (1999) apesar de não serem infinitos, estão em constante mudança e se constroem e alteram durante a própria relação.

Podemos perceber isto na noção de corpo para os Humangili. O corpo é a primeira coisa que observam para identificar e classificar alguém ou alguma coisa. Os corpos não seriam todos iguais e teriam variações conforme a origem de cada indivíduo. Estas diferenças seriam um dos motivos para os desencontros na maneira como os indivíduos pensam, sentem e percebem o mundo. Desta forma, indivíduos de origens diferentes teriam dificuldades para entender o ponto de vista uns dos outros, pelo fato de não compartilharem do mesmo corpo. Entretanto, indivíduos com o mesmo corpo, no caso dos próprios Humangili, podem assumir diferentes percepções à medida que envelhecem, ascendem na hierarquia da comunidade, são solteiros ou casados, têm filhos, conseguem um emprego assalariado, ou ainda entram em contato com outras formas de socialidade. Estas influências externas podem provocar rupturas e estranhamentos entre os que compartilham o mesmo tipo de corpo, pois não acionariam a mesma chave de leitura para codificar o mundo à sua volta. No caminho inverso, as diferenças corporais poderiam ser atenuadas, sem serem esquecidas, desde que ocorra a partilha de símbolos e práticas semelhantes[205].

205. Esta alternância fica mais evidente quando observamos as dicotomias entre cultura e natureza, nós e eles, mente e corpo, individual e coletivo, como sendo uma tentativa dos indivíduos e grupos sociais de compreenderem os fenômenos que os rodeiam. Portanto, estas divisões - que não raro, contornam as questões subjacentes das relações interpessoais - seriam possíveis desde que encaradas como opções analíticas, construções sociais, recortes específicos com um alcance explicativo contextualizado e que, embora possam ser observadas em separado, não implicam que haja oposição.

O corpo para os Humangili é compósito e, ao mesmo tempo em que espelha a totalidade dos indivíduos, pode ser transitório e superficial. O corpo e a mente – que os Humangili associam à alma – funcionariam de forma interligada, formando um sistema onde o que afeta a um repercute no outro. No entanto, mesmo fazendo parte de um todo integrado cada um teria o seu próprio campo de expressão e a relação entre ambos seria hierarquizada. A mente/alma seria o "líder", e o corpo, o "seguidor", sem que isto diminua a importância de ambos. Os dois teriam desejos e motivações próprias, mas caberia à mente/alma discernir e planejar e, ao corpo, a externalização da ação. A união entre ambos não seria uma fatalidade, mas uma contingência das relações estabelecidas. Assim, o corpo não é uma entidade isolada, podendo ser entendido como um microcosmo social e como sendo mais um elemento de um complexo sistema que o envolve[206]. Quando um indivíduo entra em contato com outros grupos sociais, ou assume diferentes formas corporais, não ocorre somente um ajuste em sua maneira de ver o mundo a partir dos novos referenciais, mas este adquire sentimentos, motivações, lógicas e desejos que até então poderiam lhe ser desconhecidos. Entretanto, por mais que estas transformações favoreçam a semelhança dos corpos e pontos de vista, poderemos nunca nos tornarmos "iguais". Isto ocorre, porque, mesmo que a transposição do *eu/ele* para o *nós* possa acontecer, esta só é legitimada pelo reconhecimento do grupo – que recebe este "outro" – por meio do seu próprio ponto de vista e das relações estabelecidas cotidianamente.

Colocado isto, se observarmos a adesão religiosa pelo recurso heurístico da *perspectiva*, poderemos compreender um pouco mais sobre as diferenciações Humangili, que atribuem uns aos outros uma "compreensão equivocada" do que é "ser cristão". Para os Humangili, a adesão generalizada ao cristianismo – após a Indonésia obrigar os timorenses a terem uma religião monoteísta – representou a *adoção* de um conjunto de práticas e valores exógenos à comunidade, mas a origem externa associada ao homem branco e a crenças diferentes às suas

206. A noção e a relação que estabelecemos com o corpo faz parte de um processo de aprendizagem/experimentação sensorial, física, psicológica, semiótica e cognitiva que desenvolvemos durante todo o nosso ciclo de vida. Este processo torna o corpo, simultaneamente, em sujeito/objeto das influências simbólicas, genéticas e do contexto histórico, social e ecológico ao qual está inserido. Neste sentido, concordo com Ingold (2000) quando este afirma que os corpos não são formas dadas *a priori* e isolados dos seres que os constituem geneticamente, e com a afirmação de Csordas (2002), de que os corpos envolvem dimensões religiosas, linguísticas, emocionais entre outras.

próprias não tornou o cristianismo em algo exótico. Os valores e os símbolos cristãos já circulavam na comunidade por intermédio dos padres que visitavam a ilha, mas, principalmente, pelo trabalho dos catequistas católicos locais – praticamente os únicos cristãos – que, por serem Humangili e compartilharem a mesma origem e sistema de crenças, facilitaram a abertura desta nova sensibilidade sobre o mundo.

A insistência dos Humangili em separar ou aproximar – salientando as descontinuidades ou semelhanças – o cristianismo de determinadas práticas e valores ancestrais demonstra a simultaneidade do movimento de apropriação da nova perspectiva como sendo a sua e a tentativa de se afirmarem como os tradutores e conhecedores do ponto de vista do "outro". Além disso, propicia um espaço alternativo de poder e um novo palco para antigas disputas dos inúmeros grupos de interesse sobre qual deles é o representante legítimo dos seus costumes e histórias. A reivindicação sobre a autoridade para determinar quais são as práticas que devem manter e o que deva ser o comportamento de um cristão extrapola a discussão religiosa. Ser o representante dos costumes locais e do que é o cristianismo, para os Humangili, é mais que a imposição de símbolos e afirmações de pontos de vista. Representar o seu sistema de valores e a perspectiva da Igreja – católica ou protestante – também é algo material, palpável e permite o acesso a determinados bens e às funções políticas, fazendo com que os detentores deste tipo de prestígio possam ocupar um lugar diferenciado e valorizado na organização social da comunidade.

Os Humangili – católicos e assembleianos – não teriam dificuldades em encarar o cristianismo como a religião do "outro" e deles próprios. Apesar das acusações mútuas de que não entenderam o cristianismo, não haveria incongruências com a percepção de que são todos cristãos. Para os Humangili, uma sentença não é a negação da outra. Identificar-se com o conjunto de práticas e crenças ancestrais e cristãs coloca lado a lado duas visões que, de acordo com o contexto, podem ser diferentes e iguais, mesmo que eles próprios ainda não tenham chegado – se um dia chegarão – a um consenso sobre o que estes termos significam separados e conjuntamente.

Plao noro Amat

Turukiri ni'i anan perane hea kngauk lade Palakiri. Ruma le'en tetemak rengene tan nia Turukiri pemhate kao mode nelesu kekom. Ma rekhai roneti rohakaim mla neram hei no hingi herua hei / Palakiri mode pana naik-naik ni peselu ni'i neon ni'i noi hngana-hnganak dehnea ni'i aman doi nia ni'i inan toun nau. Palakiri panangnaen no ni pehnai ai morimorin nelaha nian re i malus nia ni hatin hea kngauk lade Malusulu / Malus dela hehuam pede hengin-hengin nilu la nu ma nilu nhama. Ni sole nraik malus se hun, ron puhnau tamnia un huan petai, hengin-hengin re inoi namam ron / Nia ne hengin hea lau Palakiri neon ene la nenoi lehu nia malus tutun ma nila nena nenin. Plao nedoi nai tasi ma noi reak nikeran pemanhali la'a heklara hea me nilu la sae malus ma nilu la nu / Sa'e la'a nia malus setutun, neninhula ene Palakiri nena nia lehu tutun relau, pede ni moude neni mnholas lau nine eman nodi leo mla ni lu masia nodi lade mnha'a ten se ma nenu tutuk u malus / Plao nehotu la'a nia malus setutun, Palakiri pela sia nemai ne niliman. Amat moude la sae leom nia hatin hei seu ni tilu ene Plao nemnhou, pede Amat mnhoude ni pata la'a ne nilu noi ila hea la malus se opun lau, ni turun nai malus setutun nema ni pemanenlai ha la'a si hatik ma ni ladua ene hali la Plao amak no inan noro narak krei aik krei si kekmia nia tompa le'en / Palakiri dua la'a nia Plao lalade ongema memnha'a tutuk umalus ria tai mle alu oire'ek tam o, pede Plao tara la'a neni lalade osenautam o memoi re'ek aun ri kua petikmori tete tam. Imemam i hengin hear in Palakiri pesaon i Plao. Si pekmia nia hatin re kngauk lade malus sulu noro tea ni inan lait Kunae / Si ruan rodi rik kma nia ruma pua deman nan naum. Plao masuru umatan lolon ma ninosi nai nodi nekerau, ndripik neti nodi lelian telu rin. Mnhei riri nidua nia ni saon Palakiri lalade. Imatan hea rian suri ma udua-deis odi imatan hei seu uapun laid ron ni dua deis nodi / Ni saon la dua ene nunum nia inan lait mnhei ni inan la tara neni anan perane lalade. Hngin ilatama kuan ngekekmesa-kmesararin utuk nia imatan ria uhula odi on nodi nraik lea ria. Iha ilea rian uapun penia pesuri tam ma nipenge nhula ta ruma le'en tetemak, doi nia aun mo upe ho'it / Nia memam nia hengin rerodi rok la'a rin, kmori tete sao opun memam ma pana lesu ana herua aik si ngae-ngae lade Turukiri noro Mehali. Ana rua rin siruan retore rok nodi pera'ik lelou hea ton henem no hea ton he / Mnhei sehu tea hali ana hehata hea kngauk lade Kunae ma peton hetelu. Nia ne hengin hea lau ana heire si inanak kre kngauk lade Sea Plao lu la nasuk ek nia lutus, hatin re kesedi leom suku Ekloi. Ro nian tetum nutu hatim ilama si kekmia rodi rin paka sedi mane Erao / Hengin-hengin ana telu rin rengnaen-ra doi nia aman mo neplihuk nodi. Pede, hengin hea hali ina re lanasuk hamai ek doi nia ek hatin nge ro nia doik ma ni kma hali mout de tuan nian. Aman moude pesole leom ni ralan nholen, ana telu re rauk sanga ne si roi muri sipauk dedua la hehao lau / Apun heheru Sea Plao ana telu narak re si inanak nilu perenga nhraik hane kmani ruma, tilu ene apun ho'ik seselek pauk krei rerauk rodi klungu hahan tekian-tekaun lalade: mi hao, rauk rekngara-rekngara re dehnea inak krei sesusu kmos hatu lolon tasi ralam / Apun heheru pemangeak hane ruma tungun nima tu ene ni apun ho'ik nenhesuk hresuk hrali la'a hralima, haha hea haham. Tai mle apun heheru pata la'a re nemae nian tetum ma nisengak tekrae sou nia reti hea mhei nilu peniru nala no hali nikeran ilama nine nosi nau nia imatan lolon kekripik neti ro lelian ni manhase nemeak hrali nilu pesole no hali, nodi dali noro ni anan telu ri / Si inak kri nhula ia nia motu ni anan nei ri. Pede, doi nia pehresuk sala nau tam ni nilu penla'a hali la mnori tete no hali anak krei inak krei ne sihatik tampa le'en/tasi ralan / Mnhei si kraik la'a nia Prao Lengiri, inan dre pelan dreran sanga hali ni keran nodi nepreran, ni pana tama tada hali penhali nan nahlima in penoi ngadi noro si telun narak no ni pendrae-draera nau noro nia Palakiri noro ni an Mehali lalade. Mitelun mhulaneti rom, hrula rekmatak noro emurin Kunae / Ni pengangi noro ngangi noro hali ma pendrere, ne pero nian ni penhali hala'a Plao dehnea memunan. Ana eire rauk re eman nama, nli-li emurin Kunae doi nia ni nekmolum naum ma reruan-ruan rerauk-rauk doi nia si inak lu pesole nhasi nau ma nelu lane mha tea halau nenilu mane munuk no tea ni anan rakakmolun nei re lau / Ana eire remasi rededam doi nia selu nenhula ia tea motum dahnea si inak krin ma selu nenhula hakai sian rin nenli-nli emurin Kunae? U paun mo mata ngirun moude nenghangak nama. Ma i telun ria? Ita amak kmoude lu sesole soe nau kai itan la ruma hei? Pede ne ila hea i ron lau. Ita lu sehu nau Kekmori ia. Ana hea anulu ton paka nau leme ton helima tam, pede ni naese ia emurin / Si re eman nli oras herua, hetelu si amak Palakari moude pe draik kma. Nima seti ne ana eire lalade. Ma mi inan imi ne? Anulu Turukiri tara. Anung pe mane tama hali harun memunan se sai Plao rin ma ni drere nala mu i ma penla'a hali. Ni drae nau penik palade, mi hula neti rom la ia re eman rodi mi aman mennha ma mimam la'a hali nia ruma / Aman nhula la'a ana eire ni kelulak nelele-nelele nian tetum. Tai mle ni seti nia ana eire lalade, mi inam re mnhuri mine ma alu la sanga hama. Mine eman la ria hrula neti rekmatak Kunae ana perane anulu tara: alu hula neti menga siruan / Klungu hahan nei ri noi aman kelulak nenhoe nia motum ma nisuri nau no sia ne rama ni semele drere la'a ne lok. Ni pero nian ni seti mania ana eire lalade: nia nerian ne? Ana eire tara lalade tea lau la'a aman seti draik ralam mnhe lima ana eire tara lalade redolum la roe. Nine dolum la'a, riri tasi naum. Nitetean re nehuk tea lau, ne tasi tea lau pesain leom nusa rosen. Nilu draik la'a nusa ni la'a haleom nia inunu tutun nhea, nia pesik nia ek kmatan hea, heklara-heklara luhan hea rasuk, krius hei riri lu pe hrali hali / Palakiri ana eire sia mak ni'i nhula peuta sian, ni nou nala inunu ron hea ni pi'ik nodi apa kre'ed sou la'a sian. Angin la nodi leo ai ron nri ne lapu la'a ne sita khiruk lau. Ni noi nala inunu ron re oun nhian ni ne eman nodi angina, nenrei ma ni sou no hea-hea. Hehata-hata eire si lu pe dua lade angina nau pu'u. Pede ni'i ma nisou la'a / Tai-taim riri ni purik kruru pakre'ek nia ni inunu ron hea ni sou la'a nia si klaen. Inoi ron riri siseti tada nia rok: ai! Ita neiria menga, kuliten hea. Si reknara la'a nia inunu tutun, Palakiri tuk nia inunu tutun / Si rekngara la'a si dua la'a nia ni lalade: ita kla'a mne teturun leo! Palakiri luturun pede amat replihuk nau tam la'a neraha ron, ni moude nine tauk ma ni dua la'a lalade, alu turun ti pede asu dehlas nau tam uetauk. Hehata-hata eire tara la'a neni lalade, o matam ne silu hrisilau / Palakiri peturun sesanlaus setam nodi draik rare, ni seti nia sian lade. Mimhula ene kai ina hea manli murian ne? Si tara lade, nipenli hala'a, pede la'a nauk sesole hala'a. Palakiri la'a muri ralan dri, nila sehu hahi hea soe-soera nu'u un hea, neni lane se lau doi nia hahi aman hea / Ni sole sanga nodi sehu ruma, ana eire si inak pela seru sae hali. Palakiri tuk herua hei ni saon seti la'a neni, omla'a mne? Ni tara uma sanga hatan on doi nia ita kua anak krei ron. Ni saon tara hali, o niam nenhesuk aundre iana motum. Tai mle ne alu ti halau omla'a hali lahrula rekmatak kua anak kreiron la ia nehramhei hingi herua hei si lu hresuk muri nau ngedadan ita kuan nik / Olo mhali hali pede re'eman replai umang, nilu matina nau ila hei la on. Palakiri ne'eman osen hea mani seti: oman la'a mine? Hehata tara lade: ne oma mhula ene ninenhai mu'u la'a nhia ro lau e perane tara hali. Tai, hahi hea neso'e mu'u un hea. Hehata tara hali, umang iron. Perane seti hali ma uniam? Hehata tara hali ila'a ruma le'en / Ni dua lade lu kma soru amat. Palakiri nemau tutuk leo hehata Sea Plao nodi klungu haha eia-ia pede, hehata mnatu doi nia ni apun Kunae nenhesu noi aeni ne hengin hear o la'a. Palakiri nemau nodi nuk sasa pede tai nama, ni penge nodi kai klungu hahan eia-ia. Hehata pata la'a ralan nengangak ni petara tam lade, oma mekroma mema leom aun noro ana eire hatude, alu luham la'a sian alu plinu odi umang sia, anung sian noro unhada-nhadak kekmia nerian /Tede o mekroma muri leom amin hatude, u leme alu hali hali. Heiro upa'a tama hali upepaken memunan nin taimle ne alu hali halau mhei lauti hresuk nlinian tea hatetun he aria. Iali hrali hala'a lahrula rodi hali o anan telu rola ia. Pede o me'eman meplai umang nemnha ma nilu ngemadua klungu hahan ria. Mnhei sirua petaknauta klingak. Palakiri tukma nipata la'are nelele-nelale / Panin perane nai hahnia ma, siruan ma rese rok mama hresul kmli noi panin heheru kelulak nengene tan nia klungu hahan mama nenlangu, mhuri panin hehata perane ilama hre-hresuk remau resou ana hehata lalade. Ia li'i mirua mla'a tete hatam ma lahrula resou ana pau telu ron. Pede ana hehata retara lau nauklau lalade, ne alu la'a halau / Taim hatude nelu inoir on lau uengnaen alu eala perane. NIa tam nia umang noro anung pua malus tetai, aun noro anung solah replesu sanga, rodi pua malus, anung latuk nero tate leom ma nihnula nodi, ni'i pela nu'u nepaki leom nia hatin hei seu, nodi lekmori la sia neti aun opu lamia nia hatin hei seu pe ton heira ni ralam nraik nia lea ria. Taimle upematu alu hehali hali ri, suri hnau ta ni pengen la'a hali hatan mani la nhula no haleo ni anan paun nei ro / Anan hehata pe mnatu tema nau ta lau nehnhali, ni tara tam lade, learia alu pe seru sae ta ma sanga rokai tetai tai hei. U mia ne ron dehnea hakai u lekmori kmolun hea moude nen draik lau. Suri tam la...ni noro ni inan pelahrula ta ana eiro nodi siraik. Hmei silu ngeredadan memuri hali ila ma sire hrula noro tetilu u ngrae hahan ne sian, hmei silure dadan ene no mla hea naka kmolun naumri / Tan nia resasesa resae eiri, aman nlait penitu reak ta klunguhahan lalade, amin nre dehnea amak no inak ma alihmesuk la mirua ma mirua lupata tete modi. Pede, haha nenehngesa lau, iali upanin ita kmia runuk ro ami. Ma alu etan lureroi sanga ila hei ma lulahrula rodi ana pau kekmia neroo / Panin heheru tilu ene hea ri, seti la'a ni panin sian lalade: se ma lunehnula motu sian ri? Pani sian re tara mlalade: likmori hei hrula mneti mnia ro, u panin heheru noi doi neplaitam ila ma alu tetina ri. Ineiro ma ololamori ia dada mo ana pau eiro / Pani heheru tilu ma noi doi, nimnia tete no sia hengin helima niralam, pata la'a eiali retan opa, kngian, petun noro tali ne tailau, pengenia memam nia ruma serin, retan nodi negnaen. Pata ila-ila nene la'a nia opa nodi ni noi ia opa-opa eiri. Mei nilum mnahali ma nilu manoi doi hali ila ma ni panin laterina / Hengin pendraik, Palakiri pata la'a lupe hnali hali ma la ruma doi nia ninengaladuruk ana eiri lalade, sip inoikai ila'a iron ri? NI hnesul tam nia nikelulak. Pede, nip anis sire ngnaen nau tam ni kelulak naloka nelaki ri mei si hresuk remau rodi neni lade, iam nau ta...likmori hei hrula neti siang nero. Se nau tan kelulak sesui seru la si hetelu ri... dehnea panin heheru, nikelulak panan nhoe nian tetu tan nia panikrei pekakne klunguhahan. Panikrei lupesuri krae hali panin heheru, olo pehmali hali pede o tilu mekmatak ingrae hahan ria mei la roi doi ro hali dehnea lupadadoi ma ria / La rohuk sole panga rain, la sia dehnea inglepak / O sole muri rala ralam, o la se mu'u huan tetepak nlimenga sian neiro / Kladi rala ngaman herua klepak la ai ila ma unene ti roe / Si la'a sia kraik hali mihatin, tasi la susu kla ek ngurak ladi ik tunguk la'a ra matak ngiruk landrere hama potuk krea tam la'a ra / Panin heheru re noi doi nunu klunguhahan neiri, mu'u huan mane plenekari sain ian ian neirin, inglepak sain emang peraik hea / Klunguhahan memuri nia ri, opa kngauk rengelo rodi lade topo. O la moi doi hmei ma roi nau la hatu un neiro ma uti engrisa engrosu okai hmei lahrula roha sia ngrae hahan dre mnuri hehata Sea Plao / Panin heheru Palakiri nedoi nai ruma tompa le'en nilu hnali hama ni ruman ne Malusulu, ni mnama ni ma noi doi nunu grae hahan nei ri. Nin drai ni ma soe reak noni tungun lasain nunu ian noro emang. Ni anan neiri reeman nia hatik ro rapaplele. Aman la ngauk sian la luma nengene tete no sian. Ana eiri la seti ma anung, pede aman netara lau panahana ana eiri la seri ian sipan ian ila ma nenia nerin ri. Sirua pararaik, aman nehana sian krui imori ma roi daha leluri hei, ni nehana ma peroi ngadi leluri emurin kunae / Soruk riri, si pehrali tete hama nia ruma sia nenuran pertain. Nli hengin he aka herua si amak penoi sanga opa. Noi sanga menga ni sia ma lasou lanita la'a tasi ralan doi ngrae hahan. Palakiri anan neire mou pararaik, anulu Turukiri, emurin Mehali si rua mou perala hehata ma lau pekmori here. Sidu nai hatu pakiri ma anulu Turukiri ma mnia la'a hatin hea kngauk lade nusahelim emurin Mehali la mnia la'a Mandrate. Anulu Palakiri anan ma tai kolo, emurin Mehali ma nelesu haleo ana perane herua si ngae lade Koikera noro Palakera.

REFERÊNCIAS

ADITJONDRO, G. *East Timor: an Indonesian Intellectual Speaks out*. Edited by FEITH, H. BAULCH, E. WALSH, P. Canberra: Australian Council for Overseas Aid, Developmen Dossier 33, 1994.

ALATAS, A. East Timor: De-Bunking the Myths around the Process of Decolonization, *comunicação apresentada ao National Press Club*, Washington, D. C., 20 de Fevereiro de 1992, Indonesian News (Departamento de Informação, Embaixada da Indonésia, Londres), XX (28), 20 de março de 1992.

ALMEIDA, Antonio de. Presenças culturais no Timor Português. *Estudos de Ciências Políticas e Sociais*. n. 51, 1961.

ALOCUÇÃO do Primeiro-Ministro, Kay Rala Xanana Gusmão, por ocasião do *Relatório de 2009 sobre os Objetivos de Desenvolvimento do Milênio* em 03 de abril de 2009.

AMNESTY INTERNATIONAL. *East Timor*: Who is to Blame? Statement before the UN Special Committee on Decolonization. London, July, 1994.

APPADURAI, Arjun. *Dimensões Culturais da Globalização*. Lisboa: Teorema, 2004.

ARCHER, R. The Catholic Church in East Timor. In: CAREY, Peter; BENTLEY, G. C. (eds.). *East Timor at the Crossroads*: the Forging of a Nation. Londres: Cassell, 1995.

ARQUIVO E MUSEU DA RESISTÊNCIA TIMORENSE. *Abaixo-assinado de cristãos timorenses não identificados em dois de maio de 1983*, Pasta 05002.042.

_______. *Posição dos Jovens Católicos do Timor-Leste*, em resposta ao apelo do chefe da diocese de Dili em sete de setembro de 1985, Pasta 05002.059.

_______. *Relatório da Direcção da Organização da Juventude Católica do Timor-Leste* em cinco de dezembro de 1985, Pasta 05002.060.

_______. *XANANA GUSMÃO, Kay Rala. Mortos e Desaparecidos*. Dezembro de 1991, Pasta 05002.128.

_______. *BELO XIMENES, Carlos Filipe. Carta Pastoral sobre a visita do Papa João Paulo II a Timor Oriental*. 15 de abril de 1999, Pasta 05002.048

_______. *BELO XIMENES, Carlos Filipe. MGR. Belo's letter to the United Nations 1989*. Pasta 06436.024.

ARRANGEMENT ON RESTORATION and maintenance of public security In Timor-Leste and on assistance to the reform, restructuring and rebuilding of the Timorese National Police (PNTL) and the Ministry of Interior Supplemental to the Agreement between the United Nations and the Democratic Republic of Timor-Leste on the Status of the United Nations Integrated Mission in Timor-Leste (UNMIT), 2006.

ASAD, Talal. Trying to understand French Secularism. In: DE VRIES, H. SULLIVAN, L. (orgs.). *Political Theologies* — public religions in a post-secular world. New York: Fordham University Press, 2006.

AUTORIDADE BANCÁRIA E DE PAGAMENTOS DE TIMOR-LESTE. Economia e estatísticas, 2010. Disponível em: http://www.bancocentral.tl/inflation.asp. Acesso em: 28 dez. 2010.

BATESON, Gregory. Culture Contact and Schismogenesis. In: _____. *Steps to an Ecology of Mind*. Chicago: Chicago Press, 1999.

BAUMAN, Zygmunt. *Comunidade*. Rio de Janeiro: Jorge Zahar, 2003.

BOARCCAECH, Alessandro. *Os Eleitos do Cárcere*. São Paulo: Porto de Idéias, 2009.

BOURDIEU, Pierre. *O poder Simbólico*. São Paulo: Bertrand Brasil, 2006.

BRAGA, Paulo. A ilha dos homens nus. *Cadernos Coloniais 30*, Lisboa, 1936.

BRANCO, João. *A ordem de S. Domingos e as origens de Timor*. Lisboa: BNL, 1987.

BUTLER, Judith. *Problemas de Gênero:* feminismo e subversão da identidade. Rio de Janeiro: Civilização Brasileira, 2003.

CAILLÉ, Alain. Nem holismo nem individualismo metodológicos. Marcel Mauss e o paradigma da dádiva. *Revista Brasileira de Ciências Sociais*, São Paulo, v. 13, n. 38, out. 1998.

______. O dom entre interesse e desinteressamento. In: Martins, Paulo; CAMPOS, Roberta (org). *Polifonia do Dom*. Recife: UFPE, 2006.

CALÁVIA SAÉZ, Oscar. Os "homens sem Deus" e o cristianismo: para um estudo dos fracassos missionários. *Religião e Sociedade*, v. 20, n. 2, 1999.

CARDOSO DE OLIVEIRA, Luís. Direitos Republicanos, Identidades Coletivas e Esfera Pública no Brasil e no Quebec. *Série Antropologia*: Brasília, 2001.

CARDOSO, António Monteiro. *Timor na 2ª Guerra Mundial*: o diário do tenente Pires. Lisboa: Centro de Estudos de História Contemporânea Portuguesa, 2007.

CAREY, P. BENTLEY, G. C. *East Timor at the Crossroads: the Forging of a Nation.* Londres: Cassell, 1995.

CARNEIRO DE SOUSA. Timor-Leste desde muito antes dos portugueses até 1769. *Encontros*, Vila Nova de Gaia, I (3), 1998.

CASTRO, Bryant; TRINDADE, Jose. *Rethinking Timorese identity as a Peacebuilding Strategy*: the lorosa'e — loromonu conflict from a tradicional perspective. Dili, 2007.

CARRASCALÃO, Mario. *Carta de resignação.* Texto enviado ao Primeiro-Ministro Xanana Gusmão. Dili, 06 de setembro de 2010.

CATHOLIC HIERARCHY. *Estatistics*, 2010. Disponível em: http://www.catholic-hierarchy.org/diocese/ddili.html. Acesso em: 19 dez. 2010.

CINATTI, Ruy; ALMEIDA, Leopoldo; MENDES, Souza. *Arquitectura timorense.* Instituto de investigação científica tropical, Museu de etnologia. Lisboa, 1987.

CLAMAGIRAND, Brigitte. *Marobo, une société ema de Timor.* Paris: SELAF, 1982.

COMISSÃO NACIONAL DE ELEIÇÕES. *Resultados apuramento Nacional* — Distrito Dili, 2009.

COMUNICADO A IMPRENSA, *Declaração do Porta-voz do IV Governo Constitucional*, Secretário de Estado do Conselho de Ministros, 15 de outubro de 2009.

COURRÈGE, P. Un modèle mathématique des structures élémentaires de parenté. *L'Homme*, tome 5, n. 3-4, 1965.

CSORDAS, Thomas. Body/meaning/healing. Contemporary anthropology of religion. New York: Palgrave Macmillan, 2002.

DEFERT, G. *Timor Est. Le génocide oublié:* droit d'un peuple et raisons d'états, Paris: Harmattan, 1992.

DESCOLA, Philippe. Estrutura ou sentimento: a relação com o animal na Amazônia. *Mana* 4(1), 1998.

______. Genealogia de objetos e antropologia da objetivação. *Horizontes Antropológicos*, Porto Alegre, ano 8, n. 18, dezembro de 2002.

DOOD, Nigel. Aspectos culturais da economia monetária moderna. In: *Sociologia do dinheiro.* Rio de Janeiro: Editora FGV, 1997.

DOUGLAS, Mary; ISHERWOOD, Baron. *O mundo dos bens*: para uma antropologia do consumo. Rio de Janeiro: Editora UFRJ, 2004.

DUARTE, J. B., Barlaque: Casamento Gentílico Timorense. *Arquivos do Centro Cultural Português*, Separata XIV. Paris: Fundação Calouste Gulbenkian, 1979.

______. *Ritos e Mitos de Ataúro*. Lisboa: instituto de cultura e língua portuguesa, 1984.

______. *Vocabulário Ataúro-Português-Ataúro*. Instituto Português do Oriente, [s.d].

DUMONT, Louis. *O Individualismo:* uma perspectiva antropológica da ideologia moderna. Rocco, 1993.

DUNN, J. *Timor: A People Betrayed*. Queensland: Jacaranda Press, 1992.

DURAND, Frederic. *Catholicisme et protestantisme dans l'île de Timor*: 1556-2003. France: editions Arkuiris, 2004.

______. *Timor-Leste país no cruzamento da Ásia e do Pacífico*. Um atlas histórico-geográfico. Lisboa-Porto: Lidel, 2004.

DURKHEIM, Emile. *As regras do método sociológico*. 3. ed. São Paulo: Martins Fontes, 2007.

ERIKSON, Philippe. "I", "UUU", "SHHH": gritos, sexos e metamorfoses entre os Matis (amazônia brasileira). *Mana* 6 (2), 2000.

EVANS-PRITCHARD, E. E. *Os Nuer*. 2. ed. Perspectiva, 2007.

FELGUEIRAS, João; MARTINS, José. *Nossas memórias de vida em Timor*. Braga: editorial A. O., 2006.

FIGUEIREDO, Fernando. Timor (1910-1955). In: Oliveira Marques, H. D. (coord.) *História dos Portugueses no Extremo Oriente*. v. 4. Lisboa: Fundação Oriente, 2003.

FLAX, Jane. Pós-modernismo e relações de gênero na teoria feminista. In: HOLLANDA, H. B. de (Org). *Pós-modernismo e Política*. Rio de Janeiro: Rocco, 1992.

FOLHA DE SÃO PAULO. Entrevista com o Presidente Ramos Horta em maio de 2007, publicada em 11/02/2008. Disponível em: http://www1.folha.uol.com.br/folha/mundo/ult94u371451.shtml. Acesso em: 30 set. 2009.

FORMAN, S. Alliance and Exchange Ideology among the Makasae of East Timor. In: FOX, J. J. (ed.). *The Flow of Life*: Essays on Eastern Indonesia. Cambridge: Harvard University Press, 1980.

FOUCAULT, Michel. *A história da sexualidade* v. 2: o uso dos prazeres. Rio de Janeiro: Graal Editora, 2007.

______. *Vigiar e Punir*. Petrópolis: vozes, 2008.

FOX, James. Comparative perspectives on Austronesian houses: An introductory essay. In: *Inside Austronesian houses: Perspectives on domestic designs for living*. Camberra: Department of Anthropology, 1993.

______. Tracing the path, recounting the past: historical perspectives on Timor. In: J. J. Fox; D. B. Soares. *Out of the ashes*. Destruction and reconstruction of East Timor. Adelaide: Crawford House, 2000.

FREUD, Sigmund. *Totem e tabu e outros trabalhos*. Rio de Janeiro: Imago, volume XIII, 2006.

FRIEDMAN, T. L. *Compreender a Globalização*. O Lexus e a Oliveira. Lisboa: Quetzal editora, 2000.

FUNDAÇÃO MAHEIN. *Organized Crime Operating in Timor-Leste*. The voice of Mahein, n. 14, novembro de 2010.

FUNDO DAS NAÇÕES UNIDAS PARA A INFÂNCIA. *Situação Mundial da Infância 2008*. Nova York: design and publication section, 2007.

GAMSON, W. MODIGLIANI, A. Media Discourse and Public Opinion on Nuclear Power: a Constructionist Approach. *American Journal of Sociology* 95 (1), 1989.

GAUCHET, Marcel. *Le desenchantement Du monde:* une histoire politique de La religion. Paris: Gallimard, 1986.

GEERTZ, Clifford. *A Interpretação das Culturas*. Rio de Janeiro: LTC, 1989.

______. O mundo em pedaços: cultura e política no fim do século. In: ______. *Nova luz sobre a antropologia*. Rio de Janeiro: Jorge Zahar, 2001.

GIUMBELLI, Emerson. A presença do Religioso no espaço público. *Religião e Sociedade*, Rio de Janeiro, 28 (02), 2008.

GLOVER, I. Archaeology in Eastern Timor, 1966-67. *Terra Australis* II, Canberra, ANU, 1986.

GLUCKMAN, Max. Análise de uma situação social na Zululândia moderna. In: FELDMAN-BIANCO, Bela (org.) *A Antropologia das sociedades complexas*. São Paulo: Global, 1987, p. 227-344.

GODBOUT, J. T. Introdução à dádiva. *Revista Brasileira de Ciências Sociais*, São Paulo, v. 13, n. 38, outubro, 1998.

GODELIER, Maurice. *O enigma do dom*. Rio de Janeiro: civilização brasileira, 2001.

GOFFMAN, Erving. *Frame Analysis*: na essay on the organization of experience. Boston: Northeastern University, 1986.

GOLDMAN, Marcio. A construção ritual da pessoa: a possessão no Candomblé. In: C. E. M. MOURA (org.), *Candomblé: desvendando identidades*. São Paulo: EMW, 1987.

GOUGH, Kathleen. The Origin of the Family. In: REITER, Rayna (Ed.). *Toward an Anthropology of Women*. New York: Monthly Review Press, 1975.

GUNN, Geoffrey. Língua e Cultura na construção da identidade de Timor-Leste. *Revista de Letras e Culturas Lusófonas*, n. 14, 2001.

GUSMÃO, Kay Rala Xanana. *Timor-Leste: Um Povo Uma Pátria*. Edições Colibri, 1994.

_______. *Discurso comemorativo de Um ano de independência*, 2003. Disponível em: www.timor.no.sapo.pt/20Maio2003. Acesso em: 12 ago. 2009.

GUTERRES, Justino. Para uma antropologia do sistema de alianças em Timor: O caso Makasae. *Lusotopie*, 2001.

HALL, Stuart. *A identidade cultural na pós-modernidade*. Rio de janeiro: DP&P, 2004.

HAMBERGER, Klaus. Por uma teoria espacial do parentesco. *Mana*: 11 (1), 2005

HANNERZ, Ulf. Fluxos, fronteiras, híbridos: palavras-chave da antropologia transnacional. Mana, v. 3, n. 1, 1997.

HEFNER, Robert W. Introduction: world building and the rationality of conversion. In: R. W. Hefner (ed.). *Conversion to Christianity*: historical and anthropological perspectives on a great transformation. Berkeley: University of California Press, 1993.

HICKS, David. *Tetum Ghosts and Kin:* fertility and gender in East Timor. 2. ed. Prospect Heights, Ilinóis: Waveland Press, 2004.

HOHE, Tanja; NIXON, Rod. *Reconciling Justice*: Traditional Law and State Judiciary in East Timor. United States Institute of Peace, 2003.

HORTON, Robin. On the rationality of conversion. *Africa*, 45 (3), 1975.

HULL, Geoffrey. Current Language issues in East Timor. *Academy of East Timor Studies*. Texto da leitura pública realizada na University of Adelaide, 29 de março, 2000.

INGOLD, Tim. *The perception of the environment*. Essays in livelihood, dwelling and skill. London/New York: Routledge, 2000.

INTERNAL DISPLACEMENT MONITORING CENTRE. 2009. Disponível em: http://www.internal-displacement.org. Acesso em: 21 dez. 2010.

JOLLIFFE, Jill. *Timor, terra sangrenta*. Lisboa: edições o jornal, 1989.

JORNAL NACIONAL DIÁRIO, edição de 7 de junho de 2009.

JORNAL SUARA TIMOR LOROSA'E, edição de 6 de dezembro de 2010.

JORNAL TIMOR POST, edição de 21 de dezembro de 2010.

JORNAL TIMOR POST, edição de 23 de junho de 2009.

KAMMEN, Douglas. Subordinating Timor: Central authority and the origins of communal identities. In: *East Timor. Bijdragen tot de Taal-, Land- en Volkenkunde*, vol. 166, n. 2/3, 2010.

KESSING, Roger. Theories of Culture. *Annual Review of Anthropology*, California, vol.3, out. 1974.

KOHEN, Arnold. *From the Place of the Dead*: Bishop Belo and the Struggle for East Timor. Lion Books. 1999.

KONING, Juliette. Novo nascimento cristão: uma nova identidade? Conversão, etnicidade e cidadania na Indonésia. *Religião e Sociedade*, Rio de Janeiro, 28 (1), 2008.

LANNA, Marcos. *A dívida divina*. Troca e Patronagem no Nordeste Brasileiro. Campinas: Ed. Unicamp, 1995.

_______. Notas sobre Marcel Mauss e o ensaio sobre a dádiva. *Revista de Sociologia e Política*, Curitiba n. 14, jun. 2000.

LAUGRAND, Frédéric. Le mythe comme instrument de mémoire. Remémoration et interprétation d'um extrait de la Genèse par un aîné de la Terre de Baffin. *Études Inuit*, 23 (1-2), 1999.

LEACH, Edmund. *Sistemas Políticos da Alta Birmânia*. São Paulo: Edusp, 1995.

LEIBNIZ, Gottfried Wilhelm. *Monadologia e outros textos*. São Paulo: Hedra, 2009.

LENNOX, Rowena. *Fighting Spirits of East Timor. The life of Martinho da Costa Lopes*. Annandale, Pluto Press Austrália, 2000.

LEVI-STRAUSS, Claude. *As estruturas elementares do parentesco*. Petrópolis: Vozes, 2009.

______. Introdução a obra de Marcel Mauss. In: Mauss, Marcel. *Sociologia e Antropologia*. São Paulo: Cosac & Naify, 2003.

LIMA, Tânia Stolze. O dois e seu múltiplo: reflexões sobre o perspectivismo em uma cosmologia Tupi. *Mana* 2 (2), 1996.

LITTLE, Paul. Territórios Sociais e Povos Tradicionais no Brasil: por uma antropologia da territorialidade. Brasília: *Série Antropologia*, 2002.

MAGALHÃES, Antonio Leite. Vocabulário e frases da língua Ataúro. *Boletim da Sociedade de Geografia de Lisboa*, 1918.

MAGALHÃES, Antonio Barbedo. *Timor-Leste na encruzilhada da transição indonésia*. Lisboa: Gradiva, 1999.

MALI MANEK. A Igreja ainda canta o fado antigo. *O Jornal do Povo Mau Bere*, Dili, 4/dez/1975, p. 3.

MALINOWSKI, Bronislaw. *Os argonautas do pacífico ocidental*. 2. ed. São Paulo: abril cultural, 1978.

MARQUES, Rui Pereira. A defesa de uma causa. Agendamento midiático de Timor-Leste (1987-1999) segundo o modelo de Lang & Lang. *Dissertação* Faculdade de Ciências Humanas da Universidade Católica de Lisboa, 2004.

MARTINKUS, John. *A dirty little war, an eyewitness account of East Timor's descent into hell, 1997-2000*. Sidney: random house Australia, 2001.

MATTOSO, José. *A dignidade Konis Santana e a resistência timorense*. Lisboa: temas e debates, 2005.

MAUSS, Marcel. *Sociologia e Antropologia*. São Paulo: Cosac & Naify, 2003.

McCALLUN, Cecília. Alteridade e sociabilidade Kaxinauá: Perspectivas de uma antropologia da vida diária. *Rev. bras. Ci. Soc.* vol. 13, n. 38, São Paulo, outubro de 1998.

McWILLIAN, Andrew. Houses of resistance in East Timor: structuring sociality in the new nation. In: *Anthropological Forum*, vol. 15, n. 1, 2005.

______. Introduction: Restorative Custom: Ethnographic Perspectives on Conflict and Local Justice in Timor. In: The Asia Pacific Journal of Anthropology, 8:1, 2007.

MENEZES, Francisco Xavier. *Encontro de culturas em Timor-Leste.* Dili: crocodilo azul, 2006.

MONTERO, Paula. Missionários, índios e mediação cultural. In: ______. *Deus na Aldeia: missionários, índios e mediação cultural.* São Paulo: globo, 2006.

MUBYARTO et. al. East Timor: the Impact of Integration. In: WALSH, P. (edts) Indonesian Resources and Information Program (IRIP). *Indonesian Socioanthropological Study.* Northcote, Austrália, 1991.

NATIONAL POLICE RESUME RESPONSIBILITY IN TIMOR-LESTE. Disponível em: http://reliefweb.int/report/timor-leste/national-police-resume-responsability-timor-leste. Acesso em: 24 abr. 2011.

NATIONAL STATISTICS DIRECTORATE. *Census of Population and Housing 2004 ATLAS*, 2006.

______. *Timor-Leste Survey of Living Standards*, Ministry of Finance with support from the World Bank. Disponível em: http://dne.mof.gov.tl/TLSLS/AboutTLSLS/index.htm. Acesso em: 15 dez. 2009.

______. *Timor-Leste Labour Force Survey*, 2010. Dili, 2010.

NATIONAL STATISTICS DIRECTORATE (NSD); UNITED NATIONS POPULATIONS FUND (UNFPA). *Population and Housing Census of Timor-Leste*, 2010: Volume 3: Social and Economic Characteristics, 2011.

NEIBURG, Frederico. As moedas doentes, os números públicos e a antropologia do dinheiro. *Mana* 13(1), 2007.

NIETZSCHE, Friedrich. *A Gaia Ciência.* São Paulo: Companhia das Letras, 2001.

OFFICE FOR THE COORDINATION OF HUMANITARIAN AFFAIRS. *Timor-Leste District Atlas*, agosto de 2008.

O'CONNOR, S. Nine New Painted Rock Art Sites from East Timor in the context of the Western Pacific Region. *Asian Perspectives*, v. 42, n. 1, 2003.

______. New evidence from East Timor contributes to our understanding of earliest modern colonisation east of the Sunda Shelf. *Antiquity*, 81, 2007.

O'CONNOR, S.; VETH, P. Early. Holocene shell fish hooks from Lene Hara Cave, East Timor establish complex fishing technology was in use in Island South East Asia five thousand years before Austronesian settlement. *Antiquity*, 79, 2005.

ORTEGA Y GASSET, Jose. Verdad y Perspectiva. *Obras Completas.* 3.a reimpresión, v. II. Madrid: Alianza, 1998.

PACE, Enzo. Religião e Globalização. In: ORO, Ari; STEIL, Carlos (org). *Globalização e religião. Petrópolis*: vozes, 1997.

PARSONS, Talcott. *The social system*. London: Tavistok Pu, 1952.

PAZ É POSSÍVEL EM TIMOR-LESTE. *Timor-Leste:* Massacre de Santa Cruz, Lisboa, 1992.

PEIRANO, Mariza (org). *O dito e o feito: ensaios de antropologia dos rituais.* Rio de Janeiro: Relume Dumará, 2001.

PEIRCE, Charles. *Semiótica.* São Paulo: perspectiva, 1977.

PÉLISSIER, René. *Timor en guerre.* Le crocodile et les portugais. Paris: orgeval, 1996.

PERSONNEL MANAGEMENT INFORMATION SYSTEM. Distribution of Permanent and Temporary Civil Servants by *Ministries and Secretaries of State*, as of 14 october 2010.

PIERUCCI, Flávio. Interesses religiosos dos sociólogos da religião. In: Oro, Ari; Steil, Carlos (org). *Globalização e religião.* Petrópolis: vozes, 1997.

______. *O desencantamento do mundo:* todos os passos do conceito em Max Weber. São Paulo: USP & Ed. 34, 2003.

POLANYI, K. *A grande transformação*: as origens da nossa época. 5. ed. Rio de Janeiro: Campus 1980.

POMPA, Cristina. As muitas línguas da conversão: missionários, Tupi e "Tapuia" no Brasil colonial. *Tempo*, n. 11, julho de 2001.

PROCESSO Nº. 264/C. Ord/ 2007/ TD. Caso das Bruxas. Ministério da Justiça, Dili.

PROGRAMA DAS NAÇÕES UNIDAS PARA O DESENVOLVIMENTO. *Relatório sobre o Desenvolvimento Humano de Timor-Leste*, 2004. Disponível em: www.mre.gov.br. Acesso em: 24 ago. 2010.

______. *Relatório do Desenvolvimento Humano 2010.* Edição do 20ª aniversário, 2010.

RADIO AUSTRALIA NEWS. East Timor PM Xanana Gusmão accused of corruption, 26 de junho de 2009. Disponível em: http:// www.radioaustralianews.net.qu/stories/200906/2608952. Acesso em: 30 set. 2009.

RADIO VATICANA. A voz do Papa e da Igreja, 01 de fevereiro de 2010. Disponível em: http://storico.radiovaticana.org/bra/storico/2010-02/353651. Acesso em: 30 mar. 2010.

REGULAMENTO Nº. 190/STAE/2004. *Procedimentos Técnicos do Funcionamento do Centro de Votação e do Processo de Votação*, 2004.

REGULAMENTO Nº: 48/STAE/VIII/09, capítulo III, artigo 21 - 24. In: *Jornal da República*, Série II, Nº 23 de 21/08/2009.

RELATÓRIO DA COMISSÃO DE ACOLHIMENTO VERDADE E RECONCILIAÇÃO DE TIMOR-LESTE (CAVR). Publicado pela Comissão de Acolhimento, Verdade e Reconciliação de Timor-Leste, 2005.

RICOUER, Paul. *Fe y Filosofia*. Problemas Del lenguaje religioso. Buenos Aires: Almagesto, 1994.

ROBBINS, Joel: *Becoming sinners: christianity and moral torment in a Papua New Guinea society*, Berkely, Los angeles, University of California Press, 2004.

ROCHA, Carlos Vieira. Timor: *ocupação japonesa durante a segunda guerra mundial*. Sociedade Histórica da Independência de Portugal, 1994.

SABOURIN, E. Práticas de reciprocidade e economia da dádiva em comunidades rurais do Nordeste brasileiro. *Raízes*, n. 20, 1999.

______. Ação coletiva, reciprocidade e organização dos produtores Nordeste Semiárido. *Antropolítica*, n. 8, 2000.

______. Marcel Mauss: da dádiva à questão da reciprocidade. *Revista Brasileira de Ciências Sociais*, vol. 23 n. 66, 2008.

SAHLINS, Marshall. *Ilhas de história*. Rio de Janeiro: Jorge Zahar, 1990.

______. O Pessimismo sentimental e a experiência etnográfica: por que a cultura não é um "objeto" em via de extinção Parte I e II. *Mana* 3 (1-2), 1997.

______. *Cultura e Razão Prática*. Rio de Janeiro: Jorge Zahar Editor, 2003.

SALDANHA, J. M. de S. *Ekonomi politik pembangunan Timor Timur*, Jacarta: Sinar Harapan, 1994.

SARDENBERG, Cecília; MACEDO, Márcia. Relações de Gênero: uma breve introdução ao tema. In: COSTA, A. A.; RODRIGUES, A.T.; VANIN,I. M. (org.) *Ensino e gênero*: 10 perspectivas transversais. Salvador: Núcleo de Estudos Interdisciplinares sobre a Mulher/UFBA, 2008.

SCHOUTEN, Maria Johanna. Antropologia e colonialismo em Timor Português. *Lusotopie*. Paris: Editions Karthala, 2001.

SCAMBARY, James. Survey of gangs and youth groups in Dili, Timor-Leste. 2006.

______. Anatomy of a conflict: the 2006–2007 communal violence in East Timor. In: Conflict, Security & Development, 9:2, 2009.

SECRETARIADO TÉCNICO DE ADMINISTRAÇÃO ELEITORAL (STAE). *Prosesu Eleitoral iha Timor-Leste 2004/2005*. Dili, 2006.

SEIXAS, Paulo Castro. Firaku e Kaladi: etnicidades prevalentes nas imaginações unitárias em Timor-Leste. In: *Trabalhos de Antropologia e Etnologia*, vol. 45 (1-2), 2005.

______. *Timor-Leste*: viagens, transições, mediações. Porto: Universidade Fernando Pessoa, Intituto Português de Apoio a Pessoa (IPAD), 2006.

SILVA, Aramis; ARAÚJO, Melvina. Fé na cultura: índios, missionários e códigos de mediação. Horizontes Antropológicos, Porto Alegre, ano 13, n. 27, jan/jun, 2007.

SILVA, Kelly. A Bíblia como Constituição ou a Constituição como Bíblia? Projetos para a construção do Estado-Nação em Timor-Leste. *Horizontes Antropológicos*, Porto Alegre, ano 13, n. 27, jan./jun. 2007

______. Reciprocity, Recognition and Suffering: political mobilizers in independent East Timor. *Vibrant*, vol 5, n 2, jul-dez, 2008.

______. Riqueza ou preço da noiva? Regimes morais em disputa nas negociações de casamentos entre as elites urbanas timorense. *VIII reunion de antropologia del mercosur*. Diversidad y poder en America latina. 29/9 a 2/10 de 2009. Buenos Aires Argentina. Disponível em: http://www.ram2009.unsam.edu.ar/paginas/GT29.html. Acesso em: 20 nov. 2010.

SILVA, L. Marques. Timor oriental: la difficile bataille du droit. *Lusotopie*. Paris: Karthala, 1997.

SIMIÃO, Daniel. Representando o corpo e violência: a invenção da violência doméstica em Timor-Leste. *Revista Brasileira de Ciências Sociais*, v. 21, n. 61, 2006.

______. Madam it's not so easy! Modelos de gênero e justiça na reconstrução timorense. In: Silva, Kelly; Simião, Daniel (org). *Timor-Leste: cooperação internacional e a dialética da formação do estado.* Belo Horizonte: UFMG, 2007.

SIMONDON, Gilbert. The genesis of the individual. In: KWINTER, Sanford; CRARY, Jonathan (ed). *Incorporations.* New York: Zone Books, 1992.

SNOW, David & MACHALEK, Richard. The sociology of conversion. *Annual Review of Sociology*, vol. 10, 1984.

SNOW, David et alii. Frame alignment processes, micromobilization, and movement participation. In: *American Sociological Review*, vol. 51, n. 4, 1986.

SOARES, Dionísio da Costa Babo. Nahe Biti: the philosophy and process of grassroots reconciliation (and justice) in East Timor. In: The Asia Pacific Journal of Anthropology, v. 5, n. 1, 2004.

______. O desenvolvimento do setor da justiça em Timor-Leste. In: SILVA, Kelly; SIMIÃO, Daniel (org). *Timor-Leste: cooperação internacional e a dialética da formação do estado.* Belo Horizonte: UFMG, 2007.

SOUZA, Lucio Manuel Gomes. As casas e o mundo: identidade local e nação no património material/imaterial de Timor-Leste. *Etnografia:* actas do III congresso internacional, 2007.

STRATHERN, Marilyn. *O gênero da dádiva.* Campinas: editora Unicamp, 2006.

SWAIN, Tânia Navarro. As teorias da carne: corpos sexuados, identidades nômades. *Revista Labrys, estudos feministas*, n. 1-2, jul./dez. 2002.

TAMBIAH, S. J. A Performative Approach to Ritual. *Proceedings of the British Academy,* 65, 1979.

______. 1996. *Leveling Crowds*: Ethnonationalist Conflicts and Collective Violence in South Asia. California/London: University of California Press, 1996.

TAYLOR, John. *Indonesia's forgotten war, the hidden history of East Timor.* Londres: Zed Book, 1991.

TEIXEIRA, Manuel. *Macau e a sua Diocese X Missões de Timor.* Macau: tipografia da missão do padroado, 1974.

TEMPLE, Dominique. *Théorie de La réciprocité.* 1999. Disponível em: http//perso.libertysurf.fr/Dominique.temple. Acesso em: 23 nov. 2010.

THE ASIA FOUNDATION. *Law and Justice in Timor-Leste*: A Survey of Citizen Awarness and Attitudes Regardin Law and Justice. Dili, 2008.

THE NOBEL PEACE PRIZE. *Press Release 1996*. Disponível em: http://nobelprize.org/nobel_prizes/peace/laureates/1996/press.html. Acesso em: 10 jul. 2009.

THERIK, Tom. *Wehali: The Female Land. Traditions of a Timorese ritual centre*. Canberra: Pandanus Books & Department of Anthropolog, Research School of Pacific and Asian Studies, The Australian National University, 2004.

THOMAZ, Luís Filipe. Timor: o protectorado português. In: OLIVEIRA MARQUES, A. H. (coord.). *História dos portugueses no extremo oriente*. v. 2. Lisboa: Fundação Oriente, 2001.

______. *Babel Loro Sa'e*: o problema lingüístico de Timor-Leste. Instituto Camões, 2002.

______. *O país dos Belos*. Instituto português do oriente e fundação oriente, 2008.

TIMOR-LESTE. Constituição (2002). *CONSTITUIÇÂO DA REPÚBLICA DEMOCRÁTICA DO TIMOR-LESTE*: promulgada em 22 de março de 2002. Dili, 2007.

TIMOR-LESTE. Parlamento Nacional. Lei nº 03/2009 de 8 de julho. Dispõe sobre as Lideranças Comunitárias e sua Eleição. *Jornal da República*, série I, n. 24, 2009.

TIMOR-LESTE. Discurso de Sua Excelência o Primeiro-Ministro por ocasião da apresentação da Proposta de Lei do Orçamento rectificativo para o ano de 2010. *Parlamento Nacional*, 22 de junho 2010.

TIMOR-LESTE. PROPOSTA DE LEI CÓDIGO CIVIL DE TIMOR-LESTE. Disponível em: http://www.mj.gov.tl, 2010. Acesso em: 12 jan. 2011.

TOREN, Christina. Island of history. In *Critique of anthropology*, v. 8, n. 1, 1988.

TRANSPARENCY INTERNATIONAL. *Corruption Perceptions Index*, outubro de 2010.

TRAUBE, Elizabeth. *Cosmology and Social Life*: ritual exchange among the Mambai of East Timor. Chicago: University of Chicago Press, 1986.

______. Unpaid Wages: Local Narratives and the Imagination of the Nation. In: *The Asia Pacific Journal of Anthropology* 8 (1), 2007.

TRINDADE, Josh. Paper presented at: Communicating New Research on Timor-Leste 3rd Timor-Leste Study Association 30th June 2011.

TURNER, Victor. *The Forest of Symbols*. Aspects of Ndembu Ritual. Ithaca: Cornell University Press, 1967.

______. *O processo ritual: estrutura e anti-estrutura*. Petrópolis: Vozes, 1974.

UNITED NATIONS. General Assembly — Fifteenth Session. Resolutions adopted on the Reports of the Fourth Committee, p. 29-31, 1960. Disponível em: http://www.un.orh/depts/dhl/resquide/r15.htm. Acesso em: 30 jan. 2010.

VAINFAS, Ronaldo. *A heresia do índios, catolicismo e rebeldia no Brasil colonial*. São Paulo: Companhia das Letras, 1995.

VAN GENNEP, Arnold. *Os ritos de passagem*. Petrópolis: Vozes, 1978.

VELHO, Otávio. Globalização: antropologia e religião. In: ORO, Ari; STEIL, Carlos (org). *Globalização e religião*. Petrópolis: vozes, 1997.

VETH, P.; O'CONNOR, S.; SPRIGGS, M. Changing research perspectives from Australia's doorstep: the Joint Australian-Indonesian Aru Islands Initiative and the Archaeology of East Timor Project'. In: MURRAY, T. (ed). *Archaeology from Australia*, Australian Scholarly Publishing, Melbourne, 2004.

VILAÇA, Aparecida. O que significa tornar-se outro? Xamanismo e contato interétnico na Amazônia. *Revista Brasileira de Ciências Sociais* 15 (44), 2000.

______. Chronically unstable bodies: reflections on amazonian corporalities. *Royal Anthropological Institute* (n.s) 11, 2005.

VIVEIROS DE CASTRO, Eduardo. O nativo relativo. *Mana*, 8 (1), p. 113-148, 2002.

______. Os pronomes cosmológicos e o perspectivismo ameríndio. *Mana*, 2 (2), 1996.

WAGNER, Roy. *The invention of the culture*. Chicago and London: The University of Chicago Press, 1981.

WAWZYNIAK, João Valentin. Humanos e não-humanos no universe transformacional dos ribeirinhos do rio Tapajós-Pará. Trabalho apresentado na 27a Reunião Brasileira de Antropologia, 01-04 de agosto de 2010. Disponível em: http://www.abant.org.br/conteudo/ANAIS/CD_Virtual_27_RBA/arquivos/grupos_trabalho/gt24/jvw.pdf. Acesso em: 5 mar. 2011.

WEBER, Max. *Metodologia das ciências sociais* (parte 2). São Paulo/Campinas: Cortez/Editora Unicamp, 1995.

______. *Economia e sociedade*. Brasilia: Universidade de Brasilia, 2000.

______. *A ética protestante e o espírito do capitalismo*. São Paulo: Companhia das Letras, 2004.

ZALD, M. Culture, ideology and strategic framing. In: McADAM, D.; McCARTHY, J.; ZALD, M. (ed). *Comparative perspectives on social movements*. Cambridge: Cambridge University Press, 1996.

ZELIZER, Viviana A. Circuits within capitalism. In: VICTOR, Nee & RICHARD, Swedberg (eds.). *The economic sociology of capitalism*. Princeton: Princeton University Press. 2005.

______. Dualidades Perigosas. *Maná*, 15 (1), 2009.

DICIONÁRIO HRESUK-PORTUGUÊS

ÍNDICE

Dicionário Hresuk - Português

Hresuk é o nome da variedade linguística falada entre os Humangili, comunidade com aproximadamente 2000 pessoas, moradores da ilha de Ataúro, no Timor-Leste. Além do Hresuk, também são falados na ilha o Raklungu em Makadade e o Rasua nas comunidades de Beloi e Bikeli.[1] Forma de comunicação oral, o Hresuk pertence ao grupo de línguas austronésias, ou malaio-polinésio, e pode ser considerado uma variante das linguagens wetarianas – faladas nas ilhas indonésias de Wetar e Lira –, além de apresentar semelhanças ao Galole – idioma falado na região de Manatuto. No entanto, devido ao contato com o Tétum, o Português e o Indonésio os Humangili incorporaram e adaptaram algumas palavras desses idiomas ao seu próprio vocabulário.

Na elaboração deste dicionário foram adotados os seguintes critérios:

a) Como existem variações na forma de realizar os fonemas (causadas, entre outros, por diferenças anatômicas na boca e nos dentes), escolhi cinco Humangili (três homens e duas mulheres) entre 24 e 48 anos, que serviram como grupo de controle.[2]

b) Após a recolha das palavras, cada um dos fonemas foi registrado, em áudio, para ajustes na grafia e realização da transcrição fonética.[3]

c) A grafia fonética seguiu o padrão do Alfabeto Fonético Internacional (AFI).

d) Palavras estrangeiras (Tétum, Português e Indonésio) só foram utilizadas quando: são aceitas e reconhecidas entre os Humangili; seu uso é corrente; e não possuem correlatos em Hresuk.

e) Alguns encontros vocálicos, ditongos e hiatos, foram grafados com ['] por sujestão dos próprios Humangili, para marcar pausas sonoras ou a união de duas palavras diferentes.

f) Algumas entradas foram assinaladas como "expressões coloquiais", pois apesar do uso corrente, são identificadas como corruptelas pelos próprios Humangili.

g) Na indicação do nome de alguns pei-

1. Os Manroni, comunidade de um antigo reino que foi extinto no tempo português, afirmam que possuem uma linguagem própria que ainda é falada entre eles, principalmente na aldeia Ili Timur, hoje pertencente ao suco de Makadade. Esta forma de comunicação oral, embora não seja reconhecida pelos demais habitantes da ilha, entre os Manroni é conhecida por Dua ou Klunguvava e seria uma variante do Dadua, falado na região de Manatuto, e bastante semelhante ao Raklungu.

2. Não foram realizados encontros formais e a coleta dos dados ocorreu no dia a dia, enquanto realizávamos as tarefas cotidianas.

3. Agradeço ao Karakolik e ao Tuakela pelos ajustes na grafia e gravação dos fonemas. Agradeço, também, ao grupo de pesquisa coordenado pela profª. Elisa Battisti, da Faculdade de Letras da UFRGS, que colaborou na transcrição fonética. Também foram realizadas consultas a dois vocabulários Ataúro, o primeiro elaborado por Magalhaes (1918) e o segundo por Duarte (s.d.).

xes, por não encontrar uma tradução adequada, optei por designá-los pelo nome científico da espécie à qual pertencem.

h) As entradas estão dispostas em ordem alfabética.

i) Quando a palavra possuir mais de um significado, ocorrerão entradas duplas.

j) Quando duas palavras diferentes possuem o mesmo significado, optei por repetir o significado e referenciar as demais entradas semelhantes.

Caracteres especiais

ɛ vogal média-baixa anterior
ɔ vogal média-baixa posterior arredondada
ŋ consoante nasal velar
ʔ consoante oclusiva glotal surda
ɾ consoante tepe alveolar vozeada
t̠ consoante oclusiva linguo-labial surda
ː alongamento da vogal
ˈ sílaba tônica

Abreviações

(adj.) adjetivo
(adv.) advérbio
(adv.int.) advérbio de interrogação
(conj.) conjunção
(conj.comp.) conjunção comparativa
(conj.expl.) conjunção explicativa
(interj.) interjeição
(n.) número
(prep.) preposição
(pron.dem.) pronome demonstrativo
(pron.ind.) pronome indefinido
(pron.interg.) pronome interrogativo
(pron.p.) pronome pessoal
(pron.pos.) pronome possessivo
(s.f.) substantivo feminino
(s.f.pl.) substantivo feminino plural
(s.m.) substantivo masculino
(s.m.pl.) substantivo masculino plural
(s.m.2g.) substantivo masculino de dois gêneros
(s.2g.) substantivo de dois gêneros
(v.) verbo

Vogais

A [a] vogal aberta
asu, hahi

E [e] vogal aberta não-recuada
heklara, hekmoro

I [i] vogal alta não-recuada
huhi, sori

O [o] vogal aberta arredondada
pesole, kmori

U [u] vogal alta arredondada recuada
peputi, hrula, kedua

Consoantes

Consoantes oclusivas

B [b] bilabial vozeada
banku, balde, butaun

Devido ao contato com o Tétum (que, por sua vez, absorveu palavras dos idiomas Português e Indonésio) e à introdução de novos materiais na comunidade (como o plástico e objetos de uso doméstico), o "B" foi assimilado ao Hresuk. Principalmente, entre a população idosa, o "B" realiza-se como consoante bilabial surda, similar ao "P" do Português.

D [d] alveolar vozeada
dadali, dai, dehnea

O fonema "D", é realizado de forma similar ao fonema "T" do Português.

M [m] bilabial nasal
mnetan, metak

T [t] alveolar surda
takrae, teman, tuhung

G [g] gutural anasalada
engnaen, irengak

A letra "G" sempre vem antecedida da letra "N", sem a qual não possui significado em Hresuk.

N [n] alveolar nasal
nama nama, nenuran, nepretu

K [k] velar surda
korak, kmolek, kode

P [p] bilabial surda
pepusi, pani, poho

Consoantes fricativas

S [s] alveolar surda
soruk, sole, siama

H [h] glotal surda
heklara, hehata

O fonema "H", tanto no início como no meio da palavra, é pronunciado, salvo as exceções, de forma semelhante ao "R" do Português.

Exemplo:
raiz, régua, rótulo.

Consoantes líquidas

L [l] lateral aproximante
lekmori, lea, lelore

R [r] batimento alveolar
rehidi, rala, ro

Pronomes pessoais

U (au, aun): eu
O (on): tu
Ni: ele, ela

Ita (itan): nós (forma inclusiva), você (3ª pessoa do singular)
Im (amin): nós (forma exclusiva)
Mi (min): vocês, vós
Si (sian): eles, elas

– Na conjugação das palavras se utiliza normalmente a forma "U", "O", "Ni", "Ita", "Im", "Mi", "Si".

– Quando se responde a uma indagação, geralmente utiliza-se os pronomes pessoais nas seguintes formas: "Aun", "On", "Ni", "Itan", "Amin", "Min", "Sian".
Se ne nla'a perasa? Aun / Quem vai para a cidade? Eu.

– O pronome pessoal "O" só é utilizado para crianças, sendo em geral desrespeitoso dirigir-se ou referir-se a um adulto com esta expressão.

– Em casos especiais, o pronome "O", pode ser utilizado entre pessoas que tenham relações estreitas e um certo grau de intimidade.

Passado e Futuro

Tempo futuro – no tempo futuro, a primeira pessoa do singular "U" altera para "A", e os demais pronomes pessoais permanecem inalterados. Após o pronome pessoal, acrescenta-se "Lu".

A lu hai	eu construirei
O lu hmai	tu construirás
Ni lu hnai	ele/ela construirá
Ita lu hrai	nós construiremos você construirá
Im lu hmai	nós construiremos
Mi lu hmai	vocês construirão
Si lu hrai	eles/elas construirão

Tempo passado – da mesma forma que o tempo futuro, não há distinção entre passado remoto ou recente. A distância temporal é compreendida no contexto da frase. Para expressar o passado, acrescenta-se "Pe" ao pronome pessoal, que se mantém inalterado.

U pe u'an	eu comi
O pe mu'an	tu comeste
Ni pe nu'an	ele/ela comeu
Ita pe ru'an	nós comemos você comeu
Im pe mu'an	nós comemos
Mi pe mu'an	vocês comeram
Si pe ru'an	eles/elas comeram

Plural

– O plural pode ser compreendido através do contexto da frase, sem alterar as palavras, ou com uma ênfase na fala:

Haru (roupa): haaru (roupas, muitas roupas).
Sasan (formiga): saasan (formigas).

– Outra forma possível é acrescentar após a palavra a expressão "Delas", que significa muito(a):
Rarak (sangue): rarak delas (muito sangue).

Nenuran (objeto): nenuran delas (objetos, ou muitos objetos).

– Algumas palavras, principalmente as que remetem a passagem do tempo, são duplicadas:

Ngangunan: ngangunan ngangunan (todas as manhãs, muitas ou várias manhãs).
Hulan: hulahulan (todos os meses, muitos ou vários meses).
Hengin: hengihengin (todos os dias, muitos ou vários dias).
Ton: to ton (todos os anos, muitos ou vários anos).

Conjugação

1) Há alguns verbos que são regulares, não apresentando flexão:
da'e; sala; sada; sanga.

2) Em Hresuk, pode-se flexionar tanto os verbos como os substantivos e adjetivos.

3) A palavra permanece inalterada sempre que precedida dos pronomes pessoais "Ita" e "Si". Quando precedida de "O", "Im" e "Mi", acrescenta-se "m" ao início da palavra; quando precedida de "Ni", acrescenta-se "n" ao início da palavra, salvo as exceções.

4) Quando começar com "Hr", o "h" permanece inalterado e retira-se o "r", substituindo-o por "m" ou "n" de acordo com a regra 3, salvo as exceções.

5) Quando começar com "K" ou "R", retira-se estas letras e a segunda letra é que inicia a palavra, respeitando as regras 1 e 3.

6) Quando a palavra termina em "ik", permanece inalterada em "Ita" e "Si". Nos demais pronomes pessoais, conjuga-se retirando o "k" e substituindo-o por "ng" em "U"; por "m" em "O", "Im", "Mi"; e por "n" em "Ni"; salvo as exceções.

Da'e (abrir)

U da'e	eu abro
O da'e	tu abres
Ni da'e	ele/ela abre
Ita da'e	nós abrimos/você abre
Im da'e	nós abrimos
Mi da'e	vocês abrem
Si da'e	eles/elas abrem

Hrali (voltar)

U hali	eu volto
O hmali	tu voltas
Ni hnali	ele/ela volta
Ita hrali	nós voltamos/ você volta
Im hmali	nós voltamos
Mi hmali	vocês voltam
Si hrali	eles/elas voltam

Hrane (aprender)

U hane	eu aprendo
O hmane	tu aprendes
Ni hnane	ele/ela aprende
Ita hrane	nós aprendemos/ você aprende
Im hmane	nós aprendemos
Mi hmane	vocês aprendem
Si hrane	eles/elas aprendem

Hrahi (tirar, puxar)

U hahi	eu tiro
O hmahi	tu tiras
Ni hnahi	ele/ela tira
Ita hrahi	nós tiramos/você tira
Im hmahi	nós tiramos
Mi hmahi	vocês tiram
Si hrahi	eles/elas tiram

Hrai (matar, plantar, construir)

U hai	eu planto
O hmai	tu plantas
Ni hnai	ele/ela planta
Ita hrai	nós plantamos/ você planta
Im hmai	nós plantamos
Mi hmai	vocês plantam
Si hrai	eles/elas plantam

Hrasi (esmagar com uma pedra)

U hasi	eu esmago
O hmasi	tu esmagas
Ni hnasi	ele/ela esmaga
Ita hrasi	nós esmagamos/ você esmaga
Im hmasi	nós esmagamos
Mi hmasi	vocês esmagam
Si hrasi	eles/elas esmagam

Hrasi nau (abandonar)

U hasi nau	eu abandono
O hmasi nau	tu abandonas
Ni hnasi nau	ele/ela abandona
Ita hrasi nau	nós abandonamos/ você abandona
Im hmasi nau	nós abandonamos
Mi hmasi nau	vocês abandonam
Si hrasi nau	eles/elas abandonam

Hrere (dividir)

U here	eu divido
O hmere	tu divides
Ni hnere	ele/ela divide
Ita hrere	nós dividimos/ você divide
Im hmere	nós dividimos
Mi hmere	vocês dividem
Si hrere	eles/elas dividem

Hresuk (falar)

U hesuk	eu falo
O hmesuk	tu falas
Ni hnesuk	ele/ela fala
Ita hresuk	nós falamos/você fala
Im hmesuk	nós falamos
Mi hmesuk	vocês falam
Si hresuk	eles/elas falam

Hrisi (morder)

U hisi	eu mordo
O hmisi	tu mordes
Ni hnisi	ele/ela morde
Ita hrisi	nós mordemos/ você morde
Im hmisi	nós mordemos
Mi hmisi	vocês mordem
Si hrisi	eles/elas mordem

Hruhuk (esconder – usado para pessoas)

U huhuk	eu escondo
O hmuhuk	tu escondes
Ni hnuhuk	ele/ela esconde
Ita hruhuk	nós escondemos/ você esconde
Im hmuhuk	nós escondemos
Mi hmuhuk	vocês escondem
Si hruhuk	eles/elas escondem

Kla'a (ir)

U la'a	eu vou
O mla'a	tu vais
Ni nla'a	ele/ela vai
Ita kla'a	nós vamos/você vai
Im mla'a	nós vamos
Mi mla'a	vocês vão
Si kla'a	eles/elas vão

Kma (vir)

U ma	eu venho
O ma	tu vens
Ni mna	ele/ela vem
Ita kma	nós vimos/você vem
Im ma	nós vimos
Mi ma	vocês vêm
Si kma	eles/elas vêm

Kmohuk (morrer)

U mohuk	eu morro
O mohuk	tu morres
Ni mnohuk	ele/ela morre
Ita kmohuk	nós morremos/ você morre
Im mohuk	nós morremos
Mi mohuk	vocês morrem
Si kmohuk	eles/elas morrem

Kmuna (antes, primeiro)

U muna	eu primeiro
O muna	tu primeiro
Ni mnuna	ele/ela primeiro
Ita kmuna	nós primeiro/ você primeiro
Im muna	nós primeiro
Mi muna	vocês primeiro
Si kmuna	eles/elas primeiro

Knaho (semear)

U naho	eu semeio
O mnaho	tu semeias
Ni naho	ele/ela semeia
Ita knaho	nós semeamos/ você semeia
Im mnaho	nós semeamos
Mi mnaho	vocês semeiam
Si knaho	eles/elas semeiam

Kne replai (alcançar, emprestar)

U ne eplai	eu empresto
O mne meplai	tu emprestas
Ni ne neplai	ele/ela empresta
Ita kne replai	nós emprestamos/ você empresta
Im mne meplai	nós emprestamos
Mi mne meplai	vocês emprestam
Si kne replai	eles/elas emprestam

Kngangi (nadar)

U ngangi	eu nado
O ngangi	tu nadas
Ni ngangi	ele nada
Ita kngangi	nós nadamos/ você nada
Im ngangi	nós nadamos
Mi ngangi	vocês nadam
Si kngangi	eles/elas nadam

Krait (chegar)

U rait	eu chego
O mrait	tu chegas
Ni nrait	ele/ela chega
Ita krait	nós chegamos/ você chega
Im mrait	nós chegamos
Mi mrait	vocês chegam
Si krait	eles/elas chegam

Kra'uk (juntar)

U ra'uk	eu junto
O mra'uk	tu juntas
Ni nra'uk	ele/ela junta
Ita kra'uk	nós juntamos/ você junta
Im mra'uk	nós juntamos
Mi mra'uk	vocês juntam
Si kra'uk	eles/elas juntam

Rakak (passar por cima, atravessar)

U akak	eu atravesso
O makak	tu atravessas
Ni nakak	ele/ela atravessa
Ita rakak	nós atravessamos/ você atravessa
Im makak	nós atravessamos
Mi makak	vocês atravessam
Si rakak	eles/elas atravessam

Rake ene (lembrar, relembrar)

U ake ene	eu lembro
O make ene	tu lembras
Ni nake ene	ele/ela lembra
Ita rake ene	nós lembramos/ você lembra
Im make ene	nós lembramos
Mi make ene	vocês lembram
Si rake ene	eles/elas lembram

Rauk (chorar)

U auk	eu choro
O mauk	tu choras
Ni nauk	ele chora
Ita rauk	nós choramos/ você chora
Im mauk	nós choramos
Mi mauk	vocês choram
Si rauk	eles/elas choram

Re eman (esperar, ficar)

U e eman	eu espero
O me eman	tu esperas
Ni ne eman	ele/ela espera
Ita re eman	nós esperamos/ você espera
Im me eman	nós esperamos
Mi me eman	vocês esperam
Si re eman	eles/elas esperam

Rehngesa (comparar, igual)

U ehngesa	eu comparo
O mehngesa	tu comparas
Ni nehngesa	ele/ela compara
Ita rehngesa	nós comparamos/ você compara
Im mehngesa	nós comparamos
Mi mehngesa	vocês comparam
Si rehngesa	eles/elas comparam

Rekroma (achar, encontrar, surpreender)

U ekroma	eu surpreendo
O mekroma	tu surpreendes
Ni nekroma	ele/ela surpreende
Ita rekroma	nós surpreendemos/ você surpreende
Im mekroma	nós surpreendemos
Mi mekroma	vocês surpreendem
Si rekroma	eles/elas surpreendem

Rengnaen (entender)

U engnaen	eu entendo
O mengnaen	tu entendes
Ni nengnaen	ele/ela entende
Ita rengnaen	nós entendemos/ você entende
Im mengnaen	nós entendemos
Mi mengnaen	vocês entendem
Si rengnaen	eles/elas entendem

Renori (ensinar)

U enori	eu ensino
O menori	tu ensinas
Ni nenori	ele/ela ensina
Ita renori	nós ensinamos/ você ensina
Im menori	nós ensinamos
Mi menori	vocês ensinam
Si renori	eles/elas ensinam

Renum (beber)

U enum	eu bebo
O menum	tu bebes
Ni nenum	ele/ela bebe
Ita renum	nós bebemos/ você bebe
Im menum	nós bebemos
Mi menum	vocês bebem
Si renum	eles/elas bebem

Rili (escolher, eleger)

U ili	eu escolho
O mili	tu escolhes
Ni nili	ele/ela escolhe
Ita rili	nós escolhemos/ você escolhe
Im mili	nós escolhemos
Mi mili	vocês escolhem
Si rili	eles/elas escolhem

Riru (cavar)

U iru	eu cavo
O miru	tu cavas
Ni niru	ele/ela cava
Ita riru	nós cavamos/você cava
Im miru	nós cavamos
Mi miru	vocês cavam
Si riru	eles/elas cavam

Risanau (transmitir, substituir)

U isanau	eu substituo
O misanau	tu substituis
Ni nisanau	ele/ela substitui
Ita risanau	nós substituímos/ você substitui
Im misanau	nós substituímos
Mi misanau	vocês substituem
Si risanau	eles/elas substituem

Roe (evacuar, defecar)

U oe	eu evacuo
O moe	tu evacuas
Ni noe	ele evacua
Ita roe	nós evacuamos/ você evacua
Im moe	nós evacuamos
Mi moe	vocês evacuam
Si roe	eles/elas evacuam

Rohuk (apanhar)

U ohuk	eu apanho
O mohuk	tu apanhas
Ni nohuk	ele/ela apanha
Ita rohuk	nós apanhamos/ você apanha
Im mohuk	nós apanhamos
Mi mohuk	vocês apanham
Si rohuk	eles/elas apanham

Roi re'ek (matar)

U oi re'ek	eu mato
O moi re'ek	tu matas
Ni noi re'ek	ele/ela mata
Ita roi re'ek	nós matamos/ você mata
Im moi re'k	nós matamos
Mi moi re'ek	vocês matam
Si roi re'ek	eles/elas matam

Roi sanga hali (consertar, reparar)

U oi sanga hali	eu conserto
O moi sanga hali	tu consertas
Ni noi sanga hali	ele/ela conserta
Ita roi sanga hali	nós consertamos/ você conserta
Im moi sanga hali	nós consertamos
Mi moi sanga hali	vocês consertam
Si roi sanga hali	eles/elas consertam

Rosak (esconder, para objetos e animais)

U osak	eu escondo
O mosak	tu escondes
Ni nosak	ele/ela esconde
Ita rosak	nós escondemos/ vocês escondem
Im mosak	nós escondemos
Mi mosak	vocês escondem
Si rosak	eles/elas escondem

Ru'an (comer)

U u'an	eu como
O mu'an	tu comes
Ni nu'an	ele/ela come
Ita ru'an	nós comemos/ você come
Im mu'an	nós comemos
Mi mu'an	vocês comem
Si ru'an	eles/elas comem

Runuk (juntar, unir)

U unuk	eu uno
O munuk	tu unes
Ni nunuk	ele/ela une
Ita runuk	nós unimos/ você une
Im munuk	nós unimos
Mi munuk	vocês unem
Si runuk	eles/elas unem

Sada (construir)

U sada	eu construo
O sada	tu constróis
Ni sada	ele/ela constrói
Ita sada	nós construímos/ você constrói
Im sada	nós construímos
Mi sada	vocês constroem
Si sada	eles/elas constroem

Sua (retirar)

U sua	eu retiro
O sua	tu retiras
Ni sau	ele/ela retira
Ita sua	nós retiramos você retira
Im sua	nós retiramos
Mi sua	vocês retiram
Si sua	eles/elas retiram

Conversação

Bom dia. / Ngangunan e ia.
Boa tarde. / Lea nenla'a e ia.
Boa noite. / Mata hengi e ia.
Como você está? / Ita ia doi?
Eu estou bem. / U ia.
Como você se chama? / Ita ngae ila?
O meu nome é... / U ngae...
Quantos anos você tem? / Ita tok he ira?
Eu tenho 25 anos. / U tong ralam herua resin helima.
Quanto custa isto? / Helin he ira? (ou) Nodi helin he ira?
Eu quero comprar arroz. / U karak e ala tapadi.

Para onde você vai? / Ita kla'a la mine?
Eu vou para a praia. / U la la'a tasi ipud.
Qual o nome disso? / Lan roe ngae ila?
Onde fica a igreja? / Ruma kreda nia la'a mine?
Eu quero ir para a aldeia Maulaku. / U karak le la la'a Maulaku.
Qual o caminho para Maumeta? / Ralan lu ke kla'a la'a Maumeta re ihea ila?
De onde você é? / Ita lekmo mine?
Eu sou de Humangili / U Humangili.
Que horas são? / Tuku he ira?
A que horas começa o casamento? / Lu kra'uk sek'ngari tuku he ira?
Eu estou com fome. / U eplele.
Eu estou com sede. / U epro.
Posso comer um pouco de arroz? / U u'an tuat lau re ia doi?
Posso beber um pouco de água? / U enun ekre lau re ia doi?
Eu posso ir ao banheiro? / U la la'a krius hatin re ia doi?
Eu gosto de beber água de coco. / U karak e enun nor red.
Eu vivo em Humangili. / U mia ne Humangili.
A minha casa fica na aldeia Masilihu. / U ruman nia ne Masilihu.

Relações Temporais

hingirua hei: depois de amanhã.
hingitelu hei: dois dias depois de amanhã; para os dias subsequentes trocar a terminação por haat, lima... (ver números).
hulan: mês; lua.
Ilearian: hoje; conferir Ilearia e Learia.
Ipengrua: antes de ontem; para os dias que antecedem acrescentar telu, haat... (ver números).
Ipengtelu: dois dias antes de ontem; para os dias que antecedem trocar a terminação por haat, lima... (ver números).
Irahi: ontem.
Irian: agora.
Lea modad: período do dia entre 14 e 16 horas.
Lea nla'a: tarde.
Lea panasin: meio dia.
Lea pepusi: final da tarde; entardecer.
Learia: hoje; conferir Ilearia e Ilearian.
Nehram hmei: amanhã; conferir Neram Hmei.
Neram hmei: amanhã (expressão coloquial); conferir Nehram Hmei.
Teaknan lau: logo mais; depois.
Ton: ano.

Números

Hea: um
Herua: dois
Hetelu: três
Hat: quatro
Helima: cinco
Henem: seis
He itu: sete
He ao: oito
Hese: nove
Sengulu: dez
Sengulu resin hea: onze
Sengulu resin helima: quinze
Ralam herua: vinte

Ralam herua resin hea: vinte e um
Ralam herua resin helima: vinte e cinco
Ralam hetelu: trinta
Ralam hat: quarenta
Ralam helima: cinquenta
Ralam henen: sessenta
Ralam he itu: setenta
Ralam he ao: oitenta
Ralam hese: noventa
Atus hea: cem
Atus hea resin hea: cento e um
Atus hea sengulu: cento e dez
Atus hea ralam helima: cento e cinquenta
Atus hea ralam helima resin hea: cento e cinquenta e um
Atus herua: duzentos
Atus hetelu: trezentos
Atus hat: quatrocentos
Atus helima: quinhentos
Atus henem: seiscentos
Atus he itu: setecentos
Atus he ao: oitocentos
Atus hese: novecentos
Rihun: mil
Rihun hea sengulu: mil e dez
Rihun hea atus hea: mil e cem
Rihun herua: dois mil
Rihun sengulu: dez mil
Rihun atus hea: cem mil
Tokon: milhão
Tokon hea: um milhão; para os demais números substituir hea por herua, hetelu...

Letra A

A'ad /a'at/ (s.f.) raiz.
A'ik /a'ik/ (adj.) grande.
Abokati /abo'kati/ (s.m.) abacate.
Ada /'ata/ (s.f.) estrela.
Adi /'ati/ pedra de amolar.
Ahas hetun /ahas'hetun/ (s.m.) algodão.
Ahas /'ahas/ linha de coser; (s.m.) algodoeiro; fio.
Ahi oan /ahioan/ fogo pequeno; fogo de pouca intensidade.
Ahnata /ah'nata/ local na aldeia Ili Timur considerado sagrado.
Ai a'ad /aj a'at/ raiz da árvore.
Ai asan /aj 'asan/ nó ou junção entre tronco e galhos ou entre galhos.
Ai hnguk /aj ŋuk/ pó da madeira; (s.f.) serragem; conferir Ai Rahun.
Ai hua /aj 'hua/ (s.f.) fruta; (s.m.) fruto (expressão coloquial); conferir Ai Huan.
Ai huan /aj 'huan/ (s.f.) fruta; (s.m.) fruto; conferir Ai Hua.
Ai hungan /aj 'huŋan/ (s.f.) flor.
Ai kumeni /aj ku'meni/ tipo de árvore cuja raiz é utilizada para fazer remédios.
Ai lolon /aj 'lolon/ tronco da árvore.
Ai memetam /aj me'metam/ tipo de árvore cuja raiz é utilizada para fazer remédios.
Ai morimorin /aj muɾi'muɾi/ plantas de várias espécies; (s.f.pl.) plantas (Sole hrula ai morimorin/ Ande com cuidado para não estragar as plantas).
Ai morimorin /aj muɾi'muɾi/ animal perigoso (Nia ai ralam ai morimorin delas/ Dentro da árvore há animais perigosos).
Ai opun apakre'ek /aj 'opun apakɾe'ek/ veneno da aranha.

Ai opun /aj 'opun/ (s.f.) aranha.

Ai opun /aj 'opun/ dono da árvore; proprietário da árvore (Ai ro opun i aun/ Esta árvore é minha).

Ai peputi /aipe'puṯi/ tipo de árvore cuja raiz é utilizada para fazer remédios.

Ai rahun /aj 'rahun/ pó da madeira; (s.f.) serragem; conferir Ai Hnguk.

Ai raon /aj 'raon/ galho da árvore.

Ai rare /aj 'raɾe/ (s.m.) arbusto.

Ai ro /aj ro/ folha da árvore (expressão coloquial); conferir Ai Ron.

Ai ron /aj ron/ folha da árvore; conferir Ai Ro.

Ai sa'elau /aj sa'elaw/ nome de uma árvore (parecida com *piper betle*); raiz da árvore que ao ser misturada com Ai Tepan Aran e com Hatu Mera (pedra vermelha) e outras raízes é utilizada para fazer uma bebida que serve como defesa para feitiçarias.

Ai tepang aran /aj tepaŋ'aɾan/ nome de uma espécie de árvore (parecida com *piper betle*).

Ai tud /aj 'tut/ (s.m.) toco; segmento do galho que permanece preso ao tronco ou a outros galhos após a poda.

Ai tuk nan /aj 'tuʔan/ árvore de estatura baixa.

Ai un /aj 'un/ parte inferior do tronco da árvore; junção entre tronco e raiz.

Ai usad /aj 'usat/ (s.f.) virilha.

Ai /aj/ (s.f.) árvore.

Aidema huan /aj'tema 'huan/ (s.f.) amora (expressão coloquial); conferir Ideman Huan e Deman Hua.

Aidema /aj'tema/ (s.f.) amoreira (expressão coloquial); conferir Ideman e Deman.

Aik anulu /ajʔ a'nulu/ grande irmão (em sinal de respeito e estima); irmão mais velho (parentesco).

Aik emurin /ajʔ e'muɾin/ irmão(ã) mais novo(a), expressão genérica; conferir Aikre Emurin, Ana Emurin.

Aik /ajʔ/ (s.m.) irmão; (s.f.) irmã; conferir Aikre.

Aikra'ak /'ajkɾaaʔ/ (s.m.pl.) irmãos; (s.f.pl.) irmãs.

Aikre emurin /'ajkɾe e'muɾin/ irmão(ã) mais novo(a), expressão genérica; conferir Aik Emurin.

Aikre /'ajkɾe/ (s.m.) irmão; (s.f.) irmã (expressão coloquial); conferir Aik.

Aklok /akloʔ/ aldeia da comunidade de Beloi, conhecida em Tétum como Arlo.

Alfase /al'fase/ (s.f.) alface.

Alu /'alu/ variante de eu (Omla'a la'a mine? Alu la'a, la'a ruma/ Tu vais aonde? Eu vou para casa).

Alu alu /'alu'alu/ peixe da espécie *sphyraena spp* (barracuda).

Amsarani /amsa'ɾani/ (s.m.) padrinho.

Amat /'amat/ (s.m.) tubarão.

Ana ana /ana'ana/ (s.f.pl.) crianças; conferir Ana Hea.

Ana anulu /ana a'nulu/ primeiro(a) filho(a).

Ana eklaen /ana e'klaen/ filho do meio.

Ana emurin /ana e'muɾin/ filho(a) caçula; último(a) filho(a); irmãos mais novos; conferir Emurin Suri Susu, Emurin, Aikre Emurin.

Ana halin /ana 'halin/ (s.m.) amigo.

Ana hata /ana'hata/ parentesco por casamento, designa os familiares do marido em relação à família da esposa.

Ana hea /ana 'hea/ (s.f.) criança; conferir Ana Ana.

Ana hehata /ana he'hata/ (s.f.) filha.

Ana iskola /ana is'kola/ (s.2g.) estudante; (s.m.) aluno; (s.f.) aluna.

Ana kmolun /ana ʔ'mulun/ criança entre os 2 e 10 anos; pode ser usado como expressão pejorativa para os adultos.

Ana kotenan /ana kote'nan/ criança até um ano de idade.

Ana pau hehata /ana 'paw he'hata/ (s.f.) neta(s).

Ana pau perane /ana 'paw pe'ɾane/ (s.m.) neto(s).

Ana pau /ana 'paw/ (s.m.pl.) netos; (s.f.pl.) netas.

Ana perane /ana pe'ɾane/ (s.m.) filho; menino.

Ana rerehe /ana ɾeɾehe/ criança pequena em idade de aleitamento.

Ana suri susu /ana suɾi'susu/ (filho+parar+mamar) o filho mais novo; conferir Emurin Suri Susu, Emurin.

Ana /ana/ (s.m.) filho; sobrinho; (s.f.) filha; sobrinha; forma afetiva de tratamento.

Angin hudin /aŋhu'tin/ (s.f.) ventania; vento forte que pode estragar plantações, casas etc.; Hudin dá ênfase na palavra; conferir Angin Huk.

Angin huk /aŋhuk/ vento forte; conferir Angin Hudin.

Angin nangin /aŋaŋin/ vento constante; ventando.

Angin neri /aŋineɾi/ vento suave; vento fresco.

Angin tekian /aŋiteki'an/ (s.m.) vendaval; vento forte e constante geralmente identificado como causador de doenças.

Angin /aŋi/ divindade do vento; (s.m.) vento.

Ani ed /ani'et/ (s.m.) mel.

Ani opun /anio'pun/ (s.f.) colmeia.

Ani /ani/ (s.f.) abelha.

Anulu /a'nulu/ irmão mais velho.

Anung /anuŋ/ (s.f.) mãe.

Apakre'ed /apa'kɾeet/ (s.f.) saliva; conferir Apakre'ek.

Apakre'ek /apa'kɾeeʔ/ (s.f.) saliva; conferir Apakre'ed.

Apu heheru /apu he'heɾu/ (s.f.) nora; como os pais do marido chamam a esposa do filho; conferir Apu.

Apu ho'ik /apu ho'ik/ (s.m.pl.) sogros; os pais do marido.

Apu /'apu/ (s.f.) nora; conferir Apu Heheru.

Arame kirihnan /a'rame kiɾi'nan/ arame fino (Arame ilat nin re kirihnan motu/ Este arame de pescar é muito fino).

Arame /a'rame/ (s.m.) arame.

Ari /'ari/ (s.f.) arraia.

Ari /a'riː/ (interj.) utilizado para expressar exclamação, negação ou contrariedade (Neram hei o lumla'a la idadi. Ari, U ne alu la'a lau/ Amanhã tu vais a Makadade. Ah, eu não quero ir; Ari, ne lu rauk lau/ Hei, não chores).

As un /as'un/ parte de baixo da árvore de mangueira; junção entre o tronco e a raiz.

As /as/ (s.f.) manga (fruta); mangueira (árvore).

Aso /'aso/ tipo de feijão selvagem, difícil de cozer; no passado, este era o principal alimento consumido durante o período das secas.

Asu aman /asu'aman/ cão macho.

Asu ana /asu'ana/ filhote de cachorro (expressão coloquial); conferir Asu Anan.

Asu anan /asu 'anan/ filhote de cachorro; conferir Asu Ana.

Asu hngin /asu ŋin/ (s.f.) têmpora; fonte; parte lateral da cabeça entre a orelha e o olho; conferir Klinga Kruk.
Asu inan /asu 'inan/ (s.f.) cadela.
Asu pa'in /asu pa'in/ (s.m.) heroi; (adj.) guerreiro; valente; destemido; conferir Hunu Opun.
Asu /'asu/ (s.m.) cão; também pode significar mensageiro (como por exemplo, aquele que faz a intermediação quando um jovem pretende namorar ou casar com uma jovem da comunidade); conferir Sole Asu.
Atak /'atak/ (s.m.) escravo; criado; (adj.) servo, que está sob o domínio de alguém ou alguma coisa; conferir Atan.
Atan /'atan/ (s.m.) escravo; (adj.) servo; conferir Atak.
Atek /'ateʔ/ (s.m.) fígado.
Atum /'atum/ peixes das espécies *cybiosarda elegans*; *rastrelliger spp*; *thunnus sp.*; *euthynnus affins*; *gymnosarda nuda*; *scomberomorus commerson*.
Atus /'atus/ (n.) cem.
Auk /awʔ/ (s.f.) cal (Pua Malus nia masi auk tai/ Areca e betel nós temos, mas cal não); conferir Aur.
Aun /awn/ (pron.p.) eu.
Aur /aw/ (s.f.) cal; conferir Auk.
Aus /aws/ peixes das espécies *cephalopholis miniata* (garoupa estrelada); *cephalopholis urodeta* (garoupa-barbatana-negra); *epinephelus areolatus* (garoupa-areolada); *epinephelus argus*; *epinephelus caeruleopunctatus*; *epinephelus fasciatus* (garoupa-bandeireira).
Aus lok /aws loʔ/ peixe da espécie *plectropomus areolatus* (garoupa-rabo).
Aus memeta /aws 'memeta/ peixe da espécie *aethaloperea rogaa*.
Aus nenoi hlait /aws ne'noj 'hlajt/ peixe da espécie *variola lanti*.
Aus perangorun /aws 'perãŋoɾun/ peixe da espécie *variola albimarginata* (garoupa rabo branco).

Letra B

Baku Mau /'baku maw/ divindade masculina da fertilidade (expressão coloquial); conferir Paku Mau.
Balde /'balde/ (s.m.) balde (expressão coloquial); conferir Palde.
Banku /'banku/ (s.m.) banco; assento (expressão coloquial); conferir Panku e Kadera.
Brinzela /bɾin'zela/ (s.f.) berinjela.
Butaun /bu'taun/ (s.f.) lâmpada; botão de camisa; conferir Putaun.

Letra D

Da'e /'tae/ (v.) abrir.
Dada /'tata/ (v.) levar; conduzir; expressão utilizada para crianças e animais (Ita dada ana/ Nós levamos as crianças); conferir Klorun e Riri.
Dadali /ta'tali/ (v.) estar; ter (Si si'a dadali ilat/ Eles estão com o arpão de pesca); conferir Dali.
Dahnea papain /tah'nea pa'pajn/ (adj.) frequente; muitas vezes; como sempre (expressão coloquial); conferir Dehnea Papain.
Dahnea /tah'nea/ (adj.) igual; semelhan-

te; (conj.) como; do mesmo modo (expressão coloquial); conferir Dehnea e Nehngesa.
Dahnoho /tah'noho/ lugar sagrado próximo à fonte Ipua.
Daholo /ta'holo/ personagem das histórias Humangili, irmão de Huni Era e Ke Era.
Dai peputi /'taj pe'puti/ estrangeiro de cor branca.
Dai /'taj/ administrador do distrito, sub-distrito (no passado os administradores eram estrangeiros, este nome foi incorporado e até hoje permanece para designar o administrador da ilha).
Dai /'taj/ (s.m.) estrangeiro.
Dali /'tali/ (v.) estar; ter (expressão coloquial); conferir Dadali.
Daman /'taman/ (s.f.) lama; (s.m.) lodo; lamaçal.
Dame /'dame/ (s.f.) paz.
Dangi here /'taŋi 'heɾe/ (v.) separar; usado para objetos (Irahi ula dangi here petung/ Ontem eu separei o bambu).
Dangi /'taŋi/ (v.) colocar; pôr (Dangi nau suran la lehu tutun/ Coloca o copo em cima da mesa).
Dapuk /'tapuʔ/ (s.f.) cozinha; lugar onde se prepara algum alimento.
Dari /'tari/ (v.) parir; dar à luz; ação de expulsar o feto do útero (usado para os animais); conferir Krehe.
Dedani huan /tetani 'huan/ peixe da espécie *lutjanus gibbus*.
Dede /'tete/ criar animais; criação de animais.
Dedudu /'tetutu/ (s.f.) barata.
Dehnea papain /teh'nea pa'pajn/ (adj.) frequente; muitas vezes; como sempre (Ia do'i? Dehnea papain/ Como está? Tudo como sempre); conferir Dahnea Papain.
Dehnea /teh'nea/ (adj.) igual; semelhante; (conj.) como; do mesmo modo (Si matak usad dehnea/ Eles têm a cor dos olhos iguais); conferir Dahnea e Nehngesa.
Dek /teʔ/ (v.) acordar; despertar; não dormir (U tuk dek hengi/ Eu fiquei acordado a noite toda).
Dekali metak /te'kali 'metak/ nome de uma das motas que deságua no mar, próximo a Hatu Nenehe Ana.
Deknare /teʔ 'naɾe/ (dek+knare/ acordado+esperar) esperar acordado; esperar sem dormir.
Delas /'telas/ (pron.ind.) muito(s); muita(s).
Delasin motu /tela'sin 'motu/ superlativo de muito; muitíssimo; conferir Delasin.
Delasin /tela'sin/ superlativo de muito; muitíssimo; conferir Delasin Motu.
Demak /'temak/ (adj.) claro; (s.f.) claridade.
Deman huan /'teman huan/ (s.f.) amora (forma mais utilizada); conferir Aidema Huan e Ideman Huan.
Deman /'teman/ (s.f.) amoreira (forma mais utilizada); conferir Aidema e Ideman.
Derok un /'teɾoʔ 'un/ parte de baixo do tronco do limoeiro; junção entre o tronco e a raiz do limoeiro; conferir Dorek Un.
Derok /'teɾoʔ/ limão de casca fina; limoeiro (árvore).
Dik rala /'tiʔ 'rala/ retirar algo de alguém de surpresa (Si dik rala pra'u ne Ketikaki liman/ Eles retiraram de surpresa o prato da mão do Ketikaki).
Dik /'tik/ (v.) retirar.
Dinela /ti'nela/ (s.f.) janela.
Do'i /'to i/ (conj.expl.) pois; de acordo; porque; (prep.) com (Do'i nia ni nemna'a Pua Malus peu taim le u kesak ni/ Eu

vou denunciá-lo porque ele roubou a minha Pua Malus).
Do'i /'toi/ (v.) seguir; ir atrás (Alu do'i o ralan/ Vou seguir o teu caminho).
Dodo /'toto/ (v.) sacudir.
Doe /'toe/ um tipo de arbusto comestível.
Domalok /'tomaloʔ/ lugar na aldeia Maumeta onde se encontra o Tolan Hnatin e as estátuas de Paku Mau e Lepu Hmoru.
Dorek un /'toɾeʔ 'un/ parte de baixo do tronco do limoeiro; junção entre o tronco e a raiz do limoeiro; conferir Derok Un.
Dorek /'toɾeʔ/ espécie de limão grande e de casca grossa; (s.m.) limoeiro.
Du'a /'tua/ (v.) dizer; anunciar; proferir.
Dua deis /'tua 'tejs/ (v.) cozinhar (expressão coloquial); conferir Sua Deis.
Dulas /'tulas/ (v.) girar (Inakou dulas aun nodi u teku/ Inakou me girou até eu cair).

Letra E

E ko'in /eː'koin/ (s.f.) lagoa; (s.m.) lago.
E pledek /eː'pletek/ (s.f.) panturrilha; batata da perna; conferir Manu Pesuk.
Ea /'ea/ (s.m.) camarão.
Ean /'ean/ balanço do barco.
Edan /'etan/ (s.f.) escada.
Ehru'uk /ehru'uʔ/ (s.m.) tornozelo; (s.f.) canela (parte da perna).
E /e/ (conj.expl.) ou.
Ehralam /ehralan/ uma vez; conferir Ralam Hea.
Ei e? /eːie/ literalmente, significa "isto ou não?"; "não é?"; expressão utilizada no final da frase que tanto pode ser uma pergunta como uma afirmação.
Ei /ej/ (adv.) sim.
E ianan tamro /e ianan tanro/ (adj.) bom; tranquilo; bem feito (Ro ro re ia do'i? Ei, e ianan tamro/ Aquele barco está bem feito? Sim, está bem feito).
Ek matan /eʔ 'matan/ fonte de água; (s.f.) nascente.
Ek mnonge /eʔnoŋe/ água pura; água limpa.
Ek un /eʔ un/ (s.f.) fonte; nascente que brota das pedras ou do chão; fonte natural de água; conferir Er Un.
Ek /'eʔ/ (s.f.) água; conferir Er.
Ekhmaid /eʔ'mait/ água fria; água gelada.
Ekloi /eʔ'kluj/ nome em Hresuk da comunidade de Beloi.
Elo /'elo/ peixes das espécies *kyphosus sp1*; *kyphosus sp2*.
Emang sesurat /'emaŋ se'surat/ espécie de enguia com listras pretas e brancas.
Emang /'emaŋ/ (s.f.) enguia (expressão geral).
Emurin /'emurin/ o filho caçula, o último filho; conferir Aik Emurin, Emurin Suri Susu.
Emurin suri susu /'emurin suɾi'susu/ filho mais novo; (s.2g.) caçula; conferir Emurin, Aik Emurin.
Enak /'enak/ (s.f.) cintura.
Ene /'ene/ (s.f.) areia.
Enguk /e'ŋuʔ/ (s.m.) lago; poça de água.
Er ipua /ɛɾ i'pua/ água da fonte Ipua.
Er opun /ɛɾ 'opun/ dono da água.
Er opun /ɛɾ 'opun/ espécie de borboleta, de tamanho pequeno, geralmente encontrada próximo a fontes de água.
Er un /'ɛɾ un/ (s.f.) fonte; nascente que brota das pedras ou do chão; fonte natural de água; conferir Ek Un.
Er /'ɛɾ/ (s.f.) água; conferir Ek.

Eran /'eran/ chefe de suco (suco é uma unidade administrativa, constituída por aldeias).
Esik /'esik/ peixe da espécie *caesio caerulaurea.*
Esik mera /'esik meɾa/ peixe da espécie *caesio tile.*
Eun /'eun/ (s.f.) vesícula; parte do peixe de sabor amargo.

Letra H

Haeng luad /'haeŋ 'luat/ a água que espirra enquanto se está remando.
Haeng /'haeŋ/ (s.m.) remo.
Hahaopun /'haha'opun/ (palavra+dono) (s.m.) orador; narrador; responsável por preservar e narrar as histórias das Lisan; conferir Klunguhahan Opun e Li Opun.
Haha opun /'haha 'opun/ (s.2g.) representante; porta-voz; qualquer pessoa que fale em seu próprio nome ou no de outras pessoas; por exemplo, quando há um conflito, as pessoas envolvidas ou um representante explicam o que aconteceu para que os líderes da comunidade possam fazer o seu julgamento.
Haha /'haha/ (s.f.) palavra.
Hahak /ha'hak/ (s.m.) idioma; dialeto.
Hahi /'hahi/ (s.m.) porco.
Hak /'haʔ/ (s.m.) gondão (*ficus benjamina*); conferir Har e Inunu.
Hao /'hao/ (s.m.) silêncio; fazer silêncio; conferir Tuk Neno.
Har /'haɾ/ (s.m.) gondão; conferir Hak e Inunu.
Harat /'haɾat/ ponto cardial oeste.
Haru kora sun /'haɾu 'koɾa 'sun/ calça curta; (s.f.) bermuda; (s.m.) calção.
Haru kora koak nian /'haɾu 'koɾa 'koaʔ 'nian/ calça comprida.
Haru kora /'haɾu 'koɾa/ (s.f.) calça; em geral, podendo ser curta ou comprida.
Haru kusin /'haɾu 'kusin/ (s.m.) botão.
Haru lima /'haɾu lima/ manga da camiseta.
Haru meas /'haɾu 'meas/ (s.f.) camiseta.
Haru /'haɾu/ árvore encontrada em Vila Maumeta.
Haru /'haɾu/ (s.f.) roupa.
Hata ho'ik /'hata ho'ik/ (s.f.) anciã; idosa; mulher velha.
Hatang /'hataŋ/ peixe da espécie *epinephelus fiscoguttatus.*
Hatauk /'hatauʔ/ (adj.) assustador; aterrorizador; (v.) amedrontar.
Hatauk /'hatauʔ/ nome de um dos 12 grupos familiares Humangili.
Hatin hea mou tai /'hatin 'hea 'mow 'taj/ em nenhuma parte; em lugar nenhum.
Hatin sanga kai /'hatin 'saŋa 'kaj/ em qualquer lugar.
Hatin /'hatin/ (s.m.) local; lugar.
Hatu buisole /'hatu 'bujsole/ (s.m.) talismã; pedra utilizada para atrair sorte e proteção.
Hatu isin /'hatu 'isin/ pedra pesada.
Hatu isisin /'hatu i'sisin/ nome de uma pedra que fica no mar, próximo à praia, em Oenan. Os pescadores, quando vão para o mar, por vezes colocam caroços de manga dentro do buraco no topo desta pedra e, depois de alguns dias, comem os caroços com mandioca ou coco.
Hatu kotenan /hatu 'kotenan/ (s.f.) pe-

dra; pedrinha.

Hatu kmon /'hatu 'ʔmon/ local na parte alta da comunidade próximo à fonte Ipua.

Hatu lasi ron /'hatu 'lasi 'ron/ local onde ficam os barcos dos membros da comunidade que são protestantes.

Hatu leluli /'hatu lɛ'luli/ pedra sagrada.

Hatu memera /'hatu me'meɾa/ pedra vermelha, utilizada no preparo de remédios; pedra considerada medicinal; conferir Hatu Mera.

Hatu mera /'hatu 'meɾa/ pedra vermelha; pedra considerada medicinal; conferir Hatu Memera.

Hatu nenehe ana /'hatu ne'nehe 'ana/ (pedra+colo+criança) nome da pedra que fica na aldeia Hatulela, próximo à praia.

Hatu pera'ik /'hatu pera'ik/ pedra grande.

Hatu seu /'hatu 'sew/ nome de uma pedra utilizada para fazer fogo.

Hatu /'hatu/ (s.f.) pedra.

Hatudalas /hatu'talas/ (pedra+empilhar) nome de um dos 12 grupos familiares Humangili.

Hatulela /hatu'lela/ em cima da pedra.

Hatulela /hatu'lela/ nome de uma das quatro aldeias Humangili.

He ira /he'iɾa/ (pron.ind.) quanto(s); quanta(s).

He /'heː/ antepassados a partir do tataravô.

Hea ila? /'hea 'ila/ qual?

Hea ni i /'hea 'ni 'i/ (pron.dem.) este; esta; conferir Hea Ria.

Hea ria /hea ria/ (pron.dem.) este; esta; conferir Hea Ni I.

Hea ro ni i /'hea ro ni i/ (pron.dem.) aquele; aquela.

Hea seu /'hea 'sew/ (pron.ind.) outro(a).

Hehai /'hehaj/ tridente feito de bambu; lança de ferro utilizada nas pescarias.

Hehata anulu /he'hata a'nulu/ (mulher+velha) primeira esposa.

Hehata emurin /he'hata e'muɾin/ (mulher+nova) segunda esposa.

Hehata halu /he'hata 'halu/ (s.f.) viúva.

Hehata ho'ik /he'hata ho'ik/ mulher idosa; expressão pouco usada por ser depreciativa e agressiva; conferir Hehata La'it.

Hehata la'it /he'hata 'lajt/ mulher idosa no mesmo sentido que Hehata Ho'ik.

Hehata rala ralan /he'hata 'rala 'ralan/ (mulher+ruas) (s.f.pl.) prostitutas; meretrizes; mulheres que se prostituem na rua; usado para jovens ou mulheres que não querem trabalhar, não ajudam nos serviços domésticos e somente querem se divertir; conferir Hehata Tekian.

Hehata saon pe nia /he'hata 'saon 'pe 'nia/ mulher casada.

Hehata tekian /he'hata te'kian/ (s.f.) prostituta; meretriz; conferir Hehata Rala Ralan.

Hehata /he'hata/ (s.f.) mulher.

Heheru /he'heɾu/ (adj./s.m.) novo; (adj./s.f.) nova.

Hei /'hej/ (pron.ind.) algum(a); (adv.) talvez.

Hek /'hek/ (s.m.) tataravô; (s.f.) tataravó; também usado para os ascendentes diretos que originam a família.

Heklara /he'klaɾa/ mulher solteira; mulher virgem; (s.f.) senhorita.

Hekmoro /heʔ'moɾo/ (s.m.) azul.

Helana /he'lana/ (adj.) direito; correto; (s.f.) direita.

Helek /he'lek/ (s.f.) coxa; parte superior

da perna, entre o quadril e o joelho.
Heliri /he'liɾi/ (s.f.) esquerda; conferir Korak Tekian.
Hengin e'ia /'heŋin e'ia/ bom dia (em sentido afirmativo).
Hengi hengin /'heŋi 'heŋin/ (adj.) normal; (adv.) normalmente; usualmente.
Hengin /'heŋin/ (s.m.) dia.
Heniam /'heniam/ nome de uma planta cujo líquido pode provocar cegueira e ser usado como abortivo.
Heprengak /he'preŋaʔ/ (adj.) azedo.
Heta /'heta/ painço comestível.
Hilu kloek /'hilu 'kloeʔ/ tipo de painço não comestível.
Hina rahu /'hina 'rahu/ peixes das espécies *lutjanus rivulatus*; *plectorhinehus chaetodontoides*; *pomadasys sp.*
Hini /'hini/ (s.f.) semente.
Hiri huan isin /'hiɾi 'huan 'isin/ a parte comestível do fruto do acadiro.
Hiri huan /'hiɾi 'huan/ fruto do acadiro.
Hirik kron /'hiɾi 'kron/ folha da palmeira utilizada para fazer os telhados das casas; conferir Nau.
Hirik /hiɾik/ (s.f.) palmeira.
Hirikloek /hiɾikloek/ mota próxima ao campo de futebol em Ro Putin Hnatin.
Hiron /'hiɾon/ folha do acadiro.
Hletan /'hletan/ no meio do mar (Irian Im pemia ne hletan Ataúro no Dili klaek/ Agora nós estamos no meio do caminho entre Ataúro e Dili).
Hmusad /'ʔmusat/ (s.m.) sarampo.
Hnalu /'ʔnalu/ alimento cozido ou cru; expressão utilizada normalmente para o arroz, a mandioca e o milho.
Hnasi /'ʔnasi/ expressão utilizada para identificar o local de destino, ou a distância de algo que foi arremessado (Hatu re hnasi la mine?/ Onde é que caiu a pedra?).
Hnatu /'ʔnatu/ ficar duro; (v.) endurecer; enrigecer.
Hnauk keporas /hnau ke'poɾas/ cerimônia para cura de enfermidades onde se usa mandíbulas de caranguejo durante o ritual.
Hnauk /'ʔnauʔ/ cura ou solução mágica para enfermidades ou resolução de problemas.
Hnelak /ʔnelak/ (s.f.) fresta; espaço entre duas coisas.
Hnelak /ʔnelak/ nome de um dos 12 grupos familiares Humangili.
Hneman /'ʔneman/ estabilizador do barco, normalmente feito com troncos de bambu que são colocados ao lado do barco.
Hnere /ʔneɾe/ (adj.) diferente.
Hneru /'ʔneɾu/ (adj.) novo.
Hngana hnganak /'ʔŋana 'ʔŋanak/ (s.m.pl.) objetos; materiais; conferir Nenuran.
Hngaurin /ʔŋauɾin/ (s.f.) baleia.
Hngik /ʔŋik/ (s.m.) dente.
Hngorukai /ʔŋɾukaj/ chapéu de folha de palmeira; conferir Ngou Kai.
Hngorun /hŋorun/ chifre de animais.
Hnguluputi /'hŋulu'puti/ peixe da espécie *caranx caeruleopinnatus*.
Hni'a /ʔmia/ (s.f.) horta; agricultura.
Hni'a hrasak /ʔmia 'ʔɾasak/ (s.m.) lugar; expressão utilizada para designar quando um ou mais grupos familiares/indivíduos utilizam um espaço que pertence a outro grupo (Pula'e le'en Ro Putin Hnatin Tutunopun hni'a hrasak/ O local onde está a árvore que fica no Ro Putin Hnatin

pertence à Lisan Tutunopun).

Hniru /'hniru/ peixe da espécie *scarus quoyi*.

Hnuale'en /'hnuale'en/ (buraco+dentro) nome de um dos 12 grupos familiares Humangili.

Hnuan /'hnuan/ (s.m.) buraco.

Ho'ik /ho'ik/ (adj.) velho(a); envelhecido(a).

Hraeng /'hɾaeŋ/ (v.) remar.

Hrahi /'h ɾahi/ (v.) tirar; puxar; colher (Si hrahi reak takrai/ Eles colheram o milho).

Hrai /'h ɾaj/ (v.) construir; fazer; conferir Roi.

Hrai /'hɾaj/ (v.) abater; matar, usado somente para animais (Ita hrai reek hahi/ Nós matamos o porco).

Hrai /'hɾaj/ (v.) plantar (Ita pe hrai ai/ Nós já plantamos a árvore).

Hrali hali /'hɾali 'hali/ (v.) retornar; regressar; voltar; expressão usada quando se deseja dar ênfase à ação (Si pe hrali hali la'a Ataúro/ Eles já voltaram para Ataúro); conferir Hrali.

Hrali ma /'hɾali ma/ voltar para cá; regressar para cá; volte aqui; utilizado para voltar ao lugar onde a pessoa que está falando se encontra (Si hrali ma la ngihiruahei o ngema soru/ Eles regressam para cá depois de amanhã e tu poderás encontrá-los; Lali ita hrali ma/ É melhor que você volte aqui).

Hrali rare /'hɾali 'raɾe/ (v.) cavar; mexer na terra.

Hrali /'hɾali/ (v.) voltar; retornar; regressar; conferir Hrali Hali e Hrali Ma.

Hrane /'hɾane/ (v.) aprender.

Hrangan /'hɾaŋan/ galhos pequenos; ramificações do galho maior.

Hrangun /'hɾaŋun/ (v.) acordar; despertar; abrir os olhos após o sono.

Hrara /'hɾaɾa/ (v.) carregar (usado para quando se carrega no ombro uma madeira, bambu); conferir Seon e Kotu.

Hrasi nau /'hɾasi 'naw/ (v.) abandonar.

Hrasi /'hɾasi/ ação de esmagar algo com uma pedra, segurando-a com as duas mãos (Si hrasi re'ek ne hea/ Eles esmagaram a serpente).

Hrauk tihak /'hɾauʔ 'tihak/ bater o tambor.

Hrauk /hɾauʔ/ (v.) ação de bater a porta; tocar o sino.

Hrere /'hɾeɾe/ (v.) dividir; separar; repartir.

Hresuk hresuk ra kai /'hɾesuk 'hɾesuk 'ra 'kaj/ (s.f.) conversa.

Hresuk muri /'hɾesuk 'muɾi/ (v.) informar; contar; dizer; falar.

Hresuk /'hɾesuk/ nome da variedade linguística Humangili.

Hrisi /'hɾisi/ (v.) morder (Omla'a riri asu lu la hrisi o/ Se tu fores até lá o cachorro vai te morder).

Hro /'hɾo/ (s.m.) beijo.

Hro'at /hɾo'at/ pescar de barco com anzol, durante a noite.

Hro'it /'hɾoit/ (adj.) velha(o) (Si pe hroi't/ Eles já são velhos); conferir La'it.

Hrotu /'hɾotu/ (v.) saltar; pular.

Hru'a /hɾua/ (v.) ação, frequentemente praticada pelas mulheres e crianças, de coletar pequenos crustáceos na praia.

Hru'u /'hɾuu/ (v.) ação de fazer um nó.

Hruhuk /'hɾuhuk/ (v.) esconder, utilizado para pessoas (Si hruhuk rok/ Eles se esconderam); conferir Rosak.

Hrula ene /'hɾula 'ene/ (v.) ver; olhar;

descobrir.

Hrula rekmatak /'hɾula rekmatak/ prestar atenção; olhar com cuidado; ficar atento.

Hrula rok /'hɾula 'rok/ (v.) ajudar.

Hrula sanga /hrula 'saŋa/ (v.) procurar (no sentido de tentar encontrar algo através do olhar); (v.) enxergar; conferir Kmata.

Hrula /'hɾula/ (v.) ver; olhar; enxergar; conferir Hrula Ene, Hrula Sanga, Hrula Hekmatak e Kmata.

Hrutu /'hɾutu/ (v.) atar; prender.

Hrutu ahas /'hɾutu 'ahas/ cerimônia onde os Haha Opun atribuem o nome ao recém-nascido; conferir Kngauk Ana.

Hrutu sapik /'hɾutu 'sapik/ (v.) vestir.

Hu'un /'huun/ atado de milho.

Hu'un /'huun/ (s.m.) nó; atado; feixe.

Huak nengrere /'huak neŋɾeɾe/ (v.) enjoar.

Huak /'huak/ (s.m.) coração.

Huan /'huan/ planta ou o fruto da árvore.

Hudin /'hutin/ força física; conferir Huk.

Huhi irengak /'huhi iɾeŋak/ (s.f.) mandioca.

Huhi /'huhi/ (s.f.) batata.

Huhi lope /'huhi 'lope/ (s.f.) batata-doce.

Huhu /'huhu/ (s.f.) broca (inseto que corrói a madeira).

Huhu /'huhu/ cesto de bambu de dimensão pequena usado para pescar; conferir Opa.

Huk /'huk/ força física; conferir Hudin.

Hula pelad /'hula 'pelat/ lua cheia; conferir Hulan Pelad.

Hula rosen /'hula 'ɾosen/ noite sem lua; noite escura.

Hulan heheru /'hulan he'heru/ lua nova; os primeiros dias do mês.

Hulan hninak /'hulan hninak/ lua minguante.

Hulan pelad /'hulan 'pelat/ lua cheia; conferir Hula Pelad.

Hulan /'hulan/ (s.f.) lua; (s.m.) mês.

Huluk /'huluk/ (s.m.) pelo.

Humangili anak /huma'ŋili 'anak/ pessoa de Humangili; natural de Humangili.

Humangili /huma'ŋili/ grupo etnolinguístico da ilha de Ataúro; uma das cinco unidades administrativas da ilha de Ataúro, oficialmente chamada de Makili.

Humate /hu'mate/ (s.f.) preguiça; (adj.) preguiçoso.

Hunu opun /'hunu 'opun/ (guerra+dono) (s.m.) guerreiro; conferir Asu Pa'in.

Hunu /'hunu/ (s.f.) luta; guerra; (s.m.) combate; conflito.

Hupak /'hupak/ (s.m.) ombro.

Letra I

I la'a mine? /i'la a 'mine/ (adv.int.) onde?; aonde? (Kra'uk Sek'ngari I la'a mine?/ O casamento é aonde?); conferir I Mine.

I mine? /'imi ne/ (adv.int.) onde?; conferir I La'a Mine.

I noi ila? /i'noj i'la/ como assim?

I noi tamro /i'noj 'tamro/ deixa assim; deixa como está; não mexa.

I /i/ é, do verbo ser; acompanhado de Roni significa aquele(a) (Suran roni i/ Aquele copo); acompanhado de Reni passa a designar está (Re raan reni i ianan/ Esta comida está boa).

I'an ek /i an 'ek/ peixe da espécie *chronos*.

I'an hopad /i an 'hopat/ peixe da espécie *istiophorus platypterus* (agulhão-vela).

I'an lelaok /i an le'laoʔ/ peixe da espécie

ocypselurus sp.
I'an memera /i an me'mera/ peixes das espécies *lutjanus ergentimaculatus*; *lutjanus monostigma.*
I'an memouk /i an me'mouʔ/ peixe da espécie *etelis carbunculus.*
I'an rerose /i an re'rose/ peixe seco.
I'an rurin /i an 'ruɾin/ espinha do peixe.
I'an se'ak /i an 'seak/ usado para designar os peixes cuja pele se assemelha a lixas.
I'an taa /i an 'ta a/ peixe da espécie *coryphaena hipurus* (dourado).
I'an tali /i an 'tali/ feixe de peixes.
I'an /i an/ (s.m.) peixe.
I'ik /i'ik/ peixe da espécie *acanthurus lineatus.*
Ia doi? /ia 'toi/ como está?
Ia nan ta /ia nan ta/ muito bom; muito bem.
Ia nan /ia nan/ (adj.) ótimo; maravilhoso.
Ia /ia/ (adj.) bom; boa.
Iam i ron /iam i ron/ (adj.) tranquilo; sem problemas.
Ida kla'a /'ita 'klaa/ expressão que pode ser traduzida como "não vá!"
Ida roi /'ita roj/ expressão que pode ser traduzida como "não faças!"
Idadi /i'tati/ nome em Hresuk da comunidade de Makadade.
Ideman huan /i'teman 'huan/ (s.f.) amora; conferir Aidema Huan e Deman Hua.
Ideman /i'teman/ (s.f.) amoreira; conferir Aidema e Deman.
Idila /i'tila/ marmelo silvestre (*feronia elephantum*).
Idoru huan /i'toɾu 'huan/ (s.f.) laranja.
Idoru pena'e /i'toɾu pe'nae/ expressão para designar o tipo de laranja que não existe na comunidade e vem de fora; tipo de laranja grande, parecida com laranja de umbigo.
Idoru un /i'toɾu un/ base da árvore da laranjeira, onde o tronco encontra a raiz.
Idoru /i'toɾu/ (s.f.) laranja; laranjeira.
Ihmori i'ik /ihmori i'ik/ (s.m.) feiticeiro; bruxo; quem trabalha com magias consideradas negativas; qualquer pessoa (homens, mulheres ou mesmo adolescentes) que faça magia para prejudicar alguma coisa ou outras pessoas.
Ihmori i'ik /ihmori i'ik/ espíritos malignos, que prejudicam as pessoas.
Ihnae /ih'nae/ estaca forquilhada utilizada nas cerimônias onde são colocados objetos, alimentos ou animais ofertados aos espíritos; os locais onde encontra-se estas estacas são considerados sagrados.
Ihnak /ih'nak/ (s.f.) vassoura.
Ihreat /ihre'at/ (s.m.) crocodilo.
Ike hlaran /'ike 'hlaɾan/ (s.f.) brasa; fuligem preta da madeira queimada.
Ikose /i'kose/ (s.m.) fósforo.
Ila hei e? /i'la hej e/ tens algo?; tens alguma coisa? (Ila hei e? O peu e?/ Tens alguma coisa? Está doente?).
Ila ila? /i'la i'la/ o que?, quando se deseja saber algo (Omla'a la'a pasak la rala ila ila?/ O que tu compraste no mercado?); conferir Ila?
Ila /i'laː/ (interj.) utilizado para responder a um chamado, mas de forma agressiva, com falta de respeito; conferir Oi.
Ila? /i'laː/ o que?; que?; indagação utilizada quando se está conversando com alguém; conferir Ila Ila.
Ila'a i /i'la a i/ (adv.) lá; ali.
Ilak nai /i'laʔ naj/ mastro da embarcação.
Ilan ria /i'lan ria/ (pron.dem.) isso, quando se refere a objetos próximos de quem

está falando.

Ilan roe ni i /i'lan roe ni i/ (pron.dem.) isso, usado para designar objetos distantes de quem está falando.

Ilan roe /i'lan roe/ (pron.dem.) isso, para objetos um pouco afastados de quem está falando.

Ilangam /ilaŋãm/ (s.f.) águia.

Ilangam /ilaŋam/ árvore de raiz medicinal.

Ilara /i'lara/ fruto pequeno, redondo, de cor alaranjada, comum nas regiões mais altas e frias, apreciado como alimento por macacos e morcegos; conhecido em Tétum como coconava.

Ilaran /i'laran/ vela da embarcação.

Ilat /i'lat/ instrumento de madeira e ferro, em forma de arpão, utilizado para pescar.

Iledik /i'letik/ (s.f.) estaca.

Ileti asu ten /i'let 'asu ten/ nome de um lugar em Iletilori na aldeia Masilihu onde há uma árvore de Ileti.

Ileti kehmera pretun /i'leti keh'meɾa 'pɾetun/ local em Humangili próximo ao caminho que sobe para Hatu Ta.

Ileti luan /i'leti 'luan/ local na parte alta da comunidade próximo à fonte Ipua.

Ileti /i'leti/ um tipo de árvore (*schleichera oleosa*).

Ili manu /'ili 'manu/ nome de um local situado em Vila Maumeta.

Ili /'ili/ (s.m.) povoado; (s.f.) aldeia; grupo de pessoas ou famílias que ocupam um determinado espaço.

Ili /'ili/ local onde estaria a flecha atirada por Lekitoko, que deu origem a Humangili.

Ilikan /ili'kan/ local pertencente à Lisan Hatauk localizado na aldeia Maumeta.

Ilin /'ilin/ leme do barco.

Ilus /'ilus/ trepadeira cujo tubérculo é comestível.

Im nin /im nin/ (pron.pos.) nosso(a).

Im /im/ (pron.p.) nós (forma exclusiva).

Imik hruluk /'imik 'hɾuluk/ (s.m.) cavanhaque; pelos no queixo.

Imik le'ek /'imik le'ek/ (s.m.) queixo.

Imori latun /'imori 'latun/ (s.f.) faísca.

Imori mnori /i'mori 'mnori/ (s.f.) luz.

Imori /i'mori/ (s.m.) fogo; (s.f.) fogueira.

Imoruk /i'moɾuk/ (s.m.) remédio.

Imrua lu mla'a /im'rua lu mla a/ nós dois iremos (expressa ação no futuro).

Imrua mla'a /im'rua mla a/ nós dois vamos (expressa ação no presente).

Imrua pe mla'a /im'rua pe mla a/ nós dois fomos (expressa ação no passado).

Insarani /in sa'ɾani/ (s.f.) madrinha.

Ina ina /'ina 'ina/ mulheres casadas (plural), geralmente utilizado para as que já têm filhos; conferir Ina.

Ina /'ina/ mulher casada (singular), geralmente utilizado para as que já têm filhos; conferir Ina Ina.

Inakre /'inakɾe/ (s.f.) mãe.

Inanas /i'nanas/ (s.m.) abacaxi.

Inaok un /i'naok un/ a parte de baixo da árvore de tamarindo, onde o tronco encontra a raiz.

Inaok /i'naok/ (s.m.) tamarindo.

Inete /i'nete/ hoje, porém indicando uma ação passada que ocorreu no mesmo dia (Inete u la'a hni'a/ Hoje eu fui até a horta); conferir Ilearia.

Ingaho /i'ŋaho/ trançado com folhas de palmeira onde se colocam peixes e outros alimentos.

Inglepak /i'ŋlepak/ bastão de madeira que é usado sobre os ombros, utilizado para carregar alimentos e objetos.

Initim hua maruk /i'nitim hua 'maɾuk/ árvore de canafístula.

Inoi ron /'inoi ron/ (adv.) assim; desse jeito.

Inron /'inron/ molho para a comida; (s.m.) legumes.

Insada /in'sada/ (s.f.) enxada.

Inunu manukoli /i'nunu manu'koli/ nome de um local na aldeia Masilihu.

Inunu /i'nunu/ espécie de gondão; conferir Hak.

Ipadu /i'patu/ árvore de coloração escura, de pequena estatura, comum em Hatulela e Tua Sa'et.

Ipanas /i'panas/ córrego seco utilizado como via de passagem que vai da aldeia Maulaku até a aldeia Masilihu.

Ipanik /i'panik/ árvore *sterculia foetida.*

Ipedik /i'petik/ (s.f.) funda; (s.m.) bodoque.

Ipeo /ipɛw/ peixes das espécies *caranx ignobilis*; *caranx melanpygus.*

Ipu isin /i'pu 'isin/ flecha ou dardo da zarabatana.

Ipu /i'pu:/ (s.f.) zarabatana.

Ipua /i'pua/ local onde fica a fonte de água de mesmo nome.

Ira mutan /'iɾa 'mutan/ um tipo de planta comestível (expressão coloquial); conferir Iro Mutan.

Irahi /i'rahi/ (s.m.) ontem.

Irama isin /i'ɾama 'isin/ (s.f.) flecha.

Irama rungun /i'ɾama 'ruŋun/ arco da flecha.

Irama talin /i'ɾama 'talin/ corda do arco da flecha.

Irama /'iɾama/ conjunto do arco e da flecha.

Irengak un /i'reŋak un/ a parte de baixo da árvore de sumaúna, onde o tronco encontra a raiz.

Irengak /i'reŋak/ àrvore de sumaúna.

Iria /i'ria/ (pron.dem.) aquele(a); (adv.) aqui.

Irian /i'rian/ (adv.) agora.

Iro mutan /'iɾo 'mutan/ um tipo de planta comestível; conferir Ira Mutan.

Iro ni'i /'iɾo ni i/ (pron.dem.) aquele(a); conferir Iroe Ni'i.

Iroe ni'i /i'roe ni i/ (pron.dem.) aquele(a); conferir Iro Ni'i.

Iru hmatak /iɾu 'hmatak/ (s.m.) peito.

Isik hruluk /'isik 'hɾuluk/ pelos do corpo.

Isik lolok /'isik 'loloʔ/ (s.m.) corpo; corpo inteiro.

Isik runguk /'isik 'ɾuŋuk/ (s.f.) alma (que fica localizada na cabeça e pode transmigrar); sopro de vida.

Isik ulik /'isik 'ulik/ (s.f.) pele.

Isik /'isik/ (s.f.) carne; (s.m.) corpo.

Isikola /i'sikola/ (s.f.) escola, utilizado comumente pelas pessoas mais idosas; conferir Iskola.

Iskeiru /is'keiɾu/ (s.m.) isqueiro.

Iskola /'iskola/ (s.f.) escola; conferir Isikola.

Istrika mumu /is'tɾika 'mumu/ ferro de passar roupa.

Istrika /is'tɾika/ engomar ou passar a ferro.

Isu huan /'isu 'huan/ fruto da Isu.

Isu tali /'isu 'tali/ ramo ou galho da Isu.

Isu /'isu/ espécie de trepadeira leguminosa.

Isuan /i'suan/ (s.f.) alavanca, geralmente feita de madeira e usada para cavar.

Isuk /'isuk/ (s.m.) furúnculo; tumor.

Ita aik /'ita 'ajk/ nosso(a) irmão(ã); seu(sua) irmão(ã); vosso(a) irmão(ã).

Ita inak /'ita 'inak/ nossa mãe; sua mãe; vossa mãe.

Ita nik /'ita nik/ (pron.pos.) nosso(a);

seu(sua); vosso(a); conferir Ita Nikre.
Ita nikre /'ita nikɾe/ (pron.pos.) nosso(a); seu(sua); vosso(a); conferir Ita Nik.
Ita /'ita/ (pron.p.) nós (forma inclusiva); você; conferir Itan.
Itam /'itam/ peixe da espécie *siganus guttatus.*
Itan /'itan/ (pron.p.) nós (forma inclusiva); você; conferir Ita.
Itara /i'tara/ estátua de madeira.
Ite'a /i'tea/ (s.f.) bengala; bastão de madeira utilizado pelos idosos como suporte para caminhar.
Iteas /i'teas/ (s.f.) estaca; tronco de madeira; símbolo que representa um antepassado ou animal sagrado.
Itepang /i'tepaŋ/ (s.f.) lança; conferir Tepang.

Letra K

Kaben /'kaben/ (s.m.) casamento; (s.f.) esposa.
Kadera /ka'deɾa/ (s.f.) cadeira; (s.m.) banco; assento; conferir Banku e Panku.
Kaek /'kaek/ pessoas que têm o mesmo nome.
Kai /kaj/ (adj.) rijo; duro.
Kairau baka /kaj'raw 'baka/ (s.f.) vaca; (s.m.) boi.
Kairau dikur /kaj'raw dikuɾ/ machado usado nas construções.
Kairau hngorun /kaj'raw 'hŋoɾun/ chifre de búfalo.
Kairau /kaj'raw/ (s.m.) búfalo.
Kaiteri /kaj'teɾi/ (s.f.) tesoura.
Kale /'kale/ (s.f.) lata; (s.m.) zinco (utilizado para os telhados, para fazer cercas ou paredes).
Kalsa /'kalsa/ (s.f.) calça.
Kamat /'kamat/ (s.m.) gafanhoto.
Karak /'karak/ (v.) gostar; querer.
Karakimotu /kara'kimotu/ (v.) preferir; gostar.
Karlelo /kaɾ'lelo/ (s.f.) cigarra.
Kasatela huan /kasa'tela 'huan/ fruta da papaia; conferir Kastela Huan.
Kasatela un /kasa'tela un/ a parte de baixo da árvore de papaia onde o tronco encontra a raiz; conferir Kastela Un.
Kasatela /kasa'tela/ árvore de papaia; fruta da papaia; conferir Kastela.
Kastela huan /kas'tela 'huan/ fruta da papaia; conferir Kasatela Huan.
Kastela un /kas'tela un/ a parte de baixo da árvore de papaia onde o tronco encontra a raiz; conferir Kasatela Un.
Kastela /kas'tela/ árvore de papaia; fruta da papaia; conferir Kasatela.
Kasu kasa /'kasu 'kasa/ nome de um local na aldeia Maumeta.
Katarina /'katarina/ peixe da espécie *gerres filamentosus.*
Katekista /kate'kista/ (s.2g.) catequista.
Ke /ke/ (adj.) puro.
Kedeli /ke'teli/ guizos usados como adornos para os braços; (s.m.) bracelete.
Kedo hngin /ke'to hŋin/ limagem dos dentes.
Kedo /ke'to/ expressão que indica uma pessoa que fala muito; quem inventa muitas histórias; quem se vangloria.
Kedo /ke'to/ (s.m.) serrote; (s.f.) serra; lima.
Kedo /ke'to/ (v.) ação de serrar ou limar.
Keduan /ke'tuan/ (s.m.) gêmeo; (s.f.) gêmea.
Kehlilin /keh'lilin/ escudo feito de pele

de cabra.

Kehlilin /keh'lilin/ trançado de bambu utilizado para tapar os buracos do Opa.

Kekae /ke'kae/ (v.) gargalhar; rir alto.

Keklai /ke'klaj/ (v.) correr.

Kekulak /ke'kulak/ buraco redondo no chão.

Kelo re'ak /'kelo 'reak/ (v.) rasgar.

Kelulak e'ia /ke'lulak 'e ia/ consciência limpa.

Kelulak nra'in /ke'lulak n rain/ consciência culpada; sentimento de culpa; conferir Kelulak Ra'in.

Kelulak ngehralam /ke'lulak ŋehralam/ quando estamos com algum desconforto na barriga; dor de barriga.

Kelulak ngehralam /ke'lulak ŋehralam/ quando uma mulher grávida morre antes do parto.

Kelulak ngehralam /ke'lulak ŋehralam/ conjunto de órgãos internos localizados na área do abdômem.

Kelulak ra'in /ke'lulak ra in/ consciência culpada; sentimento de culpa; conferir Kelulak N'rain.

Kelulak /ke'lulak/ (s.f.) consciência.

Keminak /ke'minak/ (s.f.) gordura.

Kemutak /ke'mutak/ (s.m.) miolos (do cérebro).

Keporas /ke'poɾas/ espécie de caranguejo.

Keran /'keɾan/ carcaça de tartaruga.

Keru /'keɾu/ (v.) raspar; retirar o excesso de algo raspando com as unhas ou com outro objeto.

Kesak /'kesak/ (s.f.) queixa; (v.) queixar-se; denunciar.

Kesedi nan /ke'seti nan/ muito perto.

Kesedi rok /ke'seti rok/ ao lado; (adv.) perto; conferir Kesedi.

Kesedi /ke'seti/ (adv.) perto; próximo; conferir Kesedi Rok.

Keseraun /kese'raun/ peixes das espécies *epinephelus lancelatus*; *pomadasys sp.*

Keta /'keta/ (adj.) separado; (v.) separar.

Ketu dan /ke'tu tan/ (adj.) baixo.

Kia matak /'kia 'matak/ espécie de águia de pequeno porte.

Kikilai /ki'kilaj/ marca nas orelhas das cabras, feitas por uma das Lisan, para identificar posse.

Kili haha /'kili 'haha/ (s.f.) axila; (s.m.) sovaco.

Kili hahamoro /'kili haha'moɾo/ espécie de lagartixa que vive nas árvores.

Kinta /'kinta/ (s.f.) quinta-feira.

Kipu le'ek /'kipu 'leek/ (s.f.) nuca.

Kla la'a mine? /kla laa 'mine/ para onde vai?

Kla'a hali /'klaa 'hali/ ir novamente; ir de novo.

Kla'a lós /klaa 'los/ ir para a frente; ir no mesmo sentido que alguém.

Kla'a tete /'klaa 'tete/ vamos juntos.

Kla'a /'klaa/ (prep.) para; (v.) ir; partir.

Kladi /'klati/ (v.) cortar.

Klaek rodi /'klaek 'roti/ ação de utilizar um objeto para auxiliar a escutar algo.

Klaek /'klaek/ (v.) escutar; utilizado, frequentemente, para designar quando algumas pessoas falam em uma sala e outras tentam escutar pelo lado de fora.

Klaen /'klaen/ (s.m.) meio, referindo-se a um ponto equidistante entre extremos (Tasi klaen/ No meio do mar; Ralan klaen/ No meio do caminho).

Klaen /'klaen/ nome de um local na aldeia Maumeta.

Klai /klaj/ (v.) fugir; separação após um

desentendimento, porém de curto prazo, geralmente utilizada para separações entre casais que depois de alguns dias reconciliam-se.

Klengan /'kleŋan/ (v.) subir, usado quando se está subindo a montanha, ou caminhando em direção a uma parte mais alta da comunidade.

Klesu /'klesu/ (v.) retirar algo de dentro da bolsa, do bolso da calça, da gaveta etc.

Klinga kruk /'kliŋa kɾuk/ (s.f.) têmpora; fonte; parte lateral da cabeça entre a orelha e o olho; conferir Asu Hngin.

Klinga plohun /kliŋa 'plohun/ (s.m.) ouvido; parte interna da orelha.

Klingak ron /'kliŋak ron/ a aureóla da orelha (parte externa).

Klingak /'kliŋak/ (s.f.) orelha; conferir Klingakre.

Klingakre /'kliŋakɾe/ (s.f.) orelha; conferir Klingak.

Klodan /'klotan/ (pron.ind.) pouco(a); menos; conferir Klonan.

Klonan /'klonan/ (pron.ind.) pouco(a); menos; conferir Klodan.

Klori /'klori/ expressão que indica a ação de caminhar em terreno plano (Klori la'a/ Vá para lá).

Klorun ro /'kloɾun ro/ puxar o barco; conferir Keri Ro e Tek Ro.

Klorun /'klo ɾun/ (v.) puxar; conferir Dada e Riri.

Klu klahun rok /klu 'klahun rok/ (s.m.) conflito; luta corporal.

Kluli /'kluli/ usado para as situações em que, após um conflito, mesmo que as pessoas envolvidas formalmente façam as pazes, continuam não conversando uma com a outra.

Klunguhahan opun /kluŋu'haha 'nopun/ (s.m.) orador; narrador; responsável por preservar e narrar as histórias das Lisan; conferir Haha Opun e Li Opun.

Klunguhahan /kluŋu'hahan/ (s.f.) palavra (Meromak klunguhahan/ A palavra de Deus).

Kluti /'kluti/ (v.) descascar frutas utilizando as unhas.

Kma hali /ʔma 'hali/ (v.) retornar; voltar.

Kma roro /ʔma 'roro/ (v.) trazer.

Kma /ʔma/ (v.) vir (O ma/ Venha; Si kma/ Eles vêm).

Kmaho /'ʔmaho/ (v.) bocejar.

Kmali /'ʔmali/ (v.) sorrir.

Kmama /'ʔmama/ (v.) mascar.

Kmamuk /'ʔmamuk/ (v.) abraçar.

Kmata /'ʔmata/ (v.) procurar (no sentido de tentar encontrar algo através do olhar); (v.) enxergar; conferir Hrula Sanga.

Kmate /'ʔmate/ (v.) morrer; conferir Kmohuk.

Kmatu /'ʔmatu/ não querer; não desejar algo.

Kmela /'ʔmela/ (s.f.) pulga.

Kmesa /'ʔmesa/ (adj.) sozinho.

Kmesu /'ʔmesu/ (v.) acordar; despertar; levantar.

Kmia /'ʔmja/ (v.) morar (Si kmia la'a Maulaku/ Eles moram em Maulaku); (v.) ficar (Ita kmia umang la'a Dili/ Nós ficamos e o pai vai para Dili).

Kmohuk /'ʔmohuk/ (v.) morrer; conferir Kmate.

Kmolek /'ʔmolek/ (adj.) cansado.

Kmolek /'ʔmolek/ (s.f.) agonia; pessoas à beira da morte; (v.) agonizar.

Kmori /'ʔmori/ (s.f.) saúde; vida; (v.) nascer; viver.

Kmoron /'ʔmoɾon/ (s.m.) verde.

Kmose kmolek /'ʔmose 'ʔmolek/ (criar+cansado) quando se adota, se cria ou se sustenta alguém desde criança até tornar-se adulto.

Kmose /'ʔmose/ (v.) criar; sustentar; adotar.

Kmou kmaho /'ʔmow 'ʔmaho/ (v.) gritar; conferir Kmou.

Kmou /'ʔmow/ (v.) gritar; conferir Kmou Kmaho.

Kmuna /'ʔmuna/ (adv.) antes; primeiro.

Kmuri /'ʔmuri/ (adv.) depois; em seguida; ir atrás; seguir atrás.

Knaen sala /'knaen sala/ expressão utilizada quando se esquece alguma coisa em um lugar e, quando se volta para buscar, esta não está mais lá; algo que pode ter sido roubado ou que a pessoa não lembra onde deixou; conferir Naen Sala e Ngnan Sala.

Knaho /'knaho/ (v.) semear.

Knare /'knaɾe/ (v.) esperar.

Knasa /'knasa/ (v.) apalpar; tatear.

Kne ma /kneː ma/ (v.) devolver.

Kne pipahi /'kneː pi'pahi/ última fase do casamento pelos costumes locais, onde o noivo conclui a transferência dos bens exigidos pela família da noiva.

Kne replai /kneː 'replaj/ (v.) alcançar (Ita kne replai suru/ Alcança-me a colher; U ne eplai suran ti/ Eu te alcanço o copo).

Kne replai /kneː 'replaj/ (v.) emprestar (Ita kne replai meza?/ Você pode me emprestar a mesa?).

Kne susu /kneː 'susu/ (v.) amamentar; aleitar.

Kne /kne/ (v.) dar; oferecer; entregar; conferir Tere.

Knenin /'knenin/ (v.) guardar; cuidar; olhar por.

Kngahon /'ʔŋahon/ (s.f.) tampa.

Kngangi /'ʔŋaŋi/ (v.) nadar; conferir Semele.

Kngarak /'ʔŋarak/ peixe da espécie *lutjanus dohar.*

Kngauk ana /'ʔŋawk ana/ atribuir um nome a criança; conferir Hrutu Ahas.

Kngauk /'ʔŋawk/ (v.) nomear; chamar-se; conferir Kngnaur.

Knge'ak /'ʔŋeak/ (v.) levantar; ficar de pé.

Kngelu nenuran /'ʔŋelu ne'nuɾan/ ação de pôr a(s) roupa(s) para secar; roupa(s) seca(s).

Kngelu /'ʔŋelu/ (v.) estender; colocar algo em cima de uma corda ou cercas.

Kngeri /'ʔŋeɾi/ (v.) descartar; deitar fora; pôr no lixo; conferir Seli e Soe Re'ak.

Kngiang /'ʔŋiaŋ/ bambu fino; tiras de bambu de espessura fina; material utilizado para fazer o Opa.

Kngili /'ʔŋ'ili/ (s.f.) cócegas; fazer cócegas.

Kngili /'ʔŋ'ili/ (adj.) calmo(a); domesticado(a).

Kngina /'ʔŋina/ (v.) espreitar; olhar algo sorrateiramente.

Kngnaur /'ʔŋaw/ (v.) nomear; chamar-se; conferir Kngauk.

Kngohi peputi /'ʔŋohi peput̠i/ tecido artesanal que os guerreiros usam na cintura, ou que as pessoas em geral utilizam na cintura durante cerimônias locais.

Kngohi /'ʔŋohi/ (s.m.) pano; tecido artesanal usado como vestimenta e como oferta nos casamentos e demais cerimônias; o mesmo que Tais do Tétum.

Ko'ak daik /'koak 'taik/ pomo de adão.

Ko'ak /'koak/ (s.m.) pescoço.

Kode matak ngiruk leluli /'kote 'matak 'ŋiɾuk le'luli/ (s.f.) circuncisão.

Kode matak ngiruk /'kote 'matak 'ŋiɾuk/ corte no rosto; em tom pejorativo, pode significar circuncisão.
Kode /'kote/ (v.) cortar.
Kodok kodok /'kotok 'kotok/ peixe da espécie *caranx sexfasciatus.*
Kok dapak resau dapak /kok 'tapak 'resaw 'tapak/ expressão metafórica (carreguem-se nas costas e puxem um ao outro) que os pais dos noivos falam para o casal, desejando-lhe muitos filhos, felicidade e união.
Kok dapak /kok 'tapak/ levar duas pessoas nas costas.
Kok /kok/ carregar alguém nas costas.
Konfesa /'konfesa/ (s.f.) confissão; (v.) confessar.
Korak e ia /'korak e ja/ pé direito; conferir Korak Helana.
Korak helana /'korak he'lana/ pé direito; conferir Korak E Ia.
Korak heliri /'korak he'liɾi/ pé esquerdo.
Korak hma le'en /'korak ma 'leen/ planta do pé; conferir Korak Tanek.
Korak hnama /'korak 'nama/ (s.m.) pé; a marca dos pés deixadas no solo; conferir Korak Hnamak.
Korak hnamak /'korak 'namak/ (s.m.) pé; a marca dos pés deixadas no solo; conferir Korak Hnama.
Korak tanek /'korak 'tanek/ planta do pé, porém é uma expressão pouco usada; conferir Korak Hma Le'en.
Korak tangak /'korak 'taŋak/ dedo do pé.
Korak tekian /'korak 'tekian/ (s.f.) esquerda; pé ou perna esquerda; conferir Heliri.
Korak /'korak/ (s.m.) pé; (s.f.) perna.
Kotenan /kote'nan/ (adj.) pequeno.
Kotu dada /'kotu 'tata/ expressão utilizada para pessoas quando, ao mesmo tempo, conduzem alguém pela mão e carregam outra nas costas.
Kotu /'kotu/ (v.) carregar, usado apenas para indicar quando se está carregando alguma coisa no ombro, como por exemplo crianças, saco de arroz, cabritos etc.; conferir Hrara e Seon.
Kra'uk sek'ngari /kɾawk sek'ŋari/ o momento em que a família do noivo entrega à família da noiva os bens e valores estipulados para o casamento; quando a noiva já está autorizada pelos costumes locais a residir na casa do marido; cerimônia de casamento pelos costumes locais; conferir Sekngaring Ra'uk.
Kra'uk /kɾawk/ (v.) juntar; pegar algo com as mãos (Si pe kra'uk takrae/ Eles pegaram o milho; U pe rauk takrae/ Eu peguei o milho; Im pe mrauk takrae/ Nós pegamos o milho; Ni pe nrauk takrae/ Ele pegou o milho; O pe mrauk takrae/ Tu pegaste o milho).
Kraik /kɾajk/ (prep.) até; (v.) chegar (expressão coloquial); conferir Krait.
Krait /kɾajt/ (prep.) até; (v.) chegar; conferir Kraik.
Kreda /'kɾeta/ (s.f.) igreja; conferir Ruma Kreda.
Krehe /'kɾehe/ dar à luz; (s.m.) parto; conferir Dari.
Krei ro /kɾej ro/ puxar o barco, expressão utilizada para designar quando se puxa o barco do mar para a praia; conferir Tek Ro e Klorun Ro.
Krei /kɾej/ (v.) puxar.
Krekre /'kɾekɾe/ (s.m.) grilo.
Kreram /'kɾeɾam/ ação de deixar alguma coisa dentro da água.

Kretu /'kɾetu/ (v.) quebrar; partir algo (ação de); conferir Ritu e Rosu.

Kripik /'kɾipik/ estar em cima de (Ita tuk kripik pisun/ Você sentou em cima da catana); conferir Kripit.

Kripit /'kɾipit/ estar em cima de; conferir Kripik.

Kris /kɾis/ (s.m.) punhal.

Krius hatin /'kɾius 'hatin/ (s.m.) banheiro.

Krius /'kɾius/ (s.m.) banho; tomar banho.

Kro /kɾo/ (v.) agarrar; colocar a mão em um buraco.

Krosun /'kɾosun/ (adj./s.2g.) pobre; (s.f.) pobreza.

Kru topo /kɾu 'tɔpo/ transportar um cesto que é sustentado por uma corda apoiada na testa.

Kru /kɾu/ expressão que designa a ação de transportar algo apoiado na cabeça.

Krui imori /kɾui i'mori/ acender a fogueira.

Krui /kɾui/ (s.f.) queimada; (v.) queimar; incendiar.

Krunga /'kɾuŋa/ (v.) avisar; transmitir uma informação ou aviso com volume da voz alto.

Krunu /'kɾunu/ (s.m.) sono; estar com sono.

Ku meak /kuː 'meak/ (s.f.) estrela-d'alva; planeta Vênus; ponto de luz no céu que geralmente pode ser avistado a partir das 4 ou 5 horas da manhã, indicando que está amanhecendo; utilizado como marcador de tempo para as pescarias.

Ku pu /kuː pu/ estrela cadente.

Ku /ku/ (s.f.) estrela.

Kuarta /'kwaɾta/ (s.f.) quarta-feira.

Kuda talin /'kuta 'talin/ corda utilizada para prender ou conduzir cavalos.

Kuda /'kuta/ (s.m.) cavalo.

Kukahratu /'kuka'hɾatu/ peixe da espécie *epinephelus merra.*

Kuke /ku'ke/ árvore de grande porte, cuja casca é utilizada para preparar remédios.

Kulu /'kulu/ (s.f.) fruta-pão; expressão que pode designar tanto a árvore como a fruta.

Kumunga /ku'munga/ (v.) comungar.

Kuntu /'kuntu/ (s.m.) culto; cerimônia da Igreja Assembleia de Deus.

Kupupurau /kupupu'raw/ inseto que fica dentro das árvores; (s.m.) marimbondo; conferir Pupurau.

Kurapa dede /'kurapa 'tete/ (s.m.) vaga-lume.

Letra L

La liuk /la'liu/ (v.) defecar; evacuar; conferir Roe.

La resoru /la rɛsoru/ encontrar-se com; ir ao encontro.

La turun re'ak leo nahan /la'turun 'rɛak lɛw na'xãn/ (v.) esvaziar; retirar objetos de algum lugar como, por exemplo, da Manleka e do barco.

La turun re'ak leo nahan /la'turun 'rɛak lɛw na'xãn/ (v.) defecar; evacuar; expressão considerada jocosa e vulgar; conferir La Liuk e Roe.

La'a /la a/ (prep.) para.

La'i la'it /la i la it/ (s.m.pl.) velhos; idosos; (s.f.pl.) velhas; idosas.

La'it /la it/ (s.m.) velho; idoso; (s.f.) velha; idosa; conferir Hro'it.

La'u /la u/ mamífero semelhante a uma raposa (*paradoxurus musanga*).

Lakon /'lakon/ (v.) perder.

Lalak delas /'lala telas/ (s.f.pl.) moscas; muitas moscas.
Lalak kotenan /'lala kote'nãn/ mosca pequena.
Lalak /'lalak/ (s.f.) mosca.
Lalehan /la'lexãn/ (s.m.) céu; (adj.) elevado (em sentido religioso); conferir Soroka.
Lalok /'lalok/ (s.f.) sombra.
Lama tuak /'lama 'tuak/ (s.m.) louva-a--deus.
Lampra /'lampra/ (s.f.) lanterna.
Lan hea /'lãnxea/ (pron.ind.) algum(a), refere-se a coisas ou objetos indeterminados.
Lan roi ni /'lãnrojni/ (pron.dem.) aquela; aquilo (utilizado para objetos).
Lan /lãn/ (s.f.) coisa; (s.m.) objeto.
Lanterna /lãn'tɛrna/ (s.m.) lampião.
Lapis /'lapis/ (s.m.) lápis.
Lapizera /lapi'zera/ (s.f.) caneta.
Laulia /la u'lia/ (s.m.) gengibre.
Le musak /lɛ'musak/ (s.m.) umbigo.
Le'e kuk /lɛ ɛ kuk/ (s.m.) ânus.
Le'e ngasi /lɛ ɛ ŋasi/ (s.f.) nádega.
Le'un /le un/ curvatura nas rochas próximas ao mar que formam pequenas praias.
Lea hengin /lea xeŋin/ (s.f.) noite; conferir Mata Hengi.
Lea modad /lea 'motat/ dia frio; horário entre 14 horas e 16 horas.
Lea panasin /lea pana'sin/ (s.m.) meio--dia; horário entre 10 horas e 14 horas.
Lea pehnotu /lea pɛh'notu/ nascer do sol.
Lea pepusi /lea pɛ'pusi/ o sol já se pôs.
Lea pusi /lea 'pusi/ (s.m.) pôr-do-sol.
Lea /lea/ (s.m.) sol; dia.
Leakadu /lea 'katu/ (s.f.) borboleta.
Leanla'a /lea ŋla a/ período da tarde; horário entre 14 horas e 18 horas.
Learia /le'aria/ (adv./s.m.) hoje.
Lebu Hmoru /'lebu 'hmoru/ divindade feminina da fertilidade (expressão coloquial); conferir Lepu Hmoru.
Leha maneni /'lexa maneɾi/ peixes das espécies *pentapodus*; *scolopsis spp*.
Lehu /'lexu/ tábuas de bambu usadas como base para colocar objetos e alimentos, ou como suporte para camas.
Lehui /lɛ'xui/ (s.m.) rato.
Lei /lei/ (s.f.) abóbora.
Lekiraok /leki'raɔk/ (s.m.) macaco.
Lekmo nik /lɛʔ'mo: nik/ quando se refere a algo que pertence a uma terceira pessoa, não identificada na frase (Turi re lekmo nik/ Esta faca pertence a outra pessoa).
Lekmori /lɛʔ'mori/ (s.f.) pessoa(s).
Lela'it pera'ik /le'la ajt pe'rajk/ chefe de uma subdivisão familiar; pode ser usado no mesmo sentido de Lela'it.
Lela'it /le'la ajt/ responsável por preservar e transmitir as histórias da comunidade, ou de um dos grupos familiares; chefe de um grupo de famílias.
Lele'u /'lele u/ cesto achatado de tamanho pequeno, comumente com cinco pontas; conferir Tetopen.
Lelon /le'lon/ (s.f.) planície; (adj.) plano.
Lelore /lɛ'lɔre/ dança local; dança de preparação para a guerra; dança realizada ao som de um gongo de metal, onde os participantes empunham uma espada; conferir Roinelu, Sesapak e Nelu.
Leluik /lɛlu'ik/ espécie de pássaro menor que um pombo.
Lelulik /lɛ'lulik/ (s.m.) tabu; (adj.) sagrado; utilizado para designar determinados objetos, animais e lugares que são considerados sagrados (Lisan tutunopun si lelulik i plao/ Para os tutunopun a tarta-

ruga é sagrada); conferir Luli.

Lemuk /'lemuk/ (s.f.) toninha.

Lengiu /'leŋiu/ tipo de lagartixa que come as folhas das árvores, principalmente as folhas de coqueiro e acadiro.

Leo /'lɛo/ (v.) ir (Pesole leo/ Já foi; U la'a leo Manatutu/ Eu fui a Manatuto; A lu la'a leo Manatutu/ Eu irei a Manatutu); utilizado para dar ênfase na frase, define a importância da atividade (U alu la'a leo iskola/ Eu tenho que ir para a escola).

Leok /'leoʔ/ (s.m.2g.) arco-íris; conferir Leor.

Leor /'lɛor/ (s.m.2g.) arco-íris (expressão coloquial); conferir Leok.

Lepu Hmoru /'lepu 'hmoru/ divindade feminina da fertilidade; conferir Lebu Hmoru.

Lerok /'lɛrɔk/ madeira utilizada para construção dos barcos; (s.m.) mogno (*cedrela toona*); conferir Lero.

Lero /'lɛrɔ/ (s.m.) mogno; conferir Lerok.

Lese /'lese/ peixes das espécies *anyperodon leucogrammicus* (quando pequeno); *epinephelus amblycephalus* (quando adulto); *epinephelus coioides.*

Leterun /le'terun/ espécie de rola pequena (expressão coloquial); conferir Tutukru e Leterung.

Leterung /le'teru'ŋ/ espécie de rola pequena; conferir Tutukru e Leterun.

Li eran /'li 'eran/ expressão geralmente atribuída ao chefe do suco quando este se pronuncia publicamente; fala justa; fala correta; fala de quem conhece o que está dizendo.

Li karen /'li 'karen/ tipo de fala, geralmente empregada pelos mais velhos, onde faz-se extenso uso de figuras de linguagem (principalmente metáforas e metonímias); conferir Li Kepitan.

Li kepitan /'li 'kepitan/ tipo de fala, geralmente empregada pelos mais velhos, onde faz-se extenso uso de figuras de linguagem (principalmente metáforas e metonímias); conferir Li Karen.

Li opun /'li opun/ (s.m.) orador; narrador; responsável por preservar e narrar as histórias das Lisan; conferir Klunguhahan Opun e Haha Opun.

Li sakngari /'lisa 'ŋari/ o líquido que sai da árvore da canária, antigamente utilizado para fazer goma.

Libru /'libru/ (s.m.) livro.

Lilin /'lilin/ (s.f.) vela; cera.

Lilir /'lilir/ (s.m.) lorico (*lorius garrudus*).

Limak helana /'limak xɛ'lãna/ mão direita; lado direito.

Limak heliri /'limak xɛ'liri/ mão esquerda; lado esquerdo.

Limak hru'uk /'limak hru uk/ nó dos dedos.

Limak huak /'limak 'xuak/ (s.m.) antebraço; parte do braço que vai do cotovelo ao ombro.

Limak korak /'limak kɔrak/ (mão+pé) (s.m.) líder; representante do povo; o chefe do suco quando fala ou age em nome da população.

Limak ngurak /'lima 'ŋurak/ (s.m.) pulso.

Limak si'uk /'lima 'ksiuk/ (s.m.) cotovelo.

Limak tanek /'limak 'tanɛk/ (s.f.) mão; palma da mão.

Limak tangak /'lima 'taŋak/ dedo da mão.

Limak /'limak/ (s.f.) mão; (s.m.) braço.

Lipa /'lipa/ (s.m.) sarongue.

Lis memera /lis me'mera/ tipo de cebola pequena e de cor arroxeada.

Lis peputi /lis pe'puti/ (s.m.) alho.
Lis /lis/ (s.f.) cebola.
Lisan /'lisãn/ grupo constituído por vários núcleos familiares que têm um ancestral em comum.
Lok /lɔk/ expressão para designar quando alguém quer ir de Ataúro para Dili (Pe lok/ Foi para Dili; U karak le lok/ Eu quero ir para Dili).
Loli /'loli/ (v.) cantar, utilizado para as cantigas durante as cerimônias locais.
Lolo /'lɔlɔ/ (s.f.) haste; (s.m.) tronco.
Lono /'lɔnɔ/ peixes das espécies *haemulidae*; *flauomaculatus*; *plectorhinchus*; *plectorhinchus lineatus*; *plectorhinchus orientalis*; *plectorhinchus polytaenia*.
Lu /lu/ expressão colocada após o pronome pessoal para designar ação no futuro.
Lu'u /lu u/ árvore da espécie *casuarina junghuhniana*.
Luad /'luat/ (s.f.) espuma, pode ser tanto do mar como de bebidas.
Luli /'luli/ (adj.) sagrado.
Lulopun /lu'lopun/ (sagrado+dono) nome de um dos 12 grupos familiares Humangili.
Lumera /lu'mɛra/ peixe da espécie *naso lituratus*.
Lumera /lu'mɛra/ local a sudoeste de Ataúro, próximo ao monte Peran Harat, onde se acredita que os espíritos maus são queimados no fogo.
Lumut /'lumu/ (s.m.) musgo; limo.
Lungud /'luŋut/ cacho de frutas (menos para banana).
Lutuk pangak /'lutuk 'paŋak/ (s.f.) cerca; (s.m.) muro; construídos com base de pedra e a parte de cima em madeira ou bambu; conferir Lutuk.
Lutuk /'lutuk/ (s.f.) cerca; (s.m.) muro; construídos com base de pedra e a parte de cima em madeira ou bambu; conferir Lutuk Pangak e Lutur.
Lutur /'lutur/ (s.f.) cerca; (s.m.) muro; construídos com base de pedra e a parte de cima em madeira ou bambu (expressão coloquial); conferir Lutuk e Lutuk Pangak.
Luturina /lutu'rina/ (s.f.) doutrina.

Letra M

Ma puti /ma 'pu̱ti/ peixe da espécie *scarus forsteni*.
Mahas /'mahas/ peixe da espécie *naso sp*.
Mahmera /'mahmeɾa/ peixe da espécie *scarus rubroviolaceus*.
Makneru /maʔ'neru/ integrante da equipe do barco responsável por retirar a água que entra na embarcação.
Male ron /male ron/ adereços e brincos, quando colocados na orelha.
Malekan /ma'lɛkan/ cabanas construídas no alto das árvores, entre os galhos, para armazenar alimentos (expressão coloquial); conferir Manlekan.
Malu /'malu/ peixe da espécie *caesio teris*.
Malus lusan /'malus lusãn/ o bago do betel, após mascado.
Malus /'malus/ (s.m.) betel (*piper betle*).
Manin /'manin/ (s.f.) ferida.
Manlekan /mãn'lɛkan/ cabanas construídas no alto das árvores, entre os galhos, para armazenar alimentos; conferir Malekan.
Manu aman /'manu 'aman/ (s.m.) galo.
Manu anan /'manu 'anan/ frango de pequeno porte; (s.m.) pinto.

Manu hngaran /'manu hŋaran/ ninho de pássaro.
Manu inan /'manu 'inan/ (s.f.) galinha.
Manu isin /manu isin/ pele do frango.
Manu leluli /'manu le'luli/ espécie de pássaro considerada sagrada, na qual acredita-se que as almas dos mortos poderiam encarnar.
Manu pesuk /'manu pesuk/ (s.f.) panturrilha; batata da perna; conferir E Pledek.
Manu topu /'manu 'topu/ nome de um dos picos mais altos da montanha Manukoko.
Manu tutun /'manu 'tutun/ local situado na parte alta do Manukoko.
Manu /'manu/ (s.m.) galo; pássaro; (s.f.) ave.
Manukoko /'manu koko/ nome da montanha mais alta de Ataúro.
Manutelud /'manu 'telut/ (s.m.) ovo.
Maok /maɔk/ (s.f.) língua (parte do corpo); conferir Maokre.
Maokre /maɔ kre/ (s.f.) língua; conferir Maok.
Mapu /'mapu/ espécie de peixe.
Marak huan /'marak 'xuan/ (s.f.) bexiga.
Marak /'marak/ (s.f.) urina; conferir Tari.
Martelu /mar'telu/ (s.m.) martelo.
Masa /'masa/ (s.f.) garrafa; expressão usada para designar as garrafas de plástico.
Masilihu /masi'lixu/ uma das quatro aldeias Humangili; nome do local onde fica o cemitério da Lisan Hatauk.
Masin /'masin/ (s.m.) sal.
Mata hengi /'mata 'xeŋi/ (s.f.) noite; horário entre 18 horas e 3 horas; conferir Lea Hengin.
Mata hruluk /'mata 'hruluk/ (s.f.) pestana; sombrancelha.
Mata kai /'mata kaj/ (s.m.) óculos.
Mata kru'uk /'mata 'kruuk/ (s.f.) testa.
Mata kruu prusi /'mata 'kruu 'pɾusi/ peixe da espécie *nemipterus sp.*
Mata ngiru soru /'mata 'ŋiru 'soru/ estar frente a frente; face a face; (v.) encontrar.
Mata ngiruk leluli /'mata 'ŋiruk le'luli/ (s.m.) pênis.
Mata ulik /'mata 'ulik/ (s.f.) pálbebras.
Matak ngiruk /'mataʔ 'ŋiruk/ na frente.
Matak ngiruk /'mataʔ 'ŋiruk/ (s.m.) rosto; (s.f.) face; pode ser utilizado como eufemismo para pênis; conferir Ngasik.
Matak usad /'mataʔ 'usat/ a parte colorida dos olhos; (s.f.) íris.
Matak /ma'tak/ (s.m.) olho.
Mataplolon /'mata'plɔlon/ (s.m.) sacerdote; curandeiro local; (adj.) perspicaz; que percebe as coisas à distância; quem tem acesso ao mundo sobrenatural; conferir Neplolo.
Mau hui /'maw 'hui/ peixes das espécies *decapterus spp*; *decaptelus tabl.*
Mau uas /maw uas/ peixes das espécies *auxis thazard*; *elegatis bipinnulata*; *katsuwonis pelamis.*
Maulaku /maw 'laku/ uma das quatro aldeias Humangili.
Maule'ek /maw 'lɛɛk/ nome de um dos 12 grupos familiares Humangili.
Maulele /maw 'lɛle/ local na aldeia Maumeta onde há uma capela católica.
Maumeta /maw 'meta/ uma das quatro aldeias Humangili.
Mauponak /maw 'ponak/ local na aldeia Maulaku, acima da fonte Ipua (por vezes a pronúncia pode ser Maubonak).
Mausera /maw 'sera/ nome de um dos 12 grupos familiares Humangili.

Mautuda /maw 'tuta/ nome de um dos 12 grupos familiares Humangili.
Meas /meas/ (s.f.pl.) meias.
Mekasa /me'kasa/ feijão grande que antigamente era trazido de Makasar, na Indonésia.
Memamo anan /me'mamo 'anan/ (s.m.) gatinho; filhote de gato.
Memamo inan /me'mamo 'inãn/ (s.f.) gata.
Memamo kotedan /me'mamo kote'tan/ gato adulto de pequeno porte; pode ser usado no sentido de Memamo Anan, ou seja, (s.m.) gatinho, filhote de gato; conferir Memamo Kotenan.
Memamo kotenan /me'mamo kote'nãn/ gato adulto de pequeno porte; conferir Memamo Kotedan.
Memamo /me'mamo/ (s.m.) gato.
Memarak /me'maɾak/ (s.m.) amarelo.
Memera /me'meɾa/ (s.m.) vermelho; conferir Mnera.
Memetam /'memetam/ (s.m.) preto; de cor escura; conferir Mnetam.
Memik /'memiʔ/ (s.m.) tio; usado para os parentes consanguíneos e, também, em sinal de respeito no tratamento com homens mais velhos; conferir Memikre.
Memikre /'memi kɾe/ (s.m.) tio; conferir Memik.
Memoro /me'mɔɾo/ colares usados pelas mulheres feitos com sementes, madeira ou pedras.
Memosan /me'mɔsan/ peixe da espécie *nemipterus sp.*
Memuna munan /me'muna 'munan/ muito antigo; em tempos remotos.
Memunan /'memunãn/ antigamente; no passado.
Memuri rian /me'mu 'ɾiɾian/ hoje em dia; (adv.) ultimamente; recentemente.
Menan /me'nan/ (v.) vencer; ganhar.
Menei? /me'nei/ para onde?; conferir Mi Nei e Kla'a La Mine?
Menga /meŋa/ (pron.ind.) todo(s); tudo; esta expressão somente faz sentido se acompanhada de outras palavras (U u'an menga rera'an/ Eu comi tudo); conferir Tema.
Mengenarosen /'meŋena'rosen/ peixe da espécie *bolbometopon muticatum.*
Menu /me'nu/ (s.m.) pombo.
Meromak /me'ɾɔmak/ (s.m.) deus.
Mestri /'mestɾi/ (s.m.) professor.
Metak /'mɛtak/ (s.m.) rio.
Metam haru ron /'metam 'haɾu 'ron/ peixe da espécie a*canthurus sp.*
Metam merah /'metam 'meɾah/ peixe da espécie *acanthurus sp.*
Metinrau /metin'raw/ maré baixa.
Metisa'e /'meti 'saɛ/ maré alta.
Metupan /metu'pan/ peixes das espécies *epinephelus spilotoceps*; *epinephelus corallicola.*
Mi nei? /mi'nei/ para onde?; conferir Menei e Kla'a La Mine?
Mi nim /mi'nim/ (pron.pos.) vosso(a); seu; sua.
Min /min/ (pron.pos.) vosso(a).
Misa /'misa/ (s.f.) missa; cerimônia da Igreja Católica.
Mna'a obun /mna a 'ogun/ (s.m.) ladrão (expressão coloquial); conferir Mna'a Opun.
Mna'a opun /mna a opun/ (s.m.) ladrão; utilizado para designar a pessoa que praticou o ato; conferir Mna'a Obun.
Mna'a ten /mna a ten/ (adj.) ladrão;

expressão genérica para qualificar um comportamento ou pessoa; conferir Mna'araun.

Mna'a /mna a/ (v.) roubar; furtar; pegar algo que pertence a outra pessoa; conferir Remna'a.

Mna'araun /mna a'raun/ (adj.) ladrão; conferir Mna'a Ten.

Mnaruk /'mnaruk/ (adj.) comprido.

Mnata /'mnata/ (adj.) cru.

Mnera /'mnera/ (s.m.) vermelho; conferir Memera.

Mnetam /'mnetam/ (s.m.) preto; conferir Memetan.

Mnina /'mnina/ (s.m.) doce; (adj.) adocicado.

Mnolas /'mnolas/ (s.m.) sono; (adj.) sonolento.

Mnonge /'mnoŋe/ (adj.) limpo; puro (usado para a água).

Mnori /'mnori/ (adj.) brilhante; (v.) brilhar; conjugação do verbo Kmori na terceira pessoa do singular.

Mnoro mnarak /'mnɔro 'mnarak/ mistura das cores azul e amarela, referência à cor da água do mar após as chuvas.

Mnoto /'mnoto/ nuvens carregadas; tempo que indica chuva; conferir Moto e Sopain.

Modad /'mɔtat/ (adj.) frio; gelado; expressão usada para quando a pessoa sente frio, ou está com febre; conferir Remodak.

Moluk /'moluk/ pessoa com algum tipo de problema mental; (adj.) louco; maluco.

Moro /'mɔro/ peixe da espécie *scarus rivulatu.*

Moro leterung /'mɔro le'teru'ŋ/ peixe da espécie *scarus ghobban female.*

Moro lilin /'mɔro 'lilin/ peixe da espécie *scarus rubroviolaceous.*

Moro liling /'mɔro 'liliŋ/ peixe da espécie *cetocarus bicolor.*

Moro mahas /'mɔro 'mahas/ peixe da espécie *scarus bleekeri.*

Mos /mɔs/ (adj.) puro, no sentido moral; usado também para coisas limpas.

Moto /mɔto/ (s.f.) nuvem; conferir Mnoto e Sopain.

Mouknasun mehruin /mowʔ'nasun mehɾuin/ animal selvagem.

Mouknasun ulik /mowʔ'nasun ulik/ pele de animal.

Mouknasun /mowʔ'nasun/ (s.m.) animal.

Mu'u hatu /mu u 'hatu/ (s.f.) banana-pedra.

Mu'u kekud /mu u 'kekut/ extremidade inferior do cacho de banana, utilizada para fazer molho para a comida.

Mu'u memera /mu u memeɾa/ variedade de banana com casca vermelha.

Mu'u singapura /mu u singa'puɾa/ variedade de banana com casca amarela.

Mu'u un /mu u un/ parte de baixo do tronco da bananeira; junção entre o tronco e a raiz.

Mu'u /mu u/ (s.f.) banana (fruta); bananeira (árvore).

Mu'ungaman /mu u'ŋamãn/ cacho de banana.

Mu'uron /mu u'ron/ folha de bananeira.

Mumu /'mumu/ (s.m.) ferro.

Mumusina /'mumu 'sina/ (s.m.) anzol.

Musulin /'musulin/ peixes das espécies *valamugil sp*; *Liza sp.*

Muti ene opun /'muti 'ene 'opun/ peixe da espécie *lethrinus lentjan.*

Muti hahamera /'muti haha meɾa/ peixe da espécie *lethrinus erythracanthus.*

Muti hahi aman /'muti 'hahi 'aman/ peixe da espécie *choerodun anchorago.*

Muti hnginian /'muti hŋi'nian/ peixe da espécie *lethrinus erythropterus.*

Muti mara /'muti 'mara/ peixe da espécie *lutjanus russelli.*

Muti pua mara /'muti 'pua 'mara/ peixe da espécie *lutjanus fulvus.*

Muti seri metan /'muti 'seɾi 'metan/ peixe da espécie *lethrinus harak.*

Muti suak maru /'muti 'suak 'maru/ peixes das espécies *lethrinus miniatus*; *lethrinus nebulosus*; *lethrinus ornatus*; *lethrinus rubrioperculatus*; *lethrinus xantochilus.*

Muti turis /'muti 'tuɾis/ peixe da espécie *lutjanus decussates.*

Muti uluku'u pupu /'muti ulu'ku u 'pupu/ peixe da espécie *monotaxis grandoculius.*

Mutisuak maru /'muti 'suak 'maru/ peixe da espécie *lethrinus amboienensi.*

Letra N

Naen sala /naen 'sala/ expressão utilizada quando se esquece alguma coisa em um lugar e, quando se volta para buscar, esta não está mais lá; algo que pode ter sido roubado ou que a pessoa não lembra onde deixou; conferir Knaen Sala e Ngnan Sala.

Nai ila? /naj i'la/ por quê?; conferir Ta Nia Ila?

Nai liman /naj 'liman/ ao lado.

Nai lulik /naj 'lulik/ (s.m.) padre.

Nai raha /naj 'raha/ (prep.) sob; por baixo.

Nai risa /naj 'risa/ (prep.) sobre; o que está acima; por cima.

Nai tungun /naj tuŋun/ pelas costas; (adv.) atrás; detrás.

Nama kai /nama kaj/ muitas vezes.

Nama nama /'nama 'nama/ (adv.) devagar.

Nama ta /'nama ta/ (adj.) frequente.

Namu /namu/ (s.m.) mosquito.

Nan /nan/ expressão diminutiva, sempre precedida de outras palavras; contrário de Nian.

Nanan /nanan/ (s.f.) inflamação; secreção; (s.m.) pus.

Nangin nan /naŋin nan/ vento fraco.

Nanu /nanu/ peixes das espécies *malcolor macularis*; *malcolor níger.*

Nara hata anulu /'nara 'hata a'nulu/ irmã mais velha.

Nara hata /'nara 'hata/ (s.f.) irmã.

Nara perane anulu /'nara 'peɾane a'nulu/ irmão mais velho.

Nara /'nara/ (s.m.) pau-ferro (*parinarium corymbosum* e *intsia bijuga*); utilizado para fazer portas, estátuas, camas e outros objetos.

Narak emurin /'narak ɛ'muɾin/ irmãos(as) mais novos(as) (U narang emurin; O naram emurin; Ni naran emurin; Im naran emurin; Si narak emurin, Ita narak emurin).

Narak /narak/ (s.m.pl.) irmãos; primos; (s.f.pl.) irmãs; primas.

Nau /nau/ (s.f.) gamuteira (espécie de palmeira) cujas folhas são utilizadas para fazer a cobertura das casas; conferir Hirik Kron.

Ndraik /'ndraik/ (adj.) insuficiente; utilizado quando precisamos fazer algo e o dinheiro ou os objetos não são suficientes (Alu oi ruma pede sumenti ne nraik lau/ Eu quero construir a minha casa, mas o cimento não é suficiente).

Ndrait /'ndrait/ (adj.) suficiente.

Ndrau /'ndrau/ queimar a comida; comida queimada.

Ne ae /ne 'ae/ (s.f.) vergonha.

Ne ia lau /ne ia law/ (adj.) mau; malfeito; expressão usada para pessoas consideradas más, comportamentos considerados errados ou maus, e para trabalhos mal realizados (Ruma ro ne ia lau/ Aquela casa está mal construída).

Ne ila hea iron lau /ne i'la 'hea i'ron law/ não tem problema; não faz mal; não foi nada.

Ne ila hea lau /ne i'la 'hea law/ está vazio; não tem nada.

Ne likmori hea lau /ne liʔ'moɾi 'hea law/ não há ninguém.

Ne lok /ne lɔ:k/ (s.f.) enguia; conferir Emang Sesurak.

Ne roi ia lau /ne roi ia law/ má ação; má conduta; não tratar bem outra pessoa; não saber fazer.

Ne u hula ene hea lau /ne u'hula 'ene 'hea law/ eu não vi ninguém.

Ne /ne/ (s.f.) cobra; serpente; quando não se sabe o tipo de cobra utiliza-se esta expressão de forma genérica.

Ne /ne/ expressão que indica negação, porém precisa estar associada a outras palavras para ter sentido (Ne alu la'a lao/ Eu não vou).

Nedeman /ne'teman/ (s.m.) escuro; (s.f.) escuridão; sem luz.

Neharak /ne'harak/ (adj.) amargo.

Nehngesa /neh'ŋesa/ (adj.) igual; semelhante; (conj.) como; do mesmo modo (Ni nemnori nehngesa no aun/ A vida dele é igual a minha); conferir Nenghesa, Dahnea e Dehnea.

Nehnoe /neh'nɔe/ (adj.) leve; de pouco peso.

Nehnungas /neh'nuŋas/ (v.) suar.

Nei lok /nej'lɔk/ (adv.) embaixo.

Nekari /ne'kari/ (v.) derramar; esvaziar; transbordar; entornar (líquidos).

Nekelo /ne'kelo/ (adj.) rasgado.

Neklole /ne'klɔle/ (adv.) sempre; continuamente; como antes; conferir Nia Hatin e Tutuk.

Neklole /ne'klɔle/ não mudar; não alterar; (v.) manter.

Nekrerak /ne'kɾeɾak/ (s.f.) dor.

Nelu /'nelu/ dança circular; dança onde as pessoas cantam de mãos dadas ao som do tambor; conferir Sesapak, Lelore e Roinelu.

Nemitu /ne'mitu/ (v.) arrebentar; cortar (utilizado para cordas); conferir Nrotus.

Nemnis /ne'mnis/ (adj.) fino; esguio.

Nenaod /ne'naɔt/ hoje de manhã (referindo-se ao passado).

Nenga'ik lau /neŋa'iʔ klaw/ um pouco.

Nengaik /neŋa'ik/ (adj.) cansado.

Nengesak /ne'ŋesak/ (adj.) salgado.

Nenghesa /neŋ'hesa/ (adj.) igual; semelhante; (conj.) como; do mesmo modo; conferir Nehngesa, Dahnea e Dehnea.

Nenruru /nen'ruɾu/ (s.m.) terremoto.

Nenuran delas /ne'nuran 'telas/ muitas coisas.

Nenuran hnganak hnganak /ne'nuran 'hŋanak 'hŋanak/ materiais de vários tipos.

Nenuran /ne'nuran/ (s.m.) objeto; material; conferir Hngana Hnganak.

Nepa /'nɛpa/ peixe da espécie *hemiramphus spp.*

Nepleak /nɛ'pleak/ (s.f.) faísca; chama.
Neplolo /nɛ'plɔlo/ (s.m.) sacerdote; curandeiro; (adj.) perspicaz; que percebe as coisas à distância; quem tem acesso ao mundo sobrenatural (expressão coloquial); conferir Mataplolon.
Nepluk /nɛ'plu:k/ (v.) estilhaçar; quebrar vidros, pratos ou copos.
Nepretu /nɛ'pɾetu/ (adj.) quebrado; partido; (v.) quebrar.
Neprusi /nɛ'pɾusi/ (adj.) liso; escorregadio.
Neputa /nɛ'puta/ (adj.) apertado.
Netema /nɛ'tema/ ainda não abriu.
Nga'an koak nian /ŋa an 'koak 'niãn/ feijão marrom.
Nga'an rare /ŋa an 'raɾe/ (s.m.) amendoim.
Nga'an teluhmura /ŋa an 'teluh 'muɾa/ (s.m.) feijão-frade (*phaseolus mungo*).
Nga'an /ŋa an/ (s.m.) feijão.
Ngaduk mera /'ŋatu 'meɾa/ peixe da espécie *pterocaesio tessellate*.
Ngae ila? /'ŋae 'ila/ como se chama? qual o nome?; acrescentando "Ita" no início significa "como você se chama?"; se acrescentarmos "Ni" no início, significa "como ele se chama?"; ou "Si", "como eles se chamam?".
Ngaek /'ŋaɛk/ (s.m.) nome.
Ngaman /'ŋãman/ cacho da fruta.
Ngangunan e ia /ŋãŋu'nan e ia/ bom dia (cumprimento).
Ngangunan /ŋãŋu'nan/ (s.f.) madrugada; muito cedo (as informações são diversas, podendo se referir ao período que começa entre 3 horas e 4 horas e termina entre 6 horas e 9 horas).
Nganin /'ŋãnin/ isca para pescaria.
Ngasik /'ŋasik/ (s.m.) rosto; (s.f.) face; conferir Matak Ngiruk.
Ngatak /'ŋatak/ (s.f.) coceira.
Nge /ŋe/ equivalente a "é que", porém precisa vir acompanhada de outras expressões para fazer sentido (O nge mla'a ta/ Tu é que vais; U nge la'a/ Eu é que vou).
Ngehlilin /ŋeh'lilin/ pequeno cesto utilizado pelas mulheres para colocar areca, betel e cal para fazer a Pua Malus; pequeno cesto onde são colocados os presentes a serem ofertados; conferir Topo Ngehlilin.
Ngekmesa /ŋeʔ'mesa/ (adj.) sozinho.
Ngengaik /'ŋeŋaik/ (s.m.pl.) rins.
Ngeok /'ŋɛɔk/ árvore de canária; a fruta da canária; conferir Ngeor.
Ngeor /'ŋɛɔɾ/ árvore de canária; a fruta da canária (expressão coloquial); conferir Ngeok.
Ngesun anan /'ŋesun 'anan/ pau do pilão.
Ngesun /'ŋesun/ (s.m.) pilão.
Nghiruk hulun /'ŋhiɾuk 'hulun/ pelo da narina; conferir Ngiruk Hulun.
Ngilakrisik /'ŋila 'kɾisik/ (s.f.) gengiva.
Ngiru plohun /'ŋiɾu 'plohun/ (s.f.) narina.
Ngiruk hulun /'ŋiɾuk 'hulun/ pelo da narina; conferir Nghiruk Hulun.
Ngiruk /'ŋiɾuk/ (s.m.) nariz.
Ngnan sala /ŋnãn 'sala/ expressão utilizada quando se esquece alguma coisa em um lugar e, quando se volta para buscar, esta não está mais lá; algo que pode ter sido roubado ou que a pessoa não lembra onde deixou; conferir Naen Sala e Knaen Sala.
Ngorak /'ŋoɾak/ (s.m.) cinto; cinturão.

Ngou kai /ŋow kaj/ chapéu de folha de palmeira (expressão coloquial); conferir Hngorukai.

Ngunguk /'ŋuŋuk/ (s.m.) trovão; conferir Ngungur.

Ngungur /'ŋuŋuɾ/ (s.m.) trovão (expressão coloquial); conferir Ngunguk.

Ngurus /'ŋuɾus/ (s.f.) pimenta; pode ser utilizado para a planta, o fruto, ou o molho já preparado.

Ni'i /ni i/ (s.m.) morcego.

Nia hatin /nia 'hatin/ (adv.) sempre; continuamente; como antes; conferir Neklole e Tutuk.

Nia /nia/ (v.) ter; estar; (prep.) em.

Nian /'nian/ (adj.) grande; somente faz sentido precedida de outra palavra (Ruma nian/ Casa grande; Hahi nian/ Porco grande); contrário de Nan.

Niane hatin neiron /'niane 'hatin 'nejɾon/ em toda parte; em todo lugar.

Niane i /'niane i/ (adv.) aqui.

Niane plongin /'niane 'ploŋin/ (adv.) fora; está lá fora.

Niane ralam /'niane 'ralan/ (adv.) dentro.

Nin /nin/ (pron.pos.) meu.

Ninin /'nini:n/ dele(a); conferir Si Nik.

Nok ed /nɔ:k ɛt/ água de coco; conferir Nor Ed.

Nok isin /nɔ:k 'isin/ polpa do coco; conferir Nor Isin.

Nok un /nɔ:k un/ parte de baixo do tronco do coqueiro, junção do tronco com a raiz; conferir Nor Un.

Nok /nɔ:k/ constelação cruzeiro do sul.

Nok /nɔ:k/ (s.m.) coco (fruta); coqueiro (árvore).

Nokron /nɔ kɾon/ folha de coqueiro; utilizada para fazer a cobertura das casas.

Nor ed /nɔ:ɾ ɛt/ água de coco (expressão coloquial); conferir Nok Ed.

Nor isin /nɔ:ɾ 'isin/ polpa do coco (expressão coloquial); conferir Nok Isin.

Nor un /nɔ:ɾ un/ parte de baixo do tronco do coqueiro, junção do tronco com a raiz (expressão coloquial); conferir Nok Un.

Noro /nɔro/ (prep.) com; (conj.) e (Ni nla'a noro sian/ Ele vai com eles).

Noupau noutamu nouhe /now'paw now'tamu now'he/ de geração em geração.

Nrotus /'nrotus/ (v.) arrebentar; cortar (utilizado para cordas); conferir Nemitu.

Nunu /'nunu/ (s.m.) dever; ter que (O lu si'a nunu/ Tens que levar; Ni lu hnali nunu/ Ele tem que voltar).

Nusa a'ad /'nusa a at/ árvore com raiz medicinal.

Nusa opun /'nusa 'opun/ entidade sobrenatural; (s.m.pl.) espíritos; conferir Rare Opun.

Nusa opun /'nusa 'opun/ proprietário da terra; dono do terreno.

Nusa /'nusa/ (s.f.) ilha; terra.

Letra O

O mam /o'mãm/ teu pai.

O niam /'oniãm/ tua mãe.

O nim /'oni:m/ (pron.pos.) teu; tua.

O'ok /ɔ ɔk/ bambu médio.

Odamatan /oda'matan/ (s.f.) porta.

Oe luha nan /oɛ luhã'nãn/ local em Humangili considerado a morada da divindade Angi (vento).

Oe /oɛ/ (s.m.) eucalipto (*eucalyptus alba*); (s.f.) rota (*calamus rotang*).

Oi /oi/ (interj.) resposta a alguma coisa, a um chamado; conferir Ila.
On /on/ (pron.p.) tu.
Opa /'opa/ cesto feito de bambú usado para pescar; armadilha para peixes.
Opi /'opi/ (s.m.) facão; arma branca considerada sagrada.
Opi /'opi/ espada de guerra.
Opun /'opun/ (s.m.) dono; proprietário; senhor (no sentido de dono).
Oras /'ɔɾas/ (s.f.) horas.
Orauk /'ɔɾauk/ peixes das espécies *scarus prasiognathus*; *scarus sp*; *parrotfishes female*.
Oru /'oɾu/ peixe da espécie *caesio lunaris*.
Osa lolo /osa'lɔlɔ/ lança de ferro ofertada nos casamentos, funerais e demais cerimônias; conferir Osa Lolon.
Osa lolon /osa'lɔlon/ lança de ferro ofertada nos casamentos, funerais e demais cerimônias; conferir Osa Lolo.
Osa matan /osa'matan/ base da lâmina do Osa Lolon revestida de cobre.
Osa memera /osame'meɾa/ (s.m.) ouro.
Osa peputi /osape'pu̠ti/ (s.f.) prata.
Osa ron /osa ron/ nome da lâmina do Osa Lolon.
Osa /'osa/ (s.m.) dinheiro.
Ou hnian /ow: hnian/ (pron.ind./adv.) muito.
Oun le'en /own le en/ fonte de água termal localizada perto da praia.

Letra P

Pa'ik lolon /'paik 'lolon/ (s.m.) baço.
Pa'ik ralam /'paik 'ralam/ a parte de dentro da barriga; referência aos órgãos em geral.
Pa'ik /'paik/ (s.f.) barriga; conferir Pa'ikre.
Pa'ikre /pa'ikɾe/ (s.f.) barriga; conferir Pa'ik.
Pahangira /pahaŋiɾa/ (adv./conj.) quando; conferir Pengira.
Pakin solen /'pakin 'solen/ (adj.) mentiroso; conferir Repaki Peu.
Paku Mau /'paku maw/ divindade masculina da fertilidade; conferir Baku Mau.
Palde /'pa:le/ (s.m.) balde; conferir Balde.
Panapretu /pana'pretu/ (adj.) quebrado; já está quebrado.
Panas /'panas/ (adj.) quente; situação difícil, onde os ânimos poderão se exaltar e gerar conflito; conferir Popanas.
Pani hehata /pãni he'hata/ (s.f.) sogra.
Pani heheru /pãni he'heru/ (s.m.) genro.
Pani perane /pãni pe'ɾane/ (s.m.) sogro.
Pani /pãni/ expressão de uso geral que identifica tanto os genros quanto os sogros.
Panku /'pãnku/ (s.f.) cadeira; (s.m.) banco; assento; conferir Banku e Kadera.
Papa nan /'papa nãn/ tábua usada como ponte para passar pequenos vãos e precipícios.
Papa nan /'papa nãn/ instrumento de madeira usado na cerimônia da fertilidade.
Papa nan /'papa nãn/ local situado em Berau.
Papan /'papan/ (s.f.) tábua.
Paru /'paru/ peixe assado envolto em uma folha de palmeira.
Pas ngasik /pas 'ŋasik/ dar um tapa no rosto.

Pas /pas/ (v.) esbofetear.
Pasak pera'ik /'pasak pe'rajk/ (s.m.) domingo.
Pasak /'pasak/ (s.m.) mercado.
Pasaran /pasa'ɾãn/ (s.m.) sábado; conferir Sabdu.
Paskua /'paskwa/ (s.f.) páscoa.
Pasurin /pa'surin/ peixe da espécie *tylosurus crocodiles*; conferir Pasuruin.
Pasuruin /pa'suruin/ peixe da espécie *tylosurus crocodiles*; conferir Pasurin.
Pata /'pata/ (v.) pensar.
Pataene /pata'ene/ (v.) lembrar; conferir Patasanga e Rake Ene.
Patasanga /pata'saŋa/ ação de tentar lembrar de algo; relembrar; refletir sobre um assunto; conferir Pataene e Rake Ene.
Pau ho'ik /paw 'hoik/ (s.f.) avó; avozinha; (s.m.) avô; avozinho.
Pau tamu /paw 'tamu/ (s.m.) avô; bisavô; (s.f.) avó; bisavó; conferir Pau e Tamu.
Pau /paw/ (s.f.) avó; (s.m.) avô; conferir Pauk.
Pauk /pawʔ/ (s.f.) avó; (s.m.) avô; conferir Pau.
Pe /pe/ já; usado para designar o pretérito de um verbo ou ação (U pe la'a/ Eu já fui).
Pedaen ai /pe'taen aj/ (s.m.) carpinteiro.
Pedaen hatu /pe'taen 'hatu/ (s.m.) pedreiro.
Pedaen surun /pe'taen 'surun/ a colher do pedreiro; usado para atribuir, ao mesmo tempo, a utilidade e a propriedade do objeto; conferir Suru Pedaen.
Pedaen /pe'taen/ (adj.) habilidoso; talentoso.
Peik /pejk/ (adj.) imbecil; insensato; (s.2g.) ignorante; conferir Podok.
Pekmeran /peʔ'meran/ adolescente a partir dos 15 anos.
Pelak memera /'pelak me'meɾa/ lua dourada, feita de metal e utilizada nas cerimônias em geral.
Pelak peputi /'pelak pe'pu̱ti/ lua prateada, feita de metal e utilizada nas cerimônias em geral.
Pelu /'pelu/ (s.m.) amigo.
Pemnori /'pemnuri/ já nasceu; nascido.
Pena'e /penae/ (adj.) visitante; estrangeiro; pessoa de fora da comunidade; utilizado somente para timorenses de fora de Ataúro que vão para a ilha; conferir Dai.
Pengira /pe'ŋiɾa/ (adv./conj.) quando; conferir Pahangira.
Penla'a /'penlaa/ foi; designa ação passada.
Penu /penu/ (adj.) cheio; repleto até a borda; conferir Sari.
Penu /penu/ (v.) naufragar.
Pepaka /pe'paka/ (adj.) pequeno.
Pepos /pepus/ (v.) apodreceu; estragou; (adj.) podre; estragado; conferir Pos.
Peputi /pe'pu̱ti/ (adj.) branco; claro.
Pera'ik /pe'rajk/ designa respeito, utilizado para autoridades em geral.
Pera'ik /pe'rajk/ (adj.) grande; conferir Peraikin.
Peraikin /pera'ikin/ (adj.) grande; conferir Pera'ik.
Peran /'perãn/ (s.f.) encosta.
Perane halu /peɾane halu/ (s.m.) viúvo.
Perane /peɾane/ (s.m.) homem.
Perang harat /'perãŋ 'harat/ monte próximo a Berau onde ficam os Nusa Opun; morada dos espíritos.
Perasa /pe'ɾasa/ (s.f.) cidade, indica a ci-

dade de Dili.
Perat /'peɾat/ (s.f.) culpa; (adj.) pesado; cansado; grave (no sentido moral).
Pesao /pesao/ pessoa casada.
Pesole /pe'sole/ saiu; foi embora; não está; vamos embora (convidando à ação).
Pesoruk /pe'soɾuk/ (v.) acabou.
Pesuk /'pesuk/ cheio após comer; (adj.) satisfeito.
Pete pete /'pete 'pete/ peixe da espécie *leiognatus sp.*
Petung /'petuŋ/ bambu grosso.
Peu /pew/ (adj.) doente; (v.) adoecer.
Piak /'piak/ (v.) acreditar; crer; confiar.
Pidru /'pidru/ (s.m.) vidro.
Pik /pik/ (v.) cuspir; escarrar; ação de mascar ervas e raízes e cuspir o líquido nos ferimentos.
Pikelin /pi'kelin/ nome em Hresuk da comunidade de Bikeli.
Pimenta /pi'menta/ (s.m.) condimentos; temperos picantes em geral.
Pinan /'pinãn/ (s.m.) prato; conferir Pra'u.
Pinsel /'pinsel/ (s.m.) pincel.
Pipi anan /'pipi 'anãn/ (s.m.) cabrito.
Pipi dai /'pipi taj/ (s.m.) carneiro; (s.f.) ovelha.
Pipi inan /'pipi inan/ (s.f.) cabra (feminino).
Pipi klingan /'pipi kliŋãn/ as marcas na orelha das cabras que identificam o seu proprietário.
Pipi /'pipi/ (s.f.) cabra; (s.m.) cabrito.
Pirak /'piɾak/ bracelete feito com raízes ou plantas marinhas que serve de proteção contra feitiçarias.
Pisun /'pisun/ (s.f.) catana; (s.m.) facão.
Pitau /'pitaw/ lugar sagrado localizado na aldeia Ili Timur.
Piti hirikron /'piti hiri'kɾon/ esteira feita com folhas de palmeira.
Piti hiron /'piti hi'ɾon/ esteira feita com folhas de acadiro.
Piti /'piti/ (s.f.) esteira.
Plae /plae/ peixe da espécie *siganus puellus.*
Plao /plao/ (s.f.) tartaruga.
Plohun /'plohun/ (s.m.) buraco.
Pluak /'pluak/ (adj.) largo; espaçoso.
Podok /'potok/ (adj.) imbecil; insensato; (s.2g.) ignorante; conferir Peik.
Pohe /'pohe/ (s.m.) cadáver; conferir Pohoe.
Pohe /'pohe/ (s.f.) assombração; (s.m.) espírito; conferir Pohoe.
Poho /'poho/ (v.) tossir.
Pohoe /'pohoe/ (s.f.) assombração; (s.m.) espírito; conferir Pohe.
Pohoe /'pohoe/ (s.m.) cadáver; conferir Pohe.
Popak /'popak/ (v.) enroscar; enrolar.
Popanas /poː'panas/ (adj.) quente; situação difícil (expressão coloquial); conferir Panas.
Pos /pɔs/ (adj.) molhado; (v.) molhar.
Pos /pɔs/ (adj.) podre; estragado; conferir Pepos.
Potik /'potik/ garrafa de vidro.
Potuk /'potuk/ (v.) jogar, usado para quando se lança algo para o alto; pescaria com anzol, realizada perto da praia.
Potun /'potun/ (s.f.) montanha.
Pra'u ai /pɾa u aj/ prato de madeira.
Pra'u /pɾa u/ (s.m.) prato; conferir Pinan.
Pranaputi atan /'pɾanaputi 'atan/ peixes das espécies *etelis radiosis*; *aprion virescens.*
Prangan puti atan /'pɾaŋãn 'pu̱ti 'atan/ peixes das espécies *etelis radiosis*; *pristipo-*

moides filamentosus; aphareus rutilans.

Praok /'pɾaok/ (s.m.) pulmão.

Pu /puː/ (v.) cair; tombar.

Pua hilu /pua 'hilu/ pasta de noz de areca usada para fazer a Pua Malus.

Pua malus au /pua 'malus aw/ pasta feita com a mistura de areca, betel e cal utilizada para mascar; conferir Pua Malus.

Pua malus /pua 'malus/ pasta feita com a mistura de areca, betel e cal utilizada para mascar; conferir Pua Malus Au.

Pua un /pua un/ parte de baixo da árvore; junção entre o tronco e a raiz.

Pua /pua/ (s.f.) areca.

Pudi /'puti/ (v.) mentir; (s.f.) mentira.

Pumoi /'pumoj/ (v.) sonhar.

Pupu krai /'pupu kɾaj/ (adj.) inchado; (v.) inchar (Krai confere ênfase na expressão).

Pupu /'pupu/ (adj.) inchado; (v.) inchar; conferir Pupu Krai.

Pupurau /pupu'raw/ inseto que fica dentro das árvores; (s.m.) marimbondo (expressão coloquial); conferir Kupupurau.

Purik /'purik/ ação de mascar ervas e raízes, com finalidade medicinal, e colocar o líquido proveniente diretamente da boca de quem masca para a boca da pessoa doente.

Pusi /'pusi/ (v.) afogar.

Putaun /pu'taun/ botão de camisa; conferir Butaun.

Puti puti /'puti 'pu̠ti/ peixe da espécie *seriola rivoliana.*

Puti /'pu̠ti/ (adj.) branco; claro; conferir Peputi e Putin.

Putin /'pu̠tin/ (adj.) branco; claro; conferir Peputi e Puti.

Putinanmotu /putinan'motu/ (adj.) muito branco; muito claro.

Letra R

Ra'a /ra a/ (s.m.) caranguejo.

Ra'ik /ra ik/ (s.m.) crescimento; (v.) crescer.

Ra'in /ra in/ impureza no sentido moral; (s.f.) sujeira; (adj.) impuro; sujo; imundo (U harung nra'in/ A minha roupa está suja; U pe nra'in u etauk le la'a misa/ Eu pequei por isso eu tenho medo de ir a missa).

Rahak /'rahak/ (v.) engolir.

Rahu /'rahu/ (s.f.pl.) cinzas; pó das cinzas.

Rai memera /rai me'meɾa/ peixe da espécie *cheictus fasciatus.*

Rai nenoi hlaid /rai ne'noj 'hlajt/ peixe da espécie *cheilinus trilobatus.*

Rai suak maru /rai 'suak 'maru/ peixe da espécie *cheilinus undulates.*

Rai sulik /rai 'sulik/ peixe da espécie *naso unicornis.*

Rais /'rais/ peixe da espécie *sargocentron spineferun.*

Rakak /'rakak/ (v.) passar; pular de um lugar para outro; no passado era realizada uma cerimônia quando nasciam gêmeos, onde se pulava sobre os recém-nascidos.

Rake ene hali /'rake 'ene 'hali/ (v.) relembrar, Hali enfatiza a evocação da memória; conferir Rake Ene.

Rake ene /'rake 'ene/ (v.) lembrar; relembrar; trazer à memória; conferir Rake Ene Hali, Pataene e Patasanga.

Raklungu /ra'kluŋu/ variedade linguística falada na comunidade de Makadade.

Ralak i'an /'ralak i ãn/ assar o peixe utilizando espetos de bambu, posicionados a cerca de cinco centímetros da brasa; conferir Ralak e Tunu.

Ralak /'ralak/ assar peixes, frangos etc.,

utilizando espeto de bambu; conferir Ralak I'an e Tunu.

Ralam delas /'ralam 'telas/ muitas vezes; conferir Ralam Ouhnian.

Ralam hea /'ralam 'hea/ uma vez; conferir Ehralam.

Ralam ouhnian /'ralam ou 'hnian/ muitas vezes; conferir Ralam Delas.

Ralam /'ralam/ (adj./s.m.) interior; (adv.) dentro.

Ralam /'ralam/ (s.f.) vez (Ita kla'a ralam he ira?/ Você foi quantas vezes?).

Ralan inan /'ralan 'inan/ (s.f.) rua; avenida; conferir Ralan Pera'ik e Ralan Pasak.

Ralan kotenan /'ralan kotenan/ caminho estreito; (s.f.) trilha; (s.m.) carreiro.

Ralan pasak /'ralan 'pasak/ (s.f.) rua; avenida; conferir Ralan Inan e Ralan Pera'ik.

Ralan pera'ik /'ralan pe'raik/ (s.f.) rua; avenida; conferir Ralan Inan e Ralan Pasak.

Ralan /'ralan/ (s.m.) caminho; (s.f.) estrada.

Rana /'rana/ (v.) atirar.

Ranko /'ranko/ pescar durante o dia usando anzol, de barco e afastado da praia.

Raon /'raon/ (s.m.) galho; ramo.

Rapin /'rapin/ saia usada pelas mulheres.

Rara /'raɾa/ (v.) coçar.

Rarak /'raɾaʔ/ (s.m.) sangue (U rarang/ Meu sangue; O raram/ Teu sangue; Ita rarak/ Nosso sangue; Ni raran/ O sangue dele; Mi raram/ Vosso sangue; Si rarak/ O sangue deles).

Rare hoen /'rare 'hoen/ (s.f.) poeira.

Rare opun /'rare 'opun/ entidade sobrenatural; (s.m.pl.) espíritos; conferir Nusa Opun; por vezes, para enfatizar, ambas expressões podem ser utilizadas na mesma frase: Nusa Opun Rare Opun.

Rare /'rare/ (s.f.) terra; (s.m.) chão.

Rari runguk /'rari 'ruŋuk/ secar ao sol (para pessoas).

Rari /'rari/ secar ao sol (para alimentos); processo de desidratação das carnes.

Rasa /'rasa/ (adj.) alto; elevado.

Rasi matak /'rasi 'matak/ (abrir+olho) gesto de colocar o dedo indicador próximo a parte inferior do olho e puxar para baixo, significando desconfiança.

Rasi /'rasi/ (v.) abrir; dilatar um ferimento para olhar dentro.

Rasikan /'rasi kan/ (adv./adj.) recentemente; agora há pouco.

Rasu osa /'rasu 'osa/ recuperar parcial ou integralmente os objetos oferecidos no casamento quando ocorre a separação do casal.

Rasua /ra'sua/ variedade linguística falada nas comunidades de Beloi e Bikeli.

Rau ana /raw 'ana/ (v.) ninar; ação de cantar e embalar uma criança.

Rau /raw/ (v.) embalar; balançar algo ou alguma coisa cantando ao mesmo tempo.

Rauk /'rauk/ (v.) chorar.

Re eman /re 'eman/ (v.) esperar; ficar.

Re ia doi? /re ia 'toi/ expressão utilizada geralmente no final das perguntas que significa "pode ou não?".

Re ia hali /re ia 'hali/ (v.) reconciliar.

Re ukun /re 'ukun/ reunião para resolver algum problema onde participam as partes envolvidas e seus familiares, os Lela'it Pera'ik, o Conselho de Suco e o Chefe do Suco.

Re'ak /re ak/ (adv.) rapidamente; expressão que dá ênfase à ação, somente faz sentido se precedida de outra palavra (Renum re'ak/ Beber tudo de uma só vez, rapidamente).

Rea ketan /'rea 'ketan/ local próximo à Escola Secundária 99, onde se encontra o antigo aeroporto.
Redi /'reti/ (v.) atirar; lançar.
Redolum /re'tolum/ (v.) mergulhar.
Redomi /rɛ'tomi/ levar um presente; fazer uma visita a um doente, a um recém-nascido.
Rehidi /rɛ'hiti/ (v.) tropeçar.
Rehlolo /rɛh'lolo/ (v.) negar.
Rehloti /rɛh'loti/ quase cair após tropeçar.
Rehnau /reh'naw/ (v.) vender.
Rehngangak /rɛh'ŋaŋak/ (adj.) irritado; zangado; conferir Rekmiluk.
Rehngesa /rɛh'ŋesa/ (s.f.) comparação (entre pessoas ou objetos); (v.) comparar.
Rehrae /reh'rae/ (v.) combinar.
Rehrae /reh'rae/ processo onde o primogênito da família, após ter um filho e este ficar doente, vai até a casa dos avós maternos da criança levando uma cabra de presente (conforme as condições financeiras pode-se trocar a cabra por um porco ou mesmo acrescentar Kngohi). Os avós oram para o restabelecimento da saúde da criança e de toda a família. No passado os avós maternos conversavam com o Mataplolon que, por sua vez, conversava com os espíritos dos antepassados daquela família. Estes espíritos entregavam ao Mataplolon a Pua Malus já pronta e este a entregava aos avós, que passavam ao pai da criança.
Rehruin /reh'ruin/ (adj.) selvagem; bravo; expressão também utilizada quando alguém se afasta da família e nunca mais a procura, ou volta para casa (U ehruin; O mehruin; Ni nehruin; Ita rehruin; Im mehruin; Si rehruin).
Rekaek /re'kaek/ puxar o catarro.
Rekmatak /rɛʔ'matak/ (v.) cuidar; zelar.
Rekmiluk /rɛʔ'miluk/ quando uma pessoa está ficando zangada com alguma coisa, pensando em algo que a deixa triste ou zangada; conferir Rehngangak.
Rekmoi ene /rɛʔ'moj 'ene/ (v.) difamar.
Rekmolun nau /rɛʔ'molun naw/ não cresceu; não tem idade para; ainda não é tempo; comumente usado para crianças que se comportam ou fazem coisas que não são próprias da sua idade.
Rekmolun /rɛʔ'molun/ (s.f.) estupidez; confusão; ideias confusas; (adj.) ignorante.
Reknaek /rɛʔ'naɛk/ (adj.) vaidoso(a); estar constantemente arrumando ou embelezando algo ou a si próprio.
Rekngahon /rɛʔ'ŋahon/ abrir o cesto; retirar a tampa.
Rekngai /rɛʔ'ŋaj/ (v.) informar; diagnosticar.
Rekngai? /rɛʔ'ŋaj/ o que é? Qual o nome? Quem é? Diga-me o nome?; utilizado no sentido de saber o nome de algo ou de alguém.
Rekngote /rɛʔ'ŋɔte/ entoar as cantigas locais.
Rekreo /rɛ'krɛɔ/ (v.) escorregar.
Rekroma /rɛ'kroma/ (v.) achar; encontrar.
Rekroma /rɛ'kroma/ (v.) surpreender.
Reluak /rɛ'luak/ (v.) alargar; ampliar.
Remae /rɛ'mae/ (s.f.) vergonha; (adj.) envergonhado (Ita Remae/ Você está com vergonha, ou envergonhado; U emae/ Estou com vergonha, ou envergonhado).
Remna'a /'remna a/ (v.) roubar; furtar; conferir Mna'a.
Remnao resa'e /'remnao re'sa e/ (adj.) ofegante; respirar rapidamente.

Remnao /'remnao/ (v.) respirar.

Remnenan /rem'nenan/ (adj.) quieto; tranquilo (Hao, remnenan/ Silêncio, fica quieto).

Remo'ak /re'mo ak/ (v.) chupar.

Remodak /re'motak/ (s.m.) frio; expressão usada para o clima (Learia remodak/ Hoje está frio); conferir Modad.

Remodak /re'motak/ (s.f.) febre.

Remunuk /re'munuk/ (v.) agrupar; reunir; geralmente usado para pessoas (Si la remunuk la'a Hatulela/ Eles vão se encontrar em Hatulela).

Rena /'rena/ (v.) dormir.

Rengapik /re'ŋapik/ (v.) segurar, para quando se segura alguém ou algum objeto colocando-o debaixo do braço.

Rengene /re'ŋene/ (s.f.) alegria; (adj.) contente; feliz; alegre.

Rengnaen /re'ŋaen/ (v.) entender; conhecer; saber (Ita rengnaen hatu nenehe ana?/ Você conhece hatu nenehe ana?); (adj.) inteligente; sábio (Ita rengnaen/ Você é sábio).

Renori /re'noɾi/ (v.) ensinar; educar; conferir Retan.

Renum tipis /'renum 'tipis/ (v.) sorver, beber fazendo barulho.

Renum tua ma tua noi /'renum tu'a matu'a noj/ (v.) embebedar.

Renum /'renum/ (v.) beber.

Repaki peu /re'paki 'peu/ (adj.) mentiroso; conferir Pakin Solen.

Replangu /re' plaŋu/ (adj.) bêbado; conferir Tua Noi.

Replele /re'plele/ (s.f.) fome.

Replesu /re'plesu/ (v.) sair.

Replihuk /rɛ'plihuk/ sem fazer nada; descansando; sem trabalhar.

Replinu /rɛ'plinu/ (v.) esquecer.

Repro /rɛ'prɔ/ (s.f.) sede.

Reprusi /rɛ'prusi/ (adj.) gordo.

Repu /rɛ'pu/ (v.) soprar.

Reputa /rɛ'puta/ fechar os olhos.

Rera'an hatin /rɛ'ra an 'hatin/ recipiente para colocar a comida antes de servi-la.

Rera'an /rɛ'ra an/ (s.f.) comida; (s.m.) alimento.

Rerasa /re'rasa/ colocar em cima de algo que fica mais elevado (Rerasa leo rera'an lehu tutun/ Coloque a comida em cima da mesa).

Rerenum /re'renum/ (s.f.) bebida.

Reroman /re'roman/ (s.m.) lixo.

Resa'e /re'sa ɛ/ estar preocupado com alguém e falar sobre isto diretamente com a pessoa ou com terceiros.

Resau /re'saw/ carregar alguma coisa segurando-a nas mãos.

Resoru rok /re'soru ro:k/ encontrar-se; utilizado para expressar o momento em que duas ou mais pessoas estão caminhando e se encontram.

Resoru /rɛ'soru/ (s.f.) reunião; (v.) encontrar.

Resusun /rɛ'susun/ (v.) ligar; unir; juntar uma extremidade a outra; conferir Ruka.

Reta'uk /re'ta uk/ (s.m.) medo; (v.) recear; temer.

Retama /re'tama/ (v.) enfiar; introduzir.

Retan /re'tan/ (v.) ensinar; educar; conferir Renori.

Retaru manu /re'taru 'manu/ luta de galo.

Reteras /re'teras/ (s.m.) arroto; (v.) arrotar.

Reti /'reti/ (s.m.) cesto.

Retoi /re'toi/ (v.) ver, ação de olhar para trás ou para os lados, quando se está à procura de algo.

Retu'u /rɛtu u/ coçar com a unha.
Reza /'reza/ (s.f.) prece; oração; (v.) rezar.
Ria hehata /'ria he'hata/ (s.f.) cunhada.
Ria perane /'ria pe'ɾane/ (s.m.) cunhado.
Ria /'ria/ (s.m.) cunhado; (s.f.) cunhada.
Ridang rungukre /'ritaŋ 'ruŋukrɔ/ (v.) esforçar; esforçar-se.
Rik /ri:k/ (s.f.) alma; (s.m.) espírito.
Rili /'rili/ (v.) apanhar, usado para quando se pega um objeto que está no chão.
Rili /'rili/ (v.) escolher; eleger; usado de forma geral, é a ação propriamente dita da escolha (Hingirua hei ita lu rili eran heheru/ Depois de amanhã nós vamos escolher o novo chefe de suco); conferir Rohuk e Se.
Riri /'riɾi/ coluna de sustentação.
Riri /'riɾi/ (v.) puxar; conferir Dada e Klorun.
Riru rala hali /'riɾu 'rala 'hali/ (v.) desenterrar.
Riru rare koin /'riɾu ɾaɾe 'koin/ fazer um buraco.
Riru /'riɾu/ (v.) cavar.
Risanau /'risa naw/ cuidar de alguém para outra pessoa durante um período curto de tempo (Semeaman si la risanau semea la'a Metakaman sian/ Os pais de Semea o levaram até os pais de Metak para que o cuidassem).
Risanau /'risa naw/ (v.) transmitir (Asu Pa'in memuna munan risanau hehuk ma nia ana memuri/ Os antigos guerreiros transmitiram a sua força para as novas gerações).
Risin /'risin/ alça que serve de suporte para bolsas e cestos.
Rita /'rita/ (v.) afogar; submergir; colocar algo dentro da água como, por exemplo, o Opa.
Rita /'rita/ (s.m.) polvo.
Rita /'rita/ como é conhecida a divindade protetora da fonte Ipua.
Ritu /'ritu/ apanhar flores ou retirar folhas das árvores; (s.f.) colheita; conferir Kretu e Rosu.
Riu /'riu/ cozinhar um alimento durante um período longo.
Ro aran /rɔ 'aɾan/ proa da embarcação; parte dianteira do barco.
Ro ean /rɔ 'ɛan/ bambu que fixa o Ro Hneman ao barco.
Ro hneman /rɔ 'hneman/ troncos de bambu colocados ao lado do barco para fornecer estabilidade.
Ro ilin /rɔ ilin/ (s.m.) leme; timão do barco.
Ro isin /rɔ 'isin/ casco do barco; costado do barco.
Ro klaen /rɔ 'klaen/ parte central do barco, meio do barco.
Ro luli /rɔ 'luli/ barco sagrado construído em conjunto por todos os grupos familiares e utilizado durante as guerras.
Ro murin /rɔ 'murin/ popa da embarcação; parte traseira do barco.
Ro nian /rɔ 'nian/ barco grande; conferir Ro Pera'ik.
Ro nian /rɔ 'nian/ muito longe; muito distante (Ita ruma la'a mine? U ruman ro nian/ Sua casa fica aonde? A minha casa fica muito longe).
Ro opun /rɔ 'opun/ dono do barco.
Ro pera'ik /rɔ pe'raik/ barco grande; conferir Ro Nian.
Ro putin hnatin /rɔ 'putin 'hnatin/ local, próximo à praia, onde ficam os barcos; local onde moram alguns espíritos.

Ro /rɔ/ (adv.) longe.

Ro /rɔ/ (prep.) com.

Ro /rɔ/ (s.m.) barco.

Rodi /'roti/ encostar ombro no ombro; bater ombro no ombro; (v.) esbarrar.

Roe /rɔe/ (v.) defecar; evacuar (expressão jocosa, vulgar); conferir La Liuk.

Rohuk /'rohuk/ (v.) erguer; elevar; levantar (Si rohuk hatu/ Eles levantaram a pedra).

Rohuk /'rohuk/ (v.) escolher; eleger (Rohuk ita hea ila?/ Qual deles você vai escolher?); conferir Rili e Se.

Rohuk /'rohuk/ (v.) pegar; buscar (Ita ti la'a ruma ma ti rohuk uran/ Nós vamos até a nossa casa buscar a panela).

Roi do'i /ro:i to i/ (v.) cumprir; seguir; fazer algo obedecendo a uma ordem ou a um modelo.

Roi hahak /ro:i 'hahak/ (v.) gemer.

Roi hali /ro:i hali/ (v.) refazer; fazer novamente.

Roi helik /ro:i he'lik/ (v.) renegociar; solicitar o aumento; expressão utilizada quando, após realizado o casamento, a família da noiva solicita o aumento dos bens e valores a serem transferidos pela família do noivo.

Roi ia hali /ro:i 'ia 'hali/ consertado; conseguir consertar.

Roi ia /ro:i 'ia/ boa ação; tratar alguém cordialmente.

Roi ia? /ro:i 'ia/ sabe fazer?

Roi la /ro:i 'la/ praticar uma má ação (expressão coloquial); (v.) destruir; danificar; conferir Roi Re'ak e Roi Tekian.

Roi lohu /ro:i 'lohu/ (v.) furar; esburacar.

Roi luk /ro:i luk/ (v.) quebrar; estilhaçar.

Roi mani /ro:i 'mani/ (v.) ferir.

Roi monge /ro:i moŋe/ (v.) purificar, usado para indicar a ação de retirar resíduos da água.

Roi muri /ro:i 'muri/ (v.) cumprir.

Roi ngadi /ro:i 'ŋati/ (v.) amamentar; alimentar; oferecer comida.

Roi puta /ro:i 'puta/ (v.) apertar; comprimir.

Roi re'ak /ro:i re ak/ proceder mal; praticar uma má ação; (v.) desfazer; destruir; estragar; danificar; conferir Roi La e Roi Tekian.

Roi re'ek /ro:i re ek/ (v.) matar.

Roi ria pani /ro:i ria 'pani/ (fazer+cunhado+sogro) construir uma família através do casamento; relação entre diferentes grupos familiares, cujos membros estabeleceram compromissos de casamento.

Roi sanga hali /ro:i saŋa hali/ (v.) consertar; reparar; corrigir; conferir Roi Hali.

Roi sanga /ro:i 'saŋa/ (v.) curar.

Roi sanga /ro:i 'saŋa/ (v.) fazer; criar.

Roi so sanga /ro:i sɔ 'saŋa/ ação de incomodar, perturbar outras pessoas; (adj.) inconveniente.

Roi tekian /ro:i te'kian/ praticar uma má ação; (v.) desfazer; destruir; estragar; conferir Roi Re'ak e Roi La.

Roi tetu /ro:i 'tetu/ (v.) partir; depedaçar.

Roi u'uk /ro:i u uk/ realizar a cerimônia do U'uk.

Roi un /ro:i un/ cerimônia realizada pelo Mataplolon para invocar ou afastar espíritos.

Roi /roi/ (v.) fazer; construir; fabricar; conferir Hrai.

Roinelu /ro:i 'nelu/ dança circular; dança onde as pessoas cantam de mãos dadas ao som do tambor; conferir Sesapak, Lelore e Nelu.

Rok /rɔk/ expressão que indica a ação de duas ou mais pessoas, porém somente faz sentido se acompanhada de outras palavras.

Rolak /'rɔlak/ (s.m.) sexo; ato sexual.

Roluk re'ak /'roluk 'reak/ retirar rapidamente.

Roluk /'roluk/ (v.) despir, tirar a roupa.

Romera /'romera/ peixe da espécie *myuripristis murdjan.*

Ron /ron/ (s.f.) folha.

Rong kador /'roŋ kador/ peixe da espécie *tarpon jardua.*

Rorak /'rorak/ amarrar na cintura (Si rorak pisun/ Eles amarraram a catana na cintura; Ita rorak ngorak/ Você amarrou o cinto).

Roro sa'ok /'rɔro 'saok/ (adj.) casado(s).

Rosak /'rɔsak/ (v.) esconder; conferir Hruhuk.

Rosen /'rɔsen/ (adj.) seco.

Rosi pohoe /'rosi po'hoe/ (s.m.) enterro; sepultamento.

Rosi /'rosi/ (v.) enterrar; sepultar.

Rosu /'rosu/ ação de debulhar as folhas; conferir Ritu e Kretu.

Rouk hali /'rouk 'hali/ (v.) regressar; voltar (expressão usada por pessoas acima dos 40 anos).

Rous /'rous/ (v.) amontoar, fazer um monte com lixo, areia etc. (usado para objetos).

Ru puti /ru 'pu̱ti/ árvore *eucalyptus alba.*

Ru rengala /ru re'ŋala/ (s.f.) colheita (Si la ru rengala/ Eles foram fazer a colheita).

Ru /ru/ (v.) colher, usado para quando se apanha um fruto da árvore.

Ru'an rare /ru an 'rare/ juramento onde se apanha com dois dedos um punhado de areia (por vezes, se faz o desenho de uma cruz na areia) e se coloca na boca. Este ato significa: que a terra me consuma se eu não cumprir com o prometido.

Ru'an /ru an/ (v.) comer.

Ru'uk putin /ru u 'putin/ nome de um local em Humangili que fica na estrada que dá acesso à parte alta da comunidade, próximo à Hatu Ta.

Ru'ut /ru ut/ (s.m.) capim; (s.f.) grama.

Ruka /'ruka/ (v.) ligar; unir; juntar uma extremidade a outra; conferir Resusun.

Ruma hudun /'ruma 'hutun/ junção entre duas paredes; (s.m.) canto.

Ruma kotenan /'ruma kote'nan/ casa pequena; conferir Rumanan.

Ruma kreda /'ruma 'kreda/ (s.f.) igreja; conferir Kreda.

Ruma le'en /'ruma le en/ interior da casa.

Ruma lela'it /'ruma le'la it/ casa do chefe do grupo familiar, onde se guardam os objetos sagrados; conferir Ruma Luli.

Ruma lopad /'ruma 'lopat/ (s.m.) telhado.

Ruma luli /'ruma 'luli/ casa sagrada; conferir Ruma Lela'it.

Ruma opun /'ruma 'opun/ dono da casa; chefe do núcleo familiar.

Ruma tungun /'ruma 'tuŋun/ parte de trás da casa; pátio nos fundos da casa.

Ruma /'ruma/ (s.f.) casa; habitação.

Rumamaru /'ruma 'maru/ nome de um dos 12 grupos familiares Humangili.

Rumanan rumanan /ruma'nan ruma'nan/ subdivisões das Lisan; grupo de duas ou mais subdivisões das Lisan; casas pequenas; conferir Rumanan e Ruma Kotenan.

Rumanan /'rumanan/ subdivisão da Lisan; casa pequena; conferir Ruma Kote-

nan e Rumanan Rumanan.
Rumu isik /'rumu 'isik/ (s.f.) massagem.
Rumu /'rumu/ (v.) amassar, fechando a mão.
Rumu /'rumu/ levar alguma coisa na palma da mão, com a mão fechada.
Runuk /'runuk/ (v.) juntar; unir.
Rurik /'rurik/ (s.m.) osso.
Ruti dik /ruti'tik/ beliscar forte.
Ruti /'ruti/ (v.) beliscar.

Letra S

Sa'e /'sae/ (v.) subir, uso geral à exceção de quando refere-se a subir a montanha, ou ir a uma parte mais alta da comunidade; conferir Klengan.
Sa'et /'saet/ estátua de madeira que representa espíritos ou personagens históricos da comunidade.
Sabdu /'sabdu/ (s.m.) sábado; conferir Pasaran.
Sada hatu /'sata 'hatu/ (v.) construir, utilizado para construções de pedra.
Sada /'sata/ (v.) construir.
Sae kngelu /sae 'ʔŋelu/ colocar carne em uma corda para desidratar; secar roupas.
Sae /sae/ (v.) pendurar; estender.
Sai /sa'i/ (v.) descascar, utilizado para quando se usa uma faca (U sai as/ Eu descasco a manga); fazer uma estátua retirando os excessos de madeira com uma faca (U sai sa'et/ Eu estou fazendo uma estátua).
Sain /sa'in/ (v.) sair; retirar.
Sala /'sala/ (v.) errar; pecar; cometer uma falta; também pode designar ato sexual.
Salak /'salak/ peixe da espécie *siganus argenteus.*
Salar ikun metan /'salar ikun 'metan/ peixe da espécie *atule mate.*
Sanga hali ni saon /'saŋa 'hali ni 'saon/ (v.) buscar; trazer de volta; recuperar a esposa (quando, após um desentendimento, a esposa volta para a casa dos seus pais e o seu marido tenta buscá-la de volta); usado para viúvos(as) que procuram novas esposas(os).
Sanga hali /'saŋa 'hali/ (v.) recuperar; pegar de volta.
Sanga ni saon /'saŋa ni 'saon/ procurar uma namorada ou esposa.
Sanga /'saŋa/ (v.) procurar.
Sao opun /sao 'opun/ pessoa casada.
Saok hehata /'saok he'hata/ (s.f.) esposa; mulher casada.
Saok perane /'saok pe'ɾane/ (s.m.) esposo; homem casado.
Saok /'saok/ (s.m.) esposo; (s.f.) esposa.
Sapan /sa'pan/ (s.m.) sabão.
Sapatu /sa'patu/ (s.m.) sapato.
Sapu /'sapu/ (v.) descer, usado para descer a montanha ou ir de uma parte mais alta para uma mais baixa; conferir Turun.
Sarak /saɾak/ (v.) puxar, usado para quando se puxa folhas de palmeira.
Sardine /sardine/ peixe da espécie *herklotsichthys quadrimaculatus.*
Sardine kobi /sardine kobi/ peixe da espécie *megalops cyprinoides.*
Sari /sari/ (v.) transbordar; conferir Penu.
Sasa re'ak /'sasa 'reak/ (v.) desatar; descoser; Re'ak confere ênfase na ação.
Sasa /'sasa/ (v.) desatar.
Sasan /'sasãn/ (s.f.) formiga.
Sasu rana /'sasu 'rana/ tipo de vento.
Sau nok /saw nok/ retirar a casca do coco.
Sau /saw/ recipiente de bambu utilizado

para armazenar a Tua Putin.

Se hrelit /se 'hɾelit/ (s.f.) centopeia; conferir Topo Risin.

Se sanga /se 'saŋa/ procurar atentamente; olhar com atenção.

Se /se/ (v.) escolher, frequentemente usado para referir o momento em que se observa e avalia mentalmente a escolha (Alu se nenuran heheru tan nia neramhei u narang lu kra'uk sek'ngari/ Tenho que escolher uma roupa nova porque amanhã o meu irmão vai casar); conferir Rili e Rohuk.

Se? /se/ (pron.interg.) quem?

Sea takrae hu'u /sea takɾae huu/ cerimônia realizada para a colheita do milho.

Sea /sea/ indica algo ou uma situação difícil; falta de dinheiro (U sea/ Eu não tenho dinheiro; Ezame ia doi? Sea/ Como foi o exame? Difícil); conferir Sua.

Sea /sea/ (v.) prender; (adj.) preso; utilizado para objetos (U taling sea/ A minha corda está presa).

Sehu /'sehu/ (v.) achar; encontrar.

Sei ai ron /sej ajɾon/ retirar uma folha, um galho ou um ramo da árvore.

Sei ira mutan /sej iɾa 'mutan/ retirar a folha ou um galho do marungue.

Sei takrae /sej 'takɾae/ colher a espiga de milho do pé.

Sei /sej/ (v.) retirar; quebrar; utilizado comumente quando se retira um galho de uma árvore; conferir Kretu.

Sek ngiri /se'ʔŋiɾik/ peixes das espécies *thunnus albacares*; *thunnus obesus*.

Sekngaring ra'uk /se'ʔŋarin rawk/ o momento em que a família do noivo entrega à família da noiva os bens e valores estipulados para o casamento; cerimônia de casamento local; conferir Kra'uk Sek'ngari.

Sekngelo /se'ʔŋelo/ pequena ave de cauda negra e bifurcada.

Seli /'seli/ (v.) descartar; deitar fora; pôr no lixo; conferir Kngeri e Soe Re'ak.

Semele /se'mele/ (v.) nadar; conferir Kngangi.

Senau /se'naw/ (adv.) não, usado para aconselhar, orientar a ação (Senau re roi ri/ Não faça isso); conferir Tai.

Sengak /'seŋak/ (v.) fritar.

Seon pohe /'seon 'pohe/ cortejo fúnebre; o ato de carregar o caixão ou o corpo do morto para o local onde será enterrado.

Seon /'seon/ (v.) carregar, usado para quando se leva alguma coisa no ombro em conjunto com outras pessoas; conferir Kotu, Hrara e Seon Pohe.

Sepi /'sepi/ (s.m.) chefe.

Sepila /se'pila/ (s.m.) raio; claridade do relâmpago.

Serane /se'rane/ (s.m.) batismo; batizado; cristão.

Serapa /se'ɾapa/ arpão de bambu com várias pontas usado na pesca.

Seri /'seɾi/ (v.) tocar.

Serik helana /'seɾik he'lana/ do/ao lado direito.

Serik heliri /'seɾik he'liri/ do/ao lado esquerdo.

Serik /seɾik/ do/ao lado.

Serik /seɾik/ (s.f.) costelas.

Sero /seɾo/ peixes das espécies *lutjanus ehrenbergi*; *lutjanus ergentimaculatus*; *lutjanus rufolineatus*; *lutjanus malabaricus*.

Seru opa /'seɾu 'opa/ ação de construir o Opa; tecer o bambu do Opa.

Seru sae /'seɾu sae/ tecer pano.

Seru /'seɾu/ (v.) tecer.
Sesapak /se'sapak/ dança circular; onde as pessoas batem os pés, cantam e em determinado momento todos correm para o interior do círculo; conferir Roinelu, Lelore e Nelu.
Sesoe /se'soe/ tipo de enguia que costuma ser vista na superfície da água; personagem da história da separação de Ataúro do restante do Timor.
Sesole /se'sole/ (s.m.) viajante; andarilho.
Sesta /'sesta/ (s.f.) sexta-feira.
Sesuit /se'suit/ parte do cacho da banana; pente de banana.
Sesuran /se'suɾan/ (s.m.) escorpião.
Sesurat /se'suɾat/ combinação das cores preta e branca; listras nas roupas, tecidos, em animais etc.
Seti /'seti/ (v.) pedir; solicitar; implorar.
Seu hatu /sew 'hatu/ ação de friccionar duas pedras para fazer fogo.
Seu /sew/ (pron.ind.) outra(o); para fazer sentido precisa vir acompanhada de outras palavras (Ita karak idoru? U karak hea seu/ Você quer esta laranja? Eu quero a outra).
Seu /sew/ quando o peixe físga a isca e puxa o anzol.
Si hoho /si 'hoho/ peixe da espécie *naso sp.*
Si nik /si nik/ deles(as); conferir Ninin.
Si /si/ concha do mar.
Si'a lamai /si a 'lamaj/ segurar firme.
Si'a ma /si a 'ma/ (v.) trazer.
Si'a resau /si a 'ɾesaw/ pegar no colo; levar ao colo; utilizado somente para objetos.
Si'a tata /si a 'tata/ levar algo na mão com a palma aberta.
Si'a /si a/ (v.) agarrar; pegar; prender.
Si'u sa'u /si u sa w/ (v.) ralhar; repreender.
Si'uk /'siuk/ (s.m.) cotovelo.
Sidu /'situ/ (v.) mudar; (s.f.) mudança.
Sigunda /si'gunda/ (s.f.) segunda-feira.
Sihi /'sihi/ tipo de saia tecida pelas próprias pessoas; tecido artesanal.
Sinelus /si'nelus/ (s.m.) chinelo.
Sinora /si'noɾa/ (s.f.) cenoura.
Sipila /si'pila/ (s.f.) plaina; (v.) aplainar.
Siripisu /siɾi'pisu/ (s.m.) trabalho; (v.) trabalhar.
Sisik /'sisik/ espécie de mosquito pequeno, encontrado frequentemente próximo à praia.
Sita pohoe /'sita 'pohoe/ velar o corpo de uma pessoa morta.
Sita /'sita/ chorar nos funerais; (v.) carpir.
So'e /so e/ (v.) cavocar; focinhar (Hahi so'e rare/ O porco está cavocando).
Soe ek /soe ek/ (v.) urinar (forma polida); conferir Tari.
Soe re'ak /soe ɾe ak/ (v.) descartar; deitar fora; pôr no lixo; conferir Seli e Kngeri.
Sok /sok/ (v.) coser; costurar.
Sole asu /'sole asu/ (adj./s.m.) mensageiro (pode ser utilizada tanto para homens como para mulheres); conferir Asu.
Sole nama nama /'sole 'nama 'nama/ andar devagar; conferir Sole Nan e Sole Nan Sole Nan.
Sole nan sole nan /'sole nan 'sole nan/ andar devagar; conferir Sole Nan e Sole Nama Nama.
Sole nan /'sole nan/ andar devagar; conferir Sole Nama Nama e Sole Nan Sole Nan.
Sole neti kai /'sole 'neti kaj/ (v.) passear; caminhar sem compromisso ou destino certo; conferir Sole Neti e Sole Sole Ra.

Sole neti /'sole 'neti/ (v.) passear (expressão coloquial); conferir Sole Neti Kai.
Sole nian /'sole 'nian/ andar rápido, para quando se caminha com passadas largas e rapidamente.
Sole sanga kai /'sole 'sãŋa kaj/ qualquer caminho; tanto faz qual caminho a seguir (Kmuri ralan hea ila? Sole sanga kai/ Qual caminho seguimos? Tanto faz, (ou) qualquer caminho).
Sole sanga /'sole 'sãŋa/ (v.) andar, para quando se caminha à procura de alguma coisa.
Sole sole ra /'sole 'sole ra/ (v.) passear (expressão coloquial); conferir Sole Neti Kai.
Sole tete kai /'sole 'tete kaj/ andar junto; fazer companhia enquanto se caminha; conferir Sole Tete.
Sole tete /'sole 'tete/ andar junto; fazer companhia enquanto se caminha; conferir Sole Tete Kai.
Sole /'sole/ (v.) andar; caminhar.
Soluan /soluan/ nome de um dos 12 grupos familiares Humangili.
Sopain /so'pain/ (s.f.) nuvem, utilizada para designar as nuvens que estão próximas à terra, comuns no alto de montanhas; conferir Moto e Mnoto.
Soroka /soroka/ (s.m.) céu; (adj.) elevado; conferir Lalehan e Sorokan.
Sorokan /sorokan/ (s.m.) céu; (adj.) elevado (expressão coloquial); conferir Soroka e Lalehan.
Soru ro /'soɾu ro/ forma vulgar para a expressão puxar o barco; conferir Tek Ro.
Soru /'soɾu/ (v.) empurrar.
Soruk /'soɾuk/ (v.) acabar; terminar; finalizar.
Sou /sow/ (v.) colocar.
Souk /'souk/ cerimônias embaladas ao som do tambor.
Su kan /suː kan/ (adj.) curto(a); pequeno(a); medida de comprimento.
Su'i /su i/ (v.) assustar; (adj.) assustado.
Su'uk /su uk/ (adj.) firme; rígido (Alu sa'e on su'uk o rungun/ Eu quero subir nos seus ombros, mas você tem que ficar firme).
Sua deis /sua tejs/ (retirar+colocar) (v.) cozinhar; o mesmo que Dua Deis, porém Dua Deis é mais geral e não tem uma relação direta com o ato em si.
Sua hulun /sua 'hulun/ (s.f.) barba; pode também designar o bigode e o cavanhaque.
Sua /sua/ indica uma situação em que é difícil determinar um vencedor, onde as partes envolvidas em um conflito, disputa ou competição estão em níveis iguais; conferir Sea.
Sua /sua/ (v.) retirar.
Suak isin /'suak 'isin/ (s.m.) lábios.
Suak /'suak/ (s.f.) boca; conferir Suakre.
Suakre /'suakɾe/ (s.f.) boca (expressão coloquial); conferir Suak.
Sukaen /su'kaen/ condutor do barco.
Suku /'suku/ divisão administrativa; conjunto de aldeias que formam um centro administrativo.
Sula hruan /'sula 'hɾuan/ peixes das espécies *pentapodus*; *scolopsis spp.*
Suli nian suli nan /suli'nian suli'nan/ local onde se reúne o conselho dos espíritos que julga as almas dos mortos.
Suli /'suli/ tipo de árvore.
Sumana /su'mana/ (s.f.) semana.
Sumenti /su'menti/ (s.m.) cimento.
Sungak /suŋak/ (v.) brincar.
Sungu /'suŋu/ espécie de peixe.

Sura kron /'suɾa kɾon/ (s.m.) papel.
Surat /'suɾat/ (s.m.) caderno; (s.f.) carta; documentos escritos em geral.
Suri ana hata /'suɾi ana'hata/ designa a cerimônia em que a família da noiva, após o casamento, fornece à família do noivo presentes como roupas, milho e mandioca.
Suri rok /'suɾi rok/ (s.f.) separação; (s.m.) divórcio.
Suri rok /'suɾi rok/ (s.m.) conflito, quando se usa armas de fogo.
Suri susu /'suɾi 'susu/ (s.m.) desmamado; não mama mais; último(a) filho(a).
Suri /'suɾi/ (v.) atirar; tiro com arma de fogo.
Suri /'suɾi/ (v.) deixar; permitir; largar; soltar.
Suru pedaen /'suɾu pe'taen/ colher de pedreiro (objeto); conferir Pedaen Surun.
Suru /'suɾu/ colher usada nas refeições; pá usada na construção.
Susu ed /'susu et/ (s.m.) leite.
Susu /'susu/ (s.m.) seio; (v.) amamentar.

Letra T

Ta nia ila? /'ta:nja i'la/ por quê?; conferir Nai Ila?
Tai nau /taj naw/ ainda não.
Tai tema /taj 'tema/ não tem; não pode; esta expressão precisa vir acompanhada de outras, pois sozinha é considerada agressiva e desrespeitosa (Ian nia doik? Tai tema nau tam/ Você tem peixe? Não tenho).
Tai /taj/ (adv.) não; conferir Senau.
Taka /'taka/ (v.) fechar; tapar; encobrir.
Takrae hnguk /'takɾae ŋuk/ farinha de milho.
Takrae hu'un /'takɾae hu un/ atado de milho; feixe de milho.
Takrae /'takɾae/ (s.m.) milho.
Talas /'talas/ (s.m.) inhame.
Tali /'tali/ (s.f.) corda; conferir Talin.
Talin /'talin/ (s.f.) corda; conferir Tali.
Tama /tãma/ (v.) entrar.
Tamati /tã'mati/ (s.m.) tomate.
Tamu koma ria /'tamu 'koma ria/ espírito do fogo.
Tamu koma suri /'tamu 'koma suɾi/ espírito da chuva.
Tamu koma /tamu koma/ entidade protetora do bambual sagrado.
Tamu sengnori /tamu se'ŋnoɾi/ espírito da natureza que vive em vários lugares.
Tamu /'tamu/ (s.m.) bisavô; (s.f.) bisavó; conferir Pau Tamu.
Tan /tan/ (v.) colocar, para quando se põe algo na água.
Tanam /'tanam/ (v.) enterrar; por vezes, pode ser usado para designar um sepultamento, porém esta expressão é considerada desrespeitosa.
Tangak ulik /'taŋak 'ulik/ (s.f.) unha.
Tangak /taŋak/ (s.m.) dedo.
Tanzarina /tanza'rina/ (s.f.) tangerina.
Tapadi isin /ta'pati 'isin/ arroz descascado.
Tapadi /ta'pati/ (s.m.) arroz.
Tara toe /'taɾa 'toe/ peixe da espécie *naso brevirostris*.
Tara /'taɾa/ (v.) responder; responsabilizar-se; exigir uma resposta.
Tarana /ta'ɾana/ vento suave que propicia navegação a vela.
Tari /'tari/ (s.f.) urina (expressão jocosa);

(v.) urinar; conferir Soe Ek e Marak.
Taru /taɾu/ (s.f.) aposta; (s.m.) juramento; (v.) apostar; jurar.
Tasi hehata /'tasi he'hata/ o mar da costa norte do Timor.
Tasi huk /'tasi huk/ mar agitado; mar com muitas ondas; conferir Tasi Na'ik.
Tasi ipud /'tasi 'iput/ (s.f.) praia.
Tasi klaen /'tasi 'klaen/ no meio do mar.
Tasi na'ik /'tasi 'naik/ mar agitado; conferir Tasi Huk.
Tasi neplama /'tasi ne'plama/ mar calmo.
Tasi perane /'tasi pe'ɾane/ mar do lado leste do Timor.
Tasi /'tasi/ (s.m.) mar.
Te /te/ (s.m.) excremento; (s.f.pl.) fezes.
Tea /'tea/ (v.) aumentar; (pron.ind.) mais; conferir Tera.
Teha /'teha/ (v.) receber.
Tehu /'tehu/ (s.f.) cana-de-açúcar.
Tek ro /tek ro/ puxar o barco para o mar; conferir Klorun Ro e Krei Ro.
Tek /tek/ (v.) lançar.
Teki /'teki/ (s.f.) lagartixa.
Tekian /te'kian/ (adv.) mal; muito ruim.
Telbizaun /telbi'zaun/ (s.f.) televisão.
Tema /'tema/ (pron.ind.) todo(s); tudo; conferir Menga.
Teman /'temãn/ (adj.) todo; inteiro; completo; utilizado quando nos referimos a alguma coisa no seu todo e que ainda não foi utilizado ou aberto (Alu ala tepaku teman hea/ Eu quero comprar o pacote inteiro de cigarro).
Ten dalan /ten 'talan/ (s.f.) moela.
Ten talin /ten 'talin/ (s.m.) intestino.
Teo ausuk /'teo 'ausuʔ/ peixe da espécie *parupeneus barberinus.*
Teo lok /'teo 'loʔ/ peixe da espécie *parupeneus cyclostomus.*
Teo sua hungan /'teo sua 'huŋan/ peixe da espécie *parupeneus chrysopleuron.*
Tepaku /te'paku/ (s.m.) cigarro; tabaco.
Tepang aran /tepãŋ 'aɾan/ lâmina da lança.
Tepang /tepãŋ/ (s.f.) lança; conferir Itepang.
Tepe sama /'tepe 'sama/ (v.) pisar; colocar o pé em, porém utilizado como advertência, como precaução a uma situação que ainda não aconteceu (Rohuk leo turi tai ana ana luma tepe sama ene/ Tira a faca se não as crianças podem pisar em cima).
Tepe /'tepe/ (v.) pisar; colocar o pé em cima de alguma coisa ou de alguém.
Tepe /'tepe/ (s.m.) pontapé; jogo de futebol; (v.) chutar.
Tera /'teɾa/ (v.) aumentar; (pron.ind.) mais (Alu u'an tera/ Quero comer mais; Resa'e tera haha nglid/ Aumente o volume da sua voz, ou fale mais alto); conferir Tea.
Tere /teɾe/ (v.) alcançar; dar; conferir Kne.
Teri klungu hahan /'teɾi 'kluŋu 'hahan/ (s.m.) decisão; (v.) decidir; julgar; conferir Teri Li.
Teri li /'teɾi li/ (v.) decidir; julgar; conferir Teri Klungu Hahan.
Teri /'teɾi/ (v.) cortar.
Tersa /'teɾsa/ (s.f.) terça-feira.
Terukan /te'ɾukan/ (v.) trocar.
Tetanga /te'tãŋa/ (s.m.) anel.
Tetara /te'taɾa/ (s.m.) formão; instrumento utilizado para talhar madeira.
Tetato heklara /te'tato he'klaɾa/ jovens solteiros(as).
Tetato /te'tato/ jovem solteiro do sexo

masculino.
Tete /'tete/ (adj./adv.) junto(s).
Tetei hnamak /'tetej hnamak/ bater o pé em sinal de desacordo, contrariedade.
Tetoha /te'toha/ (s.f.) forja; (v.) forjar.
Tetoha /te'toha/ nome de um dos 12 grupos familiares Humangili.
Tetoi /'tetoj/ (adv.) depressa; (adv./adj.) rápido; veloz.
Tetopen /te'tɔpen/ cesto achatado de tamanho médio, comumente com cinco pontas; conferir Lele'u.
Tetu /te'tuː/ (s.f.) verdade; (adj.) verdadeiro.
Tetu /'tetu/ (s.f.) ponderação; (v.) ponderar; avaliar.
Tetuan /te'tuãn/ (adj.) antigo.
Ti /ti/ (v.) ir.
Tian /t'ian/ (s.f.) grávida.
Tihak matan /'tihak 'matan/ couro usado para produzir o tambor; geralmente usa-se couro de cabrito ou búfalo.
Tihak /'tihak/ (s.m.) tambor.
Tilu ene /'tilu 'ene/ (v.) ouvir.
Tilu /'tilu/ (v.) ouvir; prestar atenção quando alguém fala.
Timuk marad /'timuk 'marat/ peixe da espécie *plectorhinehus chrysotaemia.*
Timuk /'timuk/ ponto cardial leste.
Timun kasa /'timun 'kasa/ (s.m.) pepino.
Timun /'timun/ (s.f.) melancia.
Tina ralan /tinaː'ɾalan/ mostrar o caminho; indicar a direção.
Tina /'tina/ (v.) indicar; mostrar.
Tiris ed /'tiris ɛt/ água que verte das rochas durante a chuva.
Titi /'titi/ (v.) mandar.
To'un /'to un/ (s.m.) conselho; (v.) aconselhar.
Tohi /'tohi/ (v.) cobrir (I hengi u tohi kngohi tan nia remodak/ Hoje à noite eu me cobri porque estava frio).
Toi /'toi/ peixe da espécie *epinephelus fasciatus.*
Tok /tɔk/ (s.m.) ano; conferir Ton.
Tok /tɔk/ tipo de árvore comum na comunidade de Beloi.
Toko mu'un /'tɔko 'muun/ um tipo de árvore de pequena estatura.
Toko /'tɔko/ (adj.) magro.
Toko /'tɔko/ (s.m.) lagarto (*platydactilus gottutus*).
Tolan hnatin /'tolan 'hnatin/ local onde ficam as estátuas de Paku Mau e Lepu Hmoru.
Tolo rika /'tolo 'rika/ nome da praia localizada próxima ao barco encalhado, na comunidade Vila Maumeta.
Ton /ton/ (s.m.) ano; conferir Tok.
Topo kngahon /'tɔpo 'ʔŋahon/ pequeno cesto usado pelos homens para guardar o material da Pua Malus e o tabaco.
Topo ngehlilin /'tɔpo ŋeh'lilin/ pequeno cesto utilizado pelas mulheres para colocar areca, betel e cal para fazer a Pua Malus; pequeno cesto onde são colocados presentes a serem ofertados; conferir Ngehlilin.
Topo risin /tɔpo 'risin/ (s.f.) centopeia; conferir Se Hrelit.
Topo /tɔpo/ cesto grande.
Topuk tasi /'topuk 'tasi/ forma de resolução de conflito onde cada parte envolvida elege um representante, que mergulha no mar com uma pedra nos braços, onde o último a levantar será aquele que está com a razão.
Tornera /toɾ'neɾa/ (s.f.) torneira.
Toro /toɾo/ peixe da espécie *caranx fu-*

luoguttatus.

Tua ed /tua et/ líquido do acadiro; conferir Tua Peputi e Tua Putin.

Tua nian /tua 'nian/ (adj.) demorado; por muito tempo.

Tua noi /tua noj/ (adj.) bêbado; conferir Replangu.

Tua peputi /tua pe'pu̱ti/ líquido do acadiro; vinho branco em geral; conferir Tua Ed e Tua Putin.

Tua putin /tua 'pu̱tin/ líquido do acadiro; vinho branco em geral; conferir Tua Ed e Tua Peputi.

Tua sa'et /tua 'saet/ local próximo ao mar, na saída da comunidade em direção a Vila Maumeta, onde também ficam alguns barcos.

Tua sabu /tua 'sabu/ bebida destilada do acadiro.

Tua un /tua un/ parte de baixo da árvore de acadiro; junção do tronco com a raiz.

Tua /tua/ (s.m.) vinho.

Tuat /'tuat/ arroz cozido, que pode ser preparado com leite de coco, servido dentro de uma folha de coqueiro ou de acadiro.

Tud /tut/ toco da árvore.

Tuduluk /tu'tuluk/ (s.m.) joelho.

Tuhung /'tuhuŋ/ (v.) colocar, para quando se coloca algo em algum lugar de forma abrupta, ou no lugar errado; sentar-se abruptamente (Ne lu tuhun suran lau/ Não coloque o copo desta forma).

Tui /tuj/ (v.) escrever.

Tuk mata ngiru soru /tuʔ 'mata 'ŋiɾu 'soɾu/ sentado face a face, em frente um ao outro.

Tuk nan /tuʔ nãn/ pessoas pequenas; baixa estatura.

Tuk neno /tuk ne'noː/ (s.m.) silêncio; conferir Hao.

Tuk runuk /tuk runuk/ (s.f.) reunião; (v.) reunir.

Tuk /tuk/ (v.) sentar.

Tuku /'tuku/ (s.f.) horas; (s.m.) horário.

Tulai /'tulaj/ fonte de água localizada na região de Mauponak.

Tunguk rurik klaen nian /'tuŋuk 'ruɾik 'klaen 'niãn/ (s.f.) vértebra; coluna vertebral.

Tunguk rurik /'tuŋuk 'ruɾik/ conjunto de ossos formados pela vértebra e pelas costelas.

Tunguk /'tuŋuk/ (adv.) atrás.

Tunguk /'tuŋuk/ (s.f.) costas; parte de trás do corpo.

Tungun /'tuŋun/ parte de trás da casa (Ruma tungun/ Atrás da casa).

Tunu /'tunu/ assar diretamente na brasa sem usar espeto; conferir Ralak e Ralak I'an.

Tupak ngiruk /'tupak ŋiruk/ (s.m.) calcanhar.

Turi dai /'tuɾi taj/ (faca+estrangeiro) faca ou armas brancas de formato diferente às utilizadas em Humangili.

Turi kris /'tuɾi kɾis/ (s.m.) punhal.

Turi lela'it /'tuɾi le'lait/ (faca+velha) faca do chefe do grupo familiar.

Turi leluli /'tuɾi le'luli/ (faca+sagrado) faca sagrada utilizada comumente durante os partos para cortar o cordão umbilical.

Turi /'tuɾi/ (s.f.) faca.

Turis /'tuɾis/ arbusto cuja semente é comestível (*cajanus indicus*).

Turun /'tuɾum/ (v.) descer, exceto para quando se desce a montanha, ou caminha-se de um local mais alto para outro mais baixo; conferir Sapu.

Tutu imori /'tutu i'mori/ acender algo a partir de outra coisa já acesa como, por exemplo, acender uma vela em outra.

Tutu lilin /'tutu 'lilin/ acender uma vela.

Tutu /'tutu/ (v.) socar; dar um soco; bater forte com a mão em uma superfície.

Tutu /'tutu/ bater uma pedra na outra; processo para abrir o fruto da canária batendo com uma pedra.

Tutuk /'tutuk/ (adv.) continuamente; frequentemente; sempre; todos os dias (U la iskola re u sole tutuk ta/ Eu sempre vou caminhando para a escola); conferir Neklole e Nia Hatin.

Tutukru /'tutu kɾu:/ espécie de rola grande; conferir Leterun e Leterung.

Tutun opun /'tutun opun/ nome de um dos 12 grupos familiares Humangili.

Tutun /'tutun/ (s.m.) pico; (s.f.) copa; parte mais alta da montanha.

Letra U

U e ta'uk /u e ta uk/ estou com medo; tenho medo.

U emodak /u ɛmotak/ estou com frio.

U engene nian /u eŋene'nian/ estou muito contente; muito feliz.

U engnaen /u eŋaen/ eu compreendo; eu entendo.

U he /u he:/ meu tataravô.

U mata sanga /u'mata saŋa/ eu olho com atenção; estou procurando algo.

U memim /u'memim/ (s.m.) tio; meu tio.

U ngae i /uŋae i/ meu nome é; eu me chamo; conferir U Ngae.

U ngae /uŋae/ meu nome é; eu me chamo; conferir U Ngae I.

U nian /'unian/ minha mãe.

U ning /u'niŋ/ (pron.pos.) meu; minha.

U paun hehata /u'paun he'hata/ minha avó; conferir U Paung Hehata.

U paun muri anung nin /u'paun 'muri a'nuŋ nin/ minha avó(ô) materna(o); conferir U Paung Muri Anung Nin.

U paun muri umang nin /u'paun 'muri u'maŋ nin/ meu avô(ó) paterno(a); conferir U Paung Muri Umang Nin.

U paun perane /u'paun pe'rane/ meu avô; conferir U Paung Perane.

U paun /u'paun/ meu avô(ó) em sentido geral; conferir U Paung.

U paung hehata /u'pauŋ he'hata/ minha avó; conferir U Paun hehata.

U paung muri anung nin /u'pauŋ 'muri a'nuŋ nin/ minha avó(ô) materna(o); conferir U Paun Muri Anung Nin.

U paung muri umang nin /u'pauŋ 'muri u'maŋ nin/ meu avô(ó) paterno(a); conferir U Paun Muri Umang Nin.

U paung perane /u'pauŋ pe'rane/ meu avô; conferir U Paun Perane.

U paung /u'pauŋ/ meu avô(ó) em sentido geral; conferir U Paun.

U saon /u'saun/ minha esposa; meu marido; conferir U Saong.

U saong /u'sauŋ/ minha esposa; meu marido; conferir U Saon.

U umang /u umaŋ/ meu pai.

U'uk mata /u uʔ 'mata/ cerimônia realizada para a resolução de conflitos; cerimônia onde o Haha Opun coloca um ovo na mão de quem está sendo julgado. Se, ao apertar, o ovo quebrar a pessoa será considerada inocente, mas se não quebrar será considerada culpada; conferir U'uk e Roi U'uk.

U'uk /u uk/ cerimônia realizada para a resolução de conflitos; cerimônia onde o Haha Opun coloca um ovo na mão de quem está sendo julgado. Se, ao apertar, o ovo quebrar a pessoa será considerada inocente, mas se não quebrar será considerada culpada; conferir Roi U'uk e U'uk Mata.

Ukun /'ukun/ (s.m.) governo; (v.) governar.

Ulakai /'ula kaj/ (s.f.) minhoca; cobra.

Ulen dato /'ulen 'tatu/ peixe da espécie *paracaesio xanthura*.

Ulik /ulik/ (s.f.) casca.

Ulu ku'u isin /ulu ku u 'isin/ couro cabeludo.

Ulu ku'u ron /ulu ku u ron/ (s.m.) cabelo; conferir Ulu Ron.

Ulu ku'u /ulu ku u/ (s.f.) cabeça.

Ulu ron /'ulu ron/ (s.m.) cabelo; conferir Ulu Ku'u Ron.

Umang /u'maŋ/ (s.m.) pai.

Un /un/ (s.m.) tronco.

Unu hlain /un 'hlain/ (s.f.) tocha.

Unuk dai huan /'unuk 'tai 'huan/ fruto da anona, de uma espécie que no passado não existia na comunidade (*annona squamosa*).

Unuk dai un /'unuk 'tai un/ parte inferior, junção do tronco com a raiz, da árvore da anona cuja espécie no passado não existia na comunidade.

Unuk dai /'unuk 'tai/ árvore ou fruta da anona que no passado não existia na comunidade; conferir Unuk Pena'e.

Unuk huan /'unuk 'huan/ (s.f.) anona (fruta).

Unuk pena'e /'unuk pe'na ɛ/ árvore ou fruta da anona que no passado não existia na comunidade; conferir Unuk Dai.

Unuk un /'unuk un/ parte inferior, junção do tronco com a raiz, da árvore da anona.

Unuk /'unuk/ (s.f.) anona (utilizada para designar o fruto ou a árvore); conferir Unur.

Unur /'unur/ (s.f.) anona (expressão coloquial); conferir Unuk.

Upa ran /upa' ɾan/ ondas pequenas; conferir Upak Kotenan.

Upa rin /upa' ɾin/ mar agitado; ondas grandes; conferir Upak A'ik.

Upak a'ik /'upak a ik/ mar agitado; ondas grandes; conferir Upa Rin.

Upak kotenan /'upak kote'nan/ ondas pequenas; conferir Upa Ran.

Upak /'upak/ (s.f.) onda.

Upatai /upa'tai/ (s.m.) remédio; pomada feita com a mistura de raízes medicinais.

Upun /'upun/ em cima; no alto; utilizado somente para árvores (Si sa'e la ai upun/ Eles subiram no alto da árvore).

Upun /'upun/ (s.f.) ponta; extremidade.

Urak /'uɾak/ vasos sanguíneos; (s.m.) nervo; tendão; (s.f.) artéria.

Uran rare /'uɾan 'rare/ panela de barro.

Uran /'uɾan/ (s.f.) chuva.

Uran /'uɾan/ (s.f.) panela.

Urun /'uɾun/ casca interna do coco utilizada para fazer recipientes; conferir Urung.

Urung /uɾuŋ/ casca interna do coco utilizada para fazer recipientes (expressão coloquial); conferir Urun.

Usad /'usat/ (s.m.) caroço; semente da fruta.

Usad /'usat/ (s.m.) grão.

Caminhando para a escola

Sopadola lavando o Sau na fonte Ipua

Mulheres levando lenha para casa

Kiapeng cuidando da horta na aldeia Maumeta

Fonte Ipua

Kisu Kori e seus filhos na aldeia Maumeta

Kahikia (esq.) e Kiadora (dir.)

Descendo a montanha durante a festa do Klorun Ro

Palakuru durante um Seon Pohe

Estátua de Lepu Hmoru com seu filho Lepa

Estátua de Paku Mau e Lepu Hmoru no Tolan Hnatin

Keti Kopa preparando o material para fazer cestos

Kurukose mostra a flecha lançada por Lekitoko, que originou Humangili (dir.), e a flecha que Lekitoko usou para caçar um pássaro que transformou-se em sua esposa (esq.)

Detalhe das flechas lançadas por Lekitoko

Manlekan

Lela'it Menunu em sua casa em Pikero

Lela'it Kasata com seu Kngohi e Osa Lolo

Lela'it Kurureti contando a história do Plao noro Amat

Hareklinga, Haha Opun Hnua Le'en Lengesi

Chefe Kalisuk e sua esposa Keti Kose

Missa na capela Maulele na aldeia Maumeta

Ruma Luli

Contagem dos bens recebidos durante o Kne Pipahe

Hru'a durante a maré baixa

Divisão dos peixes após a pescaria

Barco retornando de Dili

Pescaria com o Opa

Os Humangili aprendem a pescar desde criança

Ataúro, fonte Google Earth, marcações do autor

Porto de Idéias
EDITORA

www.portodeideias.com.br